AF359313

# OBSERVATIONS
## SUR
## LES ARRÊTS REMARQUABLES
# DU PARLEMENT
# DE TOULOUSE,

*Recuëillis par Messire* JEAN DE CATELLAN, *Conseiller*
*au même Parlement.*

*Enrichies des Arrêts nouveaux, rendus sur les mêmes matieres.*

Par GABRIEL DE VEDEL, Ecuyer, Docteur, & Avocat
au Parlement de Toulouse.

## TOME PREMIER.

## A TOULOUSE,

De l'Imprimerie de N. CARANOVE, à la Bible d'Or.

*Et se vendent*

Chez ETIENNE MANAVIT.

ET

Chez JEAN-FRANÇOIS FOREST, à la Couronne d'Or.

## M. DCC. XXXIII.

*AVEC PRIVILEGE DU ROY.*

A

MESSIRE GASPARD-JOSEPH

# DE MANIBAN,

CHEVALIER, CONSEILLER DU ROI EN SES CONSEILS;

## PREMIER PRESIDENT,

DU PARLEMENT DE TOULOUSE,

MARQUIS DE MANIBAN, SEIGNEUR DU BUSCA, de Valence, de Mouchan, de Cazaubon, Labaftide d'Armaignac, de Toujoufe, de Montguilhem, & autres Lieux.

ONSEIGNEUR,

*Si je prends la liberté de vous prefenter un Ouvrage, qui touche de fi près à la Juftice diftri-*

butive de ce Parlement ; c'eſt moins pour vous rendre un honneur qui vous eſt dû, & dont un Grand Magiſtrat * ma laiſſé l'exemple, que pour ſatisfaire le deſir qui me preſſe, de vous donner cette marque de mon zéle, & de mon devoüement.

*Mr. de Maynard dedia ſon recüeil d'Arrêts à Mr.le Premier Préſident de Verdun.

Que ne dois-je point à celui qui remplit avec tant d'éclat, l'auguſte qualité de Chef du ſecond Parlement du Royaume, ſi reſpectable par l'antiquité de ſa création, ſi diſtingué dans tous les tems par ſa profonde Doctrine, ſi cheri de nos Rois par ſon inviolable fidélité, ſi reveré des peuples de ſon vaſte Reſſort par la Juſtice de ſes Arrèts.

Que ne dois-je point à celui, qui réünit en ſa Perſonne, toutes les vertus de ſes Illuſtres Ancètres, dans l'exercice des premieres Charges de la Magiſtrature ; auſtere Obſervateur des Loix & de la Police, zelé Défenſeur des droits de la Couronne & de nos libertés, integre dans les Jugemens, Protecteur de l'innocence, Vengeur du crime, Pere des pauvres, ce ſont là, ces rares Vertus qui forment les Grands Ma giſtrats, & que vous poſſedez dans le plus haut degré,

Cet Ouvrage a befoin d'une finguliere protection ; j'ai l'honneur de vous demander la
vôtre avec quelque confiance , puifqu'on ne
fçauroit être avec un plus grand refpect que
je le fuis ,

MONSEIGNEUR,

Votre très-humble & très-
obéïffant ferviteur
VEDEL.

# PREFACE.

E principal objet de l'étude, est de s'ins-
truire soi-même, mais ce n'est point assez
pour l'Avocat qui s'est devoüé à sa Patrie,
en lui consacrant ses veilles & ses travaux ; s'il ne
fait part au public des connoissances, qu'il peut avoir
acquises, & de ce qu'il a digeré dans la solitude
du Cabinet, après l'avoir cüeilli dans le champ
fertile du Barreau.

La profession des Loix, qui n'est ni moins Noble, ni
moins utile à l'état, que celle des armes & de la
guerre, fut mon partage. Je crûs que le plus grand
fruit que je pouvois tirer de leur étude, consistoit à
connoître l'usage & l'application que les Parlemens
en font, & la Jurisprudence de celui ci ; ce qui m'at-
tacha singulierement à la docte compilation d'Arrêts
de fû Monsieur de Catellan, & m'entraîna à la discussion du Droit, & des maximes qui leur ont
servi de fondement.

Je trouvai dans ce vaste recüeil, de quoi nourrir l'esprit, & flâter agréablement le goût. L'érudi-
tion & l'élegance du discours alliées ensemble, la
haute réputation du Magistrat, aussi récommandable

par ses Vertus, que distingué par sa Naissance, furent autant d'attraits pour moi, dans les Observations que j'ai faites , qui auroient été reservées
pour mon propre usage, si je n'avois consulté que
mon penchant.

Je connois le risque que court aujourd'hui celui
qui se donne pour Auteur, il a tout à craindre du
côté de la critique devenuë, & plus fine & plus dé-
licate, à mesure que le siécle est devenu plus éclai-
ré, & il n'a presque rien à esperer du côté de la
loüange ; par je ne sçai qu'elle fatalité, attachée
aux meilleurs Ouvrages, rarement couronnez pendant la vie de leur Auteur. Mais ayant consideré
que ces Observations, ( quoiqu'infiniment au-des-
sous des éloges ) ne seroient peut-être pas infruc-
tueuses au public, par la discussion que j'y ai faite
des maximes du Droit, & par le grand nombre de
nouveaux Arrêts, que j'ai eu soin d'y faire entrer ;
ce fut assez pour me déterminer à les mettre au
jour.

La science des Arrêts est épineuse & fautive, parce qu'il est rare qu'on puisse faire une juste application d'un Arrêt de préjugé , les especes se rencon-
trant difficilement les mêmes ; c'est ce qui fait qu'on
ne doit déferer aux préjugez, qu'autant qu'ils sont
conformes aux vrayes maximes du droit, quelques
respectables qu'ils soient d'ailleurs, par le caractere
que l'autorité souveraine du Prince leur imprime.

La meilleure méthode pour démêler la disposition
d'une Loi, est de l'expliquer par les Loix mêmes,

les Gloses répandent souvent des nüages sur le texte, loin de les dissiper. C'est par les principes qu'on s'oriente toûjours dans le vaste océan des Loix Romaines, ils doivent nous servir de Boussole dans cette navigation perilleuse, où l'on rencontre tant de differens écuëils.

L'histoire du Droit contribuë beaucoup, à nous rendre l'usage des Loix, propre & familier, & à nous tirer des embarras, où leur contrarieté apparente nous jetteroit.

C'est par-là, que le Jurisconsulte découvrant les changemens, survenus dans la Jurisprudence Romaine, apprend à concilier les Loix, & à dénoüer les difficultez qu'elles présentent.

C'est du corps du Droit Civil & Canonique, que se sont formées les plus riches Bibliothéques ; de-là ! tous ces Volumes de Doctrine de nos Interprêtes ; ces regles qui ont servi d'appui à ce grand nombre d'Arrêts, répandus dans les arrestographes ; c'est donc dans cette source féconde qu'il faut puiser les décisions.

Mais pour y réüssir dignement, il faut se faire une étude capitale des Loix Civiles & Canoniques, & de leurs veritables maximes.

Les Loix Romaines sont l'ouvrage de la sagesse même ; rien n'est si judicieux que les réponses des Jurisconsultes, rien n'est plus juridique que les rescrits des Empereurs. C'est ce qui a porté les Souverains Pontifes, à regler la plus grande partie de leurs Décrets, sur les maximes du Droit Romain.

Ces

# PREFACE.

Ces Loix ont paru si respectables qu'elles ont été reçûës, & sont consultées comme raison écrite, dans les Provinces de ce Royaume qui se regissent par les Coûtumes ; & l'on peut dire qu'elles sont devenuës le Droit commun de la France, sous la protection & l'autorité de nos Rois.

De-là, se tire la necessité commune à tous les Jurisconsultes François, de faire une étude singuliere des Loix, sans trop donner à l'interpretation des Docteurs, qui ont été ( la plûpart ) les copistes les uns des autres ; par une aveugle prévention pour l'autorité de leurs Maîtres, & c'est ce qui a donné lieu à plusieurs erreurs de se perpetuer.

J'ai tâché d'éviter ces erreurs, par le soin que j'ai pris, de regler mes observations sur les maximes du Droit, sans pourtant m'écarter par une singularité bizarre de sentimens, de l'opinion commune de nos Docteurs François, à qui l'usage & l'application que les Parlemens font, des Loix Civiles & Canoniques, est le plus connu.

Si ce n'est pas faire usage de son esprit, & de ses lumieres, que de souscrire aveuglement à la décision d'autrui, c'est aussi le fruit empoisonné de l'amour propre, de prétendre dominer sur une opinion communement reçûë, sans avoir de puissantes raisons pour s'en séparer, & sans en bien convaincre le Lecteur.

J'ai taché d'éviter encore, l'écuëil trop ordinaire de la plûpart de ceux qui entreprennent de pareils Ouvrages ; la prolixité qui les fait sortir des bornes

de la simple obfervation, & cette brieveté féche &
fterile qui laiffe le Lecteur prefque vuide.

Pour ce qui concerne les Arrêts nouveaux, que
j'ai répandus dans cet Ouvrage, ils ont été recuëillis avec beaucoup d'exactitude, ou par de dignes Magiftrats de ce Parlement qui les ont vû rendre, ou
par de celébres Avocats qui ont, ou plaidé, ou écrit
dans les caufes jugées par ces mèmes Arrêts ; ainfi
je puis affurer le Lecteur qu'ils font tous fidelles dans
leur difpofitif, ce qui ne doit point être revoqué en
doute, quand même il fe feroit gliffé quelque erreur
dans les dattes, ou dans le nom des Parties, ce qui
arrive fouvent, aux arreftographes les plus exacts.

# ADDITION,

*au Chapitre* 74. *du premier Livre.*

L'Auteur a cru devoir ajoûter à fon Obfervation, que le Clerc qui a été noté par Sentence du Juge Royal, ne doit avoir recours pour fa rehabilitation qu'au Prince temporel, quoiqu'il s'agiffe de fa promotion aux Ordres facrés de l'Eglife, aufquels cette note pourroit faire obftacle; & cela par cette raifon que la reftitution en entier eft dans ces circonftances une grace dependante du temporel des Rois, fur lequel le Pape ne put porter fa main fans abus, puifqu'il toucheroit à l'autorité du Prince à qui feul appartient de retablir celui qui fe trouve fletri par des Juges revêtus de fon autorité, *unum quodque debet diffolvi codem genere vinculorum quo colligatum eft* fans qu'il fervit d'alleguer, qu'étant queftion pour le Clerc, de l'exercice des fonctions purement fpirituelles annexées à l'ordre, c'eft au Pape à lever les empêchemens & à le rendre habile à ces fonctions, comme au cas du refcrit de difpenfe *fuper defectu natalium.* Puifque dans cette derniere efpece de difpenfe, le défaut ou l'obftacle venant de la nature, le Pape a feul le droit à caufe de la plenitude de fa puiffance *in Beneficialibus*, d'efacer la tâche qui put éloigner le Clerc du facré Miniftere, au lieu que la note qu'à encouru le Clerc par l'Arrêt de condamnation étant le propre fait du Juge Royal, c'eft au Prince temporel à abolir cette note par fes Lettres de reftitution, après quoi il n'y a plus d'obftacle pour la promotion du Clerc aux Ordres facrés.

Au furplus, c'eft des Clercs & des Laïques indiftinctement notés d'infâmie, que parle Gratien au lieu cité dans l'Obfervation, c'eft le ch. 7. *cauf.* 2. *quæft.* 3.

# AVIS AU LECTEUR.

LE Lecteur est prié de faire attention à deux choses qui pourroient peut-être le choquer. La premiere, que s'il se rencontre des matieres traitées dans un Chapitre qui n'ont pas un entier rapport aux Sommaires des mêmes Chapitres, mais seulement quelque connexité ; c'est par la raison que la matiere du Chapitre ayant déja été traitée par quelque Moderne, l'Auteur des Observations a crû devoir se borner aux décisions nouvelles, qui pouvoient s'alier avec les Sommaires , quoique ce ne fût point absolument la même question ; comme par exemple dans le Chapitre LIV. du Livre premier. L'Auteur ne s'est point arrêté à traiter la question *comment succedent les Jesuites sortis de leur Compagnie après leurs vœux*, parce que cette question fait la matiere d'une Déclaration du 16. Juillet 1715. & qu'elle se trouve amplement traitée dans la troisiéme partie des Loix Ecclesiastiques, ch. 12. art. 33.

La seconde chose, que s'il se trouve que le Sommaire d'un Chapitre n'ait aucun rapport à la matiere traitée dans le Chapitre ; mais à celle du Chapitre précedent ou suivant, comme par exemple au Livre IV. Ch. XV. des Observations où la matiere a été transposée au Chapitre suivant. Le Lecteur aura la bonté de suppléer à ce défaut, en cherchant la question anoncée par le Sommaire , dans le Chapitre précedant, ou suivant.

Au surplus , il s'est glissé quelques fautes dans l'impression de l'Ouvrage, dont les principales sont marquées dans l'*Errata* qui a été mis à la fin de chaque Tome.

Il y a quelques lettres de la Table alphabetique , où l'on n'a pas gardé regulierement l'ordre de l'alphabet ; le Lecteur est prié lorsqu'il cherchera, par exemple, *deguerpissement*, de lire toute la lettre *D* , & ainsi des autres lettres. Ce qui n'est pas ici d'un grand travail.

TABLE

# TABLE
## DES CHAPITRES,
### CONTENUS
### DANS CE PREMIER VOLUME.

# TABLE

# DES CHAPITRES.

# DES CHAPITRES.



## LIVRE SECOND.

### Des Successions.

# TABLE

# DES CHAPITRES.

# TABLE

# DES CHAPITRES.

# TABLE



## LIVRE TROISIE'ME.

### Des Droits Seigneuriaux.

# DES CHAPITRES.



õ ij

# TABLE

# OBSERVATIONS

## SUR

## LES ARRESTS

## DE MONSIEUR

## DE CATELLAN.

*LIVRE I.*

### Des Matieres Ecclesiastiques.

## CHAPITRE PREMIER.

*DE LA COLLATION D'UN BENEFICE*
*faite avant l'enterrement du dernier Titulaire.*

**P**LUSIEURS Canonistes après la Glose *In cap. bonæ memoriæ 36. extra de Elect. in verbo tractatum*, ont été de cette opinion, que l'Election pouvoit être faite canoniquement avant la Sepulture du Beneficier; & que le Canon *Nullus dist.* 79. qui suspend l'Election jusqu'après la Sepulture, n'étoit point une loi de neceffité , mais de pure bienféance ; en forte que l'Election faite avant la fepulture, n'en étoit pas pour cela caffable , puifque la mort du Beneficïer, rompant les liens du mariage fpirituel qu'il avoit contracté avec fon Eglife ( ainfi que la mort de l'Epoux rompt celui du mariage charnel ) on pouvoit proceder à l'Election d'abord après la mort du Beneficier, de même qu'un fecond mariage peut être contracté par la femme après le decès du mari.

*Garcias part.* 10. *cap.* 1. *num.* 39. *de Benef.* avec quelques autres Canoniftes , font de cette opinion que le Canon *Nullus*, & le Chapitre *Bonæ memoriæ*, font formels pour la prohibition de proceder à l'Election avant l'enterrement du Beneficier ; mais qu'il n'en eft pas ainfi de la Collation du Benefice , qui peut être faite d'abord après le decès du Bene-ficier , *& quid quid fit in Electione Prælati*, dit Garcias , *eod. de qua loquitur textus in dict. cap. Bonæ memoriæ ex quibus eam non poße fieri antequam mortuus fit traditus fepulturæ, tenent Maiolus de irregul. Lib. 4. Cap. 35. num 6. & Fr. manu Rodig. quæft. Regul. Tom. 2. quæft. 53. art. 13. pro quâ fententiâ fatis revera urgent, illa jura maximè D. C. Bonæ, non ut Electio fit nulla, ipfo jure, fed caffanda. In Collatione tamen , certum videtur non eße, opus expectare fepulturam defuncti quia eft diverfa ratio.*

Je croi qu'il faut fe regler par la diftinction de Garcias. En voici les raifons que ce Canonifte n'a pas dévelopées , & qu'il s'eft contenté de faire fentir.

Le Chapitre *Bonæ memoriæ* fe détermine à la caffation de l'Election, par deux raifons ; dont l'une feule auroit fuffi , *Electionem autem, Archipresbiteri ( quamvis laudabile teftimonium perhibeatur de ipfo ) juftitia exigente caffavimus, tum quia corpore dicti Epifcopi , non dum tradito fepulturæ habuerunt de ipfa Electione tractatum, contra Canonicas fanctiones tum quia inventus eft hugo fuiffe contemptus.*

Le Pape y rappelle le Canon qui prohibe l'Election avant la fepulture du Beneficier, c'eft le Canon *Nullus* déja cité ; & il eft manifefte , que fuivant la difpofition du Chapitre

*Bonæ memoriæ*, la précipitation de l'Election avant l'enterrement du Beneficier, peut fournir un jufte fujet de caffation,
independament du mépris du fuffrage, d'un des Electeurs,
qui fut un fecond motif de caffation dans l'efpece de cette
Décretale.

Cela pofé, il femble qu'il faut conftament decider que
toutes les fois qu'il s'agit de l'Election d'un Prévot, par
exemple d'une Eglife Cathedrale, ou d'un autre Benefice
purement électif, on ne peut y proceder canoniquement
qu'après la Sepulture; la raifon peut en être prife d'un motif
d'honnêteté publique, qui ne permet pas que tandis que le
Cadavre du Défunt eft encore en dépôt dans l'Eglife, les
Chanoines, fes confreres, y convoquent en plein jour une
affemblée, *ad fonum campanæ*, pour traiter de l'Election du
nouveau Prévôt ( ainfi que le requiert la Glofe, *tit. de Elect.
Cap. ficut, §. Et cum humanæ verbo conveniant* ) *& Paftor de
Benef. lib.* I. *tit.* 5. *num* 7.

Il n'en eft pas ainfi de la fimple collation d'un Benefice;
comme ce n'eft point là un Acte d'éclat, & qui requiere la
folemnité de l'Election, & qu'on peut y proceder en tous
lieux & à toute heure, fuivant *de Selve*, 3. *part. quæft.* 17.
L'honnêteté publique, ni la bienféance, n'en font point
choquées, quoique la collation fe faffe incontinent après le
decès du Beneficier, & avant fa fepulture; & voilà la difparité de raifon dont a entendu parler Garcias *loco fupra*, qui
doit faire à mon avis la difference des décifions qui peuvent
être renduës fur cette matiere : En forte qu'il faut tenir pour
maxime, que toutes les fois qu'il s'agit d'une Election qui
requiert la forme ordinaire des Elections, on ne peut y proceder qu'après l'enterrement du Beneficier, à la difference
de la fimple collation qui peut être faite incontinent après
fon decès.

# CHAPITRE II.

## *Du Patronage réel & personnel.*

LE droit de Patronage est de sa nature personnel, & conséquemment transmissible aux heritiers du Fondateur, comme representans sa personne. C'est l'observation de Mornac sur la Loi 12. *ff. de Pignor. & hypoth.* qu'il fonde sur la Doctrine de Dumoulin, *& de benedict. in cap. Raynut. verbo in eod. Testam. 1. num.* 261. Le Patronage réel, c'est-à-dire celui qui se trouve annexé à une terre ou Seigneurie, passe à l'Acquereur de cette Terre, à moins d'une reservation expresse, *cum universitate bonorum , nisi specialiter, exipiatur, Glossa in cap. ex literis extra de jur. Patron.* & cela se fait alors sans simonie, puisqu'on ne vend pas le droit de Patronage ; mais qu'il passe seulement comme un accessoire de la terre entre les mains de l'Acquereur ; *nec videtur aliquis contractus initus , super ipso jure Patronatus , sed super ipsa universitate temporali* ; c'est l'observation *de Solier sur Pastor, Liv.* 1. *tit.* 20. *num.* 4.

Les heritiers du vendeur sont donc exclus de cette espece de Patronage ; il faut excepter de cette regle les ventes, faites par nos Rois de quelque terre domaniale, par lesquelles jamais ce droit de Patronage, des Benefices annexez à ces terres, n'est présumé vendu comme accessoire, puisqu'il reste toûjours en la main du Roi, ainsi que l'enseigne Choppin *de Sacra polit. Lib.* 1. *tit.* 4. *num.* 7.

L'Auteur agite deux questions qui ont partagé les opinions des Canonistes. La premiere, si le Sequestre, ou Commissaire établi à la regie des biens saisis, a droit de présentation au Benefice qui vient à vacquer pendant la regie, & dont le Patronage se trouve annexé à la terre saisie.

La seconde, si le mari qui est maître des biens dotaux a droit de présenter au Benefice annexé à la terre dotalle, ou si ce n'est point au contraire à sa Femme, à, qui ce droit est personnel, comme étant honorifique.

Ces deux questions sont très-interessantes, parce qu'elles peuvent faire souvent la matiere d'un procès ; ainsi j'ai crû devoir m'y arrêter.

Il faut d'abord établir pour principe avec les Canonistes, que la Collation ou Patronage d'un Benefice, est un fruit de la joüissance de la terre, *Collatio & presentatio sunt in fructu*, dit Dumoulin après les Interprêtes, *in consuet. Paris.* §. 55. *Gloss.* 10. *num.* 3. *in verbo* payant les droits ; & c'est sur ce principe que le Chapitre *Ex literis extra de jure Patron.* attribuë le droit de Patronage au Fermier, ou Bailliste de la terre pendant le tems de son Bail.

C'est sur le fondement de cette décretale mal appliquée, que quelques Canonistes attribuent au Sequestre le droit de presenter, Garcias *part.* 5. *Chap.* 6. *num.* 1. *& Seq.* fait mention des Auteurs qui sont de differente opinion sur ce point, les uns ayant donné l'exclusion au Sequestre, & les autres le droit de presenter.

Le Chapitre *Ex literis*, ne peut être étendu au Sequestre des fruits, & doit demeurer restraint au Fermier, par les raisons suivantes. Le Sequestre n'est précisément que depositaire, & gardien des fruits, & n'y a aucune espece de droit ; le Patronage est un fruit de la pleine joüissance, & non de la simple détention & garde, Loyseau des Offices, Liv. 5. Ch. 2. num. 65. traitant la question : Si pendant la saisie de la terre, le Sequestre ou Commissaire établi par justice a droit de conferer les Offices qui en dependent, repond que ce droit appartient au Saisi ; qui malgré la saisie retient la possession civile des biens saisis, le Sequestre n'en ayant que la naturelle. D'où il conclud que le Seigneur saisi a droit de nommer aux Offices comme étant un droit honorifique de la Seigneurie, cette decision ( dont l'application se fait naturellement au cas present ) est fondée sur les textes du droit, qui conservent au debiteur saisi la propriété des biens, & les actions qui en dependent, *Leg. qui Pignoris, ff. de acq. poss. &*

*leg. sciendum* §. *creditor. qui salis dare cogant. eod.* Il paroît
donc étrange d'attribuer ce droit au Sequeſtre , & c'eſt pour
cela même que le Parlement de Paris par l'Arrêt que Mornac rapporte ſur la Loi 12. *de Pign.* déja citée , refuſa au
Commiſſaire ou prépoſé à la regie des biens ſaiſis le droit de
preſentation ; & ce n'eſt pas ſans fondement que le Commentateur de Laroche obſerve en deux mots, ſur *l'art.* 48. *du
Liv.* 2. *tit.* 1. où Laroche fait mention de l'Arrêt de Mr.
Maynard , *qu'il paroît extraordinaire qu'un ſimple Sequeſtre qui
n'a que l'adminiſtration des biens ſaiſis , puiſſe exercer les droits
honorifiques de Patronage.*

Vainement *Paſtor de Benef. Lib.* 1. *tit.* 19. pour appuyer
le droit du Sequeſtre , ſoûtient qu'en matiere de Collation ,
*non tam proprietas quam poſſeſſio eſt attendenda* , puiſque le Sequeſtre ne peut pas être dit poſſeder d'une poſſeſſion requiſe ,
pour pouvoir exercer un droit annexé aux biens ſaiſis ;
car il faut une poſſeſſion civile que le Sequeſtre n'a pas ; &
qui ( comme l'obſerve judicieuſement Loyſeau ) réſide malgré la ſaiſie ſur la tête du debiteur ſaiſi ; d'où il faut conclurre que celui-ci a ſeul le droit de préſenter , puiſque dans
les regles les fruits lui appartiennent juſqu'à l'adjudication
des biens par decret , & la miſe de poſſeſſion.

Quant à la deuxiéme queſtion , quelques Canoniſtes donnent l'excluſion au mari , de preſenter au Benefice dependant de la terre dotalle , & attribuent ce droit à la femme ,
*Benedicti* au lieu cité dans ce Chapitre , ſe fonde ſur une
vaine diſtinction , que ce droit n'eſt pas cenſé de ceux qui
appartiennent au mari comme maître des biens dotaux ,
parce qu'il eſt honorifique ; & qu'on ne peut pas dire que ce
ſoit choſe dotalle , puiſque regulierement ladot n'eſt conſti-
tuée , que *ad ſuſtinenda onera matrimonii.* Je ne ſouſcris point
à la déciſion *de Benedicti* , & je me fonde ſur la diſpoſition
du Chapitre *Ex literis* , qui attribuë conſtamment le droit
de preſentation à celui qui joüit des fruits de terre.

Le mari eſt ſans doute plus privilegié en ce point , que le
ſimple Fermier ; car la Loi le répete d'un côté maître des

biens dotaux , & de l'autre fa joüiffance n'eft pas paffagere ,
ni momantanée comme celle du Fermier, puifque la caufe
de ladot eft perpetuelle de fa nature , *L. I. ff. de jure dot.* Et
qu'enfin le mari n'eft pas moins maître des biens dotaux
quant à la joüiffance , que de fes biens propres , puifqu'il
peut déleguer les fommes dotalles pour le payement de fes
propres dettes ; ce qui fuffit fuivant les Canoniftes pour la
Collation des Benefices : & c'eft ce qui détermine Paftor,
*num.* 11. *in fine loco fupra* , a foûtenir que le mari eft pré-
feré fur ce point à la femme , & qu'elle ne peut joüir de ce
droit pendant le mariage , que dans le feul cas d'une fépara-
tion des biens , faite d'autorité de Juftice , *Garcias part.* 5. *cap.*
8. *num.* 175. attribuë ce droit au mari qui fe trouve maître
des biens dotaux , d'où dépend le Patronage par la raifon
que le Patronage paffe alors fur fa tête, *cum univerfitate bo-*
*norum* , & que c'eft un fruit de fa joüiffance.

Le Patronage Laïque eft fort protegé par les maximes de
ce Royaume qui le regardent comme un droit patrimonial ;
en forte que nous rejettons en France toutes les derogations,
que le Pape pourroit faire dans les provifions d'un Benefice ,
aux droits du patron Laïque ; c'eft fur ce fondement qu'il
fut decidé par un Arrêt de la Cour, prononcé à l'Audience
de la Grand'Chambre par Mr. de Montbrun , le 5. Mars
1710. qu'il y avoit abus dans les provifions obtenuës en Cour
de Rome par Me. Larofe, de quelques Chapelenies de Patronage laïque , dont ledit Larofe s'étoit fait pourvoir par
incapacité de biffon Titulaire, qu'il prétendoit être Moine
de l'Ordre des Minimes : Me. de Cauffade plaida pour les appellans comme d'abus qui étoient les Collateurs de ces
Chapelenies , & Me. de Lacroix pour Larofe intimé.

Le Pape ne peut pas même fans abus créer une penfion fur
un Benefice de Patronage laïque , fans le confentement du
Patron , Dumoulin *ad reg. de infirm. num.* 48. ce qu'il peut
faire dans les provifions du Benefice de Patronage Eclefiaf-
tique, fans le confentement du Patron , Chopin *de facra polit.*
*Lib.* 3. *tit.* 2. *num.* 15. Dumoulin *ad reg. de pub. num.* 280.

Les raiſons qui empêchent que le Pape ne puiſſe faire préjudice en France , au droit de Patronage laïque , ſoit par prévention , ſoit par clauſe expreſſe de derogaton , ſont que ce
droit eſt purement temporel ; ce qui eſt un obſtacle à l'exercice de la puiſſance du Pape ; c'eſt la diſpoſition de l'art.
30. des libertez de l'Egliſe Gallicane : Il eſt d'ailleurs de
l'interêt public de l'Egliſe que le Pape ne puiſſe deroger
au droit de Patronage laïque , *quia Laici retraherentur à fun-*
*dationibus Eccleſiarum* ; ce qui a même lieu pour les Benefices
de ce même Patronage , *vacans in curia* , Brodeau ſur Loüet,
Lettre R. Somm. 47. num. 5. autrement on peut appeller
comme d'abus de l'execution de ces ſignatures.

Le Roi même conferant en regale , ne peut deroger au
droit du Patron laïque , quoiqu'il le puiſſe à l'égard de
l'Eclefiaſtique , ſuivant les Arrêts rapportez par Brodeau ,
*Loco ſupra* num. 3. & 4.

Je ferois difficulté ſur la déciſion de l'Arrêt du 19. Mai
1699. & je croirois que dans cette eſpece le droit de Patronage devoit être acquis au Gendre , Acquereur du Domaine
auquel étoit attaché le Patronage ; puiſque c'eſt une maxime
conſtante que ce Patronage paſſe avec le fonds ſur la tête
de l'Acquereur , *innocent. & alii in cap. ex literis de jur.*
*Patron. ext.* Or dans l'eſpece de cet Arret , le beau-pere
ayant vendu lé corps du Domaine à ſon Gendre ſans reſerva-
tion du droit de Patronage , s'en étoit dépoüillé ; puiſque ce
Patronage étoit réel , & qu'il ſuivoit naturellement la totalité
des biens vendus *ſemper ſpecialia generalibus in ſunt* , *Leg.*
*Semper de reg. jur.* La retention ou reſerve que s'étoit faite
le vendeur de quelque piece de terre de ce Domaine , ne pouvant entraîner avec ſoi ce droit de Patronage , qui comme
honorifique de ſa nature , doit demeurer annexé au corps
de la terre ou du Domaine vendu , *niſi ſpecialiter exipiatur*
*in venditione* , *Gloſ. in d. cap. ex literis.*

Je ne ſuis point de cette opinion que le droit de Patronage paſſe au donataire univerſel entre-vifs , de même qu'à
l'heritier ; parce que la donation ( quoiqu'univerſelle , eſt
                                                    regardée

regardée comme un Titre Particulier, le Donateur ayant la liberté de Tefter, & le Teftament étant de fa nature le feul Titre d'Univerfalité, & qui dépoüille abfolument la perfonne ( ainfi que je l'ai montré dans le Livre cinquiéme, Obfervation 24. ) Enforte que je croi que les heritiers *ab inteftat,* du Donateur font appellez au droit de Patronage à l'exclufion du Donataire univerfel entre-vifs.

Ferriere du droit de Patronage page 123. fait mention des Auteurs qui ont penfé diverfement fur ce point ; ceux qui ont tenu une opinion contraire à la mienne, font des Docteurs du païs Coûtumier, ou l'inftitution d'heritier n'eft point en ufage, comme en païs de Droit Civil, & ou le legataire ou donataire univerfel tient la place d'heritier.

---

## CHAPITRES III. & IV.

### *Obfervations fur le troifiéme & quatriéme Chapitre du Regrès.*

L'Arrêt qui demit Me. Arnaud de fa demande en Regrès, eft un préjugé à fuivre, puifqu'il eft rendu fuivant les regles ; en effet, la penfion fe trouvant une fois éteinte par une concorde omologuée, moyenant le payement d'une certaine fomme, toute prétention de Regrès faute de payement de cette même fomme doit demeurer éteinte ; parce que le Refignant a denaturé fon droit par la concorde qui eft une nouvelle obligation, dont le Refignant a pris fur foi les perils & les rifques ; enforte que l'infolvabilité du Refignataire ne doit point donner lieu au Regrès, parce que ce feroit l'étendre au-delà de fes juftes bornes, & en multiplier les moyens, au lieu de les reftraindre en fe conformant à la rigueur de la difcipline Ecclefiaftique, qui ne permet pas le Regrès fur le Benefice dont on s'eft volontairement dépoüillé, *Cap. ex tranfmiffa, & cap. fuper hoc extra de Renunt.* & qui reprouve dans cette matiere de Refignations, tout ce qui aproche trop du commerce qui fe fait des chofes temporelles.

Le premier cas qui a donné lieu & ouverture au Regrès du Refignant, fur le Benefice refigné, eft celui de la refignation faite dans les circonftances d'une maladie, parce qu'on préfume que le Refignant ne s'eft ainfi dépoüillé que parce qu'il étoit hors d'état de défervir fon Benefice, ou qu'il craignoit la mort; fa convalefcence donne lieu au Regrès, quand même il auroit ftipulé du Refignataire une penfion qui pourroit faire conjecturer que le Refignant s'étoit dépoüillé de tout efpoir de rentrer dans le Benefice, Mr. d'Olive liv. 1. chap. 19. rapporte un Arrêt de ce Parlement du 18. Mars 1628. qui l'a ainfi jugé conformément à un Arrêt du Confeil Privé du 3. Juillet 1603. mais le Refignant ne doit pas être en demeure, & doit dans l'année de fa convalefcence demander le Regrès, parce que fon inaction pourroit l'en exclurre, en faifant préfumer une renonciation de fa part à ce droit, *Solier fur Paftor. tit. 9. lib. 3. num. 3. in novis addit.* C'eft ainfi que la Cour le juge conftament.

Outre les cinq cas de Regrès énoncez dans ce premier chapitre, dont les trois premiers fe trouvent autorifez par trois Arrêts de la Cour rapportez par Mr. d'Olive au lieu cité, il y en a plufieurs autres qui fe font introduits à la faveur du fameux Arrêt du Confeil Privé du 19. Avril 1558. rendu en la caufe de Me. Jean Benoît Curé des Saints Innocens, & de Me. François Semele fon Vicaire dans le cas de maladie: l'équité de ce celebre jugement où préfida le Roi Henry II. a trouvé fa place dans les autres cas, dont ne parle pas l'Arreftographe. 1°. Le Regrès a lieu s'il eft intervenu du dol ou de la fraude, de la part du Refignataire dans l'Acte de Refignation; auquel cas le Refignant fe pourvoyant par Lettres Royaux en caffation de l'Acte, obtient le Regrès dans fon Benefice, & y rentre en vertu de l'Arrêt fans nouvelle Provifion, *Paftor loco fuprà num. 1.*

2°. Quand il fe rencontre que le Benefice qu'on a accepté par Permutation, ne peut être retenu par quelque incompatibilité, *Loüet, lettre B, fomm. 13. num. 2.* comme si c'étoit un Benefice regulier ; mais pour autoriser le Regrès du Copermutant, il faudroit qu'il eût été dans une juste ignorance de cette incompatibilité , suivant le *chap. si Beneficia de præb. in 6°.*

3°. Le Mineur rentre par Regrès dans le Benefice resigné , quand la Resignation ne tend point à sa décharge ; mais qu'elle lui cause au contraire un dommage réel, *Panormitan in cap. 10. de restit. spoliat.* c'est encore l'Observation de Fevret, *Traité de l'abus, Liv. 2. chap. 6. num. 16.*

4°. Quand la Resignation a été faite *in favorem* devant l'Ordinaire, parce qu'elle est nulle de droit.

5°. Quand la Resignation a été faite *Spreto Patrono Laïco.*

6°. Quand le Resignataire avant d'avoir pris possession se demet du Benefice, *vide Solier sur Pastor in nov. addit. loco supra.* Il faut observer à ce sujet que dans les cas même où le Regrès est reçû, il n'est pas permis au Resignant de le stipuler dans l'acte de Resignation, cette Clause étant nulle & declarée abusive, suivant Dumoulin sur la regle *de infirmis , num.* 14. *& Papon en ses Arrêts, Liv. 2. tit. 8. art.* 3. qui assure que la Clause de Regrès est prohibée en France ; d'où il faut tirer cette consequence que le Regrès n'est pas dû de droit au Resignant ; mais que les Parlemens se sont determinez à l'accorder par un motif d'équité dans certains cas favorables, où ils ont jugé que l'intention presumée du Resignant étoit de demeurer saisi de son Benefice, si la condition tacite ou expresse sous laquelle il s'en dépoüilloit, ne pouvoit être remplie & avoir son effet.

On peut encore observer qu'il se juge constamment aujourd'hui que le Resignant qui a obtenu le Regrès n'a pas besoin de nouvelle Provision pour rentrer dans son Benefice ; car en vertu du Jugement il rentre dans tous ses droits, rang & séance qu'il avoit auparavant, quoique le Resignataire ait pris possession , *Fevret, Liv. 2. chap. 6. num. 16. d'Olive loco supra, Boniface en ses Arrêts, tom.* 1. *part.* 2. *Liv. 2. tit.* 10. *chap* 6. *num.* 1.

L'Arrêt rapporté par l'Auteur du 10. Fevrier 1698. qui

debouta le Resignant du Regrès en sa Cure, ne paroit pas rendu sur ces mêmes motifs d'équité, qui ont déterminé les Juges en semblable matiere ; le Resignant avoit stipulé une pension dans sa Resignation du tiers du revenu du Benefice, qui se trouvoit conforme à la disposition de la Declaration du Roy, du mois de Juin 1671. il avoit resigné *in favorem*, sous la condition expresse. du payement de cette pension legitimement stipulée : si le Pape avoit refusé de donner son omologation à cette pension, le Resignant devoit être reçû au Regrès, par le même motif qui le fait accüeillir dans les autres cas ; je veux dire, par une présomption de sa volonté, qu'il ne se seroit point dépoüillé de son Benefice, sans l'accomplissement des clauses & conditions aposées dans l'Acte de resignation ; d'ailleurs, je croi que le refus du Pape, d'omologuer cette pension, étoit contraire à la pratique du Royaume, par laquelle on y reçoit les Resignations, *in favorem*, avec charge de pension, usage ! que la Cour de Rome a constamment autorisé, & sous la foi duquel le Resignant s'etoit determiné à consentir l'Acte de resignation, dont la clause concernant la pension, devoit être d'autant plus favorablement reçûë, que cette pension étoit reglée, *ad legitimum modum*, qui est le tiers du revenu, suivant la pratique du Royaume, attestée par *Chopin de sac. polit. liv. 3. tit. 2. num. 17. in princip.* ce que la Declaration du Roy Loüis XIV. v oit specialement déterminé.

Quand le Resignant, *in infirmitate constitutus*, demande le Regrès au Benefice par le retour de sa santé ; & qu'après l'instance en Regrès intentée, il resigne le même Benefice à un autre ; on présume la confidence dans cette seconde resignation, & le Regrès est refusé ; c'est ainsi que la question fut decidée par Arrêt d'audience du 17. May 1710. prononcé par Mr. le Président de Montbrun, sur les conclusions de Mr. l'Avocat General de Tournier, en faveur de Raynal, premier Resignataire, contre Me. Pepins resignant plaidans pour Raynal, Me. de Campa & pour Pepins, Me. de Caussade.

Dans l'espece de cet Arrêt, Pepins avoit resigné à Raynal sans reserve de pension, *in infirmitate constitutus*, ayant pretendu ensuite avoir recouvré la santé, & ayant repris ses fonctions dans le Chapitre, où il étoit Chanoine, il forma sa demande en Regrès ; & le lendemain de l'instance intentée, il fit une seconde resignation, sous reserve de pension ; le premier Resignataire s'oposa à la demande en Regrès sur le fondement que le Regrès est personnel, & que le Resignant ne peut en former la demande, pour remettre le Benefice à un autre, ce qui donne un juste soupçon de confidence ; surtout dans les circonstances, où la Resignation touche de si près à l'instance en Regrès

Le Senéchal avoit accordé le Regrès à Pepins, & Raynal ayant interjetté appel de l'Apointement, la Cour reformant, demit Pepins de sa demande en Regrès, dépens compensez.

Le fondement de cet Arrêt est pris de la presomption de confidence, d'entre Pepins resignant, & le second Resignataire. Pepins dont on soûtenoit que les infirmitez duroient encore, avoit demandé le Regrès ; non pour lui, mais pour le second Resignataire, ce qui se manifestoit par la precipitation avec laquelle il avoit fait sa Resignation ; c'est-à-dire, le lendemain de sa demande en Regrès. La stipulation de pension qu'il n'avoit point faite dans la premiere Resignation, prouvoit qu'il n'avoit formé sa demande en Regrès, que pour avoir prétexte de faire une Resignation plus avantageuse, en établissant une pension ; & tout cela portoit à conjecturer des pactions illicites de confidence entre lui & le second Resignataire.

Les Cures dependantes de l'Ordre de Malthe étant regulieres, ceux qui en ont été pourvûs ne peuvent rentrer dans le Benefice par Regrès, dans le cas de Droit, sans le consentement des Superieurs de l'Ordre, suivant une Bulle accordée au Grand. Maître par le Pape Paul III. en date du 2. Juin 1539. en registrée au Grand Conseil, avec les Lettres Patentes, donées à ce sujet par le Roi François I. C'est

ainſi que la queſtion fut jugée en theſe, par Arrêt d'Audience
de la Grand Chambre, le 12. Juillet 1729. Préſident Mr.
Daſpe, en faveur de Meſſire Octave de Galean, Chevalier
de Malthe, Commandeur de cet Ordre, Vicaire du Grand
Prieur de Toulouſe, contre Me. Jean Soulié, Prêtre; plaidant pour le Sieur de Galean, Me. David, & pour Me
Soulié, Me. Aſtruc.

Dans l'eſpece de cet Arrêt, Me. Soulié avoit été pourvû de la Cure de Niaux, qui dépend de l'Ordre de Malthe,
par le Commandeur de Gabre, Patron de ce Benefice : il
en avoit fait enſuite ſa demiſſion entre ſes mains, dans un
des cas qui peuvent donner lieu au Regrès. Ce Commandeur
après la demiſſion, fit Titre de cette Cure à Me. Sens,
qui en prit poſſeſſion; Soulier obtint le Regrès au Benefice
contre Sens, par Sentence du Senéchal de Pamies; Sens en
interjetta Appel en la Cour, où le Commandeur fut reçû
Partie intervenante dans l'inſtance, pour l'interêt que l'Ordre avoit de s'oppoſer au Regrès demandé par Soulié, dont
la conduite étoit reprochable. La Cour diſant droit ſur la
Requête en intervention du *Sieur Commandeur de Galean*,
ſur les privileges de l'Ordre de Malthe, & ſur l'Appel de
Me. Sens, maintint celui-ci au plein poſſeſſoire de la Cure
en declarant n'y avoir lieu au Regrès, demandé par Me.
Soulié. Me. Lardos, plaidoit pour Me. Sens.

Il y avoit cette circonſtance favorable pour la cauſe de
Me. Sens, que Me. Soulié n'avoit formé ſa demande en
Regrès que près de trois ans, après qu'il avoit eu la liberté
d'agir, & que l'obſtacle avoit ceſſé, ce qui ſeul auroit dû
empêcher le Regrès, puiſqu'il doit être demandé dans l'an :
Mais il conſte par le diſpoſitif de l'Arrêt cité, que la cauſe
déterminante de ſa déciſion, fut le Privilege de l'Ordre de
Malthe dont il a été parlé.

Il faut ici obſerver que Me. Soulié lors de ſa demande
en Regrès, n'avoit pas encore fait les Vœux, qui lient les
Curés ou les autres Eccleſiaſtiques à l'Ordre de Malthe;
car s'il eût été engagé par les Vœux ordinaires, l'Arrêt

en lui deniant le Regrès au Benefice , & le dépoüillant
des revenus , auroit ordonné qu'il feroit pourvû à fon entretien par les Superieurs de fon Ordre ; c'eft ce qu'on peut
recuëillir d'un Arrêt du 2. Decembre 1669. rapporté dans
le Tom. 3. du Journal des Audiances, Liv. 3. Chap. 20.
rendu dans la caufe de Me. Jacquinol & de Frere Jouffeaume , Religieux de l'Obedience de l'Ordre de Malthe ; cet
Arrêt en refufant à Frere Jouffeaume le Regrès au Benefice
qu'il avoit refigné, faute de payement de la penfion qu'il s'étoit
refervée; & maintenant Me. Jacques Gachon pourvu par le
Grand-Maître de l'Ordre , au préjudice de Me. Jacquinol
Refignataire, ordonna que par provifion la penfion refervée
feroit payée à Frere Jouffeaume jufqu'à ce qu'il y eût été
pourvû ; fur quoi le Journalifte obferve que dans ces circonftances le Refignant n'a d'autre reffource que de fe retirer aux Superieurs de l'Ordre , pour demander fes alimens.

---

# CHAPITRE V.

## *Du Titre Clerical.*

ON trouve dans ce Chapitre un conflict d'opinions &
de Jugemens fur la même matiere, qui femble rendre la
décifion des queftions arbitraire : On voit d'un côté des Arrêts, qui ont jugé que le Titre Clerical, ( quoique non
infinué ni publié, ) étoit bon & valable contre des Créanciers pofterieurs du Pere Conftituant, qui étoient irrece-
vables à le debattre par ce defaut, de l'autre des Arrêts
qui ont decidé en faveur des Créanciers : D'un côté des
Arrêts qui ont difpenfé les Créanciers anterieurs du Conftituant de former leur oppofition pour la confervation de
leurs hypothéques lors de la publication du Titre Clerical ,
& qui leur ont confervé la priorité de leurs hypothéques , de
l'autre des Arrêts qui ont affujetti ces Créanciers anterieurs

à former leurs oppofitions , pour conferver la priorité de leurs Créances.

Il me femble que ces queftions examinées de près , & felon les principes , doivent recevoir moins de difficulté qu'elles n'en ont eû , & que leur décifion ne doit pas balancer l'efprit.

Il faut d'abord établir pour principe , que le Titre Clerical qu'un Pere conftituë à fon Fils , eft une veritable dot conftituée à raifon du mariage fpirituel , que ce Fils doit contracter avec l'Eglife pour pouvoir s'y entretenir avec décence à défaut de Benefice , *cap. Epifcopus extra de Præbend. & ibi gloffa.* que ce Titre eft affigné par Contrat onereux , plûtôt que par pure donation , fuivant la remarque du Docte *Chopin in confuet. and. Lib. 3. Cap. I. Tit. 3. num. 5. & de Brodeau fur Loüet , Lett. D , Somm. 58. num. 4.* par où il eft exempt de toute infinuation , *Brodeau , eod.* rapporte un Arrêt qui l'a ainfi jugé , avec d'autant plus de raifon que ni le Concile de Trente , ni l'Ordonnance d'Orleans n'ont point requis cette infinuation , que de même que la Fille eft reputée Créanciere du Pere pour la dot qui lui eft conftituée , felon la remarque du *Commentateur de Laroche , Liv. 6. Tit.* des donations *art.* 12. Le Fils eft pareillement fon Créancier pour le montant de fon Titre Clerical.

De-là il faut conclure que les Créanciers pofterieurs du Pere Conftituant , n'ont point de prife , fur les biens dépendans du Titre Clerical , ( quoique non infinué ; ) & que dans la diftribution de fes biens & l'arrengement des Créances ; le Clerc doit être alloüé fur ces mêmes biens , par préference à ces Créanciers pofterieurs , fuivant la regle , *qui Prior eft tempus , Prior eft Jure.*

Pour ce qui concerne les Créanciers du Pere anterieurs à la Conftitution du Titre Clerical , ils ne fçauroient être affujettis dans les veritables regles à former leurs oppofitions , lors de la publication du Titre ; à l'effet de conferver la priorité de leurs hypotheques , parce que les biens

conftituez

conſtituez par le Pere, ne peuvent paſſer ſur la tête du Fils qu'avec leur charges ; de même que les biens conſtituez en dot à une Fille. On ne peut pas dire que la dotation du Clerc ſoit plus privilegiée ni plus protegée par les Loix que la cauſe des dots des femmes, en faveur deſquelles Juſtinien a fait bréche au Droit commun, par la Loi *Aſſiduis*, toutefois, elles n'ont point reçû cette prérogative, que leur dot ſoit privilegiée ſur les Créanciers anterieurs du Conſtituant.

Les Canoniſtes Ultramontains avoient mis en doute, ſi les Créanciers anterieurs à la Conſtitution du titre Clerical, pouvoient exercer leurs hypotheques ſur ce Titre par la vente des immeubles qui en faiſoient le fonds : mais ils ont enfin convenu que la priorité d'hypotheque devoit l'emporter, ſuivant la déciſion de la Loi *ſi fundum* §. *In venditione*, *ff. de Pignor.* c'eſt l'Obſervation de *Fevret*, Traité de l'Abus, *Liv. 3. chap. 4. num. 4.* qui ajoûte que cette déciſion doit être d'autant plus ſuivie à l'égard de l'Egliſe qu'elle n'eſt pas préſumée, *velle lucrari cum alterius jactura*, ce qui arriveroit pourtant ſi on donnoit ce Privilege au Titre Clerical, de pouvoir l'emporter ſur les Créances anterieures, faute par les Créanciers d'avoir negligé de former des oppoſitions auſquelles nulle Loi ne les aſſujettit, puiſque ni le Concile de Trente ni ces Ordonnances Royaux, n'exigent point la publication du Titre patrimonial, qui eſt pourtant la voye legale pour rendre les Actes notoires, d'où il faut tirer cette conſequence, que ni le Concile ni les Ordonnances n'ont pas entendu que les Créanciers anterieurs dûſſent pour la conſervation de leurs hypotheques & de leur priorité former des oppoſitions ; mais quand même l'inſinuation du Titre auroit été établie par les Ordonnances Royaux, ce ne ſeroit que contre les Créanciers poſterieurs auſquels cette inſinuation nuiroit ; ainſi il faut conſtamment décider que les Créanciers anterieurs, quoique non oppoſans à la publication du Titre, conſervent toute la priorité de leur hypotheque.

Au ſurplus la diſpoſition de l'Arrêt du 24. Fevrier 1663.

rendu en faveur de Me. Pechantré Prêtre, par lequel il fût reçu à rentrer dans les biens dependans de son Titre Clerical, après les 30. années de l'alienation, qui en avoit été faite, doit être suivie par les raisons que l'arrestographe à très-élegament deduites.

Mr. le Prêtre Centur. 2. raporte un Arrêt du 20. Janvier 1610. rendu dans la même espece, qui avoit déja préjugé la question contre un tiers acquereur des biens d'un Titre Clerical depuis 5. ans.

Sur quoi il faut observer que c'est une maxime certaine que le Titre Clerical est inalienable, de même que la dot d'une femme avec cette difference que j'estime, que cette prohibition n'a d'autre objet que la conservation du revenu, & des fruits des biens pour le Clerc, sa vie durant, & que celui-ci se trouvant proprietaire incommutable de ces biens, peut les hypothequer valablement ; ensorte qu'après sa mort le Créancier pourra agir, & poursuivre un Decret contre les mêmes biens, ce qui se trouve avoir été ainsi jugé au Parlement de Paris, le 3. Avril 1629. *Bauni en sa Pratiq. Canon. Liv. 3. chap. I.* au lieu que suivant la disposition du Droit Civil, toute espece d'alienation & d'hypotheque des biens dotaux est prohibée à la femme pendant le mariage, & cela par des raisons qui lui sont particulieres, & qui ne peuvent être communes avec le Clerc, joüissant de son Titre en pleine proprieté & usufruit.

L'Ordonnance d'Orleans art. 12. nous insinue assez que l'alienation qu'elle prohibe du Titre Clerical, n'a d'autre objet que la conservation du revenu & des fruits, & que cette prohibition ne lie point le titulaire, pour ce qui concerne l'alienation de la proprieté qui lui est acquise. Cette Ordonnance s'explique en ces termes, *avons declaré le revenu temporel inalienable & non sujet à aucunes obligations & hypotheques creées depuis la promotion du Prêtre sa vie durant :* Elle ne parle que du revenu & nullement de la proprieté. Elle borne la prohibition d'aliener & hypothequer durant la vie du Prêtre Titulaire ; la prohibition d'aliener & hypothequer n'étant expresse que pour le revenu pendant la vie du Prêtre Titulaire, rien n'empêche qu'il ne puiffe hypothequer le fonds à des Créanciers , & que ceux-ci ne foient en droit d'exercer après fa mort leurs hypotheques fur le même fonds ; & en cela il ne fait rien de contraire à l'inftitution du Titre Clerical , puifque n'étant établi que pour l'entretien viager du Prêtre ; de là qu'il joüit des fruits pendant fa vie : il eft indifferent qu'après fa mort le fonds tombe entre les mains de fes Créanciers.

Pour preuve fenfible que les Conftitutions Canoniques qui ont introduit ce Titre Clerical , n'ont eû d'autre objet que l'entretien du Clerc , c'eft qu'elles ont déterminé que le Titre Clerical ne pouvoit être conftitué qu'en fonds qui donnât des fruits certains , & nullement en chofes mobiliaires , fuivant l'Obfervation *de Garcias* , *Part.* 2. *cap.* 5. *num.* 105. *& III.*

Il y a encore un Arrêt de la Cour , rendu à la troifiéme Chambre des Enquêtes , le 17. Juillet 1717. au Rapport de Monfieur de St. Laurens entre Guillaume Laur , & Jean Roux , mari de Perrette Laur , qui prouve bien vifiblement qu'on n'envifage que la perfonne du Prêtre , dans les Privileges accordez au Titre Clerical , puifque cet Arrêt décide que l'heritier du Prêtre n'eft point reçu à oppofer la faveur de l'imprefcriptibilité du Titre Clerical dont fon Auteur auroit peu s'aider.

Le fait étoit tel , Anne Boudaries fit donation de tous fes biens à Perrette Laur , fous la refervation de la fomme de 100. l. de rente pour établir un Titre Clerical en faveur d'Antoine Laur ; celui-ci après la Conftitution de ce Titre obtint la Cure de Cabreres , & vêcut plus de 47. ans , ayant fait fon Teftament & inftitué Guillaume fon frere ; il legua au fils de Guillaume ce fonds fur lequel fon Titre Clerical fe trouvoit établi.

Après fon decès Guillaume ayant trouvé Jean Roux en poffeffion des biens affectez pour ce Titre Clerical , le fit affigner en délaiffement ; Roux lui oppofa fa poffeffion paifible & non interrompuë plus que quarantainere ; le demandeur en délaiffement appella à fon fecours , la faveur du Titre Clerical , qui comme la dot eft imprefcriptible ; & foûtint que quand il feroit prefcriptible, la poffeffion alleguée manquoit à Roux : celui-ci repliqua que la faveur de l'imprefcriptibilité étoit perfonnelle au Prêtre , & ne paffoit point à fon heritier. La Cour par fon Arrêt ordonna que Guillaume Laur prouveroit qu'Antoine fon Auteur avoit interrompu le cours de la prefcription par la joüiffance du fonds ; & par là la Cour préjugea que l'exception d'imprefcriptibilité ne peut être oppofée par l'heritier du Prêtre.

## CHAPITRE VII.

### *Des Fondations & Rentes Obituaires , & de la faculté de rachat qui y eft apofée.*

ON peut ajoûter aux Arrêts qui ont jugé la rente Obituaire imprefcriptible , fur la tête des tiers acquereurs du fonds affujetti à la rente , un Arret rendu le 12. Avril 1718. au Rapport de Monfieur de Laroque à la feconde Chambre des Enquêtes , en faveur du Sindic de la Table Notre-Dame de l'Affomption de l'Eglife St. Etienne de Touloufe , contre le fieur de Vabres Marquis de Caftelnau , par lequel il fut décidé que le fieur de Vabres poffeffeur & tiers acquereur des biens fujets au payement d'une rente , établie en faveur de la Chapelle de l'Affomption de quatre fétiers bled , n'avoit pas prefcrit l'hypotheque par une joüiffance de 148. ans , quoiqu'il n'y eût pas de fervice annexé à cette rente , & qu'il y eût eu tranfport de cette même rente fur deux differens heritages , dont les poffeffeurs l'avoient regulierement payée , le fieur de Caftelnau fut feulement condamné à payer les arrerages dépuis l'introduction de l'Inftance , & au quart des dépens.

Quand les biens fujets au payement de la rente Obituaire fe trouvent poffedez par un tiers acquereur , qui a ignoré cette charge du fonds ; il ne peut être condamné aux arrerages de cette rente que depuis l'introduction de l'Inftance : c'eft ainſi que la queſtion fut jugée à la troiſiéme Chambre des Enquêtes le 12. Juillet 1721. au Rapport de Mr. de Faure entre Me. Douſſaine Obituaire, & de Nizot tiers acquereur du fonds.

Le principal motif de cet Arrêt fut que Nizot étoit poſſeſſeur de bonne foi, & qu'il avoit ignoré la rente au tems de ſon acquiſition ; d'où l'on peut conclurre que ſi l'acquereur a connu cette charge du fonds au tems qu'il l'a acquis, il doit être condamné aux arrerages depuis 29. ans avant l'introduction de l'Inſtance, puiſqu'il eſt de maxime que le poſſeſſeur de mauvaiſe foi, eſt aſſujetti à la reſtitution des fruits du fonds évincé : ce même Arrêt jugea que la rente Obituaire étoit payable ſolidairement & ſans diviſion d'action par le poſſeſſeur de partie du fonds ; ſauf ſon recours contre les autres poſſeſſeurs, par la raiſon que l'hypotheque à laquelle le Fondateur a aſſujetti originairement le fonds, *eſt tota in toto, & tota in qualibet parte.*

Il y a deux Arrêts rendus à la troiſiéme Chambre des Enquêtes, le premier au Rapport de Mr. de Gaujac le 3. Juillet 1722. entre Jeanne de Tonnac, veuve du ſieur de Gagnac & Jean Blais, le ſecond le 28. Fevrier 1724. entre Pouſargues & Blanier, au Rapport du même qui ont jugé le Pacte de rachat apoſé dans un Contrat de Bail à Locataitie perpetuelle impreſcriptible.

Il ſemble que ces deux Arrêts devroient fixer ſur cette matiere la Juriſprudence de la Cour qui a été ſi flotante. Je croi cette faculté impreſcriptible par la maxime de la *Loi* I. *Cod. de diverſ. reſcript. connexorum eadem eſt natura.* Enſorte que la clauſe étant apoſée dans un Contrat impreſcriptible, doit participer des avantages de ce Contrat, qui doivent être reſpectifs & mutuels entre les contractans s'il n'y a paction contraire.

# CHAPITRE X.

## *De la Préſentation des Vicaires amovibles.*

LA Cour traite ſi favorablement les Curez dans le choix qu'ils font de leurs Vicaires, que par Arrêt du 8. Mars 1707. prononcé à l'Audience de la Grand'Chambre, par Mr. le Préſident de Riquet, ſur les Concluſions de Mr. l'Avocat General Daviſard ; elle déclare y avoir abus, dans l'Ordonnance de Mr. l'Evêque du Puy ; portant que Me. André, Curé, recevroit pour Vicaire, Me. Fevret, que ce Curé avoit déja congedié.

On peut conclurre de cet Arrêt, que quand le Curé a fait choix d'un Vicaire, pour la Deſſerte de ſa Parroiſſe, irreprochable dans ſa conduite ; & d'ailleurs, habile pour les fonctions Curiales. L'Evêque qui l'a une fois aprouvé, ne peut le déplacer malgré le Curé, par voye de Superiorité.

Le Parlement de Paris rendit un Arrêt, qui paroît contraire à celui-ci, à l'Audience de la Grand'Chambre, le 26. Juillet 1691. Il eſt rapporté par Duperrai en ſes nottes, ſur l'Edit Eccleſiaſtique, *Art. 25. Tom. 1. page* 610. Cet Arrêt déclare n'y avoir abus dans l'Ordonnance de Mr. l'Evêque d'Angers, qui avoit commis un Vicaire dans le lieu de la Daguiniere, avec cette condition, qu'il ne pourroit être revoqué, ſans ſon conſentement. Me. François Chapillon, Curé, étoit Appellant comme d'abus, de l'Ordonnance de cet Evêque.

Il falloit ſans doute, que dans l'eſpece de cet Arrêt, l'Evêque eût eu pour motif, le bien general de cette Parroiſſe, pour en uſer ainſi : motif ! Qui fut accuëilli par cet Arrêt, & qui a échapé à la plume du Compilateur.

# CHAPITRE XI.

*Sur la condamnation de fournir des Ornemens à l'Eglife,*
*contre les Laïques.*

BAffet, tom. 1. liv. 1. tit. 1. chap. 3. rapporte un Arrêt du
Parlement de Grenoble, du 18. Mars 1634. qui a Jugé la
queftion; & a decidé que le Juge d'Eglife, peut feulement ordonner, que les Ornemens neceffaires au fervice Divin, feront
fournis ;& les Parties conftraintes de l'autorité de qui il appartiendra. Ce n'eft point au Juge d'Eglife à pronocer des condamnations, portans conftrainte fur le Temporel. Le Juge Laïque
eft feul competant pour cela. L'Eglife n'avoit anciennement
qu'une Jurifdiction volontaire. Les Jugemens qui en émanoient,
avoient befoin de l'autorité des Magiftrats, pour être mis.à
execution, *L. 9. Cod. de Epifcop. audient.* L'Eglife n'a donc
point à fe plaindre, fi les Parlemens du Royaume, dont le
principal devoir eft, de maintenir l'autorité Royalle dans
toute fon étenduë, font foigneux d'empêcher les entreprifes du Tribunal Ecclefiaftique, fur la Jurifdiction Royalle.

L'Evêque ne peut faire dans fa vifite, que des Actes de
fa Jurifdiction volontaire, pour lefquels il ne faut pas garder
les formalitez prefcrites par l'ordre Judiciaire, felon l'obfervation de *Paftor, de Jurifd. Eccl. liv. 1. tit. 6. num. 2.* l'art.
39. de l'Edit Ecclefiaftique, le fait bien entendre ; puifqu'il
ne parle que de Reglemens ou Ordonnances, & nullement
des Jugemens; d'où il faut conclurre que l'Evêque procederoit
abufivement, s'il prononçoit des condamnations, même contre perfonnes Ecclefiaftiques, pour lefquelles il faut avoir préalablement fuivi la Procedure réquife par les Ordonnances Royaux, qui affujettiffent les Officiaux à garder dans leurs Jugemens l'ordre de la Procedure ordinaire.

Les Evêques, fuivant Paftor, au lieu cité, peuvent dans
le cours de leurs vifites entendre les Parties, *de plano eft fine*

*ſtrepitu judicii*, mais ils ne peuvent ni proceder à l'audition des Témoins, ni rendre aucune Sentence ; ſoit de ſuſpen-ſe, ou de dépoſition.

Il faut ici obſerver, que ſuivant l'art. 36. de l'Edit de 1695. les Ordonnances renduës dans le cours des viſites, doivent être executées ; non obſtant les appellations, comme d'abus, & ſans y préjudicier.

L'Evêque a droit neanmoins d'y decerner des peines lege-res contre les Clercs, pour la correction des mœurs, ſelon l'obſervation de Paſtor, *loco ſupra*, après *Farinacius*, les Evê-ques ne peuvent rien ſtatuer contre les Clercs, qu'ils n'ayent été préalablement citez, & qu'on ait uſé de monitions Cano-ques ; ſans cela, il y auroit lieu d'appeller comme d'abus des Ordonnances renduës par l'Evêque ; ainſi qu'il a été jugé par Arrêt de la Cour, prononcé à l'Audience de la Grand'Cham-bre, le 6. Fevrier 1719. par Mr. le Premier Préſident de Ber-tier, en faveur de Me. Choiſiti, Chanoine d'Uſez, pour lequel plaidoit Me. de Baſtard, fils, appellant comme d'abus, d'une Ordonnance renduë par Mr. l'Evêque d'Uſez, en ma-tiere de correction des mœurs; par laquelle Me. Choiſiti avoit été condamné à quatre mois de Seminaire, & à une ſuſ-penſion de la celebration de la Meſſe, pour certain tems. La Cour declara y avoir abus, en ce que Mr. l'Evêque d'Uſez avoit ſuſpendu de dire laMeſſe, Me. Choiſiti, ſans citation ni monition precedente, & le condamna à la moitié des dé-pans, & à l'amande de 5. liv. plaidant pour lui Me. de Lardos.

La citation eſt requiſe par le Droit Civil, *neque enim in audita cauſâ quem quam damnari æquitatis ratio patitur L. I. ff. de requir. vel abſent. damn.* les monitions ſont indiſpenſa-bles, ſelon la diſpoſition du Droit Canon, *Gloß. pragmat. ſanct. tit. de Concubin* §. *nec non verbo teneatur.*

Ces monitions, à l'égard des Eccleſiaſtiques, trouvent leur fondement dans cette Loy de charité & de douceur, que le Fils de Dieu a établie dans ſon Evangile, lorſqu'il a dit ; *ſi votre Frere a pêché contre vous, reprenez-le ſeul à*

*ſeul ;*

*feul ; s'il ne vous écoûte pas , appellez un ou deux Témoins ;
s'il ne les écoûte pas , ditez-le à l'Eglife , s'il n'écoûte pas l'E-
glife , qu'il vous foit comme un Payen , & un Publicain , en St.
Matth. chap. 18. verf. 15.*

Delà fe tire cette maxime Canonique, *monitio judicialis
debet effe trina :* elle a lieu dans le cas de non refidence des
Beneficiers , *cap. ult extra de Cleric. non refident.* Il faut alors
que les monitions faites aux Curez abfens, foient dans l'efpace de fix mois ; après lefquels on pourvoit au Benefice,
fi l'abfent ne defere point aux monitions, *Fevret de l'abus,
liv. 3. chap. 1. num. 13.*

# CHAPITRE XIV. & XV.

### De la Dîme des menus Fruits, & de l'ufage de la payer à difcretion.

J'Eftime l'Arrêt qui a déclaré abufif l'ufage de payer la Dîme des menus fruits, à difcretion plus juridique que l'autre ;
car , foit qu'on envifage la Dîme , comme étant de droit
Divin , pofitif, ou de pure Police Ecclefiaftique , l'obligation en eft toûjours étroite ; laiffer la liberté aux particuliers
de la payer à difcretion , c'eft fournir à l'avarice de la plus
part des hommes, *occafionem peccandi* ; car la cotte de la Dîme
étant dans fon origine, la dixiéme partie des fruits de la
terre , *omnes Decimæ terræ five de pomis arborum five de fru-
gibus Domini funt & illi fanctificantur Levit. chap.* 27. Il
s'enfuit, qu'il eft de l'effence de la Dîme que fa cotte ( quoique prefcriptible ) foit fixe & determinée , & non arbitraire
au peuple, par où l'on ferme la porte au dol, & à la fraude, qu'on ne pratique que trop dans la campagne , dans le
payement des fruits Decimaux : l'art. 50. de l'Ordonnance
de Blois, fortifie encore cette decifion ; puifqu'il interdit aux
Proprietaires des champs fujets à la Dîme , cette exception
de pouvoir la payer à volonté : pour ce qui concerne la
Dîme des Jardins, il faut tenir pour maxime, & en thefe , que

les Jardins domeſtiques conſtruits pour l'uſage Journalier du Proprietaire ; c'eſt-à-dire , pour lui fournir des herbes pota- geres , & des fruits dans leur ſaiſon , ou pour porter des fleurs pour l'agréement , ne ſont point ſujets à la Dîme ; mais que ſi l'on y ſemoit des bleds , où plantoit des vignes , alors ils y deviendroient ſujets , ſans diſtinction de Jardins clos , ou non clos , ni de contenance ; en quoi j'adopte la deciſion de Graverol , ſur *Laroche* , *liv. 2. tit. 5. art. 4. infine.*

Je croi donc qu'à l'égard des menus fruits , il ne doit point y avoir de contenance de terre limitée pour cette exemp- tion , & que le Proprietaire du fonds peut en joüir , au delà même de deux journées , ſi ſes beſoins domeſtiques le re- quierent ainſi , ce qui peut varier ſuivant la qualité & le nombre des perſonnes , qui compoſent une famille ; & je me fonde & ſur l'Arrêt de la Cour du 6. Mars 1640. rap- porté par Graverol , au lieu cité ſur l'art. 1. qui n'admet point de limitation de contenance , à l'égard des Proprietaires des Jardins , & ſur les circonſtances de l'Arrêt rapporté par l'Au- teur, qui furent déterminantes, ſans doute pour la deciſion; ſça- voir, que les Habitans de Clermont tiroient des profits conſi- derables de la vente des herbes : il en eût été autrement , s'ils n'avoient tiré de leurs Jardins que ce qui leur étoit neceſ- ſaire , *ad uſum quotidianum* ; & c'eſt à raiſon de ces beſoins journaliers , que la Cour trouva à propos de borner l'exemp- tion à deux journaux de terre , qu'elle eſtima ſuffiſans pour ces Habitans en general ; mais c'eſt là , un Arrêt d'hypo- theſe , qui ne ſçauroit ſervir de préjugé pour toute eſpece de gens ; la qualité des maiſons , & le nombre de ceux qui les compoſent , pouvant exiger une plus grande contenance de terrain , pour l'uſage domeſtique , ſeroient un puiſſant mo- tif pour accorder une exemption de Dîme , au-delà de deux jounaux ; & c'eſt ce qu'on peut recuëillir du langage de nos Arreſtographes , qui ont en maxime & en regle , reſ- traint l'exemption à une contenence de terre neceſſaire , ou aux beſoins domeſtiques , ou deſtinée pour le plaiſir des Pro- prietaires. Il y a dans cette matiere des regles & des maximes

superieures & dominantes ; elles sont fondées sur la Coûtume , dans laquelle l'Eglise & les proprietaires des champs se
trouvent respectivement ; cette Coûtume doit être la Loy inviolable qu'il faut suivre ; non seulement par la disposition
du Droit Canonique , *tot. tit. extra de Decim.* mais par les
Ordonnances Royaux ; suivant l'Ordonnance vulgairement appellée la Philippine , & celle de Blois art. 50.

Sur ce principe si par coûtume locale les jardins se trouvent
exempts de tout tems du payement des menuës Dîmes, des herbes & des fruits qui y croissent , ils ne peuvent y être assujettis sous prétexte qu'ils sont d'une contenance étenduë , &
qu'on les baille à Ferme ; & si l'on trouve dans ce Chapitre un
Arrêt rendu au Rapport de l'Auteur , qui declara les jardins
de Beziers assujettis au payement de la Dîme , ( quoique la
coûtume de cette Ville fut contraire ; ) ce fut sans doute parce qu'il y avoit dans l'espece de cet Arrêt interversion de
culture ; & c'est encore sur le même fondement que fut rendu
pareil Arrêt en faveur du Sindic du Chapitre St. Sernin de
Toulouse , contre les Jardiniers de la même Ville , & du Chapitre de Nîmes contre ceux de cette Ville : ces Arrêts sont
rapportez par Graverol , sur *Laroche* , *Liv. 2. Tit. 5. art. 1.* Ce
Commentateur insinue bien que l'interversion de culture fut
la raison déterminante de ces Arrêts , puisqu'à ce sujet il employe la maxime triviale *subrogatum sapit naturam subrogati* ,
selon laquelle il observe qu'il est de la justice d'assujettir au payement de la Dîme le même terrain qui produisoit auparavant
du bled.

Il faut observer ici que par Arrêt de la troisiéme Chambre
des Enquêtes, rendu au Rapport de Mr. de St. Laurens le 3.
Septembre 1715. entre le Sindic du Chapitre de Villeneuve
d'Avignon , & le nommé Lavanede , il fut jugé que les bes-
tiaux doivent payer la Dîme , ainsi qu'elle se paye dans les
lieux où ils dépaissent,& non comme au lieu de la demeure du
Proprietaire des Troupeaux,& où les Pasteurs se retirent : Il s'a-
gissoit dans ce Procès de la Dîme des Agneaux. Le motif de
l'Arrêt est fondé sur ce que cette Dîme se payoit au Chapitre

à raifon de la depaiffance des Troupeaux ; ce qui fuit le fonds & nullement le domicile du maître de ces Troupeaux , quoique la Dîme fe paye à raifon de l'adminiftration des Sacremens , & qu'il femble qu'il faille fe regler par la coûtume de dîmer du domicile du maître des Pafteurs du Troupeau.

---

## CHAPITRE XVII.

*Du Decret* De pacificis Poffefforibus , *& du Benefice Sacerdotal par la fondation.*

B Rodeau fur *Loüet* , *Lettre B* , *Somm. 4. num.* 8. rapporte un Arret du Parlement de Paris du 14. Août 1576. dans l'efpece d'un Chapellain qui avoit joüi paifiblement pendant l'efpace de 17. ans de la Chapelainie fans être Prêtre , quoique la fondation exigeât indifpenfablement l'Ordre de Prêtrife , dans l'an de la paifible poffeffion : par cet Arrêt ce poffeffeur fut maintenu au plein poffeffoire du Benefice par le Decret *De pacificis Poffefforibus* contre un Impetrant en Cour de Rome par vacance du Benefice.

La difpofition de cet Arrêt n'a point été fuivie par la Cour avec jufte raifon; & pour en être convaincu il faut obferver que le Decret *De pacificis Poffefforibus* , eft une efpece de prefcription Canonique , introduite par les mêmes motifs que la prefcription civile , felon la remarque de *Rebuff. in Tract. de pacif. Poff. num.* 31. que fuivant le Chap. *quoniam extra de præfcript.* il faut que la prefcription Canonique ait la bonne foi du poffeffeur pour partage au commencement & dans tout fon cours.

Cela pofé , il faut neceffairement conclurre que le pourvû d'un Benefice Sacerdotal *à fundatione* , qui en joüit fansavoir la Prêtrife dans le tems fixé par la fondation eft intrus , & ne peut confequemment s'aider du Decret *de pacificis* , qui fuppofe un Titre coloré foûtenu par la bonne foi , fuivant la Doctrine de Monfieur *Maynard* , *Liv.* 1. *Chap.* 64. Or ce pourvû ne peut qu'être conftitué en mauvaife foi , puifqu'il a connoiffance des claufes de la fondation qui eft fon Titre , le Benefice ayant neceſſairement un Office annexé, & des devoirs à remplir.

Le pourvû commence par être inſtruit des capacitez requiſes par la fondation, pour poſſeder legitimement le Benefice,
& il ne peut alleguer d'ignorance à ce ſujet, parce qu'elle
n'eſt pas preſumée en lui, à quoi il faut ajoûter que les fondations étant de Droit étroit & devant être ſuivies *ad unguem.*
*& in ſpecifica forma*, ſelon le langage des Interprêtes ſur le
*Chap. ſignificatum extra de Præbend.* il en faut ſcrupuleuſe-
ment remplir les clauſes qui ſont reputées irritantes, & c'eſt
ſans doute par ces mêmes raiſons que par l'Arrêt du 6.
Decembre 1664. du Parlement de Provence, rapporté par
Boniface, *Tom. I. Part. 1. Liv. 2. Tit. 28. Chap. 5.* Il fut décidé que quand l'Ordre de Prêtriſe eſt requis par la fondation,
il faut être actuellement Prêtre lors de la nomination & proviſion du Benefice, ſans quoi le Titre eſt nul de plein droit :
c'eſt encore la déciſion des Arrêts du Parlement de Paris, rapportez par *Loüet, Lettre B, Somm. 4. Solier ſur Paſtor in novis*
*addit, Lib. 1. Tit. 2. & Fevret, de l'abus, Liv. 3. Chap. 1.*
*num. 6. pag. 215. in fine*, obſervent neanmoins que celui qui
doit avoir la Prêtriſe ſelon la fondation pour être valablement
pourvû du Benefice, peut ſe promouvoir *intra annum*, ſans
que le défaut de Prêtriſe au tems de la proviſion, puiſſe donner lieu à l'impetration du Benefice.

Il faut ſe ranger du côté de la choſe jugée ; ces Auteurs,
( quoique d'un grand poids ) ne rapportent point de préjugez
pour appuyer leur déciſion. Les autoritez dont ils ſe ſervent
doivent être appliquées aux Benefices Sacerdotaux, *à L. &*
*non à fundatione.*

---

# CHAPITRE XVIII.

### *Du legs Pieux fait par le fils de famille.*

SI la queſtion qui fit la matiere des conteſtations des Parties eût été examinée de près, les avis n'auroient peu être
partagez ſur la déciſion, puiſque les textes du Droit civil &

Canonique, concourent pour rendre inhabile le fils de famille de faire aucun legs Pieux, dans l'espece & les circonstances de cet Arrêt.

Pour le Droit civil, la Loi 1. §. *sed si filius familias, ff. de le-*
*gat.* 3. décide que le legs ou Fideicommis laissé par le fils de
famille est nul, à moins qu'il ne soit decedé pere de famille,
ou par l'émancipation, ou par le decès du pere, & qu'il ait
persisté dans sa disposition.

Quant au Droit Canonique l'incapacité est encore bien
marquée, *in Cap. licet.* §. *quamvis de sepultur. in 6. quamvis*
*autem filius familias absque patris assensu sibi possit eligere se-*
*pulturam : pro anima tamen sua præter ipsius assensum ) nisi pe-*
*culium Castrense, aut quasi Castrense habeat ) aliquid judica-*
*re non potest.*

Sur quoi la Glose expliquant le terme de *judicare*, observe
qu'il est pris dans cette Decretale pour disposition ou jugement de derniere volonté, *id est in ultima volontate relinquere*
*judicium enim hic sumitur pro ultima voluntate.*

Cette Decretale lie les mains au fils de famille pour les legs
même pieux : Ainsi vainement alleguoit-on dans l'espece de
cet Arrêt la faveur de la cause pie, & cherchoit-on dans cette
même faveur des prétextes pour éluder la disposition si expresse de la Loi 1. *ff. de legat.* 3. *déja citée.*

La disposition de cette Decretale conforme à celle du Droit
civil, condamne la décision renduë par l'Arrêt rapporté par
Mr. *Maynard, Liv.* 5. *chap.* 1. & avant lui par *Charond. ref-*
*ponf. lib.* 7. *Chap.* 156.

Dans l'espece de cet Arrêt un nommé Jagot fils de famille,
institua par son Testament heritier un Hôpital ; il deceda dans
cette même volonté pere de famille, par le prédecès de son
pere ; après sa mort les freres de ce Jagot attaquerent son Testament comme nul, étant fait par un fils de famille sans le
consentement du pere en faveur de la cause pie. Le Testament
fut néanmoins confirmé en faveur de cet Hôpital, par Arrêt
du 5. Decembre 1581. & cela sur l'opinion *de Balde in Leg.* 1.
*Cod. de sacrosanct. Ecclef.*

Il faut ici obferver, que la plus part des Interprêtes ont pouffé fi loin les privileges de la caufe pie, qu'ils ont donné dans l'égarement, en choquant par leurs opinions les textes des Loix Civiles & Canoniques, qui font la feule regle qu'il faut conftamment fuivre dans les decifions, fans s'arrêter à ce que certains Docteurs, prevenus des fauffes maximes, peuvent avoir mis en avant.

Le Teftament du fils de famille, deftitué du confentement du pere eft nul, *ab initio*, il ne peut donc, *ex poft facto convalefcere.*, fuivant la Regle Catoniere, faite pour les difpofitions de derniere volonté, qui fe trouve adoptée par le Droit Civil & Canonique, & ce Teftament ne peut même être validé par l'émencipation du Teftateur furvenuë après, ou par le decès de fon pere, *Leg. filius familias, ff. de teftam.* quoique le Teftament regarde les pauvres, *D. Cap. licet de fepult. & Leg.* 1. *Çod. de facros Eccl.* en quoi le Teftament eft plus privilegié que le legs ou le fideicommis : par cette raifon que le Teftament eft de droit public, & qu'il exige ces folemnitez prefcrites par la Loy, au lieu que les legs & les fideicommis, peuvent être faits fans folemnité, *& folo nutu.*

Cela pofé, ne faut-il pas conclurre que Balde a tenu une opinion érronée, lorfque fur cette Loy 1. *C. de facrofanct. Ecclef.* il a crû que le Teftament fait par un fils de famille ; en faveur de la caufe pie, deftitué du confentement du pere étoit valable, quand il decedoit, *fui juris*, dans cette même volonté.

Pour ce qui concerne la forme de tefter, en faveur de la caufe pie, les Docteurs exigent neceffairement deux Témoins ; & je croy qu'il ne faut pas fe relâcher dans la pratique fur ce point, en validant une difpofition teftamentaire, deftituée de cette formalité ; quand même il s'agiroit d'un Teftament fait par un Curé, en faveur des pauvres de fa Paroiffe. 1°. Parce que le Droit Canonique exige dans toute forte de Teftamens deux Témoins, *Cap. relatum* 11. *extra de teftim. in ore duorum vel trium ftet omne verbum.* 2°. Parce que le Droit Civil n'a difpenfé des folemnitez réquifes, que les

ſeuls Teſtamens des peres à l'égard de leurs enfans, *Leg. ult.*
*Cod. famil. erciſcun. & 21. §. ex imperfecto de teſtam. eod.*
par cette raiſon que les biens du pere, apartiennent de droit
naturel aux enfans, ce qui n'a pas lieu pour le Curé, à l'é-
gard des pauvres de ſa Parroiſſe, qu'il depend de lui de gratifier, ou non. 3°. Parce que les Docteurs, les plus favorables à la cauſe pie, & qui ont admis les femmes pour Témoins, dans les Teſtamens faits en ſa faveur, ont exigé deux
Témoins pour leur validité, & leur forme ; c'eſt la Doctrine
*de Benedict. in Cap. Raynut. verbo Teſtamentum 1. num. 68.*

---

# CHAPITRE XIX.

*De l'appel comme d'abus d'une Procedure faite pour cor-*
*rection des mœurs par un Superieur Regulier.*

LE Panorme ſur le chap. *contingat extra de foro compet.* obſerve que les Superieurs Clauſtraux des Monaſteres, ſont
les ſeuls Juges legitimes de leurs Religieux ; pour ce qui
concerne la correction des mœurs, d'où il faut conclurre que
le Religieux ne peut ſe pourvoir avec fondement en Cour
Laïque, par appel comme d'abus dans les matieres qui ſont
purement de la Juriſdiction correctionelle, & qu'il ne peut
y porter ſes plaintes, que dans le cas d'excès de la part du
Superieur, dans la correction *niſi modum excedat in corrigen-*
*do Gloſſa in verbo minus Cap. ad noſtram extra de appell.* Le
Superieur doit faire la correction aux Religieux, ſelon la regle
de ſon Ordre, ſuivant cette decretale du Pape *Alexandre*
*III.* s'il apeſantiſſoit la main ſur le Religieux, en lui im-
poſant des peines extraordinaires, & inſolites : Il y auroit
lieu à l'appel comme d'abus ; car le Roy étant le protecteur de la diſcipline Eccleſiaſtique, ſeculiere & reguliere,
qui s'exerce ſous l'autorité Royale ; toutes les contreven-
tions à l'ordre & aux regles des Monaſteres, peuvent être la
matiere d'un appel comme d'abus ; & conſequamment les
excès

excès commis par un Superieur fur un Religieux, en matiere de procedure correctionnelle. Je croy que les Juges &
Superieurs des Monasteres, peuvent se dispenser de suivre les
regles prescrites par l'Ordonnance ; car quoique l'art. I. du tit.
I. de l'Ordonnance de 1667. annonce que le Juge d'Eglise est
assujetti aux formalitez ordinaires de la Procedure ; cela ne
peut être étendu aux Procedures faites dans les Monasteres,
dans la Jurisdiction correctionnelle. Par la raison que l'Ordonnance n'en fait point une mention expresse, ce qui seroit pourtant réquis, pour que les Superieurs des Monasteres y fussent soûmis ; parce qu'il est de maxime, que les
personnes privilegiées & exemptes comme sont les Monasteres, ne sont pas censées comprises dans la disposition des
Ordonnances, sans une mention expresse, *Loüet lett. H. Somm.*
15. Or l'Ordonnance ne parlant que des Officialitez, sa disposition ne peut recevoir d'extention à la justice correctionnelle des Monasteres ; toute la dificulté qui se trouve dans
l'espece de l'Arrêt rapporté dans ce Chapitre, est de sçavoir si
les excès imputez à Frere Alexandre, étoient simplement de
la competence de cette justice correctionnelle, ou s'il n'é-
toit point au contraire d'une nature à meriter la punition
ordinaire des crimes ; dans ce dernier cas, il est certain, qu'il
auroit fallu suivre l'ordre de la procedure, établie par les
Ordonnances ; il semble que les excès imputez à F. Alexandre, étoient d'une nature à passer les bornes de la jurisdiction correctionnelle ; car en consultant le langage *de Cho-*
*pin liv. 2. chap. 3. num. 16. Monaft.* la correction est bornée aux vices des Religieux, & aux infractions de la Dis-
cipline Monastique : mais ici l'on trouve un crime de faux,
commis par ce Religieux, par un exploit qui est un acte de
procedure, de la jurisdsction contentieuse & publique. Un
enlevement fait à main armée d'un autre Religieux, & ces deux
cas, paroissent exceder la competence de cette jurisdiction.

On peut observer ici que les Provisions d'un Official,
subrogé à la place du veritable Official, pour cause de re-
cusation, qui n'est commis que pour juger une seule cause,

ne doivent pas être enregiftrées ; ainfi jugé par Arrêt du
16. Janvier 1719. prononcé par Mr. le Premier Préfident de
Bertier, en la Grand'Chambre fuivant les conclufions de Mr.
Lecomte, Avocat General, dans cette efpece.

Charles, Marquis de Calcaguini, Auditeur general en la
Legation d'Avignon, avoit prêté une fomme de 400. liv.
à Me. Jean-Michel-André, Chanoine de Roquemaure ; &
parce que ce Chanoine plaidoit avec l'Official forain, ce
demandeur ayant formé inftance devant cet Official, il
en fut fubrogé un autre à fa place, pour cette caufe feulement, par Mr. l'Archevêque d'Avignon, dont les Provifions ne furent point enregiftrées, ni infinuées. Cet Official fubrogé, rendit une Ordonnance par défaut, qui condamne le Debiteur au payement de 400. liv. lequel en appella comme d'abus ; fon moyen étoit pris de ce que les
Provifions de l'Official forain n'avoient pas été enregiftrées
conformement aux Edits & Ordonnances ; neanmoins la
Cour le demit de fon appel comme d'abus, avec dépens &
amande, fur ce que cet Official n'avoit été delegué que
pour cette caufe, & qu'il fuffifoit d'avoir fignifié fes Lettres
de fubrogation.

Dans la jurifdiction correctionnelle du Superieur Ecclefiaftique, la citation eft toûjours neceffaire, & le défaut
de citation peut fournir un moyen d'abus, fuivant un Arrêt de la Cour, rendu à l'Audience de la Grand'Chambre, le 21. Juillet 1717. fur les conclufions de Mr. de Tournier, Avocat General, en faveur de Me. Raynaud, Prebandé de l'Eglife de Lifle-en-Jourdain, pour lequel plaidoit Me. de Latournerie, contre le Sindic du Chapitre, défendu par Me. d'Aftruc. Préfident Mr. de Bertier.

Ce Prebandé avoit été privé par une Deliberation ca-
pitulaire des diftributions manuelles & journalieres, à caufe
du fcandale par lui caufé dans le Chœur, par le bruit qu'il
avoit fait pendant les Offices, il perfifta dans fon entreprife ;
ce qui donna lieu au Chapitre de prendre deux autres Délibe-
rations, dont l'une emporta privation pour huit jours, &

l'autre pour un mois de ces diftributions, fans que pendant tout cet intervale de tems on usât d'aucune citation à l'égard de Me. Raynaud : La Cour fur l'appel comme d'abus par lui interjetté, déclara y avoir abus feulement, en ce que Raynaud n'avoit point été cité.

Cet Arrêt fe trouve confirmé par un Arrêt pofterieur que j'ai rapporté *Chap.* II. de ce Livre ; il eft d'ailleurs conforme aux veritables maximes, ( ainfi que je l'ai obfervé fur le même Chapitre ; ) enforte qu'on peut regarder la décifion de ces Arrêts, comme un point de Jurifprudence établi.

# CHAPITRE XX.

*De la Reftitution envers les Vœux de Réligion, & lequel doit prévaloir pour la preuve de la Naiffance, le Livre du Pere, ou le Regiftre des Baptêmes.*

LEs refcrits délégatoires *in partibus*, émanez de la Cour de Rome, doivent être adreffez à des Commiffaires du Reffort du Parlement, dans lequel les Parties font domiciliées, fuivant l'Arrêt rapporté par *Duluc placitor, Lib.* 2. *tit.* 4. Et cela par la raifon qu'il peut furvenir des cas dans les caufes purement Ecclefiaftiques, & qui fe traitent devant le Juge d'Eglife qui obligent les Parties à fe pourvoir au Parlement par appel comme d'abus ; ce qui affujettit le Pape à adreffer fes refcrits délegatoires, dans le Reffort du Parlement dont les Parties font jufticiables.

Le Concile de Trente exige que le Religieux qui reclame contre fes Vœux, dans les cinq ans foit oüi & interrogé par fon Superieur & par l'Ordinaire des lieux, *non audiatur nifi intra quinquennium, tantùm à die profeffionis, & tunc non aliter, nifi caufas quas prætenderit deduxerit coram Superiore fuo & ordinario. de regul. cap.* 19. Le Religieux n'a d'autre domicile que le Monaftere où il fe trouve actuellement lors de

l'obtention du refcrit , en vertu de l'Obédience de fes Superieurs ; il n'a d'autre Superieur que celui de ce Monaftere,
d'autre Ordinaire que l'Evêque Diocefain.

Le Concile de Trente n'étant reçû parmi nous pour la
Difcipline , qu'autant qu'il fe trouve conforme aux Concordats & aux ufages du Royaume , ne doit être entendu que du
Superieur du Monaftere où fe trouve l'Impetrant lors de l'Obtention du refcrit & de l'Ordinaire des Lieux ; car ce réclamant ne pouvant être diftrait fans abus hors du Reffort du
Parlement , dans lequel fe trouve fon Monaftere , parce que
c'eft là fon domicile actuel ; fi la difpofition du Concile de
Trente étoit appliquée à des Commiffaires d'un autre Reffort , elle choqueroit l'ufage & les droits du Royaume,
fondez fur la Pragmatique Sanction , & fur le Concordat :
Ainfi vainement oppofoit-on dans l'efpece de l'Arrêt de la
Cour , la Déclaration des Cardinaux fur ce point de Difcipline du Concile de Trente.

Quant à la preuve de la naiffance refultant du Livre , Journal du pere , elle eft plus fûre que celle du Regiftre de la Par-
roiffe , & doit conféquemment prévaloir dans le concours,
Boiceau dans fon Docte Commentaire fur *l'art.* 54. *de l'Ordonnance de Moulins* , *Part.* 2. *chap.* 8. obferve que le Livre
Journal du pere ou de la mere decedez fait une preuve certaine,
pour ce qui concerne le jour de la naiffance de leurs enfans ,
& fait mention de plufieurs Arrêts qui l'ont ainfi jugé.

Le Curé ne couche fur fon Regiftre le jour de la naiffance
de l'enfant qu'il baptife , que fur le rapport du pere ou de quelqu'autre perfonne de la maifon de cet enfant ; c'eft fur de femblables atteftations que l'on couchoit parmi les Romains fur
les Regiftres publics les jours de la naiffance ou de la mort des
enfans ; ainfi que l'obferve *Danti fur Boiceau loco fupra num.* 4.
Ainfi quand le Regiftre du Curé fe trouve contraire au Livre ,
Journal du pere de famille pour le jour de la naiffance d'un enfant : Il faut déferer à ce Livre Journal , parce que le Curé ne
peut attefter avec certitude que de fon propre fait , qui concerne le jour & date de l'adminiftration du Baptême : Voilà

pourquoi *Fontanon en ses additions sur Bourdin art.* 51. *de l'Ordonnance de* 1539. observe que le Registre du Baptême n'empêche pas qu'on ne soit reçû à prouver, que celui qui se dit mineur sur la foi de ce Registre ne fut né avant le tems, auquel le Registre fixe le jour de sa naissance, parce qu'en cela on n'attaque point la foi du Registre.

En effet la foi du Registre ne tombe que sur le jour de l'administration du Baptême, parce qu'il n'est reputé authentique que pour ce qui concerne le fait du Curé ou Vicaire, & nullement pour un fait qui lui est étranger, comme de sçavoir avec certitude le jour de la naissance de l'enfant qu'il a baptisé.

La preuve de l'afiliation ne peut être établie par témoins seuls, s'il n'y a un commencement de preuve par écrit ; c'est sur ce fondement que la Cour confirma par son Arrêt prononcé à l'Audience de la Grand'Chambre, le 29. Avril 1711. un Appointement judiciel du Senéchal de Toulouse, qui avoit refusé à Jean Combettes de faire preuve de ce fait de filiation par témoins.

Ce Jean Combettes se prétendoit fils d'autre Combettes, & alleguoit une multiplicité de faits d'où il prétendoit tirer la preuve de sa filiation, sans rapporter aucune espece de preuve écrite ni commencement de preuve ; Me. de Causade plaida pour Combettes pere, & Me. de Cormouls pour ce prétendu fils.

La disposition de cet Arrêt est conforme *à la Loi ante penult. ff. de probat.* qui exige une preuve de la filiation ; sur quoi Mornac observe que les Edits se sont reglez sur la disposition de cette Loi, en ce qu'ils ont requis pour la preuve de la filiation, *professiones natalium quam vulgò vocamus, papiers & Registres Baptistaires*, à défaut de Registre Baptistaire ; il faut dumoins quelque espece de reconnoissance de cette filiation de la part du pere, comme quelque Lettre sienne, écrite à la mere de l'enfant au sujet de sa naissance, suivant la Loi citée ; & dans ce cas je ne doute pas que celui qui se prétendroit fils de celui qui a écrit la Lettre missive dont il seroit Porteur, ne fût admis à la preuve par témoins de ce fait de filiation, s'il étoit d'ailleurs établi qu'il étoit né de celle à qui la Lettre a été écrite, comme il peut arriver de celui qui eſt né hors la maiſon paternelle, avant le mariage de ſon pere avec ſa mere ; & qui ſe trouve legitimé par le mariage con-tracté enſuite en face de l'Egliſe ; ce qui dans l'eſpece de cet Arrêt étoit mis en avant & allegué par ce prétendu fils.

La réclamation contre des Vœux *intra quinquennium*, doit regulierement ſe faire d'une maniere authentique, & par Acte public reçû par un Notaire : Toutefois il a été jugé que cette réclamation étoit ſuffiſament conſtatée, par la ſortie du Religieux du Monaſtere dans les cinq ans, & par ſon en-trée dans un Seminaire ; la réclamation s'en étant enſuivie, & ayant obtenu ( quoi qu'après les cinq ans ) le reſcrit du Pape, il a été encore jugé que la fulmination du reſcrit n'en étoit pas moins valable, quoique faite par l'Official ſans l'aſ-ſiſtance du Superieur du Monaſtere delegué avec lui, dès que le Superieur avoit conſenti par écrit & par Acte que l'Official procedât en ſeul : c'eſt ainſi que ces queſtions furent decidées, par Arrêt prononcé à l'Audience de la Grand'Chambre, par Mr. le Préſident de Montbrun le 5. Mars 1710. ſur les Con-cluſions de Mr. l'Avocat Géneral de Tournier, en faveur de Briffon Religieux Minime, contre Laroze Impetrant en Cour de Rome, de quelques Chapelles dont Briffon avoit été pourvû depuis ſa ſortie du Convent des Minimes, & Appel-lant comme d'abus de la Sentence de fulmination du reſcrit obtenu par Briffon.

Dans l'eſpece de cet Arrêt Briffon Religieux Minime, avant la cinquiéme année de ſa Profeſſion expirée, étoit ſorti pour cauſe de réclamation contre ſes Vœux du Convent, avec la permiſſion verbale de ſes Superieurs dont il rapportoit l'atteſtation par écrit. Il étoit entré d'abord dans le Seminaire de Caramant de Touloufe, & y avoit pris les Ordres ſacrez, ce qui demeuroit établi par les Regiſtres de ce Seminaire; après ſa promotion il fût pourvû de quelque Chapelle de Patronage Laïque ; les cinq années s'étant écoulées, il obtint un reſcrit de ſecularifation, dont la fulmination fut adreſſée à l'Official de

Touloufe, pour proceder conjointement avec le Superieur du Monaftere.

L'Official fit la Procedure de la fulmination en feul, fans l'affiftance de ce Superieur, parce qu'il avoit declaré par un Acte qu'il n'empêchoit que l'Official procedât fans fon affiftance.

Larofe impetra en Cour de Rome les Chapelles par devolut, & pour l'autorifer il prit des Lettres comme d'abus de la Sentence de fulmination de refcrit qui fecularifoit Briffon, fondé fur ce que la réclamation n'avoit point été faite *intra quinquennium* ; & que d'ailleurs l'Official avoit procedé en feul contre les termes du Mandat du Pape.

La Cour par cet Arrêt declara n'y avoir abus dans la Sentence de fulmination du refcrit, obtenu par Briffon, demit Larofe de fon Appel avec amande & dépens, & maintint Briffon au plein poffeffoire des Chapellainies en queftion, Me. de Montaudier plaidant pour l'Intimé fur l'Appel, & Me. de Lacroix pour Larofe Appellant.

Les motifs de cet Arrêt font pris de ce qu'étant de maxime qu'on pût fuppléer à un Acte par équipollent, *Leg. nominatim*, *ff. de legat. 3. leg. certum de rebus credit. eod.* Il fuffifoit que la réclamation de Briffon fût établie par la preuve écrite des atteftations données à ce fujet par les Superieurs du Convent, & par fon entrée au Seminaire de Caramant prouvée par les Regiftres de cette maifon ; ce qui operoit le même effet qu'une réclamation faite par devant Notaire, & que le confentement du Superieur du Monaftere, à ce qu'il fut procedé par l'Official en feul à la fulmination du refcrit, mettoit la fulmination à l'abri du défaut qu'elle auroit eû fans ce confentement ; puifque le Pape n'ayant delegué le Superieur du Monaftere, conjointement avec l'Official, que pour l'interêt que le Monaftere pouvoit avoir dans la fulmination ; il fuffifoit que le Superieur qui avoit en main fa défenfe, eût confenti qu'il fût procedé fans lui, pour que l'Official eût valablement rendu fa Sentence, chacun pouvant renoncer au Droit introduit en fa faveur, *Leg. penult. Cod. de pactis.*

# CHAPITRE XXI.

*Comment les Chapelles de Patronage laïque peuvent être spiritualisées, & de l'effet d'une Présentation nulle.*

LEs Chapelles de Patronage laïque, dont la pleine collation appartient aux Patrons designez par le Fondateur, sont reputées Benefices seculiers, selon la remarque de Dumoulin *in regul. de infirm. resign. num. 417. magis secularia & prophana beneficia sunt quam Ecclesiastica ;* & ces Benefices ne peuvent être conferez ni par l'Evêque ni par le Pape, au préjudice du collateur laïque, suivant la décision *de Rebuff. in tract. de pacif. possess. num.* 287. fondée sur la *Clement.* 2. *de præb.* & sur la Glose *sur la Clement. quia contingit de Religios. domib.* d'où il faut conclurre que le collateur laïque est très-favorable à cet égard, & que la collation étant pour lui un bien patrimonial : Tout ce qui tend à le priver de ce bien & de ce Droit de collation, merite peu de faveur.

C'est sur ce principe que j'estime que le collateur qui est rentré dans le Droit qu'il avoit originairement de pleine collation à la faveur d'une possession quarantainaire, aidée de trois Titres, doit être maintenu contre l'Evêque dans ce Droit recouvré ; parce qu'il est de maxime que toutes choses reviennent facilement *ad pristinum statum, Cap. ab exordio distinct.* 35. Or le Benefice étant de sa nature seculier & prophane, le collateur peut rentrer dans son droit primitif par le secours de la prescription de 40. années, soûtenuë de trois Titres ; cet espece de tems étant suffisant pour prescrire contre l'Eglise, *auth. quas actiones C. de sacros. Eccles.* y ayant bien de la difference du cas où le collateur recouvre ainsi un Droit perdu d'avec la collation d'un Benefice originairement Ecclesiastique, usurpée par une personne laïque, à la faveur de trois Titres aidez de la prescription de quarante ans.

Dans ce dernier cas, il est certain que ni le laps du tems,

ai

ni les collations multipliées ne sçauroient acquerir ce droit à
un seculier, incapable de conferer un Benefice purement Ecclesiastique, s'il n'a un indult apostolique, suivant André Deluaux dans ses paratitres sur les décretales, tit. de *inftit.* §. 2. *num. 9.* ce qui ne se rencontre point au premier cas
par les raisons prealleguées.

# CHAPITRE XXII.

### *De la preuve de la revocation de la Resignation.*

LA question decidée dans ce Chapitre ne pouvoit selon
moi faire la matiere d'un Procès, sur tout depuis la déclaration de 1646. pour le Controlle en matiere de Benefices,
qui porte en l'art. *9.* que toutes procurations pour resigner &
les revocations desdites procurations, seront passées par Notaires Royaux ou Apostoliques à peine de nullité ; cette disposition est conforme à la Doctrine *de Rebuff. in praxi Benef.
tit. de procurat. ad resign. num. 6. regulariter*, dit-il, *in his re-
signationibus instrumentum solet esse publicum ad vitandum fal-
sum.*

Il y a un cas dans lequel la preuve par témoins de cette revocation pourroit être admise ; c'est lorsqu'on articule la perte
du Registre du Notaire, dans lequel la revocation étoit insé-
rée ; car quoi qu'on ne puisse être reçû à la preuve par témoins, quand il s'agit d'une somme excedant 100. liv. suivant
les Ordonnances. Toute fois l'on est reçû à prouver par témoins le fait de la perte ou de l'égarement du Registre dans
lequel l'Acte se trouvoit inseré, suivant la Doctrine de Duranti, *quæst. 5. num. 3. & de Ferr. in quæst. 474. Gui Pap.*

Ainsi si dans l'espece de l'Arrêt de la Cour, on avoit soûtenu la revocation de la resignation, & offert de prouver par
témoins la perte du Registre dans lequel elle étoit inserée, &
qu'elle avoit été revoquée par ce même Acte égaré ou incen-
dié ; alors la demande auroit été accüeillie, & la preuve par

témoins reçûë ; mais on se contenta de remettre des déclarations des témoins , qui avoient assisté à l'acte de revocation ,
sans en articuler la perte.

Il faut ici observer que par la déclaration sur l'Edit du
Controlle de l'année 1646. art. 8. Il est enjoint aux Notaires de garder soigneusement les minutes des procurations *ad*
*resignandum* , avec défenses de les délivrer aux Parties , à
peine de faux , & de tous dépens, dommages & interêts desdites Parties interessées.

Sur ce fondement un nommé Mundionde Notaire qui alleguoit avoir remis à Me. Lamouroux Chanoine, l'original
ou minutte d'une procuration *ad resignandum* faite en sa faveur , après en avoir tiré un extrait , fût condamné à remettre dans un certain délai l'original de cette procuration , contre laquelle le Resignant s'étoit inscrit en faux , faute de quoi
il tiendroit prison clause , sauf à lui d'user des mêmes con-
traintes à l'égard dudit Lamouroux , qui soûtenoit que cet
original lui avoit été enlevé par le Resignant ; sur quoi il of-
frit de se purger par serment ; & en cas la Cour y fit difficulté,
de faire preuve de cet enlevement.

L'Arrêt n'eût point d'égard à cette demande de Lamouroux , parce qu'elle parût n'avoir d'autre objet que d'éluder
la condamnation ; cet Arrêt fût prononcé à l'Audience de la
Grand'Chambre le 16. Decembre 1710. par Mr. de Bertier
reçû depuis peu premier Président , plaidans pour le Notaire
Me. de Latour , & pour Lamouroux Me. Ozum , & pour
Chauton pourvû du Benefice par le decès du Resignant , Me.
de Campa ; celui-ci soûtenoit l'inscription en faux de son prédecesseur immediat , c'étoit le fondement de son titre , puisqu'il s'étoit fait pourvoir *per obitum* , de ce Benefice , à quoi
la resignation auroit fait obstacle , si elle n'avoit point été fausse ( ainsi qu'on le soûtenoit ) Chauton fût maintenu provisoirement au possessoire du Benefice contentieux.

# CHAPITRE XXIII.

*De l'Heritier dont le Teftateur a chargé la confcience d'employer une fomme en œuvres pies.*

IL y a un Arrêt celebre du 13. Decembre 1580. du Parlement de Paris rapporté *par Loüet, Lettre L, fomm.* 5. *& par Brodeau ibi*, par lequel il fût jugé que Me. le Peletier, Curé de St. Jacques de la boucherie de Paris, n'étoit point tenu de rendre compte de la diftribution qu'il avoit faite d'une fomme de 3000. liv. qui lui avoit été remife pour être employée en œuvres pies, en execution du Teftament fait par Me. Jacques Perdrier ; dans l'efpece de cet Arrêt il y avoit une décharge expreffe de la part du Teftateur, en faveur de Me. le Peletier de rendre compte de la diftribution de cette fomme, Brodeau au même lieu rapporte deux Arrêts, qui ont dechargé les executeurs Teftamentaires de la reddition de compte des fommes dont la diftribution leur avoit été confiée.

Sur quoi il faut obferver avec Brodeau, que la difpofition de ces préjugez ne peut avoir lieu que lorfqu'il s'agit de la diftribution d'une fomme limitée par un Teftateur ; mais nullement quand elle eft indefinie & laiffée à la volonté d'un tiers, comme Religieux ou autre perfonne qui pourroit ufer de cette faculté, & épuifer abfolument la fucceffion par des fcrupules de confcience ; ainfi qu'il fût decidé par l'Arrêt du 26. Novembre 1637. rapporté par *Brodeau, cod. Bafnage*, fur la Coûtume de Normandie, Tome 2. tit. des Teftamens art. 412. rapporte plufieurs Arrêts, qui ont pareillement dechargé des Curez de rendre compte des fommes qui leur avoient été confiées par les défuns, pour être employées en œuvres pies : On peut feulement contraindre pareils dépofitaires à affirmer par ferment comme ils ont fait les diftributions felon l'intention du Teftateur.

*Robert rerum judicat. lib.* 1. *cap.* 3. rapporte un Arrêt du Parlement de Paris du 23. Decembre 1580. qui condamna les heritiers à délivrer à un Prêtre la ſomme dont le Teſtateur lui avoit confié la diſtribution pour des œuvres pies , ſans que ce Prêtre fût tenu d'en rendre aucun compte.

Sur quoi ce Docte Avocat obſerve que la probité reconnuë de ce Prêtre, fut le premier motif de cet Arrêt; d'où il faut conclurre que ſi le Prêtre ( à qui la diſtribution des ſommes leguées a été confiée, ) n'eſt pas d'une integrité notoire , & d'une conduite irreprochable ; alors il peut être contraint de rendre compte de la diſtribution , & ne doit point en être quitte en ſe purgeant par ſerment qu'il a fait cette diſtribution ſelon l'intention du Teſtateur ; on peut voir dans Robert au lieu cité les raiſons qui peuvent être alleguées de part & d'autre dans cette matiere : je croi qu'il faut s'y regler ſur le même motif, qui ſervit de fondement à l'Arrêt du 23. Decembre 1580.

---

## CHAPITRE XXIV.

### *De la preſcription de la côte de la Dîme contre un Acte qui la regle.*

PAr Arrét d'Audience du 12. Fevrier 1635. plaidans Me. Boyer pour le Sindic des habitans du lieu de Cabrieres , appellans de l'Ordonnance donnée ſur vuidement de Regiſtre par le Sénéchal de Carcaſſonne ou ſon Lieutenant au Siége de Beziers , & Me. d'Autheſerres pour Me. Jean Juillard , Prêtre & Prieur dudit lieu.

La Cour rendit un Arrêt qui préjuge que la côte de la Dîme peut être preſcrite contre une Tranſaction qui la fixe, puiſque cet Arrêt ſur l'allegation du Sindic concernant le fait de la côte preſcrite , & ſur les défenſes contraires de Me. Gaillard Prieur appointe les Parties contraires en leurs faits, qu'elles pourront plus à plein articuler dans le mois pour les Enquêtes , faites & rapportées être ordonné ce qu'il appartiendra

& néanmoins par proviſion, ſans préjudice du droit des Parties ordonne l'execution de la Tranſaction.

Cet Arrêt eſt juridique, rien n'empêche en effet que la côte de la Dîme ne puiſſe être preſcrite nonobſtant une Tranſaction qui la fixe, parce que la preſcription emporte alors
avec ſoi une renonciation tacite de la part du gros décimateur au droit qui lui étoit acquis par la Tranſaction ſon inaction à faire valoir l'acte, étant le juſte fondement de la fin
de non-recevoir oppoſée à ſa demande, *Leg. final. cod. de annal. except.* doit être regardée comme un relâchement de la
côte.

La Cour a dépuis quelques années rendu des Arrêts conformes.

---

## CHAPITRE XXV.

### *De la variation du Patron Laïque.*

Cette maxime que le Patron Eccleſiaſtique ne peut varier ſouffre cette diſtinction, ou la préſentation qu'il a
faite a été notifiée à celui qui doit donner l'inſtitution ou non,
dans le premier cas il ne peut varier, dans le dernier il le pût ;
car le ſimple titre de préſentation ſans notification ne donnant
point droit, *nec in re, nec ad rem*, n'empêche pas la variation
du Patron, *non dicitur variare & valet, ſecundi præſentaio
quia non dicitur præſentare, niſi cum effectu ſcilicet præſentibus,
tam præſentante quàm præſentato & eo qui præſentatur, quorum
altero defficiente non eſt præſentatio perfecta, ſicut non eſt judicium niſi ſit Judex actor & reus gloſſ. Pragmat. Sanct. §. item
circa in verbo non valeant verſic. aliqui aliter dixerunt de collat. Dumoulin Conſil.* 58. *num.* 16. *Solier ad Flamin. de reſign.
Lib.* 7. *quæſt.* 11. tiennent la même Doctrine.

Ce dernier Canoniſte au lieu cité, s'éleve contre l'opinion
*de Loüet ad regul. de infirm. reſign.* en ce que celui-ci prétend
que le ſimple titre de préſentation du Patron Eccleſiaſtique,

empêche la prévention du Pape ; mais je croi que c'eſt ſans
fondement que Solier a repris Loüet ſur ce point , puiſque la
prévention du Pape n'eſt reçûë parmi nous qu'autant que les
choſes ſont entieres ; en ſorte que le moindre acte l'arrête ſelon la Doctrine de Brodeau ſur *Loüet* , *Lettre P* , *Somm.* 25.
& la déciſion des Arrêts qu'il rapporte à ce ſujet, la prévention
du Pape n'eſt pas favorable ſelon nos maximes , parce qu'elle
tend à dépoüiller les collateurs ordinaires ; ſur quoi il eſt à
propos d'obſerver qu'il faut ſe tenir en garde contre les déciſions de Solier , toutes les fois qu'il s'agit de l'interêt du Pape
contre celui des ordinaires ; ſa prévention pour le Siége de
Rome éclate en pluſieurs lieux de ſes ouvrages , & n'eſt pas
d'un Canoniſte François.

La variation du Patron Eccleſiaſtique ne peut être regardée
de cet œil ſelon les mêmes maximes , puiſque loin de bleſſer
le droit du collateur ordinaire , ( ainſi que la prévention du
Pape , ) elle ne fait que le confirmer en le laiſſant l'arbitre du
choix entre les deux preſentes , *cap. eum autem* 24. *extra de
Jur. Patron.*

Que ſi au contraire la préſentation du Patron Eccleſiaſtique
a été notifiée à celui qui doit donner l'inſtitution ; le Patron ne
peut plus varier ſelon la diſpoſition de cette Decretale , *eum
autem* , & la raiſon de cette déciſion peut être priſe du Chap.
*uniq. in Clement. lib.* 1. *tit.* 4. *illuſio & variatio in perſonis Ec-
cleſiaſticis maximè ſunt vitandæ.*

Le Patron Laïque peut varier après la notification même
de la préſentation au collateur ordinaire ; mais il ne le peut
qu'une fois, non en dérogeant au premier titre ; mais en en
faiſant un ſecond : Enſorte que le Superieur à qui l'inſtitution
eſt devoluë aura le choix , & pourra gratifier celui de deux
qu'il trouvera bon ; c'eſt l'obſervation de Solier ſur Paſtor ,
*Liv.* 1. *tit.* 19. *in novis addit. num.* 5. mais cette variation doit
avoir une juſte cauſe : Sans cela le Patron *non poteſt recedere à
prima præſentatione* , ſelon la Doctrine *de Garcias Part.* 5. *cap.*
9. *num.* 213.

# CHAPITRE XXVI.

*Si le Vicaire Géneral ayant conferé à un incapable fur la préfentation du Patron, l'Evêque peut conferer à un autre.*

LA raifon pour laquelle l'Evêque peut rectifier le jugement rendu par fon Grand Vicaire, dans la collation qu'il a faite du Benefice à un incapable ; eft que le Grand Vicaire n'a procedé dans cette collation que comme deleguée de l'Evêque, & qu'il eft de maxime que le deleguant pût corriger les défauts de la procedure ou du jugement du delegué, *Roffiniac de re facerdotali, lib. 3. Chap. 16.*

En effet le Chapitre *cum dilecta extra de refcript.* fur lequel Rebuffe au lieu cité par l'Auteur fonde fa décifion eft dans l'efpece d'une procedure faite par des Commiffaires nommez par le Pape qui y prononce la caffation de cette procedure, non feulement, parce que fes deleguez n'avoient pas rempli leur commiffion ou mandat, mais pour avoir manqué aux regles du Droit.

Il faut prendre garde dans cette matiere, de ne pas confondre la Jurifdiction volontaire de l'Evêque avec la contentieufe, ce qui pourroit arriver fi l'on n'avoit foin de diftinguer ces deux Tribunaux par la difference des matieres ; car fous le nom de Vicaire-Géneral, le Droit Canonique comprend indiftinctement l'Official, & ces deux noms font confondus, *cap. vit. de offic. Vic. in 6.* au lieu qu'en France nous donnons le nom d'Official au Vicaire Géneral de l'Evêque dans la Jurifdiction contentieufe, & celui de Grand Vicaire au delegué de l'Evêque pour les actes de la Jurifdiction volontaire, fuivant l'obfervation de Mr. *d'Olive, Liv. 1. Chap. 16. en fes Arrêts.*

Duperrai fur l'Edit de 1695. Tom. 1. pag. 61. a confondu le nom d'Official dont entend parler *Panorm. chap. 14. de elect.*

avec le Grand Vicaire qui procede dans la Jurifdiction volontaire.

L'Evêque ou fon Grand Vicaire ayant Mandat fpecial,
peut exercer hors du Diocéfe dans l'étenduë du Royaume les
actes qui font de pure Jurifdiction volontaire comme la collation des Benefices, fuivant la Doctrine des meilleurs Canoniftes, adoptée par la Jurifprudence des Arrêts des Cours ; c'eft
la remarque du *Préfident Boyer, décifion* 30. *& de Mr. de Se-
lue tract. de Benef. part.* 3. *quæft.* 40. mais la collation d'un
Benefice fitué dans le Royaume dépendant d'un Evêché étranger, ne peut être faite par l'Evêque ni par le Grand Vicaire de
cet Evêché, il faut pour cela qu'il établiffe un Vicaire fpecial
dans le Royaume, autrement il y auroit abus dans la collation.

# CHAPITRE XXVII.

### *D'une feconde Réfignation faite dans les trois ans de la premiere.*

LE Refignant doit manifefter la volonté qu'il a de rentrer
dans le Benefice par la voye du Regrès, en formant une
demande expreffe à ce fujet, jufques la que les Canoniftes
decident que le Refignant venant à mourir après avoir intenté
l'action en Regrès, & avant d'avoir obtenu jugement décla-
ratoire, le Benefice ne vaque point *per ejus obitum* ; mais qu'il
demeure acquis irrevocablement au Refignataire, c'eft la décifion de Solier *fur Paftor de Benef. lib.* 3. *tit.* 9. *in novis addit.*
appuyée fur l'autorité de Flaminius ; d'où il faut conclurre
que le Refignant ne peut fous prétexte que le retour de fa fanté lui ouvre la porte du Regrès, refigner de nouveau le Benefice fans une demande en Regrès : cette demande étant en foi
peu favorable, & fe trouvant condamnée par les Conciles &
les Canons, doit être non feulement reftrainte aux cas exprimez
par le Droit, *Loüet ad regul. de public. num.* 196. mais expreffe

&

& manifeste par les démarches du Resignant, faites pour rentrer dans le Benefice par autorité du Juge.

Sur quoi il faut observer que la demande en Regrès, doit être formée dans l'année de la convalescence du Resignant, après lequel tems il est irrecevable, suivant les préjugez rapportez par *Solier loco supra num.* 3. mais si la maladie qui a donné lieu à la Resignation, continuë ; le Resignant peut intenter la demande en Regrès après la prise de possession même triennale du Resignataire, *Solier eod.* ainsi l'Arrêt du 3. Mars 1684. doit être entendu d'un Resignant, qui ayant recouvré sa premiere santé avoit demeuré dans l'inaction, & negligé d'obtenir un jugement declaratoire du Regrès ; car la prise de possession du Resignataire est une circonstance indifferente, & qui ne porte aucun obstacle au Resignant tant que la maladie qui est la cause déterminante de la Resignation dure : Sur quoi l'on peut voir Brodeau sur Loüet, *Lettre B*, *Somm.* 13. *où cette matiere est amplement traitée.*

Au surplus, si c'est un point de Jurisprudence que le Resignant ne peut dans les trois ans accorder au Resignataire pour prendre possession, faire une seconde Resignation en faveur de tout autre : C'est aussi une maxime constante que le Resignataire ayant laissé écouler trois ans, après la date des provisions expediées en Cour de Rome, sans prendre possession demeure déchû de tout le Droit qu'il avoit sur le Benefice, sans qu'il puisse faire revivre ce Droit par une seconde Resignation qui lui seroit faite après les trois ans par le même Resignant, c'est la disposition de l'art. 20. de l'Edit, concernant le Contrôlle des Benefices de l'année 1637. & de l'art. 14. de la Déclaration de 1646. renduë sur cet Edit qui sont inviolablement observez.

La mort de l'Evêque à qui les provisions d'une Cure obtenuë en Cour de Rome, *in forma dignum* sont adressées n'autorise point l'inaction du Resignataire de cette Cure, qui a les provisions en main de prendre possession dans les six mois prescrits par la regle *de publicandis* ; ensorte que le Resignant venant à deceder sans que le Resignataire ait pris possession,

le Benefice vaque *per ejus obitum* ; c'eft ainfi que cela fut jugé
en la Cour par Arrêt du 14. Juillet 1712. en faveur de Me.
Gauran pourvû en Cour de Rome de la Cure de Colomiers,
par le decès du Refignant de Me. Bach, qui avoit negligé
de prendre poffeffion de la Cure, fur le fondement que le
Siége de Touloufe (à qui fes provifions avoient été adref-
fées) fe trouvant alors vacant, il avoit eû un empêchement
legitime.

Me. Gauran pourvû *per obitum* fût maintenu au plein poffeffoire de cette Cure, fur les conclufions de Mr. l'Avocat
Géneral d'Avifard, plaidant pour lui Me. de Lardos, &
pour Bach Me. de Lacroix.

Le motif de cet Arrêt fut pris de ce que la regle *de publicandis eft ftricti Juris*, & qu'il faut en remplir rigoureufement
la difpofition, l'empêchement allegué par Me. Bach, n'étant
point d'une nature à pouvoir retarder la difpofition de cette
regle & la prife de poffeffion, puifqu'il avoit pû recourir à la
Cour de Rome & y obtenir un autre Commiffaire.

Pour arrêter le cours du tems prefcrit par cette regle ; il
faudroit un empêchement legitime du côté du Refignataire
pourvû en Cour de Rome ; ce qui eft une exception de Droit
*ceffante legitimo impedimento ut de collat. in concordat.* §. 1.
fur quoi Rebuffe obferve qu'on repute empêchement legitime
une maladie, la Pefte, la Guerre, quand il n'y a pas de fû-
reté de fe tranfporter fur un lieu *propter inimicos*.

Le Refignataire *in favorem* qui ne s'eft pas plaint dans les
fix mois du réfus, qui lui a été fait en Cour de Rome d'admettre la Réfignation, eft irrecevable après les fix mois expirez
dans fon appel comme d'abus, de ce réfus, ainfi jugé par Arret du 13. Avril 1717. prononcé à l'Audience de la Grand'-
Chambre par Mr. le premier Préfident de Bertier, fur les
conclufions de Mr. le Procureur Géneral en faveur de Me.
Dedieu Chanoine de Conferans, contre Me. Viguier de
Lafcalettes Refignataire appellant comme d'abus, plaidans
Me. d'Hulau pour Viguier, & Me. de Baftard fils pour Dedieu pourvû du Benefice contentieux par Mr. l'Evêque de
Conferans.

Quoique ce foit un point de nos libertez & une maxime reçûë en France , que le Pape ne peut fans abus réfufer de donner date à un François du jour de l'arrivée du Courier à Rome : Toutefois il faut fe plaindre de ce réfus , & en inter-jetter appel comme d'abus dans les fix mois , fuivant Pithou fur l'art. 47. des libertez de l'Eglife Gallicane ; & c'eft fur ce fondement que l'Arrêt declara Viguier irrecevable en fon Appel.

Cet Arrêt decida encore que l'Evêque qui réfufe de don-ner le *Vifa* au pourvû en Cour de Rome , ( quoique le réfus foit notoirement injufte , ) ne peut être pris à partie ni inti-mé en la Cour à ce fujet ; ce qui eft fondé fur l'Edit de 1695. art. 43. qui donne l'exclufion aux prifes à partie. Toutes les fois que les Evêques procedent en Jurifdifdiction volontaire comme dans le cas du *Vifa* ; fur ce fondement Mr. l'Evêque de Conferans fût relaxé par ce même Arrêt de la prife à par-tie , & de l'intimation à lui faite par Viguier fur le réfus du *Vifa* , pour lui plaidant Me. d'Aftruc.

Le Titre fait à Dedieu par l'Evêque eût fon effet , puif-qu'il fut maintenu au plein poffeffoire du Canonicat qui fai-foit la matiere du Procès ; & par là on jugea que l'inaction du Refignataire à fe plaindre du réfus du Pape , pendant fix mois avoit donné lieu à la vacance du Canonicat , & que le collateur ordinaire ( qui étoit l'Evêque , ) avoit pû legitime-ment en faire titre.

La raifon de l'Arrêt fut que l'efpace des fix mois ayant été prefigé par les Canons aux collateurs ordinaires pour remplir les Benefices vacans , après ce laps de tems , le Droit eft dé-volu au Superieur immediat , *cap. licet de fuppl. negligent. prælat. extra.*

# CHAPITRE XXVIII.

## *Observation sur la dispense de parenté au quatriéme degré, accordée par l'Evêque.*

LA question qui fait le matiere de l'Arrêt rapporté dans ce Chapitre, a été amplement traitée dans une dissertation que je fis à ce sujet, imprimée à Toulouse en l'année 1724. dont l'objet fut de combattre les fausses maximes, repanduës dans le Livre intitulé l'Opinion des Canonistes, Ouvrage de Me. Solier Avocat en la Cour, dans lequel il tâche de montrer que le Pape est seul en droit d'accorder des dispenses de mariage au 3. & 4. degré de parenté, malgré la possession des Archevêques & Evêques d'accorder ces mêmes dispenses.

Comme cette dissertation excede les bornes de mes Observations, j'ai crû devoir rapporter ici sommairement les raisons que j'ai employées pour défendre la cause des Evêques, & leurs Droits de dispenser au 3$^e$. & 4$^e$. degré, quand ils se trouvent en possession contre les prétentions de ce Canoniste.

Les principales propositions sur lesquelles Me. Solier fonde le pouvoir absolu du Pape au sujet de ces dispenses, & l'exclusion des Evêques roulent, 1°. Sur une puissance Monarchique, qu'il attribuë au Pape dans l'Eglise Universelle, 2°. Sur sa superiorité dans tout ce qui est de Droit positif aux Conciles, 3°. Sur la réservation au Siége de Rome des causes majeures, parmi lesquelles il range les dispenses qu'il attache au Pape par institution, & non par la disposition du Droit positif ou par la Coûtume prescrite.

Ces propositions choquent les maximes de l'Eglise Gallicane, & nos libertez ; & ne peuvent partir que d'un Canoniste, rempli des principes de la Doctrine Ultramontaine.

En commencent par la premiere de ces propofitions, j'obferve que l'Auteur en tire cette confequence que la puiffance des Evêques n'eft qu'un écoulement & une influance de celle du Pape leur Chef; à qui J. C. a donné en feul toute la plenitude de fon pouvoir. ( *a* )

J. C. forma fon Eglife & en regla le gouvernement après fa Refurrection ; ce fût lorfqu'il dit à fes Apôtres affemblez, Toute-Puiffance m'a été donnée dans le Ciel & fur la Terre : allez, enfeignez toutes les Nations ; & baptifez-les au Nom du Pere, du Fils, & du St. Efprit, je ferai avec vous jufqu'à la confommation des fiécles. ( *b* )

Voilà la Puiffance des clefs diftribuée à tous les Apôtres ; cette Puiffance renferme non feulement les mifteres & la Doctrine, mais la Jurifdiction fpirituelle & le pouvoir de l'exercer ; les Apôtres reçûrent donc avec la confecration la Jurifdiction qui en eft infeparable ; & c'eft ce que St. Paul fidéle Interprête des Ecritures nous marque bien clairement par ces paroles qu'il adreffe aux Evêques d'Afie ; prenez garde à vous & à tout le Troupeau, duquel le St. Efprit vous a établis Evêques pour gouverner l'Eglife de Dieu. ( *c* )

Le gouvernement de l'Eglife a été confié au corps des Apôtres, & non à Pierre feul ; ce gouvernement n'eft donc pas monarchique : Les Evêques ont par inftitution & de Droit Divin, Jurifdiction dans leur territoire pour le regime fpirituel des ames, dans tous les cas qui ont rapport à ce regime, parmi lefquels on peut ranger les difpenfes dont il s'agit, puifqu'elles font une partie de la Jurifdiction fpirituelle de l'Epifcopat ; ils ne tiennent donc point du Pape leur Jurifdiction ; ce n'eft point au Pape feul, à qui tout le dépôt de la Jurifdiction de l'Eglife a été confiée.

C'eft ce qu'on peut recuëillir encore du langage de St. Cyprien, lorfqu'il dit *qu'il n'y a qu'un même Epifcopat*,

( *a* ) pag. 44. 45.   ( *b* ) Matth. chap. 28. verf. 18. 19.
( *c* ) Actes des Apôtres, chap. 20. verf. 28.

*divise entre tous les Evêques, & que les Apôtres étoient ce que
Pierre étoit lui-même, revêtus de la même puissance, du même
Apostolat, de la même jurisdiction, que la qualité de Chef ne fut
deferée à Pierre, que pour manifester l'unité qui devoit regner entre les membres & les chefs du corps mistique de l'Eglise.* ( d )

De ces maximes il en faut conclurre que les Evêques
sont capables de Droit commun , & par institution d'accorder dans leur Diocése les dispenses & les absolutions,
parce que tout cela dépend du regime spirituel qui leur a
été confié aussi bien qu'à leur chef.

Les attributions dont joüit aujourd'hui le premier siége,
& la Chaire de St. Pierre par-dessus les autres ( e ) sur certaines matieres qui lui sont reservées, viennent de la disposition du Droit positif, ou de la Coûtume prescrite qui a
fait titre au Pape, nul Concile n'a attribué au Pape ex-
clusivement au 3ᵉ. & 4ᵉ. degré de parenté aux Evêques le droit
de dispenser dans les mariages, il ne peut donc avoir ce Droit
que par la Coûtume prescrite , & par l'abandon des Evêques ;
si quelqu'un d'entr'eux s'est maintenu dans la possession de
dispenser : Il n'y pût être troublé sans abus.

Cette possession n'est donc point abusive, ( ainsi que l'a
prétendu Solier ) appuyé sur cette fausse maxime, que les
Evêques sont incapables par institution d'accorder ces dispenses. ( f )

Venant à la seconde proposition qui roule sur la superiorité du Pape aux Conciles Géneraux , puisque selon
Solier il y peut déroger expressement, ( g ) & qu'il ne peut
être lié par aucun de leur Décrets ; ( h ) j'observerai que
la Jurisdiction que le Pape exerce dans l'Eglise est dépendante des Constitutions de l'Eglise même ; elle est subor-
donnée aux Décrets des Conciles : Il n'en est pas du gouvernement spirituel de l'Eglise comme du gouvernement
temporel des Royaumes.

( d ) *In tract. de unitate Ecclef. & in Decreto Gratiani* 24. *quæst.* 1.
*cap. loquitur.*    ( e ) Actes des Apôtres , 1. vers. 17. Epit. 1. chap. 5.
( f ) Pag. 82. 83.    ( g ) Pag. 138.    ( h ) Pag. 57.

La puiſſance abſoluë a été donnée aux Rois ſur les peuples ; mais la puiſſance ſpirituelle des clefs a été établie ſelon le langage de l'Ecriture, ſur la charité & ſur l'humilité, (*i*) elle doit donc être exercée ſelon cette même inſtitution. La qualité de chef des Evêques que Jeſus-Chriſt defera à Pierre, impoſe aux Papes ſes Succeſſeurs l'obligation de tenir la main à l'execution des Loix de l'Egliſe, & dédifier les fidéles par l'obſervance de ces mêmes Loix ; bien loin de vouloir s'en affranchir en affectant une independance ſur tout ce qui eſt de droit poſitif Eccleſiaſtique.

L'ordre que Jeſus-Chriſt donna à Pierre de confirmer ſes freres, ſe rapporte à cette qualité de chef, & à cette obligation de procurer par ſon exemple autant que par ſa vigilance paſtorale, l'execution des Loix de l'Egliſe ; ſoit pour ce qui concerne la foi où les Dogmes ; ſoit pour la Diſcipline & les regles établies par les Conciles, & c'eſt ce que les anciens Papes ont reconnu avec les Peres de l'Egliſe, *contra ſtatuta Patrum*, dit Zozime, *aliquid condere vel mutare nec hujus quidem ſedis poteſt autoritas.* (k)

Le Concile de Chalcedoine établit la même regle, & ne fait point d'exception pour le Pape, *à ſanctis partibus in una quaque ſinodo uſque nunc prolatas regulas teneri ſtatuimus,* (*l*) La pragmatique Sanction, en conformité du Concile de Baſle, porte que le Pape ſera cité au prochain Concile, en cas de contravention de ſa part, aux Loix & Decrets de l'Egliſe Univerſelle. (*m*) La France a toûjours reconnu cette verité que le Pape eſt indiſtinctement ſoûmis aux Loix & à la correction des Conciles Generaux, tant pour ce qui concerne la foi & le Dogme, que pour la Diſcipline : c'eſt ce qu'à obſervé cet Illuſtre Avocat General du Parlement de Paris, dans ſon plaidoyer ſur l'appel interjetté au futur Concile de la Bulle du Pape Innocent II. concernant les fran-

(*i*) S. Luc, chap. 22. verſ. 25. Epître S. Pierre, verſ. 5.
(*k*) *Cauſa* 25. *quæſt.* 1. *cap.* 25.
(*l*) 25. *quæſt.* 1. *cap.* 14.
(*m*) *Pragm. Sanct, tit. de Elect.* 2.

chifes dans la Ville de Rome. (*n*) Et c'est une des maximes
immuables de l'Eglise Gallicane, que le Concile Ecume-
nique reprefentant l'Eglife Univerfelle, est fuperieur au Pape;
enforte qu'il peut le depofer fi le cas y échoit. Les dépofi-
tions de Pierre de la Lune, connu fous le nom de Benoît
XIII. & Deugene IV. La premiere faite d'autorité du Concile de Conftance; la feconde par le Concile de Bafle, en
font des exemples memorables.

Il en faut venir à la troifiéme propofition qui tombe fur la
refervation au Pape des caufes majeures, parmi lefquelles
l'Auteur range les difpenfes de mariage.

Les caufes qu'on nomme aujourd'hui majeures, & qui
font refervées au premier Siége, ont été originairement du
Reffort ou des Conciles Provinciaux ou des Evêques, ( ainfi
que je l'ai montré au long dans ma Differtation fur Solier )
Elles ne font refervées au premier Siége, que par la Coûtume
prefcrite qui a paffé en force de Loi, & qui lui a fait titre.

Pour les difpenfes de Mariage dont il eft traité dans ce
Chapitre, elles n'ont jamais paffé pour caufes majeures, &
ne peuvent être refervées au Pape à l'exclufion des Evêques;
en voici la preuve.

Dans les premiers fiécles de l'Eglife, les exemptions & les
difpenfes étoient rares, l'Eglife n'en ufoit qu'avec circonf-
pection : elles étoient accordées par les Evêques dans les
trois premiers fiécles, & enfuite par les Conciles Provinciaux, jufqu'au Regne de Charlemagne, tems auquel la
plus part des Evêques accordoient des difpenfes fans la parti-
cipation des Conciles Provinciaux, en exerçant leur ancienne Jurifdiction. (*o*)

Peu de tems après comme la puiffance temporelle du Pape
s'accrût grandement par les dons de Charlemagne, cette
puiffance ébloüit la plus part des Evêques, qui fe dépoüil-

(*n*) Mr. Talon, plaidoyé du 23. Janvier 1688. inferé dans fon traité
de l'autorité des Rois, pag. 30.
(*o*) *Thom. difciplin. Ecclef. part.* 2. *lib.* 3. *chap.* 24. *num.* 14. *& chap.*
26. *num.* 1.

lent

lerent en faveur du premier Siége ; en sorte que par leur abandon, ou par leur complaisance, le Pape s'attribua le droit d'accorder ces dispenses, sans aucun Decret de l'Eglise pour cela. *(p)*

Il y eut des Evêques qui se maintinrent dans cette possession de dispenser malgré le torrent qui entraînoit les Princes, & les Sujets au premier Siege pour obtenir les dispenses. *(q)* Ces Evêques ne furent pas dépoüillez par le Concile de Latran qui a restraint ces empêchemens dirimens au quatriéme degré de parenté *(r)* ils ne l'ont point été par les Conciles posterieurs ; d'où il faut conclurre qu'étant capables par institution & par leur Sacerdoce d'accorder les dispenses dont il s'agit, leur possession loin d'être abusive, est très-legitime & très-canonique ; & qu'il y auroit entreprise de la part du Pape, s'il les troubloit dans cette possession. Les Arrêts du Parlement ont reconnu cette possession legitime ; outre l'Arrêt rapporté dans ce Chapitre : On peut employer ici celui du Parlement de Provence, rapporté par Boniface, tom. 1. liv. 5. tit. 10. ch. 2. qui reserva la voye de l'appel comme d'abus à celui qui se plaignoit de la Sentence de l'Official d'Aix, en ce qu'elle avoit annullé un mariage contracté sous la foi d'une dispense de Mariage au quatriéme degré, accordée par l'Evêque Dapt.

---

# CHAPITRE XXIX.

*Si le Rescrit portant absolution d'une irregularité, s'étend aux Actes de même espece réiterez entre le Rescrit & la fulmination.*

IL y a de puissans motifs pour décider qu'un Rescrit de Rome portant absolution pour une irregularité encouruë, & exposée au Pape par l'Impetrant, ne peut recevoir

(p) *Thom. lib. 3. cap. 24. num. 14. part. 1.*     (q) *Eod. ch. 27. num. 5.*
(r) *Cap. non debet extra de consanguin. & affinet.*

d'extenfion pour pareille irregularité, furvenuë depuis l'obtention du Refcrit, & avant la fulmination.

1°. Les Refcrits de Rome étant de droit étroit, & ne recevant point d'extenfion fuivant le Chapitre *Rodulphus, extra de Refcript.* le Commiffaire delegué par le Pape, ne peut proceder que fur ce qui a été expofé au S. Pere, & qui lui eft expreffement delegué; il ne peut donc abfoudre d'un cas furvenu depuis l'obtention du Refcrit.

2°. C'eft une maxime adoptée par les Canoniftes, que *numquàm videtur Papa difpenfare fuper irregularitate nifi expreffè dicat flamin. Parif. de refign. Benef. lib. 8. quæft. 7. num. 123.*

3°. C'eft une maxime encore, que le Pape n'accorde point d'abfolution fans demande expreffe, *abfolutio & rehabilitatio datur petenti & non conceditur motu proprio flamin. de confid. Benef. quæft. 30. num. 43. 44.* & que le Refcrit donné à ce fujet, ne doit être fulminé que *quatenus fonat & exprimit eod. tract. quæft. 40. num. 9.* donner de l'extenfion à la difpenfe du Pape, en l'appliquant à un délit nouvellement commis depuis l'obtention du Refcrit, c'eft fournir à l'Impetrant occafion de rechute, & l'enhardir dans fes entreprifes; en forte que je pencherois plûtôt du côté de la feverité, que du relâchement, en obligeant cet impetrant de recourir de nouveau à Rome, fans qu'il ferve d'alleguer ici pour autorifer la decifion de l'Arrêt, qu'il y avoit apparence que l'Impetrant s'étoit accufé dans fa Confeffion au Commiffaire delegué par le Pape du nouveau càs, qui étoit d'avoir celebré la Meffe étant irregulier; car cette declaration ne pouvoit aucunement operer l'effet qui lui eft attribué, parce que l'irregularité encouruë étoit notoire, & que l'Ordinaire n'a pouvoir d'abfoudre que des irregularitez occultes; ce qui fait que quoiqu'abus dans le for interne de l'irregularité, elle fubfiftoit toûjours quant au for externe, à raifon de quoi il falloit recourir au Pape fuivant la Doctrine de Paftor, *de Benef. lib. 3. tit. 37. num. 10.*

# CHAPITRE XXX.

*Des Pensions fur les Benefices de Cœur, & fi le Chapitre doit les payer lorfque les Titulaires ne fervent. point leurs Benefices.*

CEtte queftion fit la matiere d'un procès en la Cour ; fçavoir fi le Refignataire, qui s'eft obligé à l'égard du Refignant au payement d'une penfion annuelle, onereufe & qui excede de beaucoup le tiers du revenu du Beneéfice, peut en être dechargé, en abandonnant à fon Refignant le tiers du revenu en efpece & en fruits.

Me. Guitard, ancien Prieur, Curé de St. Michel Dieuzet, Diocefe d'Ufez, refigna en 1719. fon Benefice à Me. Jean Balmele, fous la refervation d'une penfion de 700. liv. quoique le Benefice ne donnât qu'environ 1200. liv. de rente annuelle. Le Refignataire accablé du poids de cette penfion, en demanda au Senéchal de Nîmes la reduction au tiers du revenu, conformement à l'Edit de 1671. & que le Refignant fut tenu de prendre ce tiers en efpece, & en fruits du Benefice.

Le Senéchal ayant ordonné par provifion, que Me. Balmele Refignataire, payeroit la penfion de 700. liv. aux termes de la refignation ; & qu'avant dire droit fur fa demande, il feroit procedé à l'eftimation des revenus du Benefice, fans y comprendre le Cafuel. Ce Refignataire ayant relevé appel de cette Ordonnance, la Cour par fon Arrêt du 6. Septembre 1727. rendu au Rapport de Mr. l'Abbé de Boyer, ordonna que la penfion demeureroit reduite au tiers du revenu du Benefice, que le Refignant feroit tenu de prendre en fruits & en efpece dépens compenfez, les frais de l'Arrêt, payables par Me. Guitard.

Cet Arrêt fe trouve conforme à un Arrêt du Confeil privé, du 14. Decembre 1674. rapporté dans la Bibliotheque Canonique, tom. 2. pag. 211. qui caffe un Arrêt du Parlement de Paris, par lequel le contraire avoit été jugé.

La Doctrine des Canoniftes eft oppofée à la difpofition de ces Arrêts, en ce qu'ils decident que la penfion legitimement établie en argent, doit être payée en la forme convenuë ; & que quand la penfion a été ftipulée en certaines efpeces, elle ne peut être demandée ni payée en d'autres efpeces ; c'eft ainfi que le decident, *Loter de re Benefic. lib. 1°. quæft. 93. num 156. & Gigas de penfion quæft. 98. num 7.*

En effet, le Refignant ne s'étant porté à fe dépoüiller du Benefice, que fous la foi d'une convention, qui n'a rien de contraire à l'Edit de 1671. il femble qu'il doit joüir du fruit de fa ftipulation, qui eft de retirer le payement en argent. Cet Arrêt ne peut être fondé que fur un motif d'équité ; & fur cette confideration, que le Titulaire d'un Benefice Cure fe trouvant chargé du poids des fonctions, merite d'être traité favorablement, & foulagé du côté de la penfion établie fur le Benefice, quoique reduite *ad legitimum modum.*

---

# CHAPITRE XXXI.

## *Du Crime de Simonie.*

SUivant la Doctrine des Canoniftes, & les anciens Arrêts, la Simonie peut être prouvée par Témoins, fans que la preuve vocale foit aidée d'un commencement de preuve par écrit, qui donne lieu au Juge de la permettre : Ces Arrêts font rapportez par Fevret de l'abus, liv. 7. chap. 2. num. 30. & par Loüet lett. B. Somm. 9. num. 3.

La Simonie étant un crime déteftable, fuivant l'expreffion des Canons, & la principale de toutes les herefies, *Canon. ult. cauf. 1. quæft. 7.* Il femble qu'il eft de l'interêt de l'Eglife de faciliter la preuve de ce crime, en ordonnant la

preuve par Témoins ; & c'eſt ſur ce fondament, que *Flamin. de confident. Benefic. quæſt.* 7. *num* 68. decide qu'on peut employer pour cette preuve, toute ſorte de Témoins, & ceux-là même qui ont quelque note d'infâmie.

Toutefois par les Arrêts du Parlement de Prouvence, rap-portez par Boniface, tom. 1. part. 1. liv. 2. tit. 27. chap. 1. num. 2. il a été jugé que la preuve de la Simonie ne pouvoit être établie par Témoins ſeuls ; & ſuivant cette de-ciſion, la Cour exige un commencement de preuve par écrit, en quoi elle ſe conforme à la diſpoſition d'un Arrêt du Con-ſeil privé du Roy, qui caſſa l'Arrêt du 13. Septembre 1669. rapporté dans ce chapitre, par ce motif, qu'il faut un com-mencement de preuve par écrit, pour ordonner juridique-ment dans ce fait la preuve par Témoins.

· Quoique le Simoniaque ne puiſſe s'aider du Decret de *pacificis poſſeſſoribus*, il eſt cependant à couvert de toute recherche, après dix ans de poſſeſſion paiſible, ſui-vant l'Arrêt du 4. Mars 1574. rapporté par Charondas en ſes obſervations, ſur le mot Benefice, & celui du Parle-ment de Grenoble, du 13. May 1609. recüeilli par Baſſet, tom. 1. liv. 6. tit. 16. chap. 1. Il y a cependant un Ar-rêt plus recent du Parlement de Paris, qui a Jugé ce crime impreſcriptible, en date du 15. Fevrier 1655. Il eſt rapporté dans le Journal des Audiences.

Les Arrêts qui ont mis en ſeureté le Poſſeſſeur après dix années, ont eu pour motif de fixer par là l'état des Beneficiers, & de rendre leur droit certain, ſelon la remarque de Cha-rondas : Les Arrêts qui ont declaré ce crime impreſcripti-ble, ont eu pour objet d'en arrêter le cours, en tenant le Simoniaque continuellement expoſé à la recherche, & à la peine que ſon crime merite ; & cette peine eſt principale-ment la privation de ſon Benefice : je pencherois volon-tiers du côté de ces derniers prejugez, qui me paroiſſent fon-dez ſur l'interêt de l'Egliſe, qui exige qu'un crime qui fait tant de ravages dans ſon ſein, ne puiſſe être couvert par aucun laps de tems.

Il y en a qui croyent que le Prevenu de Simonie eſt tenu
de remettre contre ſoi-même les Actes probatoires de la Simonie qu'il peut avoir en main , lorſque la demande lui en
eſt faite , toutefois le contraire fut jugé à la Grand'Chambre.
Preſident, Mr. le Premier Preſident de Bertier , le 28. Mars
1719. Plaidans , Me. d'Aſtruc , pour Me. Baſtide , Prevôt
du Chapitre de Vabres , contre Me. Amiel , Chanoine au
même Chapitre. Baſtide étoit oppoſant à une Ordonnance
obtenuë par Amiel, qui ordonnoit la remiſe des Actes ; ſon
oppoſition fut acuëillie , dépens compenſez ſur les concluſions de Mr. Le Mazuyer , Procureur General.

Le crime de Simonie , n'eſt ni moins commun , ni moins
reprouvé que celui d'uſure ; dans ce dernier , on contraint
celui qui en eſt ſoupçonné de remettre des Actes contre ſoi-
même , ſuivant la Doctrine de Mr. d'Olive , liv. 4. chap.
19. & les Arrêts qu'il rapporte , il ſemble qu'il en faudroit
uſer ainſi , à l'égard du Prevenu du crime de Simonie.

Quand j'ay dit que le Simoniaque ne peut joüir de l'effet
du Decret *de pacificis poſſeſſoribus* ; cela doit être entendu
de la Simonie réelle , mais nullement de la conventionelle,
qui demure couverte par la poſſeſſion triennale paiſible du
Benefiçe , ſuivant l'Arrêt rapporté par *Mr. Maynard, liv. 1.
chap.* 58. fondé ſur l'opinion *de gomes in reg. cancel. de trien-
nali poſſeſſ. quæſt.* 12.

Les Jugemens qui ſont rendus pour fait de Simonie , contre un Eccleſiaſtique qui s'en trouve atteint , ſont differens
dans les Tribunaux Laïques de ceux du Juge d'Egliſe ;
comme le Juge Royal ne peut connoître de ce crime , principalement contre un Clerc , & pour prononcer contre lui
des peines ; mais ſeulement incidemment au poſſeſſoire du Benefice qui ſe traite devant lui : il ne peut prononcer auſſi , que ſur ce qui eſt de ſa competence , en privant du poſſeſſoire du Benefice celui qui eſt convaincu de
Simonie , il en eſt autrement du Juge d'Egliſe : Les Jugemens qu'il rend à ce ſujet , declarent le Clerc privé & déchû de tous Offices , Benefices & dignitez Eccleſiaſtiques

dont il est pourvû, & prononcent contre la personne les peines Canoniques. L'Ordonnance de Blois art. 21. établit bien précisement que ce crime *est mixtifori*, puisqu'elle enjoint aux Archevêques & Evêques, de proceder soigneusement & severement contre les personnes Ecclesiastiques qui en seront coupables, & aux Sénêchaux de proceder pareillement contre les Laïques : Il n'y a pas de doute, que toute convention concernant l'extinction d'une pension sur un Benefice, ne doive être omologué en Cour de Rome ; pour ôter toute tâche de Simonie ; c'est la Doctrine de Fevret, de l'abus, *liv. 2. chap. 5. num* 35. fondée sur celle *de Navar. consil.* 58. *de Præbend.*

Il en seroit autrement, si la pension n'étoit pas rachetée, *anticipatis solutionibus*, & à beaux deniers comptans, mais simplement éteinte par la renonciation du Pensionaire, alors l'omologation du Pape ne seroit pas necessaire, pour mettre le Titulaire à l'abri de la demande qui pourroit lui être faite de cette pension, selon la rematque de *Gigas quæst.* 25. En effet, bien loin qu'il y eût dans cette renonciation aucun soupçon de pacte Simoniaque, elle ne feroit que rendre au Benefice sa liberté primitive, ce qui est en soi très-favorable.

Il faut ici observer que l'Arrêt qui jugea cette extinction de pension Simoniaque, ne pouvant porter sa disposition au-delà du fait qui faisoit la matiere du Procès. On ne peut pas dire, que cet Arrêt préjugea que le coupable de Simonie, s'étoit rendu indigne des Benefices dont il avoit été pourvû dans la suite ; car ce Jugemeht étant principal contre le coupable, ne pouvoit être prononcé que par le Juge Ecclesiastique, suivant l'Ordonnance de Blois ; la privation des Benefices étant une des peines Canoniques, reservée au Juge d'Eglise contre le Clerc convaincu de Simonie ; & le Juge Royal ne pouvant prononcer que sur le possessoire du Benefice qui fait la matiere du Procès, où la Simonie est entrée incidemment.

C'est une question agitée parmi les Canonistes ; si le Clerc qui a commis une Simonie réelle, est par la priva-

ble des Benefices dont il a été legitimement pourvû avant son délit, *Lotter de re Benef. Lib. 3. quæst. 29. num. 61. & 62.* tient qu'il n'en doit pas être privé, *Garcias part. 8. cap. 1. num. 62.* est d'avis contraire, *per extravag. commun. cum detestabile de Simon.* Lotterius s'est trompé en alleguant que les Canons n'avoient pas prononcé la privation des Benefices obtenus canoniquement avant la Simonie commise : le contraire demeure établi par le *Chap. 2. extra de Confess.* où le Pape Innocent III. punit le coupable de Simonie par sa déposition, & par la privation de tout Benefice & Office Ecclesiastique, *nos quoniam*, dit-il, *vitium hujus modi persequi volumus, ut debemus ipsum per diffinitivam sententiam duximus ab omni Beneficio, & Officio Ecclesiastico deponendum.*

La Simonie dans laquelle le Fondateur est tombé, en établissant la fondation, est un vice radical qui emporte l'acte quelque favorable qu'il soit ; d'ailleurs par rapport à l'interêt de l'Eglise ; & le Fondateur Simoniaque encourt une peine pecuniaire : c'est ainsi que la Cour le decida par Arrêt prononcé à l'Audience de la Grand'Chambre le 29. Janvier 1714. dans l'espece suivante.

Le nommé Barutaut du lieu de Miramont, voulant procurer à son fils la Cure du Lieu, proposa à Me. Lasmargues, pourvû de cette Cure, de la lui resigner ; sous cette condition qu'il fonderoit un Obit de 60. liv. de rente annuelle dont il lui feroit Titre : Lasmargues se rendit à cette proposition, & accepta la fondation qui fût faite & le Titre de cet Obit, sous cette condition qu'il resigneroit la Cure au fils dudit Barutaut ; le Sénéchal cassa cette fondation sur la demande de Barutaut assigné par Lasmargues au payement de la rente Obituaire.

Lasmargues étant decedé, Me. Alguieres se fit pourvoir en Cour de Rome de cet Obit *per obitum.* Barutaut Fondateur de l'Obit ayant été assigné par ce nouveau Titulaire de l'Obit au payement de la rente Obituaire, se pourvût en la Cour par appel comme d'abus, de l'execution de la signature de Cour
de

Rome, obtenuë par Alguieres sur le fondement, que la fondation ayant été caſſée par Sentence du Sénéchal, par le vice de Simonie qu'elle renfermoit. Le Pape avoit entrepris sur la Juriſdiction Royale, en donnant proviſion d'un Obit annullé par cette Sentence.

Alguieres défendant à cet appel comme d'abus, fut appellant incidemment de la Sentence du Sénéchal, & conclud à la pleine maintenuë.

La cauſe plaidée par Me. de Làrdos pour Barutaut, & par Me. de Latournerie pour Alguieres, Mr. le Procureur Géneral ayant conclu à l'enterinement des Lettres en appel comme d'abus, & requis d'Office la privation du Droit de Patronage de cet Obit pour Barutaut & ſes ſucceſſeurs, en punition de ſa Simonie, & que la collation en fut reſervée à l'Evêque Dioceſain. La Cour declara y avoir abus dans la ſignature des proviſions obtenuës par Alguieres, le demit de ſon appel, & condamna Barutaut pour la peine de la Simonie commiſe en l'amande de 600. liv. applicable la moitié au profit de l'Hôpital le plus proche du lieu, & l'autre moitié au profit de l'Hôpital St. Jacques de Touloufe, dépens compenſez, ſauf les fraix de l'Arrêt payables par Barutaut.

L'Arrêt confirma la caſſation de la fondation par vice de Simonie, prononcée par la Sentence du Sénéchal, en faiſant droit à l'appel comme d'abus d'un côté, & de l'autre en demettant Alguieres de ſon appel incident.

## CHAPITRE XXXII.

*Si on peut obliger un Chanoine à ſe faire promouvoir*
*aux Ordres ſacrez.*

LE Pape peut créer un Canonicat *ad effectum*, en faveur de celui qui eſt pourvû d'une Dignité d'un Chapitre; qui aux termes de la Bulle de ſéculariſation de ce

Chapitre, doit être conferée à un Chanoine *de gremio* ; mais l'Evêque ne peut faire Titre de cette Dignité fans abus à celui qui n'eſt point Chanoine *de gremio*, quoiqu'en lui faifant ce Titre il le renvoye au Pape pour la création du Canonicat *ad effectum* : c'eſt ainſi que cette queſtion fût jugée par Arrêt d'audience de la Grand'Chambre, en date du 28. Fevrier 1712. prononcé par Mr. de Bertier premier Préſident.

Dans l'eſpece de cet Arrêt Mr. l'Evêque de St. Pons ſur la démiſſion faite entre ſes mains, *ex cauſa permutationis* par Me. Roguier de la précentoirie de la Cathedrale, en avoit fait Titre à Me. Abadie, ſon Promoteur, quoiqu'il ne fut point Chanoine *de gremio* ; & que par la Bulle de ſécularifation, cette précentoirie ne dût être conferée qu'à un Chanoine du Chapitre ; & par le même Titre Mr. l'Evêque avoit renvoyé Abadie au Pape, à l'effet de créer un Canonicat *ad effectum*, Abadie ſe retira à la Cour de Rome, où il obtint non ſeulement la création du Canonicat *ad effectum* ; mais encore une nouvelle proviſion *jus juri addendo & antiquum conſervando*, & en conſequence il prit poſſeſſion & fût inſtallé.

Me. Gentil jetta un devolu ſur cette précentoirie, & interjetta appel comme d'abus, tant du Titre qui avoit été fait à Abadie par l'Evêque, que de l'execution de la ſignature de Cour de Rome, portant création d'un Canonicat *ad effectum*, & nouvelle proviſion du Benefice.

La Cour déclara y avoir abus au Titre fait par Mr. l'Evêque, n'y avoir point d'abus aux proviſions de la Cour de Rome ; ce faifant, maintint Abadie au plein poſſeſſoire de la précentoirie, plaidans Me. de Montaudier pour Abadie, Me. Chamclos pour Gentil, & Me. Lacroix pour le Sindic du Chapitre adherant à l'appel comme d'abus.

Tout ce qui pouvoit faire de la difficulté dans ce Procès, étoit que la ſécularifation ayant été faite par le concours de deux Puiſſances, la Royale & l'Eccleſiaſtique. Il ſembloit que le Pape n'avoit pû en ſeul déroger à cette

Loi, en admettant à cette place tout autre qu'un Chanoine *de gremio*, & préjudicier ainfi au droit d'un tiers, qui
étoit le corps du Chapitre ; mais on regarda que la fécularifation d'un corps regulier & feculier, eft proprement
l'acte du Pape, & que la Puiffance Royale n'y entre que
comme protectrice des Eglifes, & pour empêcher qu'il ne
s'y gliffe rien de contraire aux Droits de la Couronne ;
que dans ces circonftances, la fécularifation étant émanée
du Pape, il n'avoit point entendu lier fes fucceffeurs, & les
empêcher de pouvoir créer un Canonicat *ad effectum obti-
nenda dignitatis* ; en quoi le Pape ne bleffoit en rien l'autorité Royale, puifqu'il a ce pouvoir par le Concordat,
qui eft une Loi publique dans ce Royaume.

Le Chanoine qui n'eft que fimple Clerc tonfuré, ne pût
préfenter dans fa femaine à un Canonicat vacant, *& per turnum vicem capituli gerens*, ainfi jugé en faveur de Me. Gifcaro contre Me. Som, par Arrêt du 15. Fevrier 1718. prononcé à l'Audience de la Grand'Chambre, plaidans Me.
de Lardos, Aftruc & Favier, Avocats.

Dans l'efpece de cet Arrêt Me. Som avoit eu le Titre d'un
Canonicat du Chapitre de Conferans, vacant *per obitum* d'un
Chanoine qui n'étoit point *in facris*, & qui avoit fait néanmoins le Titre *per turnum* ; Me. Gifcaro prit le Titre du Chapitre de ce même Canonicat, & fut appellant comme d'a-
bus, du Titre fait à Me. Som : Le Sindic du Chapitre
adherant à cet Appel ; la Cour déclara y avoir abus au
Titre fait à Som, & maintint Gifcaro au plein Poffeffoire du Benefice, & fur les réquifitions de Mr. le Procureur Géneral, fit défenfes par forme de réglement aux Chanoines des Chapitres qui ne font point *in facris*, de préfenter aux Benefices dépendans de la collation des Chapitres.

Cet Arrêt eft conforme à celui du Parlement de Roüen,
en date du 21. Juin 1673. rendu à l'Audience de la Grand'-
Chambre, rendu entre Me. Jacques Quefnel d'une part, &

le nommé Michel d'autre ; ce Parlement déclara y avoir
abus dans la collation faite par le Chapirre de Coûtan-
ces, fur la préfentation d'un Chanoine qui n'étoit point
*in facris* d'un Benefice qui avoit vaqué dans fa femaine, & fit
défenfes fur les Conclufions du Procureur Géneral aux Chapitres du Reffort, de conferer à l'avenir aucuns Benefices fur la
préfentation des Chanoines non promus aux Ordres facrez ; l'Arrêt eft rapporté Tom. I. Journal du Palais,
pag. 406.

Les motifs de ces deux Arrêts font pris de la difpofition du Concile de Vienne, qui défend aux Chanoines qui
n'ont pas l'Ordre facré de Soudiacre, de donner aucun fuffrage dans le Chapitre, *ftatuimus ut nullus de cætero in
ejufmodi Ecclefiis vocem in capitulo habeat etiam fi hoc fibi
ab aliis libere concedatur, nifi faltem in Subdiaconatus ordine fuerit inftitutus. Clement. ut* 11. *qui de ætate, &c.* Cette
difpofition s'étend à la préfentation ou collation des Benefices vacans dans leur femaine ; car quoique la préfentation ne foit point attachée à l'Ordre, on a jugé à propos qu'il y eût de la proportion entre le collateur ou l'é-
lecteur, & celui qui eft élû ; & qu'un fimple Clerc ne fût
point capable d'élire un Curé ; par exemple, qui a la Prêtrife,
ou qui fe trouve conftitué dans l'Ordre de Diacre : Telle eft
l'Obfervation des Canoniftes.

---

## CHAPITRE XXXIV.

*De la Concorde paffée fur litige, & fi elle peut être revo-
quée. S'il fuffit au pourvû de Cure en Ville murée
d'être Gradué avant le Vifa.*

BRodeau fur Loüet, Lettre C, Somm. 40. *num.* 1.
foufcrit à la décifion de Dumoulin, que tous Trai-
tez & Concordats qui fe font en matiere Beneficiale, peuvent être revoquez librement avant l'omologation en Cour

de Rome, parce qu'ils ne font obligatoires, qu'après cette omologation : Ainfi il ne faut pas regarder ces Concordats comme une obligation conditionelle , & dépendante de l'évenement de l'omologation du Pape, parce qu'ils feroient obligatoires *illico*, & ne pourroient confequemment être revoquez avant l'omologation , puifqu'il n'y auroit de fufpendu que l'effet & l'execution du Concordat jufques au tems de l'omologation, fuivant la nature des obligations conditionelles, qui font obligatoires avant l'évenement de la condition , & tranfmiffibles aux heritiers , §. *omnis ftipulatio de verbor. obligat.* & qui par l'évenement de la condition , ont un effet retroactif au tems du Contrat , *Leg.* 11. §. 1. *ff. qui potior in pign. habeant :* mais les Concordats en matiere Beneficiale , contenant fur-tout ftipulation de penfion, n'ont aucun effet de lier ou d'obliger les parties qu'après l'omologation du Pape, qui feul peut effacer la tâche de Simonie , que porte avec foi toute création de penfion fur Benefice , *cap. fuper & cap. veniens , extra de tranfact.* L'Acte n'étant reputé parfait qu'après cette omologation, peut confequemment être revoqué *medio tempore* ; & l'on peut dire de cette Concorde ce que Dumoulin fur la regle *de infirm. num.* 2. dit de la Réfignation avant d'avoir été admife par le Pape, *non eft verè & proprie refignatio ; fed animus feu præparatio ad refignandum* , que ce n'eft pas proprement une Concorde & une Tranfaction fur litige, mais un projet de Concorde , qui n'eft executé qu'autant que l'omologation du Pape intervient.

Il faut cependant obferver ici avec *Brodeau loco fupra citato*, que quoique regulierement tous Concordats non omologuez en Cour de Rome, fur chofe Beneficiale foient nuls, ils valent néanmoins fans omologation entre le Refignant & le Refignataire *in odium perfidiæ & ingratitudinis*, fuivant les differens Arrêts de préjugé qu'il rapporte.

L'Arrêt mentionné dans ce Chapitre par lequel il fut jugé qu'un non-Gradué s'étant fait pourvoir en Cour de Rome d'une Cure de Ville murée, fans avoir le Grade ; ce défaut ne pouvoit lui être oppofé, ayant obtenu le Grade avant le *Vifa* ; cet Arrêt, dis-je, doit être entendu de celui qui n'ayant obtenu le Grade qu'avant le *Vifa*, ayant pris enfuite poffeffion Canonique du Benefice, fe trouve inquietté par un dévolutaire en Cour de Rome, qui a jetté fon dévolu fur le Benefice, après cette prife de poffeffion ; car s'il arrive qu'un Gradué obtienne ou par dévolu en Cour de Rome le Benefice comme vacant par incapacité du pourvû fans Grade, ou *per obitum ultimi poffefforis*, ou par collation de l'Ordinaire dans le tems intermediaire de la provifion du non-Gradué, & de fon Grade pris avant le *Vifa* ; alors quoique pofterieur en provifion, il doit être maintenu au plein poffeffoire de la Cure : c'eft ainfi que cette queftion fut jugée par Arrêt de la Cour du 17. Août 1730. rendu au Rapport de Mr. de Cofta, en faveur de Me. Jacques Roubaud Prêtre, Bachelier en Théologie, contre Me. Pierre André, pour la Cure de la ville de Bariac dans l'efpece fuivante.

Me. Soulier Curé de Bariac fit la Refignation de cette Cure, le 6. Août 1728. en faveur de Me. André non Gradué, le Refignant mourut le 29. du même mois.

Le 12. Septembre 1728. le fieur Abbé Commendataire de Bariac, Patron de cette Cure, ayant prétendu qu'elle étoit vacquante *per obitum ultimi poffefforis*, prefenta Me. Roubaud Prêtre & Gradué à ce Benefice ; l'Evêque Diocéfain lui accorda l'inftitution Canonique ; en confequence de laquelle il fut mis en poffeffion, fans oppofition de la part du Refignataire le 14. Septembre 1728. & le jour même Me. André prit fon degré de Bachelier en Théologie dans l'Univerfité d'Avignon.

Le 2. Octobre fuivant il obtint le *Vifa* de l'Ordinaire fur fa fignature de Cour de Rome, & le lendemain il prit poffeffion du Benefice, Me. Roubaud y fit fes oppofitions ; après quoi le fieur André ayant fans affigner le fieur Roubaud pardevant le Senéchal de Nîmes en maintenuë au plein poffeffoire de cette Cure, le procès inftruit de part & d'autre, le

Senéchal rendit sa Sentence qui juge le premier chef de la complainte en faveur du sieur André ; la Cour en reformant maintint par son Arrêt Me Roubaud au plein possessoire de ce Benefice.

Cet Arrêt est très-juridique , puisqu'il est fondé sur la disposition expresse de la Pragmatique Sanction & du Concordat , & sur la Doctrine des meilleurs Canonistes François.

L'objet de la Pragmatique & du Concordat , en assignant aux Graduez une portion des Benefices du Royaume , a été de recompenser les travaux de l'étude , & de couronner les Grades obtenus dans les Universitez fameuses ; par cette recompense , il faut donc être revêtu du Grade *actu* lorsqu'on est pourvû des Benefices , pour lesquels le Grade est requis comme pour certaines Dignitez des Eglises Cathedrales , & pour les Cures des Villes murées. Le défaut de Grade annulle la provision ; en sorte que le Gradué qui impetre le même Benefice en Cour de Rome , ou qui s'en fait pourvoir par l'Ordinaire , y doit être maintenu à l'exclusion de celui qui en a été pourvû avant lui , & qui ne prend son Grade que posterieurement à la provision de l'autre.

Le Concordat , *tit. de collation.* §. *Si quis vero* , prononce la nullité des provisions qui sont données à ceux qui ne sont pas Graduez pour les Benefices qui requierent le Grade , *dispositiones ipsæ sint ipso jure nullæ* , & cette nullité a lieu pour les provisions des Cures des Villes murées , puisque le Concordat s'exprime ainsi dans la suite , *statuimus quoque , quod Parochiales Ecclesiæ in civitatibus , aut villis muratis existentes non nisi personis modo præmisso qualificatis , aut saltem , qui per tres annos in Theologia , vel altero jurium studuerint seu Magistri in artibus , qui in aliqua Universitate privilegiata studentes magisterii Gradum adepti fuerint conferantur.*

La provision du Benefice pour lequel le Grade est requis est donc nulle , si le Pourvû n'a pas le Grade au tems du titre qui lui en fait , Probus sur la Pragmat. *tit. de collation.* §. *In Ecclesiis in verbo instituantur* , s'explique bien précisement à

l'égard des Cures des Villes murées , *& hac ratione* , dit-il ,
*Glossa Concordati concludit collationem Parochialis Ecclesiæ , non
qualificatio factam , ipso jure esse nullam , si qualificatus eam
Parochialem prosequatur , tanquàm còntra legem attentatam
etiam quavis causa fuerit facta , aut Resignationis , aut subroga-
tionis sivè permutationis , & id operari favore Graduatorum.*

Selon ce Canoniste , la faveur des Graduez opere la nullité de pareilles provisions : En sorte que le Gradué qui se
fait pourvoir de la Cure , doit y être maintenu à l'exclusion
de celui qui en a déja obtenu le titre , étant destitué du
Grade.

Duperrai liv. 1. du Droit Canonique de France ch. 4.
num. 27. ( en rapportant un Arrêt du Parlement de Paris , du
13. Avril 1690. pour appuyer son opinion ) parle en ces termes : *L'on doit être Gradué au tems des provisions d'une Cure
dans une Ville murée ; si on plaidoit avec un non-Gradué qui
eût des provisions anterieures au Gradué , on peut en appeller
comme d'abus ; parce qu'elles sont contre le Concordat , l'Edit
d'Henri II. & autres Ordonnances Royaux.*

A suivre la doctrine de notre Arestographe , il suffit que
le pourvû d'un Benefice qui requiert le Grade , l'obtienne
avant d'obtenir le *Visa* , s'il a provision du Pape est expedice
*in forma dignum antiqua* ; par cette raison , dit-il , que dans
cette espece de provision le Pape *non tam confert Beneficium
quam committit conferendum* : mais c'est-là une subtilité de
quelques Canonistes , & une vaine distinction ; l'Evêque ne
conferant pas le Benefice en donnant le *Visa* , mais mettant
seulement le sceau à la collation qui en a été faite par le Pape.
Voici comme parle Duperrai en ses notes sur l'Edit Ecclesiastique , art. 2. tom. 1. pag. 12. de l'Edition de l'année 1723.

Les provisions de Cour de Rome ne sont pas des mandats
*de providendo* ; mais le *Visa* est l'accomplissement de la grace ,
& la consommation ; ce qui est contre l'opinion de quelques
Docteurs : ce n'est pas par le *Visa* qu'on est en concours , &
qu'on prévient , mais par les provisions & du jour de leurs
dates.

De

De ce langage, il faut necessairement conclurre qu'il faut dans les provisions *in forma dignum*, remonter au tems de leur date, & se trouver Gradué lors de la signature expediée en Cour de Rome, ou de la collation faite par l'ordinaire pour être valablement pourvû d'une Cure de Ville murée.

A quoi l'on peut ajoûter que pour preuve que tout doit se rapporter à la provision, c'est que par le *Visa* les Evêques ne prennent connoissance que de la foi & de la Doctrine du pourvû ; mais nullement de la validité ou invalidité du titre, suivant les Arrêts des Parlemens, rapportez dans les maximes du Droit Canonique, tom. 2. ch. 27. & par Duperrai *loco supra*. Ainsi vainement, dit-on, que l'Evêque en donnant le *Visa*, confere proprement le Benefice sur un mandat *de providendo*, & qu'il suffit d'avoir obtenu le Grade avant le *Visa*.

Sur ces principes, il faut tenir pour maxime constante, qu'il y a une nullité radicale dans la provision ; si le pourvû d'un Benefice qui requiert le Grade, ne la pas *actu* au tems du titre qui lui en est fait ; & que le Gradué qui a jetté un devolu sur le Benefice avant que le non-Gradué ait pris le Grade requis, doit être maintenu au plein possessoire, quoique l'autre ait eu son Grade avant le *Visa*.

---

# CHAPITRE XXXVI.

*Du droit de Visite des Evêques à l'égard des Eglises exemptes.*

Par l'art 15. de l'Edit de 1695. concernant la Jurisdiction Ecclesiastique, il est porté que les Evêques pourront visiter en personne les Eglises Paroissial'es, situées dans les Monasteres, Commanderies & Eglises des Religieux, qui se prétendent exempts de leur Jurisdiction ; & pareillement soit par eux, & leurs Archidiacres, celles dont les

Curez font Religieux, & celles où les Chapitres prétendent avoir droit de vifite.

Cet article eft conforme au huitiéme Canon d'un Concile de France, tenu en l'an 755. *ut omnes Presbiteri, qui
in Parochia funt, fub poteftate Epifcopi, effe debent* tom. 6.
des Conciles, coll. 1666. Le mot de *Parrochia* s'entend-là
du Diocéfe.

De ce principe fe tire cette confequence, que quand le
Curé d'une Paroiffe dépendante d'un Monaftere fe trouve
regulier ; non feulement l'Eglife, mais le Pafteur lui-même,
eft de la Jurifdiction de l'Evêque pour les fautes par lui
commifes dans la defferte de la Cure : En forte que fon Superieur regulier n'a aucune efpece de Jurifdiction fur lui
à cet égard, ce que les Arrêts rapportez dans les Memoi-
res du Clergé ont conftamment jugé.

Les Curez même exempts fe doivent trouver aux Syno-
des convoquez par l'Evêque Diocéfain ; & quand ils y man-
quent ils peuvent être condamnez à une aumône applicable
à quelque œuvre pieufe, fuivant l'Arrêt du 23. Fevrier 1637.
rapporté par Bardet, tom. 5. liv. 6. ch. 4. Ils peuvent même
être condamnez par les Evêques dans le cours de leur vifite,
à fe retirer pour trois mois dans des Seminaires pour des fautes graves par eux commifes dans la Paroiffe, & dont il y a
notorieté publique ; c'eft la difpofition de la Declaration du
mois de Decembre de l'année 1698. concernant le renouvel-
lement des établiffemens des Seminaires.

On peut conclurre de cet article 15. par l'argument des
contraires, que les Evêques n'ont pas droit de vifite dans
les Eglifes des Religieux exempts, fi elles ne font Parroif-
fiales ; fi pourtant ces Eglifes n'étoient point dans une decence convenable, l'Evêque auroit droit en cas de negligence
du Superieur du Monaftere, de proceder à la vifite de l'E-
glife, & de ftatuer à ce fujet, par le droit que lui donne le
Canon Fameux, *omnes bafilicæ 16. quaft.* 7.

Quand un Ecclefiaftique eft appellant comme d'abus de
l'Ordonnance de l'Evêque fon Superieur, qui renferme une

calomnie aparente de fa part, & que l'Ordonance eſt renduë
fur la pourſuite du Promoteur, en jurifdiction contentieuſe,
& que le Promoteur n'a pas dequoi répondre des dépens, dommages & interêts, auſquels il pourroit être condamné ; l'Evêque ſe trouvant intimé ſur l'apel avec ſon Promoteur ; la Cour
ordonne que l'Evêque reſtera en cauſe, pour deffendre à l'intimation, ſans avoir égard à ſa demande d'être tiré d'inſtance : c'eſt ainſi que la Cour le jugea contre Mr. l'Evêque
d'Uſez, par Arrêt d'Audience de la Grand'Chambre, prononcé le 26. Août 1711. par Mr. le Premier Préſident de
Bertier, ſur les Concluſions de Mr. l'Avocat General Lecomte,
dans la cauſe de Me. Malignon, Prieur & Curé de St. Privat,
Diocefe d'Uſez. Me. de Latournerie, plaidant pour Ma-
lignan ; & Me. de Lardos, pour Mr. l'Evêque d'Uſez.

Cet Arrêt eſt conforme à l'Edit de 1695. art. 43. concernant la Jurifdiction Eccleſiaſtique. La calomnie apparente eſt établie toutes les fois qu'il paroit aux yeux de la Cour,
que l'Evêque s'eſt déterminé à rendre ſon Ordonnance *ve-
xandi animo*, ce qui dépend des differentes circonſtances
qui accompagnent ſon Ordonnance.

Il faut obſerver que ſuivant ce même article, les Evêques
ou leurs Grands Vicaires, ne peuvent être pris à partie pour
les Ordonnances qu'ils rendent dans les matieres qui dépendent de la jurifdiction volontaire ; mais qu'on peut être ſimplement Appellant comme d'abus de leurs Ordonnances.

---

# CHAPITRE XXXVII.

### *De la Portion Congruë.*

Par Arrêt du 29. Août 1726. rendu en la premiere Chambre des Enquêtes, au Rapport de Mr. Doujat, entre
Me. François Camus, Prieur de la Rafinerie, Creancier de
Me. At, Curé dudit Lieu, pour la ſomme de 530. liv.
procedant d'une condamnation portée par un Arrêt de la

Cour, du 18. Juillet 1725. Il a été jugé que ledit Camus pouvoit ufer de faifie, fur la portion congruë dudit At, en lui laiffant la fomme de 150. liv. quitte de toutes charges, & que le furplus cederoit au profit dudit Camus, pour être employée au payement de la fomme de 530. liv. à lui dûë.

Il refulte de la difpofition de cet Arrêt, que quelque favorable que foit la portion congruë & la caufe des alimens du Curé, cette portion doit être reduite pour le payement des dettes qu'il a contractées; il en feroit autrement du Cafuel de fon Eglife, qui ne peut être faifi à l'exemple des épices, & du Cafuel des Docteurs Regens.

Il y a des Arrêts de la Cour, qui ont refervé à des Curez la fomme de 200. liv. cela dépend du revenu des Curez, plus ou moins confiderables, & des dépenfes que les Curez font obligez de faire.

Par Arrêt du 9. Septembre 1706. rendu entre Me. Robert Valette, gros Decimateur; & Me. Pierre Giles, Curé de St. Maximin, Congruifte; il fut ordonné que ce Congruifte fe pourvoiroit pardevant l'Evêque, pour y faire regler ce que le Decimateur doit payer pour l'huile, pain, vin, & autres menuës dépenfes, qui entrent dans le Service Divin; & cependant par provifion, & fans préjudice de droit des parties: il éft ordonné que le Decimateur payera annuellement au Vicaire Perpetuel, la fomme de 50. liv. pour les menuës dépenfes, & 18. liv. pour l'entretien d'un Clerc.

Cet Arrêt peut fervir de préjugé pour tous les Curez du Reffort, reduits à la portion Congruë, & qui fe trouve fi fort écornée par les Decimes & la Capitation, qu'ils n'ont pas de quoi pouvoir s'entretenir avec decence; en forte qu'il éft digne de la protection que la Cour doit aux Pafteurs de l'Eglife, chargez de tout le poids des fonctions, de leur donner ce petit fecours.

# CHAPITRE XXXVIII.

*Des Dîmes inféodées, & comment elles doivent contri-*
*buer au payement de la Portion Congruë.*

LEs Dîmes inféodées qui reviennent à l'Eglife, reprenent
leur premiere nature, quand elles font réünies par confolidation à l'Eglife de qui elles relevent ; en forte qu'elles ne
peuvent plus devenir patrimoniales, & qu'elles demeurent
affujetties directement & immediatement au payement de la
portion congruë des Cures des Parroiffes ; mais fi elles tombent à toute Eglife, que celle qui en avoit le Domaine
Directe, ou fi elles font alienées en faveur d'un Laïque,
alors elles ne changent point de nature, & demeurent Dîmes inféodées, le droit du Seigneur Dominant, fubfiftant en
fon entier : c'eft la Doctrine *de Dumoulin, in confuetud. Pa-*
*ris. tit des fiefs §. 68. num. 22.*

A l'égard de la poffeffion requife, pour établir à deffaut
de Titre Primordial, le droit de Dîme inféodée, Brodeau fur
Loüet *lett. D. Somm. 9. num. 5.* obferve que les Juges dechar-
gent le Decimateur qui allegue l'infeodation avant le Concile de Latran, tenu fous Alexandre I I I. de rapporter les
Titres Primordiaux & d'infeodation ; mais qu'on l'oblige feulement à prouver fa poffeffion centenaire, ce qui fe juftifie ordinairement par les Actes de foi, & Hommage, Aveus
& Denombremens anciens, rendus aux Seigneurs, dont la
Dîme eft tenuë comme unie au Fief, *Duarenus de facr. Ecclef.*
*Miniftr. lib. 7. cap. 1.* Après avoir rapporté le Decret du Concile de Latran, par lequel il eft prohibé aux Laïques de percevoir aucune Dîme Ecclefiaftique ; obferve qu'avant ce
Concile, qui eft de l'an 1179. le Droit de Dîme avoit été
accordé à ceux qui avoient foûtenu la défenfe de l'Etat &
de l'Eglife, contre les Sarrafins par Charles Martel, du confentement de tout le Clergé ; mais que le Concile s'étant

aperçû que cette Tranflation de Dîme Ecclefiaftiques en la main Laïque étoit préjudiciable à l'Eglife, fit ce Decret qui eft inferé au Titre *de decimis extra cap. prohibemus*, par lequel l'alienation de cette efpece de Dîme, fut prohibée à l'avenir : En forte que ceux qui prétendent avoir aujourd'hui ce droit, peuvent y être maintenus en prouvant une poffeffion immemoriale, qu'on fuppofe fondée fur un titre anterieur au Concile de Latran.

Le Decret de ce Concile qui prohibe aux Laïques l'alienation des Dîmes infeodées avant ce Concile en d'autres mains qu'en celles de l'Eglife, n'eft pas obfervé parmi nous, y ayant été derogé par la conftitution du Pape Clement V. faite en faveur de la Nobleffe Françoife, à l'Inftance de Philipe le Bel.

L'ancienne Jurifprudence du Parlement de Paris, exigeoit que le Poffeffeur de la Dîme infeodée, raportât le Titre d'infeodation ; la poffeffion plus que centenaire ne fuffifant pas pour établir ce droit, en quoi il paroît que le Parlement ne regardoit pas d'un œil favorable le poffeffeur Laïque de cette efpece de Dîme ; mais les préjugez plus recens de ce Parlement, derogerent à cette ancienne Jurifprudence, fur le fondement de la difficulté qui fe trouvoit à faire foi des Titres auffi anciens que ceux de l'infeodation de cette Dîme ; les anciens Titres ( ainfi que l'obferve Chopin ) ayant été incendiez avec les Archives de la Chambre des Comtes de Paris, où ces Titres avoient été mis en dépôt par ordre de Philippe le Bel.

Cette preuve immemoriale doit fe faire par écrit ; c'eft-à-dire, par des hommages ou dénombremens anciens, ou par de Beaux à Ferme ; car je ne croi pas que la preuve vocale feule puiffe établir ce droit fans être foûtenuë par des Actes poffeffoires. C'eft ce qu'on peut recuëillir du langage de Brodeau au lieu cité, & de l'Arrêt qu'il rapporte ; car la Dîme infeodée étant parmi nous patrimoniale & reduite à l'inftar des Fiefs, fuivant la remarque de Brodeau & de Fevret, doit fe regler par confequent felon les Loix des Contrats Emphitéotiques, dont la preuve par Témoins n'eſt pas reçuë ſuivant Monſieur d'Olive, *liv. 2. ch. 24.*

Il y a un Arrêt de la Cour du 28. Août 1713. qui l'a ainſi jugé à la ſeconde Chambre des Enquêtes, au rapport de Mr. de Lasbordes, entre le Sindic du Seminaire de la Ville Dupui & le ſieur de Labaume. Cet Arrêt rejetta la demande en preuve vocale du ſieur de Labaume, d'une prétenduë poſſeſſion trentenaire de la Dîme inféodée; ſur ce fondement que la poſſeſſion de cette Dîme ne peut être prouvée que par des hommages, ou autres Actes équipollens d'un tems immemorial.

Il y a un Arrêt de l'année 1716. rendu au rapport de Monſieur de Clari, en faveur du ſieur de Maynaud, contre le Chapitre de Ste. Marie de la Ville d'Auch, qui a reçû la preuve par Témoins de la poſſeſſion immemoriale, par la raiſon que le ſieur de Maynaud rapportoit des Titres fort anciens énonciatifs de l'infeodation de la Dîme, ce qui formoit un commencement de preuve par écrit ſuffiſant pour faire ordonner cette preuve.

Pour la preuve par Témoins de cette poſſeſſion immemoriale, il faut que les Témoins dépoſent *de viſu* pendant 40. ans, & avoir appris de leurs ancêtres la poſſeſſion anterieure. C'eſt ainſi que la queſtion fut jugée à la troiſiéme Chambre des Enquêtes le 3. Juillet 1715. au Rapport de Mr. de Glatens entre le ſieur Comte de St. Veran, le nommé Muret ſon Fermier & le Sindic de la Communauté de la Cavalerie.

Cet Arrêt eſt conforme à la Doctrine de *Ferr. ſur la queſt.* 357. *Guipap. teſtes,* ( dit-il ) *qui de hac re teſtificaſuri ſunt, ejus ætatis eſſe debent, ut poſſint eſſe memores eorum quæ acceperint à majoribus ſuis & exponere quid actum fuerit 40. annos.*

Le 23. Mars 1712. la Cour rendit un Arrêt au Rapport de Mr. d'Auterive en la 2. des Enquêtes, entre Mr. l'Evêque de Pamiers, & Me. Chamba Chanoine regulier & Sacriſtain de l'Egliſe Cathedrale de la même Ville, qui jugea que Mr. l'Evêque de Pamiers fruit prenant pour la moitié de la Dîme du Prieuré de Saurat, conjointement avec ledit Me. Chamba Curé primitif, devoit contribuer au Prorata au payement de la congruë & autres charge dudit Prieuré ; néanmoins le contraire avoit été jugé le 16. Fevrier 1689. par Arrêt rendu au Rapport de Mr. de Burta, qui condamna le Curé primitif au payement de la congruë du Vicaire perpetuel, & qui en déchargea les autres fruits prenans.

Il y a un pareil Arrêt à celui de l'année 1712. en date du 9. Août 1710. rendu au Rapport de Mr. Dupui, qui condamne tous les fruits prenans à contribuer au payement de la portion congruë & autres charges, à proportion des fruits du Benefice, tant Seigneuriaux que Decimaux ; le Conſeil privé caſſa cet Arrêt le 28. Septembre 1711. pour le chef qui aſſujettit les Droits Seigneuriaux à la contribution de la congruë, & le confirma pour le ſurplus.

Le fondement de l'Arrêt du Conſeil fût pris de ce que les Droits Seigneuriaux forment un Patrimoine de l'Egliſe diſtinct & ſeparé de celui des fruits Decimaux : en effet les Seigneuries ſont purement temporelles, & n'ont rien d'Eccleſiaſtique ; au lieu que les Dîmes étant la rétribution des Miniſtres des Autels, *ſunt aliquid ſpirituali annexum*: à quoi l'on peut ajoûter que les Seigneuries ſont accidentelles à l'Egliſe, & qu'elles y ſont entrées comme par ſurcroit de Patrimoine, & par la liberalité ou la conceſſion des Rois, au lieu que la Dîme a toûjours été deſtinée pour l'entretien des Miniſtres des Autels : en ſorte qu'elle doit demeurer en ſeule aſſujettie au payement de la portion congruë des Cures, & aux autres charges qui ont rapport au Service Divin, ſans que l'autre Patrimoine de l'Egliſe ſoit tenu d'y contribuer.

Par les Arrêts anterieurs, la Cour avoit déja ordonné que chaque Décimateur contribueroit pour ſa portion des Dîmes à l'achât des ornemens, livres, linge, luminaires, & autres choſes neceſſaires pour le Service Divin, & pour

l'entretien

l'entretien des pauvres, il y a deux Arrêts qui l'ont ainsi jugé, le premier en date du 3. Septembre 1706. rendu entre le Sindic du Chapitre de St. Pons, le Sindic de la Chartreuse de Castres, & Me. Lalande Curé de Siran, le second en date du 4. du même mois, rendu au Rapport de Mr. de Palarin confirmatif d'un jugement des Requêtes.

Ces differens Arrêts ont fixé un point de Jurisprudence constant sur cette matiere ; en sorte qu'il seroit temeraire de faire aucune nouvelle consteistation à ce sujet.

---

# CHAPITRE XLI.

*Si on peut appeller de la Sentence du Metropolitain,* omisso medio.

IL est surprenant que cette question ait pû former un partage, & que l'Arrêt rapporté par Mr. de Cambolas, Liv. I. chap. 26. ait trouvé des Partisans après le Décret solemnel du Concordat, *tit. de Frivol. appell.* qui abolit l'usage abusif d'appeller du Metropolitain à Rome *omisso medio.*

Le Concordat n'a fait par ce Décret que rappeller l'usage & l'ordre de la hierarchie de l'Eglise, selon lequel il faut necessairement passer par les degrès de Jurisdiction, établis: de l'Evêque appeller au Metropolitain, du Métropolitain au Primat, & du Primat au Pape, *Gloss. Pragmat. Sanct. tit. de cauf. §. nec ad quemcumque in verbo omisso medio.*

Une pratique contraire avoit introduit de porter l'appellation du Métropolitain au Pape *omisso medio,* & cette pratique irreguliere détermina l'Arrêt rapporté par Mr. de Cambolas ; mais comme l'abus est imprescriptible, & sur tout en matiere de Jurisdictions qui sont de Droit public, la Pragmatique Sanction & le Concordat ayant reformé l'abus qui s'étoit glissé sur ce point, il y auroit un juste moyen d'abus, si au mépris du Concordat une partie se pourvoyoit

par appel en Cour de Rome, d'une Sentence renduë par
le Métropolitain felon la remarque de *Paftor de Jurifd. Ecclef. Lib.* 3. *tit.* 2. *num.* 2. qui fait mention des Arrêts qui
l'ont ainfi jugé.

*Rebuff. in Concordat. tit. de Frivol. appellat.* rapporte un
Arrêt *du* 11. *Mai* 1523. du Parlement de Paris conforme.

Il y a quelques cas dans lefquels on peut apeller au Pape
*omiffo medio*, ils font raportez *par la Glofe fur la Pragmat.
loco fupra*.

---

# CHAPITRE XLII.

*Du Titre fait par l'Ordinaire dans les quatre mois , mais
après le mois donné par le Fondateur au Patron.
S'il faut que l'Ordinaire conferant par dévolution , en faffe
mention dans fon Titre.*

LE Fondateur ( ainfi qu'un Teftateur ) a la faculté d'apo-
fer à l'Acte de fondation , telles conditions que bon
lui femble , pourvû qu'elles ne bleffent point ni l'interêt public de l'Eglife , ni le Droit commun du Royaume , ni
l'honnêteté publique.

La claufe qui porte que le Patron fera tenu de préfenter dans le mois de la vacance , ne déroge en rien au Droit
commun ; mais au Droit particulier introduit en faveur des
fondations laïques , de joüir du délai de 4. mois pour préfenter , le Fondateur peut confequemment déroger à ce
Droit , en impofant la neceffité aux Patrons qu'il défigne ,
& qui le reprefentent , de prefenter dans un moindre délai
par la raifon prife de la *Loi penult. Cod. de pact.*

Si le délai avoit été fixé à 4. mois pour l'interêt public de l'Eglife : alors le Fondateur n'y pourroit toucher ,
parce qu'il eft de maxime que *alteri per alterum iniqua conditio inferri non poteft*, & que d'ailleurs ce délai feroit de
Droit public , auquel nulle convention privée ne peut porter atteinte.

Quoique le Droit de Patronage laïque referre extrême-
ment la liberté de l'Ordinaire qui fe trouve aftraint de
donner l'inftitution au prefenté par le Patron , *Canon. de-
cernimus* 16. *quæft.* 7. l'Evêque étant regardé comme le
collateur originaire de tous les Benefices de fon Diocéfe,
felon le Concile d'Orleans , *Canon. omnes Bafilicæ* 16. *quæft.*
7. n'eft point affujetti dans le Titre qu'il fait du Benefice de
Patronage laïque , par la negligence du Patron d'inferer qu'il
confere *Jure devoluto*, puifque l'inftitution de l'Evêque eft
ce qui conftituë proprement le Titre , & que la préfentation ne donne point *jus ad rem nec in re* : de même que
la Refignation *in favorem* qui tire toute fa force de la provifion du Pape ; en forte qu'on peut regarder l'Evêque comme le collateur ordinaire des Benefices de fon Diocéfe de
Patronage même laïque , & qu'on ne peut pas dire qu'en
cas de négligence du Patron , il les confere *Jure devoluto*.

---

## CHAPITRE XLIII.

*Où doit être porté l'apel de la Sentence donnée fur la fulmi-
nation d'un refcrit de Rome , pour la difpenfe d'une
irregularité publique.*

LA Doctrine de Fevret de l'abus, Liv. 9. chap. 3. *num.* 7.
paroît contraire à la décifion de l'Arrêt raporté dans ce
chapitre; cet Auteur donne pour maxime que *l'ufage du Royaume eft tel que les Evêques , quelque claufe qui foit inferée dans
leurs commiffions , & de quelque qualité que foit l'affaire pour
laquelle ils font deleguez , autoritate apoftolica, ne s'y entre-
melent quæ vi & poteftate ordinaria ; c'eft ce qui fait que les
Sujets du Roi tant Ecclefiaftiques que Laïques , en cas d'apel
ne font jamais diftraits à ce fujet* ( & il ajoûte immediatement après ) *que le Pape ne peut par fes refcrits intervertir le
degré naturel d'apel de l'Evêque au Métropolitain.*

D'où il faut conclurre que l'apel d'une Sentence renduë

par l'Evêque, comme delegué du Pape doit être porté au Métropolitain.

Je croi que la Doctrine de Fevret doit être entenduë des cas dont l'Evêque connoît comme delegué né du St. Siége, & qui ne ſont point ſpecialement reſervés au Pape par les Conciles dont la diſpoſition eſt reçûë en France, ou par les Concordats ; mais nullement du cas dont il s'agit dans l'eſpece de nôtre Arrêt, qui tombe ſur une abſolution reſervée au Pape par le Concile de Trente dont nous avons adopté le Decret.

En effet ſi le Pape eſt établi Juge naturel & immediat, pour connoître du fait d'une irregularité publique, encouruë par un Clerc, & pour en donner l'abſolution, il faut neceſſairement porter devant lui l'apel de la fulmination de la diſpenſe à laquelle l'Evêque a procedé comme delegué & par commiſſion expreſſe ; car tenant alors la place du Pape, ſon deleguant, ſuivant la décretale, *ſanè quia nos, extra de offic. & poteſt judic. deleg.* ce ſeroit porter l'apel de la Sentence de fulmination devant un Tribunal inferieur que de ſe pourvoir au Métropolitain.

Il y a des cas où l'Evêque quoique delegué du Pape, procede néanmoins *vi & poteſtate ordinaria*, comme eſt celui par exemple de la proviſion d'un Benefice accordée par le Pape, *in forma dignum, Solier ſur Paſtor in addit. Lib. 2. tit.* 13. l'Evêque étant proprement alors delegué né du St. Siége, ſon réfus d'acceder le *Viſa*, donne lieu de ſe pourvoir devant le Métropolitain & non au Pape, quoique la proviſion émane de lui.

---

# CHAPITRE XLV.

## *De la Regle* de veriſimili notitia Obitus.

IL faut obſerver avec Dumoulin, *ad reg. de veriſim. num.* 55. que la proviſion du Pape donnée *etiam per obitum*, a pour fondement la Reſignation qui a donné lieu au départ du

Courier, & que dans ces circonftances la demande *per obitum*, n'eft qu'acceffoire à la Refignation, *principaliter primo
impetravit Beneficium viventis per obitum*, *fed in confequen-
tiam mandati ipfius Refignantis*; d'où il faut conclurre que
la procuration *ad Refignandum*, étant emportée par la revocation de la Refignation faite avant quelle ait été admife en
Cour de Rome, le Benefice n'a pû être obtenu du Pape fur
la claufe *etiam per obitum*, quoique le tems de la regle *de verifimili* fe trouve entre la provifion & le decès; car loin
de favorifer la demande, *etiam per obitum*, il faudroit au
contraire (s'il étoit poffible) l'abroger comme ambitieu-
fe & derogeante aux droits des Collateurs ordinaires, *Solier
fur Paftor*, *lib. 3. tit. 2. in addit.* quoique naturellement porté
à foûtenir les provifions expediées en Cour de Rome; & les
claufes qui les favorifent, eft neanmoins d'avis que la Refignation ayant été duement revoquée avant l'arrivée du Courier à Rome, le Benefice ne peut être obtenu par la claufe
fpeciale, inferée dans la fupplique, *etiam per obitum*, par ces
raifons. 1°. Que *actu principali annullato annullantur omnes
claufulæ contentæ in eo*, *Gloff. in cap. fignificantibus in fin.
extra de offic. delegat.*

2°. Parceque la provifion eft obreptice, en ce que fi le
Pape eût été inftruit de la revocation de la Refignation,
il n'eût point accordé fa provifion, la Refignation ayant
été le fujet & le fondement du départ du Courier, & de
la demande de la provifion du Benefice.

D'où il faut conclurre que la provifion obtenuë dans ces
circonftances, fur la demande *etiam per obitum* eft nulle,
quoique le tems de la regle de *verifimili notitia* fe rencontre entre le decès & la provifion, parce que cette demande n'étant qu'acceffoire & accidentelle, tombe avec la demande principale, *cap. accefforium de regulis jur. in 6.* & je croi
cette décifion devoir être fuivie en pratique comme plus
conforme à nos maximes, qui tendent à favorifer le Droit
des collateurs ordinaires qui fe trouveroit néanmoins blef-
fé, fi l'on donnoit à la demande *etiam per obitum*, l'effet

de pouvoir valider la provifion duPape,puifque le collateur ordinaire feroit privé de faire le titre du Benefice vacant *per obitum,*l'Arrêt rapporté dans ce chapitre avoit jugé le contraire.

Solier ajoûte qu'il eft indifferent pour la décifion que la
revocation de la Refignation ait été faite ou non, fi le Refignant eft decedé avant l'arrivée du Courier à Rome ,
& la date prife n'y ayant pas de revocation plus expreffe
que celle qui fe fait par la mort du Refignant avant que
la Refignation foit admife.

Le tems requis par la regle *de verifimili* , dépend de
la diftance du lieu où fe trouve le collateur, & fe mefure
par la proximité ou l'éloignement du lieu du Beneficier decedé de celui de la réfidence du collateur ; en forte qu'il
faut toûjours qu'il fe foit écoulé entre la mort & la provifion un efpace de tems fuffifant , pour que le collateur
ait pû avoir connoiffance par un Courier du tems du decès , & qu'il n'y ait aucun foupçon qu'on a couru le Be-
fice d'un homme vivant contre la prohibition des Conftitutions Canoniques , *Dumoulin. ad reg. de verifim. num.* 27.
*Gregor. Tolofan. in fyntagm. Lib.* 17. *cap.* 17.

Quand on impetre un Benefice vacant par Sentence , le
tems court à *die latæ Sententiæ.*

Le Roi conferant en regale n'eft point affujetti à cette
regle par un privilege fingulier de la regale , Brodeau fur
Loüet Lettre R , Somm. 47. num. *6.* & Lettre V , Somm. 2.

---

# CHAPITRE XLVI.

*Si le Chapitre peut, le Siége vacant, deftituer les Officiers
de la Temporalité.*

IL eft furprenant que la queftion decidée par l'Arrêt du *6.*
Fevrier 1670. ait pû faire la matiere d'un Procès , puifqu'on ne peut raifonnablement penfer que le Chapitre , *Sede
vacante ,* ait droit de deftituer les Officiers de la temporalité.

En premier lieu, c'eſt une maxime que *ad eum pertinet deſtitutio ad quem inſtitutio*; l'inſtitution des Officiers exerçans la juſtice d'une temporalité appartenante à l'Evêque comme Seigneur de la Terre; la deſtitution de ces Officiers lui eſt reſervée comme fruit de ſa Seigneurie, & ne peut conſequemment être devoluë au Chapitre, *Sede vacante*, le Chapitre n'étant jamais ſubſtitué à la place de l'Evêque, *ſede vacante*, pour ce qui concerne les droits temporels de l'Evêché; mais ſeulement pour certains Actes de la Juriſdiction ſpirituelle, qu'on peut voir détailler dans le traité qu'a fait *Franciſe de pavin. de poteſtate capituli ſede vacante.*

2°. Le droit d'inſtituer & de deſtituer ces Officiers, eſt un veritable fruit de la Seigneurie, auquel le Chapitre ne peut jamais prétendre, puiſqu'il eſt exclus *ſede vacante*, de nommer aux Benefices qui ſont de la collation ou préſentation de l'Evêque, & cela par cette raiſon que la collation, *eſt in fructu Gloſſ. in Cap. cum olim extra de major. & obedient.* & que les fruits appartiennent ſuivant les Conſtitutions Canoniques, non au Chapitre *ſede vacante*, mais au ſucceſſeur de l'Evêque défunt, *Cap. qui ſæpe de elect̃. in 6. & Clement. ſtatutum eod. titulo.*

Le ſeul cas où je croi que le Chapitre peut deſtituer les Officiers de la temporalité *ſede vacante*, eſt celui où il ſe trouve Coſeigneur temporel de la terre avec l'Evêque; & cela par l'argument pris des Chapitres, *quartò & no it. extra de iis quæ fiunt à Prelat. ſine conſenſu capituli*, que pendant la vacance du Siége le Chapitre a droit de conferer les Benefices dépendans de ſa collation commune avec l'Evêque; ce qui ſe fait alors par une eſpece de droit d'accroiſſement, *Leg. re conjuncti, ff. de legat. 3. Chopin. de ſacr. polit. Lib. 3. tit. 7. num. 7.* raporte un Arrêt du Parlement de Paris du 6. Mai 1570. par lequel l'apel comme d'abus interjetté par des Officiers de la temporalité de leur deſtitution faite par le Chapitre *ſede vacante*, fût accuëillie, Brodeau ſur Loüet Lettre O, Somm. 2. num. 10.

obferve que le Chapitre a droit de deftitution, s'il fe trouve fondé en titre ou coûtume, & poffeffion centenaire verifiée par écrit, *quia habet vim conftituti tituli.*

Je croi que quand les Officiers de la Temporalité viennent à deceder *fede vacante*, l'inftitution en apartient au Roi *jure regaliæ* ou à l'œconome propofé à la regie des fruits ; par la raifon que c'eft-là un fruit du temporel de l'Evêché, fur lequel le Chapitre ne peut porter fa main, n'étant point dependant, ni de la Jurifdiction volontaire, ni contentieufe de l'Evêque.

C'eft encore une regle conftante, que le Chapitre ne fuccede point à l'Evêque pendant la vacance du Siége, *in iis quæ funt ordinis*, ni pour ce qui a été commis & delegué à l'Evêque par le Pape, *Clementina* 2ª. *de Statu Monach.*

---

## CHAPITRE XLVII.

*Du* Vifa, *où il n'eft pas fait mention de la prefence du Pourvû.*

LE Chapitre ne peut donner le Vifa *fede vacante* aux Pourvûs en Cour de Rome, *in forma dignum*, s'il n'a indult ou titre exprès, pour cela la poffeffion ne pouvant lui faire titre comme étant abufive. C'eft ainfi que la queftion fut jugée à l'Audience de la Grand'Chambre, par Arrêt prononcé le 13. Janvier 1711. par Mr. le Premier Préfident de Bertier, fur les Conclufions de Mr. l'Avocat General Lecomte ; plaidans Me. de Campa pour Me. Blanc, pourvû en Cour de Rome, d'un Prieuré Cure du Diocéfe de Mende, fur Refignation ; & Me. de Lardos pour Me. Chalvos, Curé apellant comme d'abus du *Vifa*, accordé à Me. Blanc par les Vicaires Generaux du Chapitre de Mende, *fede vacante* fur le Mandat du Pape *de providendo.* Me. de Campa foûtint en deffendant fa partie, que la poffeffion prefcrite du Chapitre d'accorder le Vifa, *fede vacante*, lui fai-

faifoit

soit titre ; & qu'elle établissoit cette présomption en sa faveur, qu'il en avoit le titre ou indult.

La Cour ordonna *qu'avant dire droit sur l'appel comme*
*d'abus, le Sindic du Chapitre de Mende, seroit appellé en cause*
*à la diligence du Procureur General, ou de la partie de Lardos,*
*pour produire l'indult ou autre Titre ; en vertu duquel il prétend*
*avoir droit d'accorder le* Visa *par ses Vicaires Generaux,* sede
vacante.

Les raisons déterminantes de cet Arrêt, furent sans doute.
1°. Que le Vicaire du Chapitre, *sede vacante*, ne peut exercer *ea quæ Episcopo competunt singulariter & vigore delegatio-*
*nis, cap. Pastoralis extra de Offic. ordinar.*   Or l'Evêque procedant en ce fait comme delegué du Pape par la clause inferée aux provisions *committatur ordinario*, il s'ensuivoit que
le Vicaire General du Chapitre ne pouvoit jamais exercer ce
droit. 2°. Que le Chapitre ne succede jamais à l'Evêque
*sede vacante* : Pour ce qui concerne les fonctions annexées
à l'Ordre Episcopal, & les actes dans lesquels il procede
comme delegué du St. Siége, *Garcias part. 5. cap. 7. num.*
42. le *Visa* est un acte de sa nature Episcopal & personnel, *Concil. trident. Sess. 24. cap. 18.* à quoi sont conformes
les Ordonnances de Blois & de Melun. 3°. Que le *Visa*
étant la consommation de la provision du Pape qui n'est
qu'un mandat *de providendo*, c'est proprement l'Evêque qui
confere le Benefice ; la collation des Benefices dependant
de l'Evêque n'étant jamais devoluë au Chapitre *sede vacante*
*cap. illa ne sede vacante de instit. in 6°.*

La possession alleguée du Chapitre ne pouvoit lui faire
Titre, par la raison que ce qui est d'ordre & de Sacerdoce
Episcopal, ne peut jamais être prescrit contre l'Evêque, &
qu'il procedoit ici comme delegué du Pape, *ut Episcopus.*

Mr. d'Olive, liv. I. ch. 16. rapporte un Arrêt de la Cour,
à la décision duquel ce dernier Arrêt s'est conformé.

Les Evêques ne sont point fondez à requerir le certificat
de vie & mœurs, ni l'institution & examen de ceux qui
sont pourvûs par le Chapitre des Canonicats vacans qui

*Tome I.*                                                     M

ſont de ſa collation. C'eſt ce qui a été décidé par un
Arret de la Cour, ſervant de reglement en date du 15. Fevrier 1713. prononcé à l'Audience de la Grand'Chambre ;
plaidans Me. de Montaudier pour Mr. l'Evêque de Conſerans ; Me. de Lardos pour le Sindic du Chapitre.

Me. Giſcaro ayant été pourvû par le Chapitre de Conſerans d'un Canonicat ; Mr. l'Evêque de Conſerans rendit
des Ordonnances d'interdiction contre lui, ſur le fondement qu'il n'avoit point pris l'inſtitution de lui, qu'il n'avoit
ni Certificat de vie & mœurs, ni ſubi d'examen.

Me. Giſcaro à lui joint le Sindic du Chapitre, fut appellant comme d'abus de ces Ordonnances que la Cour declara abuſives, en faiſant deffenſes aux Evêques par forme de
reglement ſur les requiſitions de Mr. le Procureur General,
de requerir certificat de vie & mœurs, ou examen dans les
collations faites par le Chapitre, ni inſtitution pour les Canonicats de leur collation. La raiſon déterminante de cet
Arret, peut être priſe de ce que l'Evêque n'a point de ſupe-
riorité ni d'inſpection ſur la collation d'un Benefice, faite par
le Chapitre quand ce Benefice eſt *de corpore Eccleſiæ Cathedra-*
*lis* ; parce qu'à l'égard de ces collations, l'Evêque eſt reputé
ſimple Chanoine. En effet ſi la collation ſe fait *conjonctim*, &
par tout le corps du Chapitre aſſemblé *collegialiter*, l'Evêque
n'a que ſa voix comme un autre Chanoine ; avec cet avantage neanmoins, que ſi les voix ſont partagées, le côté de
l'Evêque l'emporte, *ut ponderoſior Joann. de Selva , 2. part.*
*quæſt.* 27. *poſt. felin. & alios quos citat.*

S'il étoit queſtion neanmoins de la collation de la Theo-
logale où d'une Prebende préceptoriale, l'inſtitution en
appartiendroit à l'Evêque ; parce que c'eſt à lui de connoître par examen de la capacité requiſe par le Concordat &
les Ordonnances de la perſonne nommée par le Chapitre :
Telle eſt l'Obſervation de Paſtor, *de Benef. Eccleſ. lib.* 1.
*tit. 9. num.* 4.

# CHAPITRE XLVIII.

*De ce qui est necessaire pour acquerir par prescription le Droit de Patronage.*

IL est constant que le Droit de Patronage peut être acquis par prescription & par la coûtume de présenter, suivant la *Gloss. du Chap. consultationibus extra de Jure Patron.* mais il faut que cette possession ait les qualitez suivantes.

1°. La bonne foi dans la personne du possesseur, *Gloß. codem loco*, laquelle ne peut s'établir sans une possession paisible & continuë ; c'est-à-dire, qui ne soit point troublée durant tout son cours par aucun acte judiciaire, *pacificus possessor. est qui nullam sentit molestiam Juris, vel facti judicialem vel extra judicialem* ; c'est la Doctrine de *Flamin. Parif. de resign. Lib.* 10. *quæst.* 4. *num.* 12. qu'il appuye de plusieurs autoritez, & cette possession doit avoir été continuée pendant l'espace de 40. ans , & doit être prouvée par Titres & non par Témoins , suivant la Doctrine de Pastor *de Benef. Lib.* I. *tit.* 20. *num.* 14.

2°. Il faut suivant le même Auteur que cette possession soit accompagnée de trois, ou du moins de deux présentations ; & qu'elle soit fondée sur un Titre coloré de Patronage de fondation ou dotation du Benefice ; car sans Titre coloré, il faut une possession immemoriale qui fait présumer le Titre ; en effet c'est une maxime constante en matiere Ecclesiastique que la possession seule ne fait point Titre à la difference de la possession prophane , & qu'il faut que cette possession soit aidée par un Titre dumoins coloré ; c'est la Doctrine de Fevret Traité de *l'abus , Liv.* 4. *Chap.* II. *num.* 6. *de Solier sur Pastor , Lib.* 3. *tit.* 20. *in notis* ; & ce dernier Canoniste ajoûte d'abord après qu'on doit reputer pour coloré le Titre qui se trouve fait par celui qui a le pouvoir de le faire, le Titre se trouvant pourtant

défectueux par quelque défaut qui ſe rencontre, ou en
la perſonne du collateur ou du Titulaire, ou dans le Titre
même *dic titulum coloratum eſſe eum qui proceſſit ab habente*
*poteſtatem defectu, tamen aliquo in conferente vel collatario,*
*vel ipſo titulo, vel alia ratione injuſtus redditur* : il faut donc
le concours de ces differentes qualitez dans le Titre fait
par le Patron qui veut établir ſon Droit de Patronage par
la coûtume de preſenter.

Pour ce qui concerne la quaſi poſſeſſion, le chap. *conſul-*
*tationibus extra de Jure Patron.* decide formellement que la
poſſeſſion de Patron rend valide le Titre ; & que par l'inſtitution qui eſt faite ſur ce Titre, le Droit au Benefice
demeure irrevocablement acquis à l'inſtitué, quoique le
Droit de Patronage ſoit évincé au poſſeſſeur par le veritable
ble proprietaire ; mais cette poſſeſſion doit neceſſairement
être accompagnée de la bonne foi, ſuivant la remarque de
la Gloſſ. ſur cette décretale.

Au ſurplus l'eſpece de l'Arrêt du 6. Août 1681. eſt toute differente du cas où la poſſeſſion quarantainaire ſoûtenuë
par trois Titres, acquiert la proprieté du Droit de Patronage d'un Benefice ; ainſi il ne faut point être ſurpris ſi
la déciſion eſt contraire aux maximes reçûës pour acquerir
par preſcription le Droit de Patronage : Il s'agiſſoit dans
cette eſpece non d'un Benefice Eccleſiaſtique & ſpirituali-
ſé, mais des places d'un College de fondation laïque ; or
ces places que l'on nomme bourſes ou preſtimonies n'ont
aucun caractere de Benefice, parce que ceux qui les poſ-
ſedent, n'ont à remplir aucune fonction ſpirituelle ; ce qui
eſt toutefois eſſentiel au Benefice ſuivant les Canoniſtes ;
& dans ces circonſtances la poſſeſſion & les Titres faits
par le Pape étoient abuſifs, comme dérogeans à cette fondation toute prophane en ſoi, & d'ailleurs intereſſante pour
la cauſe publique, conſequemment on ne pouvoit oppoſer
de preſcription l'abus étant impreſcriptible.

# CHAPITRE XLIX.

*Cas fingulier, ou le Titre fait à non habente poteſtatem ne laiſſe pas d'être bon.*

CEt Arrêt qui adjuge le Benefice conferé *à non habente poteſtatem* au pourvû, fous prétexte de fa bonne foi, me paroît rendu contre la pureté des maximes. 1°. La collation d'un Benefice eſt une vraye donation, *cap. unic. §. porro extra ut Eccleſ. Benefic. ſine diminut. conſerant,* d'où il faut conclurre que la choſe donnée pouvant être évincée au Donataire qui la tient *à non Domino* par le veritable Maître, le Benefice conferé *à non habente poteſtatem*, peut être legitimement impetré en Cour de Rome fur la tête du pourvû. 2°. Il n'y a point de legitime poſſeſſion en matiere Canonique fans Titre coloré, *cap. Beneficium de reg. jur. in 6.* & pour qu'un Titre ſoit coloré, il faut qu'il ſoit fait neceſſairement *ab habente poteſtatem*, Solier fur Paſtor *in not. Lib. 3. tit. ult.* fondé fur l'autorité de la *Gloſſ. Pragmat. Sanct. & fur Guipap.* la bonne foi du pourvû ne ſuffit donc point quoiqu'elle doive accompagner la poſſeſſion fondée fur un Titre coloré.

3°. La collation eſt *in fructu cap. cum olim extra de cauſ. poſſ.* Or dans l'eſpece de cet Arrêt Mr. de Perrefine Evêque de Rhodez ayant obtenu un Arrêt du Conſeil, qui maintient les Vicaires Géneraux qu'il avoit établis dans l'exercice de leurs fonctions, la collation d'un Benefice dont il s'agit leur appartenoit de droit, comme un fruit & une dépendance de leur joüiſſance, & conſequemment la collation faite par les Vicaires Géneraux du Chapitre, étoit une veritable uſurpation du Droit qui leur étoit acquis.

4°. La maxime priſe de la Loi *Barbarius Philippus error communis facit jus*, ne paroît point applicable à l'eſpece de l'Arrêt. Dans le cas de cette Loi l'interêt des particuliers, n'étoit nullement bleſſé , puiſque les jugemens rendus par l'Eſclave reputé publiquement homme libre , ne prejudiſoient aucunement au droit d'un tiers , n'en étoient pas moins juridi- ques au fonds , n'y ayant d'irregularité qu'en la forme par rap- port à la qualité du Juge , qui avoit prononcé au lieu que la collation faite *à non habente poteſtatem* , bleſſant directement l'interêt particulier du collateur legitime , ne peut ſubſiſter à ſon préjudice.

5°. Quoique la ſeule poſſeſſion en matiere prophane puiſ- ſe faire Titre , & que par cette raiſon les jugemens rendus par cet Eſclave fuſſent à l'abri de toute récherche ; il n'en eſt pas de même en matiere de collation des Benefices , où il faut neceſſairement avoir un Titre coloré de poſſeſſion ſans quoi elle n'eſt jamais Canonique.

---

# CHAPITRE L.

*De la reſignation d'un Benefice dont l'union a été ordonnée ,*
*pour avoir ſon effet après la mort du Titulaire.*

IL y a un Arrêt contraire à la diſpoſition de celui de ce Parlement , rapporté dans le 2. Tom. du Journal des Audiences , Liv. 3. chap. 21. en date du 31. Mai 1660. par lequel il fut jugé que l'union d'une Cure au Chapitre de l'Egliſe de Brinon , faite par Mr. l'Archevêque de Sens , ſans avoir appellé le Patron & le Curé étoit abuſivè , par la raiſon que l'un & l'autre étoient les legitimes contra- dicteurs & défenſeurs des Droits de cette Cure , Dumou- lin dans ſa note ſur la queſtion 267. de Jean Galli eſt du mê- me avis , en combattant l'opinion de cet Auteur qui tient la négative , & qu'il n'eſt pas neceſſaire d'appeller le Curé , puiſque l'union ne doit avoir ſon effet qu'après ſa mort , *contra- rium* , dit Dumoulin , *ſervari in Gallia , & bene quia debent revocari rectores maxime in uniendis Eccleſiis Parrochialibus.*

Il ſemble en effet que le Curé doit être appellé ; car

comme il est d'ufage qu'on doit appeller dans les unions des Benefices, tous ceux *quorum intereft*, quoique l'union ne doive fortir à effet qu'après la mort du Curé, & qu'il femble qu'il doive être par-là hors de toute intrigue ; toutefois comme le Curé est le défenfeur legitime des droits de fon Eglife qui eft fon époufe, & que l'union eft une efpece d'alienation du temporel de cette même Eglife, fuivant la remarque de Fevret, traité de l'abus, Liv. 2. chap. 4. num. 19. le Curé en cette qualité d'époux, & de legitime adminiftrateur étant obligé de veiller à la confervation des Droits du Benefice ; on peut foûtenir qu'il eft neceffaire pour cimenter l'union du Benefice, qu'il foit appellé pour déduire les raifons, & les moyens d'oppofition qui peuvent faire un obftacle legitime à l'union.

*Paftor de Benefic. Lib.* I. *tit.* 4. *num.* 8. après avoir decidé que l'union peut être faite fans préjudicier aux Droits du Curé, en transferant l'execution de l'union jufqu'après fon decès ; ajoûte que l'union étant ainfi faite, le Curé peut néanmoins refigner fa Cure *in favorem aut ex caufa permutationis* entre les mains du Pape en énonçant le Décret d'union, auquel le Pape peut déroger *femel* fur la demande du Refignataire & pour lui feul perfonnellement : Enforte que l'execution de l'union n'aura lieu dans ces circonf. tances de dérogation du Pape qu'après le decès du Refignataire, Paftor fait mention d'un Arrêt en date du mois de Mars 1651. qui le jugea ainfi.

---

# CHAPITRE LI.

*Des Confeillers-Clercs des Parlemens, & de la Prefence qui leur eft accordée. De la prefence des Beneficiers malades.*

L'Arrêt rendu en faveur de Mr. de Lairac, eft du 24. Mars 1689. dans l'efpece fuivante. Mr. de Lairac Chanoine au Chapitre Collegial de St. Gaudens, ayant été pourvû de l'Office de Conseiller en la Cour, donna Requête à ce que les distributions qui se payent par Statut de ce Chapitre en grains, & une fois l'an lui fussent adjugeés, quoiqu'il ne pût resider dans son Benefice, vû le service personnel qu'il doit au Roi; & que les autres distributions qui proviennent des oblations, obits, & anniversaires qu'il ne peut gagner, cedent non au profit de ceux qui assistent au Chœur; mais de la fabrique.

Par l'Arrêt, les distributions prises sur la grosse des fruits, & payables en grain, lui furent adjugées par provision; & il fut ordonné que le Sindic du Chapitre seroit appellé : Depuis la Cour convertit l'Arrêt provisionel en diffinitif, & sur le surplus de la Requête appointa à bailler par écrit; plaidans Me. de Latuë pour Mr. de Layrac, & Me. de Gourdon pour le Sindic du Chapitre.

Les Chanoines Conseillers-Clercs actuellement servans au Parlement, gagnent les gros fruits de leurs Prebendes; ils ne perdent que les distributions manuelles qui se font au Chœur en argent après le Service, suivant les Arrêts rapportez par Mr. Loüet, Lettre C, Somm. 24. & Mr. Maynard, Liv. 1. ch. 60.

La faveur des études a porté les Cours à adjuger aux Chanoines absens *studiorum causa* les gros fruits de leurs Prebendes, mais non les distributions manuelles du pain qu'on faisoit aux presens : C'est la disposition des Arrrêts rapportez par Brodeau sur Loüet, Lett. C, Somm. 6. *in fine*. Les Chanoines absens pour deputation de l'Assemblée Generale du Clergé, ont plus de privilege sur cette matiere, que les Conseillers-Clercs ou Etudians dont nous venons de parler, puisqu'ils ont droit de percevoir les fruits entiers de leurs Prebendes, même les distributions manuelles pendant les séjours qu'ils sont obligez de faire à cette occasion; ce qui est ainsi decidé par les reglemens du Clergé, confirmez par les Arrêts.

Les Chanoines Chapellains de nos Rois ont le même
avantage,

avantage, de pouvoir percevoir les gros fruits de leurs Prebendes, par privilege du Pape Pie II. ainfi que l'obferve la Glofe de la *Pragmat. tit. qualiter horæ fint dicendæ verbo teneantur* ; mais ils ne peuvent retirer les diftributions manuelles qui fe font au Chœur après le Service, & qu'on apelle quotidiennes.

Il faut remarquer ici que dans l'efpece de l'Arrêt de Mr. de Layrac, ce Chanoine faifoit demande, non des diftributions manuelles & journalieres qui fe font après le Service ; mais des diftributions qu'on fait une fois l'année en grains fur la groffe des fruits, ce qui lui fut accordé par provifion ; parce que la Cour regarda ces diftributions comme gros fruits de la Prebende : mais qu'à l'égard des autres diftributions qui étoient quotidiennes comme les anniverfaires & obits, il fe contenta de demander qu'elles cedaffent au profit de la fabrique, furquoi il fut appointé à bailler par écrit. La Cour ne lui adjugea donc point les anniverfaires ni les fondations, & cela n'eft point dû en effet aux abfens, quand la diftribution s'en fait journellement au Chœur après le fervice fait.

---

# CHAPITRE LIII.

### *En quel fens le Legs Pieux eft regardé comme dette.*

S Uivant la difpofition du Droit nouveau, l'heritier ne peut point detraire de Quarte Falcidie fur les Legs pieux ; en forte qu'ils paffent tout entiers à la caufe pie, *auth. fimiliter Cod. ad leg. falcid.* en quoi le droit áncien eft abrogé, felon lequel *etiam ex legatis deo relictis falcidia detrahebatur, Leg.* I. §. *ad municipalem, ff. ad leg. falcid.* il en eft de même de la Quarte Trebellianique, l'heritier grevé de rendre à la caufe pie ne peut en faire la détraction, *Leg. fi quis ad declinandum* 49. *Cod. de epifc. & Cleric. & Ferr. quæft.* 188. Guipap. fondé fur la Doctrine d'Alexandre & de Dumoulin.

Je croi qu'il faut excepter de cette regle deux cas. Le premier, quand l'heritier grevé eſt chargé de rendre avant ſa mort, & dans un tems limité par le Teſtateur. Le ſecond, lorſque l'heritier grevé laiſſe des deſcendans dont l'exiſtance n'empêche pas l'effet du Fideicommis.

Je fonde mon opinion ſur ces raiſons. 1°. Qu'il eſt de maxime que la cauſe pie ſe trouvant en concours avec les enfans, ne joüit point de ſon privilege ; la faveur des enfans étant ſans contredit plus grande ſur les biens de leurs peres que celle de la cauſe pie, puiſqu'elle trouve ſon fondement & dans les Loix immüables de la nature, & dans les deſirs des parens même, ſuivant l'expreſſion des Loix, *Leg.* 7. *ff. de bon. damnat. Leg. in ſuis, ff. de ſuis & legit. hæred. Leg.* 7. *§. ult. unde liberi eod.*

Si le privilege de la cauſe pie ceſſe en faveur des enfans, & dans le concours, il en faut revenir au droit commun, ſelon lequel l'heritier grevé de rendre peut faire la détraction de la Quarte comme l'heritier pur & ſimple de la Falcidie ; & c'eſt par cette raiſon que les Docteurs decident, que quand la cauſe pie eſt grevée de Fideicommis, à l'égard d'autre cauſe pie, elle peut faire la detraction de la Quarte Trebellianique, ſuivant la remarque de Ferriere, *loco ſuprâ.*

2°. Que ſuivant les conſtitutions Canoniques, les enfans ſont ſi privilegiez qu'ils peuvent en même-tems faire la détraction de la legitime & de la Quarte, ſur l'heredité de leurs peres, *cap. Raynut. de Clera extra de Teſtam.* ce qui s'obſerve inviolablement dans les jugemens ; d'où je conclus que les enfans n'étant privez, ni par le Chapitre Raynutius, ni par aucun autre texte du droit de faire la détraction de la Trebellianique quand la cauſe pie leur eſt ſubſtituée, rien n'empêche cette détraction, étant fondez en droit commun.

3°. Que les Loix civiles qui prohibent la détraction des Quartes Falcidie & Trebellianique, *favore cauſæ piæ*, ne faiſant point mention expreſſe du concours des enfans heritiers purs & ſimples, ou grevez de Fideicommis, ils ne ſont pas cenſez compris dans leurs diſpoſitions ; par cette regle que les perſonnes privilegiées de droit ne ſont jamais cenſées

comprifes dans la difpofition des Loix & Ordonnances, si'l
n'en eft fait mention expreffe.  Or rien n'eft plus privilegié
que les enfans fur les biens de leurs peres, la Quarte Falcidie
& la Trebellianique fe reglant par les mêmes Loix, fuivant
le droit nouveau : il faut en dire de même de la Falcidie dans
les deux cas ci deffus exceptez, & decider que les enfans
heritiers inftituez, fe retranchans à leur Quarte Falcidie,
peuvent la prendre indiftinctement, & fur les Legs pieux &
fur les autres ; l'autentique *fimiliter* ne devant être appliquée
qu'aux heritiers collateraux ou étrangers du Teftateur, mais
nullement aux enfans, n'étant pas à préfumer que les mêmes
Loix qui leur donnent tant davantage fur les biens de leurs
peres, ayent entendu les en exclurre par un privilege extraordinaire, accordé à la caufe pie.

---

# CHAPITRE LIV.

*Comment fuccedent les Jefuites fortis de leur Compagnie,*
*après leurs Vœux.*

P Ar Arrêt d'Audience du 10. Juin 1710. il a été jugé
à la Grand'Chambre, que les Jefuites de la Maifon
Profeffe de Touloufe, devoient joüir du privilege des Religieux Mandians, à l'effet de pouvoir porter leurs caufes en
premiere inftance en la Cour, au nom de Mr. le Procureur
General, prenant leur fait & caufe.

Il s'agiffoit dans l'efpece de cet Arrêt d'une évocation
d'inftance de diftribution, pendante au Senéchal de Touloufe, dans laquelle le Sindic de la Maifon Profeffe étoit
partie comme créancier : cette évocation étoit demandée
par Mr. le Procureur General, prenant le fait & caufe de
cette Maifon, le Sindic adherant à fes conclufions.

La Cour demit par fon Arrêt Mirande, Poiffon, & Pane-
bœufs créanciers de leur demande, en renvoi devant le Senéchal, & ordonna qu'il feroit procedé devant elle ; plai-

dant Me. de Cauſade pour le Sindic de la Maiſon Profeſſe.

Cet arrêt eſt fondé ſur ce que cette Maiſon à les mêmes privileges que les Mandians. Les Religieux qui la compoſent ayant fait les trois vœux de pauvreté, chaſteté & obéïſſance ſont reputez vrais Cenobites : En ſorte qu'ils ne peuvent ſortir de la Compagnie pour entrer dans un autre Ordre à celui des Chartreux près, ſuivant la Bulle de *Gregoire* 14. *de l'an* 1591. A quoi ſe joint un autre conſideration que cette Maiſon fait une ſinguliere profeſſion de pauvreté Evangelique, puiſqu'elle ne poſſede aucun immeuble, & qu'elle merite d'ailleurs d'être diſtinguée par ce privilege, ſi l'on conſidere les Travaux infatigables des Prêtres qui la compoſent ; ſoit dans la diſtribution du pain de la parolle ; ſoit dans l'adminiſtration des Sacremens ; ſoit dans les autres penibles fonctions du Sacerdoce.

## CHAPITRE LVIII.

*De la Regle de* infirmis reſignantibus *à l'égard des permutations, faites entre les mains de l'Ordinaire.*

L'Arrêt de la Cour, qui a jugé que la regle de 20. jours à lieu dans les Reſignations, faites entre les mains de l'Ordinaire, *ex cauſa permutationis,* eſt fondé ſur quelques anciens préjugez ; ſoit de ce Parlement, ſoit de celui de Paris, rapportez par Mr. Maynard, liv. 1. chap. 54. par Papon liv. 3. tit. 2. & par Charondas en ſes reponſes, liv. 1. chap. 18. La raiſon determinante de cette deciſion, étoit priſe de la faveur de l'Ordinaire, dans les collations des Benefices, & de ce que la regle de vingt jours ayant été introduite pour maintenir cette faveur, il falloit lui donner ſon effet dans les collations forcées & neceſſaires, que fait l'Ordinaire *ex cauſa permutationis.*

Fevret en ſon *traité de l'abus, liv.* 2. *chap.* 6. *num.* 8. obſerve que cette Juriſprudence n'eſt plus d'uſage, & qu'il

a passé que la regle de vingt jours, n'a pas lieu dans les
Permutations admises par l'Ordinaire, par cette raison, que
l'Ordinaire n'est pas si précisément astraint de conferer le
Benefice au Copermutant, qu'il ne puisse par un préalable s'enquerir, s'il y a fraude ou non dans la Permutation, ou si
elle n'est point collusoire, & faite au préjudice de son droit de
collation, Chopin *de Sacrapolit, liv.* I. *tit.* 3. *num.*3. rapporte
plusieurs Arrêts du Parlement de Paris, qui ont decidé que
cette regle n'a pas lieu dans les Permutations, faites entre
les mains de l'Ordinaire, & c'est l'opinion de Chopin lui-
même, *ac propterea,* dit-il, *si isqui apud ordinarium vel pu-
rè vel in permutantis gratiam dimiscrat Sacerdotium vita de-
cesserit ante vicesimum ab ordinarii collatione diem non infrin-
gitur collatio ex cessione hujusmodi expedita nec quasi ceden-
tis obitu vacuum est Sacerdotium impetrandum,* Dumoulin tient
le même langage, sur la regle *de infirm. num.* 13. *si igitur ordinarius contulerit per resignationem, ex causa permutationis
non poterit amplius conferre per obitum in vim hujus regu-
læ, quia regula non disponit de collatione ordinarii :* les Arrêts rapportez par Loüet, Lett. I. Somm. 5. & par Brodeau,
ont suivi cette decision, & Brodeau fait des observations en
cet endroit, qui me paroissent determinantes, pour faire pencher la balance du côté du préjugé qu'il rapporte. 1°. Que
la commune opinion des Docteurs, est que la Regle de vingt
jours n'a point lieu, *in ordinariis collatoribus,* & n'a point
été faite  ni publiée pour eux en la Chancellerie de Rome,
2°. Que la cause finale de cette regle, a été d'empêcher que
les Benefices ne se perpetuassent dans les familles, & ne se
rendissent hereditaires par la malice de ceux qui étant tombez en extrêmité de maladie, resignoient leurs Benefices entre les mains du Pape, en faveur de leurs parens ou domestiques ; & c'est en effet la remarque de l'ancienne Glose
des Regles de la Chancellerie, sur la Regle 18. *in princip.*

J'estime donc qu'il faut decider constamment que la Regle
de vingt jours ne doit point avoir lieu dans les Resignations
faites entre les mains de l'Ordinaire, *ex causâ permutatio-*

*nis*, s'il n'y a pas lieu de soupçonner la fraude & la collusion dans les Copermutans ; & c'est ainsi que le résout Me.
Bouthillier, grand Canoniste sur la Regle *de infirmis*, comme l'a remarqué Brodeau *sur Loüet lettre P. som. 42. Solier
sur Pastor in novis addit. liv. 3. tit. 7.* est de cette même opinion : il y a divers cas de fraude préfumée dont parlent Lotier
& Brodeau, *loco supra*, & que les Arrêts ont déterminez.

La Resignation *ex causa permutationis* d'un Benefice dont
l'Evêque est Collateur alternativement avec son Chapitre,
admise par l'Evêque remplit son tour ; c'est ainsi que cette
question fut jugée à l'Audience de la Grand'Chambre, par
Arrêt prononcé par Mr. le Premier Prefident de Bertier,
le 26. Avril 1717. en faveur de Me. Imbert, de la Ville
de Pezenas, contre Me. Delmas. Plaidans pour Imbert, Me.
de Montaudier, & pour Delmas, Me. d'Aftruc, sur les
conclusions de Mr. de Tournier, Avocat General.

Mr. l'Evêque d'Agde étoit Collateur alternativement avec
le Chapitre de Pezenas, du Benefice en litige, il avoit pourvû sur permutation le dernier Titulaire : le Benefice ayant vaqué dans un mois affecté aux Graduez, Delmas qui avoit
insinué son Grade, se fit pourvoir par l'Evêque ; Imbert qui
étoit Gradué comme lui, & qui avoit pareillement insinué,
fit acte de requisition au Chapitre, qui refusa de lui faire
Titre, ce qui lui donna lieu de se retirer, *jure devoluto* devant l'Evêque Superieur immediat, qui refusa pareillement ;
Imbert se pourvût en la Cour par appel comme d'abus, tant
du refus qui lui avoit été fait, que du Titre fait à Delmas
par Mr. l'Evêque. La Cour difant droit sur cet appel, declara y avoir abus au Titre fait à Delmas ce faisant, maintint Imbert au plein possessoire du Benefice, à la charge par
lui d'en prendre le titre Canonique.

Cet Arrêt est conforme à la Doctrine de la Glose de la
Pragmatique, *tit. de collat. §. item quod omnia in verbo fa-
ciendæ*, qui donne pour maxime, que toutes les fois que deux
Collateurs conferent alternativement ; comme par exemple
le Roy & l'Evêque, certaines Prebendes ou Canonicats,

le tour de l'Evêque se trouve rempli, s'il a admis la permutation du Benefice, par la raison que la vacance, *per sim-
plicem resignationem*, est une vraye vacance, *ut patet in cap.
dudum de Præb. in 6.* Rebuffe est du même avis, *in concordat de mandat. apostol.* §. 1. pag. 684. & ajoûte que la
decision a lieu, quoique celui à qui la Provision a été donnée sur permutation, soit decedé sans avoir pris possession,
surquoi il rapporte un Arrêt du Parlement de Paris, du 17.
Août 1504. rendu entre Me. Pierre Remley, & Jean Jacques.

# CHAPITRE LX.

*Si l'assignation suffit pour interrompre la prescription du
triennal Possesseur du Benefice.*

*Si c'est au Dévolutaire ou au Possesseur à prouver le vice ou
la validité du Titre du Resignant.*

*Si les Provisions sont subreptices, lorsqu'il y a été exposé
que le Benefice in commendam obtineri consueverat,
quoi qu'il ne soit pas établi qu'il y ait d'autre Commande
que celle du prédecesseur immediat.*

*Le Dévolutaire doit venir prêt.*

Rebuff. *tract. de pacific. possess. num.* 169. exige deux
choses, pour établir le trouble dans le possesseur triennal. 1°. Une assignation poursuivie de la part du Dévolutaire. 2°. Une communication de ses Titres en jugement,
ce qui s'observe selon lui parmi nous, *hodie omnia ista non
requiruntur ; sed duo tantum videlicet citatio & ejus executio
secundo juris, in judicio exhibitio quod servatur in Francia ;*
la pratique de ce Parlement est contraire à cette Doctrine,
puisque suivant l'usage une assignation dûëment libellée, &
en la forme prescrite par l'Ordonnance de 1667. interrompt
toute sorte de prescription, soit en matiere civile ou Ec-

clefiaftique la conteftation en caufe n'étant pas neceffaire pour cela.

Au furplus il eft conftant que le Décret *de pacificis* ne peut fervir à celui qui fe trouve incapable par état de pouvoir remplir le Benefice, comme fi c'eft un regulier qui foit pourvû d'un Benefice feculier, de quoi Brodeau fur Loüet Lettre B, Somm. 12. rapporte des Arréts fondez fur ce que la regle *regularia regularibus* eft plus ancienne que le Decret *de pacificis poffefforibus* ; ce Décret ne peut même fervir à un Religieux qui fans difpenfe de fon Superieur, poffede paifiblement depuis plus de trois ans une Cure dépendante d'un autre Ordre, fuivant l'Arrêt du 7. Septembre 1613. rapporté par Brodeau *cod.*

Cette même décifion a lieu quand un feculier poffede un Benefice regulier, à moins que l'état du Benefice n'ait été changé par une poffeffion de 40. années de la part des feculiers, *Paftor de Benef. Lib.* 3. chap. dernier *num.* 25. quoique tout dévolutaire doive venir prêt & muni des Titres neceffaires pour fonder le dévolut, le poffeffeur triennal eft obligé d'exhiber le titre de fa poffeffion, autrement il pafferoit pour *intrus*, *Paftor loco fupra num.* 5. Solier fur le nombre 7. eft oppofé à Paftor, en ce que celui-ci avance qu'après dix ans de poffeffion paifible, le Titulaire du Benefice n'eft pas tenu de faire foi du titre de fa poffeffion, Solier le reprend avec raifon, puifqu'on ne peut point argumenter du poffeffoire prophane au Beneficial, & que dans celui-ci on tient pour maxime que nulle poffeffion ne peut établir le Droit fans titre coloré ; ainfi en tout tems le poffeffeur du Benefice eft obligé de faire foi de fon Titre.

Le vice de fubreption ou d'obreption du Titre, ou de la provifion du Benefice peut être couvert par la poffeffion triennale ; de même que fon défaut d'infinuation & d'enregiftrement requis par les Ordonnances Royaux, *Paftor loco fupra num.* 19. & 20. la raifon qu'il en donne eft qu'il fuffit pour s'aider du Decret *de pacificis* d'avoir un Titre coloré, quoiqu'il foit défectueux ; d'ailleurs il faut ici obferver que par l'article

15.

15. de la Déclaration de 1646. concernant le contrôle des provifions des Benefices, tous dévolutaires pourvûs en Cour de Rome, font obligez de prendre poffeffion des Benefices impetrez dans l'année de la date de leur provifion, & de faire appeller devant le Juge Royal leurs contendans au Benefice dans les trois mois après la prife de poffeffion, autrement ils demeurent déchûs du Droit par eux acquis, en vertu de leur provifion, avec défenfes aux Juges d'y avoir égard.

Il faut obferver encore avec Mornac, fur la Loi *6. ff. de his qui notant infam.* que nous ne fuivons pas l'Ordonnance de Blois en ce qu'elle porte que tout dévolutaire, fera tenu de faire juger le Procès dans les deux ans.

## CHAPITRE LXI.

*Si le Juge d'Eglife peut admettre en preuve de la promeffe de Mariage, & s'il peut ordonner que les Parties, dont l'une refufe, fe préfenteront devant un Prêtre pour la celebration du Mariage.*

DAns les oppofitions qui font formées à la celebration d'un Mariage, il faut diftinguer celles qui tombent fur le lien du Sacrement, comme s'il y a allegation de promeffe ou de Contrat de fiançailles de la part d'une des Parties, d'avec celles qui regardent l'interét civil ou temporel, comme font les oppofitions des peres & curateurs.

Les oppofitions concernant le lien font de la competance du Juge d'Eglife, les autres du Reffort du Juge Laïque; c'eft la diftinction qu'en donnent les Loix Ecclefiaftiques, part. 3. chap. 5. art. 1. num. 25. fuivant la Doctrine de Fevret, & l'Arrêt qu'il rapporte traité de l'abus, Liv. 5. chap. 1. num. 11. La connoiffance du Juge d'Eglife eft fi fort reftrainte à ce qui eft de *fœdere* , qu'il ne peut étendre fa Jurifdiction aux queftions de fait qui s'y prefentent in-cidemment.

La Cour juge conftamment que l'Official peut ordonner incidemment la preuve par Témoins des faits qui font al-leguez pour la décifion des queftions qui font portées de-vant lui , & dont il eft competant ; c'eft ainfi que la cho-fe fût jugée par Arrêt du 11. Avril 1724. à l'Audience de la Grand'Chambre dans la caufe de Frere Cambon , con-tre le fieur de Prades & la Dame de Cambon fon époufe , & le Sindic du Monaftere de grand Selve , plaidans Me. de Lardos , d'Aftruc & de Baftard fur les conclufions de Mr. l'Avocat Géneral de Saget.

La Cour déclara n'y avoir point d'abus dans la Senten-ce de l'Official de Touloufe , du 8. Novembre 1723. en ce qu'il avoit ordonné la preuve du fait de violence , dont la Tante de Frere Cambon avoit ufé pour l'obliger à fe faire Religieux ; ce fait avoit fervi de fondement au ref-crit de fécularifation , obtenu par Frere Cambon dont la fulmination avoit été commife à l'Official de Touloufe.

La connoiffance des oppofitions formées aux Mariages par le pere , appartient au feul Juge feculier fans que l'Of-ficial puiffe en connoître ni decerner des citations à ce fu-jet ; c'eft ainfi que la queftion fut jugée à l'Audience de la Grand'Chambre , par Arrêt du 15. Decembre 1718. fur les conclufions de Mr. Lecomte Avocat Géneral dans l'efpece fuivante.

Le fieur de Pugnet mineur de 30. ans paffa un Contrat de fiançailles fans le confentement de fon pere , après lui avoir fait des Actes de refpect , ce pere forma des oppofitions à ce Mariage par un Acte ; le fils donna Requête à l'Official de Cahors aux fins de faire affigner devant lui fon pere , pour fe voir débouter de fon oppofition , l'Official appointa cette Requête , en confequence de laquelle l'affignarion fut don-née.

Le pere ayant interjetté appel comme d'abus de l'Ordonnance de l'Official, la Cour par fon Arrêt declara y avoir abus en la citation, évoquant l'inftance, demit le pere de fon oppofition, Mr. le Premier Préfident de Bertier prononça l'Arrêt; plaidans Me. d'Aftruc pour l'Intimé, & Me. Sol, pour l'Appellant.

Le 27. May 1718. la Cour rendit un Arrêt à l'Audience de la Grand'Chambre, dans un appel comme d'abus, interjetté par Me. Garigue, Prêtre, pour lequel plaidoit Me. Aftruc, la nommée Jeanne Vermis, Intimée. Plaidant pour elle Me. Neret, par lequel il fut jugé que l'Official de Rodez avoit commis abus, en ce qu'il avoit adjugé fur les biens de Me. Garrigue une provifionnelle de 20. liv. à lad. Vermis, plaignante pour fait de groffeffe; ce même Arrêt rejetta le moyen d'abus, pris de ce que la Sentence diffinitive, avoit condamné ce Prêtre à une aumône de 100. liv. applicable à l'enfant procrée de fes œuvres, & cet autre moyen pris de ce que l'Official avoit decreté la plainte d'un ajournement fans information préalable.

L'Official commet abus toutes les fois qu'il prononce la caffation d'un Contrat de mariage, paffé fous le Sceau Royal; & que pour raifon des dommages & interêts demandez par une des Parties, il fe fert du terme de *renvoy* devant le Senéchal, ainfi jugé le 27. Janvier 1711. à l'Audience de la Grand'Chambre, par Arrêt prononcé par Mr. le Premier Préfident de Bertier fur un appel comme d'abus, interjetté de l'Ordonnance de l'Official par le nommé Reday, contre Sarrafin. Plaidans, Mes. de Latournerie & Dozun.

C'eft une entreprife de la part de l'Official, fur la Jurifdiction Royalle de prononcer fur la caffation d'un Contrat paffé fous le Sceau du Roy, & il ne peut ufer du terme de renvoy devant le Juge Royal, même fubalterne, parce qu'il n'a point de fuperiorité, ni d'empire fur lui, qui eft le cas où le terme de renvoyer peut être employé par le Juge Royal Superieur à l'égard de l'Inferieur : l'Official ne peut ufer d'autre terme, fi ce n'eft qu'il n'entend empêcher que pour la demande en dommages, les Parties ne fi pourvoyent pardevant qui il appartiendra.

Par l'Arrêt que je viens de rapporter, la Cour declara y avoir abus dans la Sentence de l'Official, qui avoit prononcé la caffation du Contrat de fiançailles, & renvoye la demande en dommages devant le Juge Royal ; l'Official fut condamné en 5. liv. d'amende envers le Roy, pour l'entreprife.

Sur la forme que doivent garder les Officiaux dans la prononciation de leurs Sentences, on peut voir *Fevret de l'abus Tom. 2. liv. 7. chap. 3.*

---

# CHAPITRE LXIII.

### *Du Devolut, & comment fe doit entendre la Maxime qu'il faut atteindre le vice fur le front de celui fur qui on jetté le Dévolut.*

BRodeau fur le fomm. 10. num. 2. des Arrêts de Loüet, lettre B. decide formellement, & rapporte un Arrêt pour appuyer fa decifion, qu'un Dévolut obtenu en Cour de Rome, fur une caufe qui emporte vacance du Benefice de plein droit, n'ayant point été fignifié à l'injufte Poffeffeur qui paffe pour Titulaire, n'empêche point l'effet de la refignation, & notamment de la demiffion, pure & fimple, faite & admife, *ante litem motam,* ni ne prive pas le Succeffeur qui eft en bonne foi le Refignant, duquel n'a point été troublé. Brodeau rapporte deux autres Arrêts du Parlement de Paris, qui ont jugé que la prife même de poffeffion du Dévolutaire, venuë à la connoiffance du Poffeffeur illegitime, ne l'empêche pas de refigner le Benefice, s'il n'y a point eu de demande judiciaire, ni de procez intenté de la part du Dévolutaire avant la refignation. Dumoulin *ad regul. de public. num.* 203. rapporte deux Arrêts anciens du Parlement de Paris, qui ont décidé que la refignation étant admife, *ante citationem & litem motam* de la part du Dévolutaire, empêchoit l'effet du Dévolut.

Suivant ce préjugé, il faut un trouble de fait, qui ne peut s'établir que par une instance formée en conséquence du Dévolut, pour lier les mains au Possesseur, & l'empêcher de résigner son droit.

Les raisons qu'allegue notre Auteur, pour appuyer les Arrêts qu'il rapporte, sont. 1°. Que le Dévolutaire ayant acquis *jus. ad rem*, par son impetration, il n'est pas raisonnable que les provisions posterieures du Résignataire du Benefice prévaillent. 2°. Qu'il est de l'interêt public, d'empêcher l'effet de pareilles résignations, par les fraudes qui peuvent s'y pratiquer, sur la decouverte ou connoissance qu'on peut avoir des Dévoluts.

A la premiere de ses raisons, on peut répondre que le Dévolutaire, suivant la Doctrine de Loter *de re benefic. lib.* 2. *quæst.* 44. *num.* 4. n'est pas censé avoir un titre, par la provision obtenuë en Cour de Rome ; mais seulement une action ou faculté de recourir à l'Office du Juge qui doit prononcer dans sa Jurisdiction contentieuse sur la demande & deffense des Parties, donc la provision obtenuë sur dévolut n'est point absoluë, & emporte necessité d'intenter une action contre le Possesseur injuste du Benefice ; & cette raison me paroît decisive, pour se ranger du côté des Arrêts du Parlement de Paris.

Elle sert encore à refuter l'argument tiré du chapitre *si absenti de Præbend. in 6.* que la provision du Pape donne *ad jus rem*; cette maxime n'a pas lieu dans les provisions données sur Dévolut, par la raison que cette espece de provision n'est pas absoluë, mais donne simplement droit d'intenter une action devant le Juge Laïque, pour le possessoire du Benefice ; il faut donc que l'action soit intentée pour pouvoir lier le Possesseur, & l'empêcher de resigner valablement son droit.

Quant à l'autre raison du Compilateur, je crois que si le Resignataire est constitué en bonne foi, & qu'il n'y ait point de collusion entre lui & le Resignant, la Resignation se

trouve à l'abri de tout ſoupçon de fraude , qui eſt un cas
excepté de droit , à quoi j'ajoûte que le rôle des Dévolutaires
étant odieux , le Reſignataire qui ſe trouve Titulaire de bonne
foi , merite la preference que les Arrêts rapportez par Dumoulin , & Brodeau lui donnent.

C'eſt une maxime conſtante , que dans tous les cas le
Contendant en matiere de Beneſices , à la main-levée des
fruits par le decès de l'autre , quoique le Demandeur en
main-levée ſoit un dévolutaire , dont le rôle eſt pû favorable :
Il y a deux Arrêts de la Grand'Chambre , rendus à l'Audience qui l'ont ainſi jugé. Le premier en date du 11. Juillet
1720. plaidans Me. de Lardos & Aſtruc , & le ſecond le 15.
du même mois & an , plaidant Me. Neret.

Par Arrêt du 3. Fevrier 1719. rendu à l'Audience de la
Grand'Chambre , Préſident Mr. de Bertier , en faveur de Me.
Chabert Prêtre , de la Doctrine Chrétienne ; il fut jugé que
la maintenuë des fruits d'un Benefice en litige , accordée
par Arrêt , doit ſubſtituer juſqu'au jugement du fonds. Me.
Chabert étoit devolutaire , ſon Contendant étoit décedé
pendant l'inſtance ; ce qui lui avoit donné lieu d'obtenir un
Arrêt le 19. Decembre 1719. de main-levée des fruits. Me.
Goiran ayant été pourvû du Benefice comme vacant *per obitum* , forma oppoſition envers cet Arrêt ; ſur ce fondement
qu'il ne devoit ſubſiſter que juſqu'à ce qu'il parût un nouveau Pourvû : l'Arrêt le demit de ſon oppoſition ; plaidant
dant pour le Devolutaire , Me. d'Aſtruc.

# CHAPITRE LXIV.

## Des Marguilliers.

*Et s'ils peuvent répudier un Legs fait à l'Eglise fous pré-*
*texte de fon infuffifance pour le Service dont il eft*
*chargé.*
*Du droit de conceder les Sepultures.*

IL faut diftinguer à l'égard de la reduction du Service
porté par une fondation, la neceffité qui pût fe rencon-
trer, de faire cette reduction par rapport à la diminution du
revenu des biens, d'avec la maniere de proceder, à la reduction ; la connoiffance de l'infuffifance des revenus, &
les difcutions des parties fur ce point, font de la feule competance du Juge laïque, à qui feul appartient de prononcer,
s'il y a lieu ou non, de faire la reduction après avoir examiné
fi les biens donnez ou leguez pour fervir de fonds à la fondation, font fuffifans ou infuffifans pour en remplir les
charges ; c'eft donc devant le Juge laïque qu'il faut fe retirer
pour cela.

Quant à la réduction, elle-même comme c'eft une chofe
purement fpirituelle, il faut fe pourvoir devers l'Evêque
ordinaire des Lieux, pour obtenir l'Ordonnance de reduction après avoir obtenu Jugement qui declare y avoir lieu
de faire ladite réduction : C'eft ainfi que la chofe fut jugée
par un Arrêt du Parlement de Bordeaux du 16. Juin 1693.
rapporté dans les decifions de Lapeyrere, 3me. Edit, Lett.
S, num. 81.

Les Marguilliers font non feulement fondez en droit de
conceder des Sepultures, à l'exclufion des Evêques, & Curez des Eglifes ; mais des Bancs même, fuivant les Arrêts rapportez par Fevret, traité de l'abus, Liv. 4. ch. 9. num. 5. &
par Brodeau fur Loüet, Lettre E, Somm. 9.

 *Observations*

Les Marguilliers ne peuvent être constrains, ni de prêter serment entre les mains de l'Evêque lors de leur élection, ni même de rendre compte devant lui de leur gestion, quoique l'Evêque puisse en cours de visite, se faire représenter les comptes de la fabrique de l'Eglise : c'est la Doctrine de Mr. Durant, *q. 42. num.* 11. *fondée sur les Arrêts rapportez par Chopin de sacr. polit. lib.* 2. *tit.* 2. *num.* 78. L'Evêque même ni son Official, ne peuvent prendre connoissance de la validité ou invalidité de l'élection des Marguilliers sans abus, suivant l'Arrêt d'ont fait mention Mr. d'Olive en sa nouvelle addition sur le ch. 21. du Liv. de ses Arrêts.

Le 7. Decembre 1719. fut rendu Arrêt d'Audience prononcé par Mr. le Premier Président de Bertier, entre la Dame de Rupé, épouse du sieur Chevalier Delherm, & le Chapitre de l'Autrec, par lequel ladite Dame fut maintenuë au droit de Sepulture de ses Ancêtres, qui étoit dans le Chœur de l'Eglise Collegiale de l'Autrec ; & il fut ordonné que le sieur de Rupé, Prébendé du même Chapitre, frere de cette Dame qui avoit été enterré dans une Chapelle, seroit exhumé aux frais du Chapitre, & ses ossemens portez au Tombeau de la Famille, si mieux le Chapitre n'aimoit faire un Service, lors duquel on porteroit la Bierre & le Drap Mortuaire sur le Tombeau de la Famille de Rupé, & qu'on fairoit les Absoutes dans le même endroit, suivant un accommodement fait auparavant par les Parties ; plaidans Me. Astruc pour le Chapitre qui contestoit le droit de Sepulture en trois manieres. 1°. Parce qu'on n'avoit point de Titre. 2°. Parce que par une Transaction de l'année 1615. qui regloit la Translation du Chapitre, établi auparavant dans une Ville où il y avoit nombre d'Huguenots, il étoit défendu d'inhumer dans le Chœur sans le consentement du Chapitre. 3°. Que par une Ordonnance renduë par Mr. l'Evêque de Castres en cours de visite, il étoit fait défenses d'ensevelir dans le Chœur : Me. Lardos pour ladite Dame repliquant, allegua une très-longue possession, & rapporta des extraits mortuaires depuis 1661. jusques en 1681. qui éta-

blissoient

blissoient que ceux de la famille de Rupé avoient été en-
sevelis dans ce Sepulcre, qu'on appelloit Tombeau de la
famille de Rupé ; que si l'on ne rapportoit pas une preuve
plus ancienne, c'étoit à cause que les Registres s'étoient
perdus suivant le Certificat qu'on en rapportoit. 2°. Que
cette Transaction ne pouvoit pas ôter un droit acquis à un
tiers. 3°. Qu'avant la Translation du Chapitre de l'Autrec
le Chœur étant plus petit, la Sepulture de la maison de Rupé
se trouvoit dans la nef de l'Eglise, & non dans le Chœur ;
le Chapitre fût condamné en la moitié des dépens.

Il resulte de cet Arrêt qu'une famille peut acquerir par
la possession le droit de Sepulcre dans une Eglise, & qu'elle
ne peut être troublée par les Ordonnances de l'Evêque,
quoique renduës en cours de visite & par forme de reglement.

La raison en est, que le Droit de Sepulture est purement
temporel, & qu'il peut être acquis dans les Eglises à Titre
onereux, comme le Droit de banc, puisque par la pratique du Royaume les Marguilliers vendent le Droit de Sepulcre dans la nef des Eglises, & que les Canons auto-
risent la pratique de se choisir la Sepulture dans une Eglise préferablement à un autre, *cap. cum liberum extra de
Sepult.*

D'où il faut conclurre que l'Evêque commettroit abus,
s'il interdisoit par son Ordonnance à une famille le Droit
de Sepulture qui lui est acquis dans une Eglise de son
Diocése.

---

# CHAPITRE LXV.

### *Du Bail des Cautions du Dévolutaire.*

DEpuis l'Arrêt du mois de Janvier 1674. qui affran-
chit le Dévolutaire pourvû par l'Ordinaire de donner
caution, la Cour en a rendu un contraire le 15. Fevrier

1719. à l'Audience de la Grand'Chambre dans la caufe du fieur Abbé Baftide, pour lequel plaidoit Me. d'Aftruc & du fieur Amiel défendu par Me. Puch, le fieur Amiel fût condamné à bailler caution à raifon du dévolu, jetté fur la Prévôté du Chapitre de Vabrez, il en avoit requis le Titre par acte fait à l'Evêque, & à fon réfus au Métropolitain & Primat, & l'avoit enfin obtenu de Mr. l'Archevêque de Vienne en qualité de Primat des Primats ; ce même Arrêt jugea que l'exception de la caution, comme peremptoire peut être oppofée *in quacumque parte litis.*

Il y a un autre Arrêt poftérieurement rendu du lundi 28. Juillet 1727. à l'Audience de la Grand'Chambre dans la caufe de Frere de Comba Religieux de l'Abbaye de Marfillac & du fieur Ganil, Me. d'Aftruc plaidant pour le premier, & Me. Sol pour le fecond, par lequel il fût jugé que Frere de Comba pourvû par l'Ordinaire n'étoit pas tenu de donner caution : il y avoit une circonftance dans le fait déterminante pour cette décifion ; fçavoir, que le pourvû n'avoit point requis l'Ordinaire de lui faire Titre, & qu'il avoit été pourvû *proprio motu* ; ce qui fit que la Cour ne le rangea point avec les Dévolutaires qui meritent fans doute peu de faveur par la démarche qu'ils font, en recherchant la provifion du Benefice contre la pureté des Canons.

Parmi ce conflict de décifions, je croi qu'il eft plus conforme à l'efprit de l'Ordonnance d'exiger la caution du pourvû par l'Ordinaire fur dévolu que de l'en difpenfer, le Bail des cautions ayant été introduit pour contenir la legereté des impetrations, par la difficulté de trouver des cautions prêtes à feconder la temerité d'un Dévolutaire ; or il n'y a pas moins de raifon d'exiger ce Bail de caution des pourvûs par l'Ordinaire fur leur requifition, que de ceux qui font pourvûs par le Pape, le rolle du Dévolutaire étant également odieux d'un côté que d'autre.

S'il paroît à la verité que l'Evêque ait lui-même choifi le fujet pour remplir le Benefice fans requifition, dans la

vûë de déplacer un Titulaire qui n'a pas les capacitez requifes , alors comme la démarche de l'Evêque eft toute
Canonique ; il eft équitable de difpenfer celui à qui il a
fait le Titre *proprio motu* , du Bail des cautions ; car alors
le pourvû ne peut être regardé comme Dévolutaire , mais
comme un Ecclefiaftique docile à répondre au choix de fon
Superieur.

Le Dévolutaire qui impetre le Benefice en Cour de Rome par incapacité du poffeffeur , & qui en a obtenu la
provifion avec la claufe , *etiam per obitum* , eft obligé &
de configner la fomme de 500. liv. ou de bailler caution ,
quoiqu'en l'inftance pendante il fe défifte du dévolu , &
qu'il fe rétranche à la claufe *etiam per obitum* , ainfi jugé
dans l'efpece fuivante.

Me. Cabanes Gradué nommé , fut pourvû par l'Evêque
de Comenge d'un Canonicat de cette Cathedrale , qui
avoit vaqué dans le mois de Janvier affecté aux Graduez ;
Cabanes prit poffeffion de ce Canonicat, fur lequel on
jetta un devolu en Cour de Rome, & dont le Dévolutaire obtint la provifion , tant par incapacité dudit Cabanes
que par le decès du dernier poffeffeur, le Dévolutaire incidemment à l'appel relevé en la Cour d'une Ordonnance
préparatoire du Senéchal , prit des Lettres en appel comme d'abus des Titres & capacitez de Cabanes, & de la
conceffion qu'il avoit euë de prendre la tonfure d'autre
Evêque que de fon Diocefain : Me. de Caufades plaidant
pour Cabanes demanda à l'Audience par infiftance , que ce
Dévolutaire fut tenu de donner caution fuivant l'Ordonnance; l'Avocat du Dévolutaire répondit que fa partie fe
defiftoit du dévolu , & fe retranchoit à la claufe *etiam per
obitum* , & que d'ailleurs la demande du Bail de caution
devoit être faite par Requête , & non par infiftance , fur
quoi la Cour rendit Arrêt le 16. Avril 1709. prononcé à
l'Audience de la Grand'Chambre par Mr. le Préfident de
Riquet, par lequel il fut ordonné que le Dévolutaire bail-
leroit par un préalable caution de la fomme de 500. liv.

on la configneroit , & que jufques à ce toute Audience lui feroit deniée.

La raifon déterminante de cet Arrêt , fut que le Benefi-ce avoit été impetré en Cour de Rome , principalement par incapacité du poffeffeur , & que la claufe *etiam per obitum* n'étoit que de précaution & proprement acceffoire ; qu'ain-fi il falloit regarder la chofe dans fon principe , & non par rapport au défiftement du dévolu , furvenu pendant le cours de l'inftance qui n'avoit d'autre principe que ce dé-volu même.

Cet Arrêt decida encore que la demande en configna-tion ou Bail de caution , peut être faite par infiftance & fans libelle *ad hoc*.

## CHAPITRE LXVI.

*Des Places des Prêtres qui vivent en commun , deftituables par la Communauté , & fi elles peuvent comme Benefices être impetrées en Cour de Rome.*

LE Benefice eft felon les Canoniftes , *res Ecclefiaftica quæ Sacerdoti vel Clerico datur ad facrum Minifterium utenda in perpetuum conceffa mediante Canonica inftitutione flam. de de refignat. Benef. lib.* 4. *quæftion* 2. *num.* 4.

Sur ce principe, on ne peut point regarder comme vrais Bene fices , les places de la Fondation dont il eft parlé dans ce cha-pitre, parce qu'elles ne font pas données *in perpetuum*, le Pour-vû pouvant être deftitué par celui qui la inftitué , en cas de de contravention aux Loix de la Fondation , après moni-tion préalable , fans qu'on puiffe alleguer que les Cures dont le Titre eft perpetuel , peuvent être impetrées après les mo-nitions prefcrites à ce fujet , en cas de non refidence des Curez ; car dans ce cas , la deftitution du Beneficier fe fait par l'autorité publique du Magiftrat & des conftitutions Ca-noniques ; au lieu que dans l'efpece de cette Fondation la deftitution fe faifant par l'autorité privée de la Communauté qui donne les Places, on ne peut pas dire que les Places foient perpetuelles par inftitution ; ainfi que le Benefice Cure, auquel le Collateur ordinaire ne peut plus toucher après la collation.

En fecond lieu, ces Places ne peuvent être regardées comme vrais Benefices, parce que celui qui en eft pour-vû en prend poffeffion en vertu de la feule nomination de la Communauté : or le Benefice requiert inftitution Cano-nique ; c'eft-àdire une fignature Apoftolique, ou *Vifa* de l'Evêque ; d'ailleurs il a paffé dans la pratique, que tout Benefice peut être refigné ou permuté, ce qu'on ne peut faire ici felon la Fondation ; toutes ces differences entre le Benefice & les Places dont il s'agit, établiffent que ces Places ne font point vrais Benefices Ecclefiaftiques ; & fur ce fondement, je croy qu'elles ne peuvent être impetrées en Cour de Rome ; & qu'en fuivant l'efprit de la Fon-dation, toutes les fois qu'une Place fe trouve vacante, l'Ec-clefiaftique qui a les capacitez requifes par la Fondation , à droit de requerir la Communauté, qui eft en demeure d'y pourvoir de lui faire titre ; faute dequoi, il peut avoir re-cours au Juge Royal, qui comme protecteur des Fondations, peut le maintenir au plein poffeffoire de la Place.

Il n'y a même felon moi , que le cas de vacance qui puiffe donner lieu à cette requifition, parce que c'eft fecon-der la volonté du Fondateur , que de remplir les Places vacantes ; mais s'il fe trouvoit quelque incapacité dans la per-fonne du Beneficier, établie fur une contravention aux Loix de la Fondation, ce feroit alors à la Communauté d'y re-medier, en deftituant le Pourvû de cette Place , parce que ce feroit le cas de la contravention aux Loix de la Fon-dation , dont l'execution eft commife par le Fondateur , à la fage conduite des Prêtres qui compofent cette Commu-nauté.

# CHAPITRE LXVII.

*D'une Cure deffervie dans une Eglife Cathedrale ou Collegiale.*

*Si la poßeßion de prefenter le Vicaire amovible acquiert le droit de prefenter le Vicaire perpetuel nouvellement créé.*

*Qu'elle prefcription eft requife pour acquerir un Benefice à une Eglife.*

UNe Eglife peut prefcrire contre un autre, par la poffeffion continuë & paifible de 40. ans; comme par exemple dans l'efpece du Chapitre, *cum de Benefic. de Præbend. in 6.* où l'état du Benefice regulier, fe trouve changé en feculier par la poffeffion des Clercs feculiers, pendant le tems fixé pour la prefcription, qui felon la Glofe *verbo legitima* eft de 40. ans; il n'en eft pas de même de l'acquifition d'un Benefice par union, auquel cas il faut une poffeffion immemoriale, fuivant la Doctrine *de Rebuff. in praxi tit. de union. num. 35.* où ce Canonifte s'exprime ainfi, *non poteft tamen præfcribere quia unionem per quadraginta annos, fi allegaverit fimpliciter unionem, & probaverit diuturnam, poffeffionem quia hoc cafu requiritur tempus immemoriale.*

La prefcription immemoriale qui approche de la centenaire, équipole au titre & à même force, fuivant l'obfervation de Loüet, Lettre C, Somm. 21. après Dumoulin, *non tam præfcriptio dicitur quam verus titulus.*

Mais fi le contradicteur à l'union en rapportoit le Decret & titre primordial, & que ce decret fut abufif, comme étant fait, *in forma gratiofa,* & fans caufe legitime, alors la poffeffion plus que centenaire même paifible, & non interrompuë ne fçauroit faire Titre, & le Decret feroit declaré nul & abufif, fuivant la Doctrine de Dumoulin *con-*

*fil.* 44. *num.* 12. & la décifion des Arrêts rendus fur cette matiere, & notamment d'un Arrêt de ce Parlement, en date du mois d'Août 1722. au Rapport de Mr. d'Aiga, par lequel fur l'appel comme d'abus, interjetté par un Vicaire du Diocéfe d'Auch, de l'union d'une Cure anterieure même au Concile de Conftance ; la Cour caffa ladite union comme ayant été faite par l'Archevêque d'Auch *autoritate propria*, fans Enquête *de commodo & incommodo* ; le Sindic du Chapitre d'Auch étoit defendeur, & foûtenoit l'union valable : cette caufe avoit été appointée après avoir été plaidée le 26. du mois de Fevrier précedant, par Me. de Montaudier & de Carrere ; le premier plaidant pour le Sindic du Chapitre, le fecond pour le Vicaire qui attaquoit l'union. Je me foûviens que Me. de Montaudier foûtint fortement que les unions anterieures au Concile de Conftance ne pouvoient être recherchées ; mais quoiqu'on ne rapportât point d'Arrêt rendu dans l'efpece d'une union anterieure à ce Concile, on crût qu'il fuffifoit que l'union dont il s'agiffoit eût été faite *medio tempore* entre le decès de Gregoire XI. & le Decret de ce Concile concernant les unions *in forma gratiofa*, pour que la Cour fe déterminât à la déclarer abufive.

La poffeffion de prefenter aux Cures peut donner droit de Patronage à un corps Ecclefiaftique contre l'Evêque collateur ordinaire ; c'eft ainfi que cette queftion fut jugée par Arrêt du 13. Août 1701. au Rapport de Mr. de Chalvet ; entre le Sindic des Religieux de l'Abbaye de Bonnefont, Ordre des Citaux appellant du jugement rendu par les Requêtes du Palais le 28. Mai 1700. & Meffire François de Briffay de Nouville Evêque de Comenge ; la Cour en réformant maintint le Sindic Prieur & Religieux de ladite Abbaye de Bonnefont au droit de prefenter aux Cures qui dépendent de la nomination de ladite Abbaye pendant la vacance du Siége Abbatial, avec inhibitions & défenfes à Mr. l'Evêque de Comenge & à tous autres de leur donner aucun trouble ni empêchement.

C'eſt une maxime en matiere d'union de Benefices que *melius eſt non habere titulum quam habere vitioſum*, en ſorte que quand le Decret d'union renferme quelque défaut, il faut ſe retrancher à la poſſeſſion ſi elle ſe trouve immemoriale ; toutefois quand le Decret abuſif d'union ſeroit rapporté par la Partie qui attaque cette union, s'il ne paroiſſoit point de ſon execution par un Procès Verbal l'union ſubſiſteroit, à la faveur d'une paiſible poſſeſſion d'un tems immemorial ; c'eſt ainſi que la queſtion fut jugée par Arrêt d'Audience de la Grand'Chambre du 4. Mars 1717. prononcé après trois Audiences par Mr. le premier Préſident Bertier, plaidans Me. Lardos pour le Curé d'Auzielle, & Me. Montaudier pour le Sindic de l'Univerſité de Touloufe ; la Cour demeurant la Déclaration de la Partie de Me. de Montaudier qu'elle ne vouloit point ſe ſervir ni ne s'étoit jamais ſervie de la Bulle d'union, & qu'elle ne poſſedoit point le Benefice en vertu de cette Bulle, déclara n'y avoir lieu de prononcer ſur l'appel comme d'abus, relevé par le Curé d'Auzielle, de l'union prétenduë faite de la Cure à l'Univerſité de Touloufe par une Bulle de l'an 1454. ſur ce que l'appellant comme d'abus ne tapportoit point de Procès Verbal d'execution de cette Bulle d'union, en laquelle on convenoit qu'il y avoit abus, on crût que la poſſeſſion immemoriale ſur laquelle l'Univerſité ſe fondoit valoit Titre, & que la Bulle dont l'execution ne paroiſſoit pas, n'étoit pas le Titre en vertu duquel l'Univerſité poſſedoit.

---

# CHAPITRE LXVIII.

## *Des Certificats d'étude.*

QUand le Gradué a étudié dans deux differentes Univerſitez, il doit prendre des Certificats du tems d'étude de chaque Univerſité où il a étudié, comme il fut
jugé

jugé au Rapport de Mr. de Comere le 26. Mai 1728. en
faveur de Me. Bernard Bannes contre Me. Jean Flotard,
au fujet de la Cure de Notre-Dame de la Rouviere.

Cet Arrêt eft conforme à la Doctrine *de Rebuffe*, *in
tract. nominat. quæft.* 11. *num.* 11. qui agitant la queftion fi l'étude faite dans une Univerfité étrangere peut remplir le tems requis par le Concordat qu'on a accompli, enfuite dans une Univerfité du Royaume de qui l'on a la nomination, réfoût que le Certificat d'étude pris de cette
Univerfité étrangere peut fervir & entrer dans le compte
du tems requis par le Concordat ; d'où il faut conclurre
que quand on a étudié dans deux differentes Univerfitez,
(ainfi qu'il eft permis, ) il faut neceffairement avoir leurs
Certificats pour obtenir la nomination de l'Univerfité où
l'on a achevé fon cours, telle eft l'opinion *de Solier fur
Paftor de Benef. Lib.* 1. *tit.* 16. *in nov. addit.* en ces termes, *fed unâ Univerfitas atteftari non poteft, de tempore
ftudii in alia Univerfitate peracti ; fed utraque certificari debet cum quis in duabus ftuduit.*

---

# CHAPITRE LXIX.

*Si la Profeffion faite par force & fuivie d'une réclamation
    dans les cinq ans, eft ratifiée par le filence de cinq ans
    après la crainte ceffée.*

*S'il eft neceffaire que les freres de la Religieufe reclamante
    fur les violences du pere, foient appellez lors de la ful-
    mination du refcrit.*

*Si un mariage peut être confirmé, quoique fait au pré-
    judice d'une appellation comme d'abus.*

Rien n'eft plus formel que le texte du Concile de Trente, *de regul. & monial.* chap. 19. au fujet du *Quinquennium*, terme fatal ! de la réclamation contre les Vœux,

& au-dela duquel le Religieux peut être écoûté , *non au-diatur nifi intra quinquennium tantum à die profeffionis* ; cette decifion du Concile eſt de police générale du Royaume , indiſtinctement reçûë dans les Tribunaux des Parlemens ; en forte que le Pape ne peut y déroger par fes refcrits fans abus , fuivant les maximes reçûës en cette matiere , & l'obfervation de Brodeau fur Loüet, Lettre C , Somm. 8. *num.* 15. & c'eſt ce qui me détermine à décider avec Fevret, Liv. 5. chap. 3. *num.* 25. que le Pape ne peut relever du laps du tems , & que la claufe contenant relief du laps du tems eſt rejectable comme abufive , & contraire à la police univerfelle du Royaume ; on trouve néanmoins dans Mr. d'Olive , Liv. 1. chap. *6.* qu'il a été jugé dans ce Parlement que le Pape avoit peu accorder fans abus un refcrit de relief du laps du tems, Fevret qui a cité ce préjugé , a voulu lui donner fans doute quelque prétexte fpecieux , en l'appliquant au cas où le reclamant avoit été empêché dans les cinq années du Concile de faire fa réclamation ; cas ! dans lequel il dit que le Pape peut accorder fans abus fon refcrit de reſtitution envers le laps du tems ; mais il n'eſt pas queſtion dans l'efpece de cet Arrêt d'une violence articulée ni prétenduë exercée , pour empêcher la reclamation *intra quinquennium* ; mais fimplement d'une négligence de la part du réclamant , de laquelle le Pape le releve : Or fi on toleroit une pareille dérogation , le Decret du Concile qui eſt de Police univerfelle dans ce Royaume pourroit être aifement éludé , & la reſtitution envers le laps du tems deviendroit du ſtile de Chancellerie Romaine , de même que la dérogation à la regle *de infirmis refign.* Ainfi il faut tenir pour maxime que le Pape ne peut donner un relief du *quinquennium* , que dans le cas où l'impetrant allegue qu'il a été empêché de reclamer dans les cinq ans , parce qu'alors la prefcription n'a peu courir contre lui , par cet empêchement défait felon la décifion de la décretale *ex tranfmiffa extra de præfcrip.*

Sur cette matiere de réclamation contre les Vœux de ré-

ligion ; j'ai vû juger à l'Audience de la Grand'Chambre
le 24. Mars 1722. Préſident Mr. de Nupces, plaidans Mes.
de Lardos & de Latour fils, ſur les concluſions de Mr. le
Procureur Géneral Lemazuyer ; qu'après le décès du Religieux reclamant, on étoit irrecevable à quereller ſon état,
& en l'appel comme d'abus relevé de l'execution du refcrit du Pape qui le ſecularifoit, quoiqu'il y eût des moyens d'abus pertinens contre ce reſcrit, & qu'il portât préjudice aux parens du Religieux qui avoient déja recuëilli
ſa ſucceſſion dont la diſpute faiſoit la matiere du Procès.

Le Titre, non plus que l'état du Benefice, ne peut être
querellé après ſa mort, ſi l'inſtance n'a pas commencé durant
ſa vie, Dumoulin *ad regul. de public. num.* 202. Brodeau ſur
Loüet, Lettre B. Somm. 10. num. 2.

---

# CHAPITRE LXXI.

## *Des Dîmes Novales.*

Notre Arretiſte a crû que quand la Dîme d'une Parroiſſe ſe trouve infeodée à un Laique, le Curé devoit joüir des Novales, ſans limitation de tems à l'excluſion de ce décimateur Laïque.

Pour appuyer cette opinion & les principes ſur leſquels
elle eſt établie, l'arretiſte rapporte un Arrêt de la Cour en
date du 13. Mars 1663. rendu au Rapport de Mr. de Bertier, en faveur du Curé de Projean contre le Seigneur de
Monlezun Comte de Campagne, décimateur Laïque de
la Parroiſſe.

Il y a eu de la mépriſe dans la compilation de cet Arrêt, & j'ai crû feconder le zéle que notre illuſtre arretiſte
a témoigné pour le bien géneral de la Juſtice, & ſon amour
pour la verité, en découvrant l'équivoque qu'on a faite
à ce ſujet.

Cet Arrêt que j'ai fait extraire des Regiſtres du Greffe,
fut rendu dans l'eſpece ſuivante.

Me. Jean Tinerage Prêtre, Curé de Projean & de Segos fut appellant en la Cour d'une Sentence du Senéchal
de Lectoure, du 28. Juin 1661. qui ne lui avoit adjugé que
le quart de la Dîme des Novales de sa Parroisse dont le
sieur de Monlezun Comte de Campagne possedoit la Dîme
infeodée. L'Arrêt du 13. Mars 1663. réforma cette Sentence, & maintint ce Curé contre le décimateur Laïque au
droit de prendre & percevoir l'entiere Dîme desdites Novales ; voici le Sommaire de cet Arrêt.

*Entre Me. Jean Tinerage Prêtre & Curé de Projean &
Segos, appellant de la Sentence du Sénéchal de Lectoure, du 28.
Juin 1661. & suppliant pour être aussi appellant de l'appointement du 30. Mai audit an, & qu'en évoquant l'Instance
il soit maintenu en la faculté de percevoir l'entiere Dîme des
Novales, à l'exclusion de Messire Deodalt de Monlezun, d'u-
ne part, & le sieur de Monlezun Comte de Campagne, défendeur d'autre, vû le Procès, &c. il sera dit que la Cour
sans avoir égard à la Requête, en ce que tend en rétention
de cause, faisant quant à ce droit sur le surplus. d'icelle en
ce que ledit Sénéchal n'auroit adjugé audit Tinerage que le
quart des Dîmes des Novales a mis & met l'appellation &
ce dont a été appellé au néant, & réformant a maintenu &
maintient ledit Tinerage en qualité de Curé desdits Lieux
de Projean & Segos dans le droit de prendre & percevoir
l'entiere Dîme desdites Novales.*

Il y avoit dans ce procès d'autres contestations entre ces
mêmes Parties, & les Marguilliers de l'Eglise de Projean,
sur lesquelles il fut prononcé, & qu'il seroit inutille de
rappeller, puisqu'elles n'entrent point dans la question des
Novales.

Il suffit d'observer que cet Arrêt n'a jugé autre chose, si
ce n'est que le Curé du lieu de Projean étoit en droit de
percevoir à l'exclusion du Decimateur Laïque, l'entiere
Dîme des Novales que ce Decimateur lui contestoit sur le
fondement que ce Curé n'étant fruit prenant que du
quart de la Dîme dans la Paroisse, ne pouvoir prétendre

que le quart de la Dîme des Novales ; mais cet Arrêt n'a point decidé que l'entiere Dîme des Novales fut dûë au Curé fans limitation de tems de joüiffance.

Il y a au contraire deux Arrêts, l'un diffinitif, & l'autre provifoire, qui ont jugé que la perception des Novales doit être bornée à dix années pour le Curé de la Paroiffe, quoique le Decimateur foit Laïque, & poffede la Dîme à titre d'infeodation, & qu'après les dix années expirées, la réünion des Novales fe fait de plein droit à la Dîme infeodée.

L'arrêt diffinitif fut rendu au Rapport de Mr. de Projean, le 28. Juillet 1694. entre Me. Jean Rigal, Curé de Negre Peliffe, & le fieur de Tieys, Seigneur d'Ariac, de la Ville de Montauban, Poffeffeur de la Dîme infeodée.

Cet Arrêt en refformant la Sentence du Senéchal de Montauban, en ce qu'elle n'avoit adjugé audit Rigal les fruits des terres Novales pour dix années ; ordonne que ledit Rigal joüira des Dîmes defdites terres Novales pendant dix années entieres à compter du jour de la demande, après lefquelles ledit. d'Ariac joüira defdites Dîmes.

L'Arrêt provifoire eft du 18. Mars 1727. au Rapport de Mr. de Rochemontels, entre le fieur Duchemin, Seigneur proprietaire des Dîmes infeodées de Laufael, & Me. Pierre Barbie Curé de cette Paroiffe.

Ces Arrêts trouvent leur fondemenr dans les maximes reçûës fur la matiere des Dîmes infeodées. Il eft certain en premier lieu, que les Dîmes font tombées en main Laïque à titre onereux, puifqu'elles furent originairement infeodées par l'Eglife même, en faveur de la Nobleffe Françoife qui s'étoit fignalée dans la défaite des ennemis de la Religion & des Autels.

En effet, foit qu'on prenne l'origine de cette infeodation, & qu'on en fixe l'époque au Regne de Charles Martel, vers l'an 730. après la memorable Victoire qu'il remporta fur les Sarrafins, felon *Duaren de facr. Ecclef. Minift. cap.* 1. Fauchet des antiquitez Françoifes, Liv. 5. ch. 21. Mr. de

Q ij

Marca en fon Hiftoire de Bearn , Liv. 1. ch. 28. num. 12. &
fuivans , ou fous Philippe 1. Roi de France , lors de l'entreprife de fon voyage d'Outremer, ou fous Philippe Augufte,
lors de fon expedition contre les Sarrafins felon *Pafquier*,
*Liv. 3. des Recherches de France , ch. 35. & 41.* Le droit n'en
eft pas moins affuré aux poffeffeurs de cette Dîme , par la raifon que l'infeodation eft toûjours anterieure au Concile de
Latran , tenu fous Alexandre III. l'an 1179. qui n'a pû deroger à un droit alors acquis aux perfonnes Laïques , *non ex
privilegio fed ex contractu , & conventione publica* , comme
parlent nos Docteurs François ; & c'eft pour cela même que
le Pape Clement V. en dérogeant au Chapitre *Prohibemus
extra de decim.* permit au Poffeffeur de la Dîme infeodée
de l'aliener en faveur d'un autre Laïque , ce qui l'a renduë
patrimoniale comme les Fiefs.

De ces principes, il faut conclurre que le Poffeffeur de
la Dîme infeodée n'eft pas moins favorable , quand fon infeodation eft anterieure au Concile de Latran que le Decimateur Ecclefiaftique ; confequemment , que fi cellui ci entre en poffeffion de la Dîme des Novales après dix années
de joüiffance du Curé de la Paroiffe , l'autre doit pareillement entrer , puifque le Decimateur Laïque fe trouve fubftitué par l'infeodation à la place de l'Ecclefiaftique à titre
onereux.

En fecond lieu , le Laïque n'eft point incapable par état
de poffeder la Dîme d'une Paroiffe , puifqu'avant les infeo-
dations dont on a parlé, les Canons autorifoient & regar-
doient comme legitime la poffeffion de la Dîme en main
Laïque par la conceffion de l'Evêque ; c'eft ainfi que l'a
decidé le Canon *Quoniam* 168. *cauf.* 16. *quæft.* 2. attribué
à S. Jerôme , & cela par cette raifon , que l'inftitution de
la Dîme eft de pure police Ecclefiaftique dans la Loi nouvelle ; inftitution ! qui ne fut même pas connuë dans les
premiers Siécles : d'où il faut conclurre que n'étant point
annexée de droit Divin à la perfonne des Miniftres de
l'Eglife , elle peut tomber en main Laïque par le dépoüille-

ment de l'Egliſe même & par ſes conceſſions , & qu'elle peut être poſſedée ſans incompatibilité par les Seigneurs Laïques, avec le même avantage & les memes prerogatives dont joüiſſoit l'Egliſe.

Cela poſé , il ſemble qu'il faut decider contre l'Arrêt dont il eſt fait mention au Chapitre 71. rendu au Rapport de Mr. de Frezars, l'annéé 1663. pour le Curé de Malauze, contre le Seigneur de ce Lieu , en adjugeant au Poſſeſſeur de la Dîme infeodée, celle des menus fruits de même que celle des gros.

En effet à conſiderer l'origine de la Dîme , celle des gros & menus fruits eſt dûë indiſtinctement *levit cap. ult.* l'Egliſe a donc le droit de la percevoir n'y ayant rien eu d'innové ſur ce point ſous la Loi de Grace ; ſi elle a ce droit, elle a pû avant le Concile de Latran le transferer aux Seigneurs Laïques , ainſi qu'on l'a déja montré.

Les Chapitres *Cum ex tua & exparte*, citez par notre Arretiſte , ne ſçauroient favoriſer l'opinion contraire qui prive les Decimateurs Laïques de la Dîme des menus fruits. Le Chapitre *Ex parte* , ordonne ſous de peines Canoniques le payement de la Dîme des gros & menus fruits ; & pour être convaincu que la demande des menus fruits n'étoit point alors une innovation de la part des Chanoines Decimateurs, introduite depuis le Concile de Latran : Il n'y a qu'à jetter les yeux ſur la diſpoſition du Chapitre *Cum in tua* 30. *eod.* qui aſſujettit au payement des menuës Dîmes les Poſſeſſeurs des champs ; par cette raiſon , que cette Dîme ſe payoit *ab antiquo* , ainſi que celle des gros fruits. Cette Decretale eſt du Pape Innocent III. qui Siegeoit au commencement du treizième ſiécle , & dans un tems où l'on ne pouvoit regarder le Concile de Latran , & le Pontificat d'Alexandre III. comme fort reculez , & d'une ancienne date.

Or ſi dans un tems voiſin du Concile de Latran, le Pape parle de l'exaction des menuës Dîmes, comme d'un droit établi *ab antiquo* , & commun dans toute l'Egliſe ; ne faut-il pas convenir que cette exaction se pratiquoit avant ce Concile, tenu vers la fin du douziéme Siécle, & conséquemment que la Dîme des menus fruits est dûë de droit commun aux décimateurs Laïques, ayant passé sur leur tête par le Titre de l'inféodation avec celle des gros fruits.

# CHAPITRE LXXII.

*De la necessité d'exprimer clairement le nom & surnom du Resignataire.*
*De la resignation à cause de mort.*

CE Chapitre contient deux differens chefs de décision, le premier regarde la necessité de designer d'une maniere bien claire & bien distincte la personne du Resignataire, le second tombe sur la clause de Regrès dans le Benefice resigné, en cas de convalescence. Pour la premiere question il faut observer avec Rebuffe que *nomen petentis, & cognomen in supplicatione inseri debet, ut illi possit concedi Rebuff. in praxi sub tit. forma signat. in verbo Joannes.*

S'il n'y avoit point d'affectation ni de déguisement frauduleux, & que ce fût une simple omission ; cela n'entraîneroit point la nullité de la provision, pourvû qu'il constât d'ailleurs de la personne de l'impetrant, *nomina significandorum hominum gratia instituta sunt, qui si alio quolibet modo intelligantur nihil interest, §. si quidem in nomine instit. de legat.* mais s'il y avoit une reticence frauduleuse du surnom ou de la qualité de l'impetrant, alors la provision seroit nulle, *cap. super litteris de rescript. extra.*

Quant au second chef Dumoulin sur la regle *de public. num. 276.* dit que les clauses de Regrès au Benefice, à défaut du payement de la pension sont nulles & abusives, *quia sunt species reservationis sive recursus per decreta con-*
*ciliaria*

*ciliaria generaliter & indiftinctè damnati*, ce que l'on peut appliquer aux differentes efpeces de Regrès, peu favorables en foi, toutefois l'opinion de *Solier* en fa note *fur Paftor, Lib. 3. tit. 9. in novis addit.* eft contraire à celle de Dumoulin ; car ce Canonifte obferve que la claufe de Regrès fe trouvant tacitement renfermée dans la refignation *ob non folutionem penfionis*, cette claufe n'eft ni nulle ni abufive, quand elle fe trouve ftipulée, & je croi que cette opinion doit prévaloir par la raifon que le Regrès étant aujourd'hui autorifé par la police du Royaume & la Jurifprudence des Arrêts en cas de convalefcence du Refignant, & défaut de payement de la penfion ftipulée, il ne peut y avoir abus dans la claufe de Regrès qui peut paffer tout au plus pour fuperfluë & furabondante ; ce qui ne peut vicier la Refignation, fuivant la maxime *utile per inutile non viciatur, cap. utile de reg. jur. in 6.*

Sur quoi il faut obferver qu'une Réfignation faite fous la claufe de Regrès au Benefice eft à la verité reputée abufive en France, fuivant l'Arrêt rapporté *par Papon, Liv. 2. tit. 8. art. 3.* dans l'efpece duquel il y avoit même une refervation expreffe de tous les fruits ; mais cette décifion ne peut être appliquée aux cas legitimes de Regrès, reçûs & autorifez par notre Jurifprudence dont fait mention Solier ; la claufe de Regrès ne pouvant paffer pour nulle & abufive en France, que dans les cas nouveaux où le Regrès n'a point été admis.

Il faut encore felon moi faire une difference entre la claufe de Regrès au Benefice, inferée dans l'acte de Refignation, *ob non folutionem penfionis*, d'avec la provifion de Rome, dans laquélle le Pape referveroit au Refignant *proprio motu*, le Regrès au Benefice à défaut de payement de la penfion : Dans ce dernier cas je croi que la provifion du Pape feroit abufive, & qu'il y auroit lieu d'interjetter appel comme d'abus de l'execution du refcrit ; & c'eft de cette maniere qu'il faut entendre la Doctrine *de Fevret de l'abus, Liv. 2. chap. 5. num.* 28. que fi au contraire la provifion du Pape étoit relative à la claufe de Regrès inferée dans la Refignation *in favorem*, alors il n'y auroit point d'abus par la raifon que le Pape étant obligé fuivant nos maximes de conferer le Benefice, felon les claufes de la Refignation qui n'ont rien de contraire à la police de l'Eglife Gallicane, ne commet point d'abus quand il ne fait que fuivre les conditions licites de la Refignation.

## CHAPITRE LXXIII.

*S'il faut neceßairement declarer y avoir ou n'y avoir point d'abus dans les Ordonnances dont il y a appellation comme d'abus, relevé.*

*Si le Chapitre Curé primitif, peut faire l'Office aux Enterremens des morts.*

L'Art. 37. de l'Edit de 1695. concernant la Jurifdiction Ecclefiaftique, porte que les Cours de Parlement en jugeant les appellations comme d'abus, prononceront qu'il n'y a abus, & condamneront en ce cas les appellans en 75. liv. d'amande, qui ne pourra être moderée, ou diront qu'il a été mal, nullement & abufivement procedé, & en ce cas fi la caufe eft de la Jurifdiction Ecclefiaftique, elles renvoyeront à l'Archevêque ou Evêque dont l'Official aura rendu le Jugement ou Ordonnance, qui fera declarée abufive afin d'en nommer un autre, ou au Superieur Ecclefiaftique fi ladite Ordonnance ou Jugement font émanez de l'Archevêque ou Evêque, ou s'il y a des raifons legitimes de fufpicion contre lui.

Il faut obferver fur cet article que l'Edit n'inflige aucune amande contre l'Evêque qui a rendu l'Ordonnance declarée abufive, & que ce Parlement étoit en poffeffion de prononcer ( en declarant y avoir abus ) la condamnation en cent fols d'amande contre l'Evêque ; ce qui a été reformé depuis le *9.* Juin 1728. par une déliberation de l'affemblée des Chambres, fur une Lettre écrite à Mr. le premier Préfident par Monfeigneur le Chancellier, contenant que le Confeil a caffé un Arrêt du Parlement, rendu fur un appel comme d'abus, contre Mr. l'Evêque de Cahors , fur ce feul moyen qu'il avoit été condamné à une amande de cent fols, & que le Confeil trouve à propos que le Parlement réforme cet ufage, n'ayant pas voulu par ménagement inferer dans cet Arrêt de caffation, des défenfes pour l'avenir de prononcer femblables condamnations.

---

# CHAPITRE LXXIV.

*Si un Sous-Diacre condamné aux Galeres pour dix ans, après les dix ans, a befoin de reftitution pour être promeu aux autres Ordres facrez, & à qui il appartient d'accorder cette reftitution.*

Uivant la Doctrine des Canoniftes même Ultramontains , la reftitution du Clerc qui a été noté d'infamie, & fon habilitation aux Ordres Sacrez eft de la feule competence du Juge Royal, *infames dicimus quofcumque Leges fæculi infames pronunciant ; fed illud Gelafii & Stephani quamquam animus , &c. & fub nota perpetua , &c. de illis intelligitur quibus per judicem civilem infamia irrogatur, quoniam ficut examinatio & caftigatio, ita & in integrum reftitutio non nifi ad civilem judicem fpectat cap.* 7. §. 1. *caufa* 2. *quæft.* 3. *& ibi gloff.*

C'eft encore la décifion de la Glofe fur le Chapitre *cum te* 23. *extra de Sent. & re judic. in verbo volumus* , qui obferve que les Clercs ne doivent avoir recours pour cette reftitution au Pape, que lorfqu'il fe trouve leur Prince temporel ; *fed dic quod fubfunt quoad temporalem Jurifdictionem Domino Papa.* R ij

Le recours au Pape dans ces circonstances seroit abusif selon la Doctrine de Fevret, *Liv.* 3. *chap.* 1. *num.* 14.

De ces maximes, il en faut conclurre qu'il auroit suffi dans l'espece de l'Arrêt du 9. Decembre 1667. de renvoyer ce Sous-Diacre au Roy pour lui être pourvû.

On peut observer ici que quand il s'agit d'une absolution demandée par un Ecclesiastique d'une irregularité encouruë, & de lever cette irregularité ; le Juge Royal ne peut faire à ce sujet aucunes injonctions à l'Official ; mais qu'il doit se borner à renvoyer l'Ecclesiastique devant l'Ordinaire, & en cas de refus à son Superieur immediat pour lui être pourvû suivant l'article 41. de l'Edit de 1695. sans que l'Ecclesiastique puisse en consequence faire aucune fonction, ni en prétendre d'autre effet que defter à Droit.

C'est sur ce fondement que j'ai vû accüeillir par un Arrêt d'Audience du 23. Mars 1724. une opposition à une Ordonnance deliberée de la Cour, portant injonction à l'Official de lever une irregularité encouruë par Me. Navarre Prêtre, qui avoit celebré la Messe dans une Chapelle interdite, ce Prêtre étoit appellant comme d'abus du Decret de prise au corps laxé à ce sujet par l'Official, & avoit obtenu cette Ordonnance sans préjudice de l'appel, Mes. de Lardos & Sol plaidoient dans cette cause ; Mr. de Nupces Président à cette Audience.

*Fin du Premier Livre.*

# LIVRE II.
## DES SUCCESSIONS.

## CHAPITRE I.

### De la Clause Dérogatoire.

LA queſtion ſi la révocation de la clauſe dérogatoire doit être ſpeciale, ou ſi au contraire une révocation génerale avec déſignation du Teſtament, où elle eſt inferée ſuffit : Cette queſtion, dis-je, ne peut être decidée en theſe, ſoit parce que la clauſe dérogatoire, ſelon l'uſage que nous en faiſons, ne ſe trouve point dans la diſpoſition des Loix ; & que ce n'eſt que par argument pris de la Loi *Si quis in principio de legat.* 3. que les Docteurs d'Italie l'ont introduite, ſoit parce que les Interprêtes eux-mêmes ſont partagez ſur cette queſtion ; & que les Arrêts des Cours ont varié, & ne nous fourniſſent point de préjugez certains pour en faire une regle certaine.

L'uſage de la clauſe dérogatoire a été trouvé commode ; & c'eſt ce qui l'a introduite indiſtinctement, tant en Païs de Droit écrit que coûtumier, ſuivant l'obſervation de Brodeau ſur Loüet Lettre T, Somm. *9. num.* 2. qui dit en propres termes *que c'eſt le ſouverain & unique remede contre les ſurpriſes & ſugeſtions frequentes en matiere de Teſtamens dont la preuve eſt très-difficile,* d'où l'on peut tirer cette conſequence, qu'il eſt plus ſûr dans la pratique & plus conforme aux vûës d'un Teſtateur, de donner à cette clauſe l'étendûë qui lui eſt propre que de la reſtraindre & de l'affoiblir.

C'eſt ſur ce principe que la plus ſaine partie des Interprêtes eſt de cette opinion que la révocation de la clauſe dérogatoire doit être ſpeciale , *ſpecifica ac individualis revocatio fieri debet , docet textus melior totius Juris ſecundum Bald. in Leg. I. §. fin. cod. de lati , Lib. toll.* c'eſt le langage de *Benedic. in cap. Raynut. verbo Teſtamentum* 2. *num.* 15..

*Guip. quæſt.* 127. *num.* 3. dit que c'eſt la commune opinion des Interprêtes & entre autres de Bartole , de Balde , de Salicet & de Cynus.

Brodeau ſur Loüet Lettre **T** , Somm. *9. num.* 2. rapporte pluſieurs Arrêts conformes à cette opinion , & ajoûte que pluſieurs Auteurs de nom tels que Meſſieurs Cujas , Duvair , Servin , Maynard & Expilli apportent deux limitations à cette regle de neceſſité , de revoquer dans le Teſtament poſterieur la clauſe dérogatoire inſerée au premier ; ſçavoir , 1°. Quand le Teſtateur revoquant ſpecialement le Teſtament précedent , fait mention de la clauſe dérogatoire ſans la deſigner néanmoins mot à mot en l'individu pour ne pouvoir s'en ſouvenir à cauſe du long intervalle de tems ou autrement , ce qui opere une ſuffiſante révocation de la clauſe dérogatoire , ſuivant l'Arrêt du 19. Juin 1627. rapporté par Henris en ſon recuëil , Liv. 3. Chap. 2. queſt. 13.

La deuxiéme limitation eſt quand le premier Teſtament contenant la clauſe dérogatoire eſt fait en faveur d'un étranger inſtitué heritier , & le poſterieur en faveur des enfans , auquel cas il n'eſt pas beſoin de faire mention de la dérogatoire *favore liberorum ,* ſuivant la Doctrine des Interprêtes ; ce qui doit avoir lieu pour la cauſe pie , qui marche d'un pas égal avec les enfans quand ils ne ſe trouvent point en concours.

Le Teſtament même fait en faveur des heritiers *ab inteſtat ,* n'a pas beſoin de revocation de la clauſe dérogatoire contenuë dans le Teſtament , ou un étranger non parent du Teſtateur ſe trouve inſtitué heritier , ſuivant l'Arrêt du

Parlement de Paris du 26. Mai 1666. rapporté dans le
Tom. 2. du Journal des Audiences, Liv. 7. Chap. 39. il
y a même un Arrêt dans le Chap. 8. du 20. Fevrier 1665.
qui a jugé en faveur des heritiers *ab inteſtat*, qu'un acte
de révocation par lequel un Teſtateur declaroit qu'il vouloit mourir *inteſtat*, annulloit un Teſtament contenant une
clauſe dérogatoire, de laquelle il n'étoit pas fait mention
dans l'acte de revocation, *Bouvot Tom. 1. verbo derogation.
quæſt.* 2. rapporte un Arrêt conforme.

La qualité des Teſtateurs peut faire varier les déciſions,
& faire une exception aux regles établies ſur cette matiere,
comme par exemple la qualité de ruſtique ou de Païſan,
eſt ſelon les Docteurs un juſte motif d'annuller les clauſes
dérogatoires inſerées dans leurs Teſtamens, parce qu'ils n'en
connoiſſent pas la force & le veritable uſage, ce qui ſe trouve
avoir été ainſi jugé au Parlement de Grenoble par Arrêt
du 3. Mai 1669. Baſſet en ſes Arrêts, Tom. 1. Liv. 5. tit.
2. ch. 3.

Il y a même des Docteurs qui renferment dans cette déciſion les femmes & les mineurs ; mais à mon avis les uns &
les autres ne peuvent y être envelopez ſans qu'il ſe rencontre
de circonſtances particulieres d'une ignorance groſſiere qui
puiſſe faire conjecturer qu'ils n'ont pas connu l'uſage de la
clauſe dérogatoire ; car il eſt des femmes & des mineurs qui
ont une raiſon parfaitement éclairée, & des lumieres capables de leur rendre l'uſage de la clauſe dérogative propre.

Je raporterai ici deux differens Arrêts de la Cour, rendus
le premier le 26. Fevrier 1691. au Rapport de Mr. de Pauci
en la premiere Chambre des Enquêtes, le ſecond le 4. Septembre 1692. au Rapport de Mr. de Lauriere.

Par le premier Arrêt, il fut jugé dans la cauſe de Fougaſſe,
frere & ſœur, que le Teſtament de leur pere commun contenant cette clauſe dérogatoire, *Magnificat anima mea Dominum*, en date de l'année 1676. n'avoit pas été valablement
revoqué par ſa Declaration reçûë en forme de diſpoſition
de derniere volonté, par laquelle il confirmoit un precedent

Teftament de l'année 1675 avec revocation vague de tous autres Teftamens qu'il pourroit avoir faits depuis celui-là.

Il refulte de cet Arrêt qu'entre enfans même; ( car le frere étoit ici heritier, & la fœur legataire ) la revocation du Teftament contenant claufe Dérogatoire, ne peut fe faire en termes vagues, & qu'il faut le regler par le droit commun.

Par le fecond Arrêt qui fut rendu en faveur de Mr. le Préfident de Vignoles, contre fes freres Confanguins; il fut jugé que le pere commun n'avoit pas fuffifamment revoqué fon Teftament contenant claufe dérogatoire par le fecond fait deux ans après, avec cette declaration qu'il revoquoit tous les Teftamens qu'il pouvoit avoir ci-devant faits, même en faveur de fon fils le Préfident, non obftant toutes claufes derogatoires dont il juroit ne fe fouvenir pas.

Cet Arrêt eft très-juridique à caufe des circonftances qui l'accompagnent, & qui felon moi doivent être la regle des decifions que l'on rend fur cette matiere épineufe. Mr. de Vignoles Teftateur étoit parfaitement inftruit de l'ufage de la claufe derogatoire par l'éducation qu'il avoit reçûë; il n'étoit pas cenfé avoir oublié depuis deux ans la claufe derogatoire, inferée dans fon Teftament. La revocation qu'il en fit vaguement fans defigner le nom du Notaire, le tems du Teftament, & fans rapporter aucun terme de la claufe derogatoire, paffa avec raifon dans l'efprit des Juges pour l'ouvrage de la fugeftion, & de la captation de fa feconde femme qui avoit voulu tourner fa volonté du côté des enfans du fecond lit, & faire violence aux veritables defirs du Teftateur, & à fa volonté configneé dans fon Teftament anterieur.

J'eftime qu'il faut decider les queftions qui naiffent fur cette matiere par les differentes circonftances qui fe rencontrent dans les Teftamens. Je voudrois par exemple exiger dans un homme de Lettres qui a fait depuis peu un Teftament contenant une claufe derogatoire, une revocation fpeciale, fi le fecond Teftament fe trouve fait en pleine & parfaite fanté, fans qu'il foit furvenu au Teftateur

aucun

aucun accident depuis la confection du premier Teftament qui puiffe faire préfumer que fa memoire s'eft affoiblie : Si au contraire c'eft un homme d'épée peu verfé dans la connoif-fance de la claufe derogatoire, une femme, un homme fans grande litterature ; la claufe me paroît fuffifamment revo-quée par la defignation du Notaire qui a reçû le Teftament & la mention vague de la claufe dont le Teftateur declare ne pas fe fouvenir *in individuo* ; mais dans les differentes ef-peces des difpofitions & dans leurs concours ; c'eft au Juge à difcerner qu'elle peut avoir été la veritable, & quel des deux Teftamens doit prévaloir ; car il eft auffi dangereux de faire fubfifter la premiere difpofition au préjudice de la pofterieure, que de donner tout l'avantage à celle-ci, en de-clarant la claufe derogatoire fuffifamment revoquée, parce que dans les deux cas on s'expofe à décider contre la volonté du Teftateur. On ne fçauroit donc affez pefer la décifion pour laquelle je ne voi pas de regle infaillible, parce qu'elle depend des differentes circonftances qui peuvent faire varier les Jugemens.

C'eft fur les circonftances par exemple de rufticité & de vieilleffe qu'il fut rendu un Arrêt le 6. Mai 1720. au Rap-port de Mr. Foucaud Dalzon, qui femble deroger aux maxi-mes reçûës fur cette matiere ; il fut jugé par cet Arrêt dans la caufe d'Anne Amadieu, & Bernard Delmas, que la revocation generalle ainfi faite *caffant tous autres Teftamens* fuffifoit ; c'étoit dans l'efpece du Teftament de Jeanne Sept-fond, femme ruftique & illiterée, âgée de 80. ans ; il s'étoit écoulé plus de trois ans entre le premier Teftament conte-nant la claufe derogatoire, & le fecond ces circonftances ainfi réünies fervirent de motif à cet Arrêt.

## CHAPITRE  II.

*Du Testament imparfait en faveur des Heritiers* ab intestat.

*De la simple revocation d'un Testament.*

L'Arrêt rapporté dans ce Chapitre en date du mois de
Mars 1698. ne sert qu'à confirmer la Jurisprudence de
ce Parlement au sujet des Testamens nuncupatifs dont la
preuve peut être établie par Témoins, & dans lesquels l'écriture & le ministere du Notaire ne sont employez que pour
la preuve seulement & nullement pour la solemnité de
l'Acte, ainsi que l'atteste Mr. d'Olive en ses Arrêts, Liv.
5. ch. 4.

Cette forme de Testament est autorisée par la Loi *Hac
consultissima* 21. *Cod. de Testam.* §. *per nuncupationem*, dont
la disposition est reçûë dans les Parlemens qui se regissent
par le droit écrit; mais cette preuve par Témoins est constamment rejettée par la Jurisprudence du Parlement de
Paris, attestée par Mornac sur cette Loi *Hac consultissima*
en ces termes; *sed apud nos inanem esse hunc numerum testium quia ex Arrestis probatio per testes in testamentis nuncu-
pativis rejicitur*, Brodeau sur Loüet, Lettre T, Somm. 8.
num. 6. rapporte plusieurs Arrêts du Parlement de Paris,
conformes à l'observation de Mornac.

Cette diversité de décisions & de Jurisprudence, se trouve
fondée sur la differente application que font les Parlemens
de droit écrit de l'art. 54. de l'Ordonnance de Moulins, qui
prohibe la preuve par Témoins au-delà de 100. liv. ils n'en ont
point fait extension aux Testamens, par cette raison prise de
la Loi 20. *ff. de verbor. signif. verba contraxerunt*, *gesserunt
non pertinent ad jus testandi*, & que cet article regarde les
Contrats, au lieu que le Parlement de Paris en a indistinctement appliqué la disposition, & aux Contrats & aux Actes
de derniere volonté.

La qualité de fucceffeur *ab inteftat*, & de plus proche parent du Teftateur qui fe rencontroit en celui qui demandoit d'être admis à la preuve de cette revocation nuncupative ne fut point déterminante ; car fuivant la Jurifprudence de ce Parlement, atteftée par Mrs. Maynard & d'Olive, le Teftament nuncupatif pouvant être prouvé par Témoins fur la refomption qui en eft faite par le Juge, felon la Doctrine *de Mantica de conject. ult. volunt. lib. 1. tit. 6. num. 7.* quand même la revocation auroit été faite par ce Teftateur en faveur d'un Etranger, la preuve vocale n'en auroit pas été moins admife, parce qu'on employoit pour cette preuve le même nombre de Témoins qu'on employe à Montpellier, fuivant l'art. 52. & 54. du ftatut qui eft le nombre de trois pour toute forte de Teftamens ; & qu'une revocation fe trouvant auffi folemnelle qu'un Teftament doit operer le même effet qu'un fecond Teftament fait en faveur des heritiers *ab inteftat*, fuivant la plus commune opinion des Interprêtes.

Toute la difficulté auroit été, fi le pere fe trouvant en vie lors de cette demande en preuve de la revocation du Teftament, & y ayant un des trois Témoins numeraires décedé, le Notaire auroit pû fuppléer au défaut de ce même Témoin.

A fe regler par la décifion de Mr. Cambolas, ce Notaire peut tenir la place d'un Témoin ; ce qu'il avance fur la difpofition de la Loi *Hac confultiffima* §. *ult.* ou la prefence du Tabellion, fuppléc au défaut d'un Témoin. Je croi que parmi nous la prefence du Notaire ne pût fuppléer au défaut d'un Témoin dans les Teftamens nuncupatifs écrits, parce que le Notaire n'y eft point employé pour le témoignage, ni pour remplir le nombre des Témoins requis pour la folemnité de ces Teftamens ; mais comme juge chartulaire, & pour recevoir dans fes Regiftres la difpofition d'un Teftateur *ad probationum tantum*, fuivant l'obfervation *de Mantica loco fupra num. 6.* A quoi j'ajoûte que le Notaire ayant parmi nous un caractere public à la difference des Tabellions des Romains, dont parle la Loi citée par Cambolas qui étoient

perſonnes privées : La fonction de nos Notaires conſiſte à
retenir & à dreſſer les Contrats ſelon les regles preſcrites par
les Ordonnances, à quoi leur miniſtere ſe trouve borné ;
ainſi dans l'eſpece de cet Arrêt le Notaire ayant été appellé
comme Notaire & pour retenir l'Acte de revocation avec
les trois Témoins requis par le ſtatut de Montpellier pour la
forme des Teſtamens ç'auroit été contre les vûës du Teſtateur, & l'uſage qu'il ſe propoſoit de faire du miniſtere de ce
Notaire, que de l'admettre pour Témoin dans cette revocation. Je puis fonder ma déciſion ſur un Arrêt du Parlement de Grenoble, rapporté par Baſſet en ſes Arrêts, *Tom.*
I. *Liv.* 5. *tit.* I. *ch.* 2. par lequel il fut jugé le 31. Juillet
1663. que le Notaire ne peut ſuppléer dans un Teſtament
nuncupatif, redigé par écrit au défaut d'un Témoin.

Pour ce qui concerne la révocation d'un Teſtament, on
ne doit point mettre en doute qu'étant faite avec le même
nombre de Témoins, & les ſolemnitez preſcrites pour les
Teſtamens, elle n'opere le même effet qu'un ſecond Teſtament en faveur des heritiers *ab inteſtat*, parce que cette
révocation y eſt équipollente, ce qui ſe trouve avoir été
ainſi jugé par Arrêt du Parlement de Paris, rapporté par
Mornac, *ſur la Loi* 8. *ff. de pecul.* il n'y a que les cas où
la révocation ſe trouveroit faite devant un moindre nombre de Témoins qu'il n'en faut pour un Teſtament, comme par exemple devant trois Témoins ſeulement ; alors cette revocation auroit beſoin d'être confirmée par le laps de
dix années depuis la confection du Teſtament juſqu'au decès du Teſtateur pour pouvoir operer l'effet d'appeller à
la ſucceſſion les heritiers *ab inteſtat* ; c'eſt la Doctrine *de
Guip. quæſt.* 200. & l'explication qu'il donne à la Loi *Sancimus Cod. de teſtam.* ajoûtant que ſi la revocation ſe trouve au contraire faite devant le nombre des Témoins requis
pour les Teſtamens, alors elle a l'effet d'appeller à l'heredité les ſucceſſeurs *ab inteſtat*, quoique le Teſtateur n'ait
pas ſpecialement declaré qu'il vouloit mourir *ab inteſtat* ; &
cette Doctrine en effet me paroît conforme aux maximes

du Droit ; car peu importe que le Teſtateur declare expreſſement qu'il veut mourir *ab inteſtat*, s'il le déclare par
équipollent, en faiſant une révocation ſpeciale de ſon Teſtament, *non refert quid ex equipollenti fiat Leg. nominatim,*
*ff. de legat. 3. leg. non dubium de rebus credit. eod.* & quand
la Loi *Sancimus* exige ce laps de dix ans pour donner une
pleine force à cette révocation ; il eſt ſenſible que c'eſt
parce que ne ſe trouvant faite qu'en préſence de trois Témoins, elle a beſoin de ce laps de tems pour operer l'effet
d'une révocation ſolemnelle faite devant le même nombre
de Témoins, & qui ſeule peut emporter le Teſtament,
ſuivant la regle *nihil tam naturale eſt quam eo genere quidve*
*diſſolvi quo colligatum eſt Leg. 25. ff. de reg. jur.*

L'Arrêt de ce Parlement n'a point requis ni le laps de
dix ans, ni la déclaration du Teſtateur qu'il vouloit mourir *ab inteſtat*, & le legs augmenté en faveur de la cauſe
pie n'a ſelon moi rien d'équipollent à cette déclaration,
puiſqu'on peut faire des legs par Codicille, ſans Teſtament
ni inſtitution d'heritier par où les heritiers *ab inteſtat* ſont
tacitement chargez d'en faire le payement ; d'ailleurs cette
augmentation de legs n'a rien de dépendant de cette révocation, ni qui la puiſſe rendre plus expreſſe en faveur des
heritiers *ab inteſtat*.

On peut ici inferer un Arrêt ſingulier de la Cour, au
ſujet des Teſtamens faits à Montpellier ſuivant le Statut
de cette Ville.

Par l'art. 54. de ce Statut, il eſt porté que tout Teſtament doit être fait devant trois Témoins, & que le Pere
peut laiſſer à ſes enfans pour droit de legitime ce qu'il trouvera à propos, ce que la Cour a reglé par ſes anciens préjugez à la moitié de la legitime fixée par le Droit écrit.

Ce fût une queſtion très-diſcutée en la Cour dans le Procès de Meſſire George de Tremolet, Préſident à la Cour
des Comptes Aides & Finances de Montpellier, contre
la Dame de Lagardie ſa ſœur conſanguine : Si fû Meſſire
de Tremolet Lieutenant pour le Roi de la Citadelle de

Montpellier leur pere commun, dont ledit ſieur de Tremolet étoit heritier, avoit peu réduire à la moitié de ſa
legitime ; la Dame de Lagardie par un Teſtament olographe écrit & ſigné de ſa main, ainſi qu'il ſe pratique *inter
liberos*, ſuivant la Loi *hac conſultiſſima* 21. *Cod. de Teſtam.* ou ſi au contraire il avoit dû faire cette réduction dans un
Teſtament en préſence de trois Témoins, & ſuivant la forme preſcrite par cet article du Statut.

La queſtion fût jugée pour la premiere fois en la ſeconde Chambre des Enquêtes, au Rapport de Mr. Projean
le 28. du mois de Juin 1729. en faveur de la Dame de
Lagardie, à qui l'Arrêt adjugea ſa legitime en entier ſur
les biens de ſon pere.

Les Juges opinans furent long-tems partagez ſur cette
queſtion ; d'un côté la faveur de la legitime & la rigueur
du Statut parloient pour la Dame de Lagardie ; de l'autre
le Droit commun & la liberté que les Loix accordent au
pere de teſter à l'égard de ſes enfans, ſans aucune eſpece
de ſolemnité concouroient à ſoûtenir la diſpoſition Teſta-
mentaire, & la réduction faite ſelon la faculté qu'en donne
le Statut.

La raiſon déterminante de l'Arrêt fut que ſuivant le
Statut, le Teſtateur ne peut faire la réduction de la legitime dans un Teſtament olographe, mais ſeulement dans le
Teſtament dont la forme eſt preſcrite par l'art. 54. qui eſt
celui qui donne la liberté au pere de faire cette réduction ;
ce qui demeure établi par la rélation & la connexité qu'il
y a entre l'art. 52. & l'art. 54. L'art. 52. porte que tous
les Teſtamens ſeront faits en préſence de trois Témoins,
l'art. 54. contient une répetition de cette même formalité
*omne Teſtamentum per tres teſtes factum ſine heredis inſtitu-
tione valet, & parens poteſt*, & cet article 54. ayant été
dreſſé pour donner au pere Teſtateur cette liberté de réduction de la legitime preſcrite par le Droit Civil, & commencent par la répetition de la formalité du Teſtament déja
preſcrite par l'art. 52. ( qui eſt la préſence de trois Té-

moins ; il en faut conclurre qu'en fuivant la difpofition litterale du Statut & l'efprit du legiflateur, le Teftament contenant cette réduction ne peut être fait qu'en prefence de
trois Témoins ; car autrement la répetition feroit oifeufe
& fuperfluë , ce qui n'a jamais lieu dans les Statuts qui
font *ftricti juris* , & qui doivent être fuivis *ad unguem. &
in fpecifica forma.*

---

## CHAPITRE III.

### *Du Teftament fait aux champs.*

LE Teftament fait aux champs devant cinq Témoins
eft valable, fi l'on n'a peu y trouver le nombre de fept
Témoins, *fin autem in illo loco minimè inventi fuerint fep-
tem teftes ufque ad quinque modis omnibus teftes adhiberi
jubemus , Leg. ult. Cod. de Teftam.*

En forte qu'on ne peut point donner pour regle génerale que le Teftament fait à la campagne vaille avec cinq
Témoins feulement.

Cette Loi paroît faite pour les feuls ruftiques ou manans
d'une plate campagne , *& ab antiquis legibus, & diver-
fis* , dit l'Empereur, *retro principibus femper rufticitati con-
fultum eft, & in multis legum fubtilitatibus ftricta obfer-
vatio eis remiffa ;* & c'eft aux habitans de la campagne que
Mornac en applique la difpofition de même que Chopin,
*de privileg. rufticor. Lib.* 1. *part.* 2. *Cap.* 2. *rufticis remit-
tuntur* , dit-il, à *Juftiniano folemnes formulæ quæ ultimis
elogiis præftitutæ funt, dùm modo adftante quino tefte illi fuprema fua ordinarint :* ce qui doit être entendu des habitans
des hameaux, & nullement de ceux qui habitent dans des Villages peuplés.

Toutefois plufieurs Interprêtes ont étendu la difpofition
de cette Loi aux habitans de la Ville qui fe trouvans à la
campagne, y ont fait leur Teftament en prefence de cinq

Témoins, n'ayant pû en avoir le nombre de ſept, telle eſt l'opinion de Balde, de Cynus & de Salicet, ſur cette Loi derniere, *cod. de Teſtam.* ils ſe ſont fondez ſur ce qu'il y a parité de raiſon des uns aux autres, & je croi que leur opinion doit prévaloir.

En effet en examinant avec quelque attention le fonds de cette Loi, on trouve qu'elle ne contient pas tant un privilege, en faveur des habitans de la campagne, qu'une diſpenſe fondée ſur la neceſſité de teſter avec cinq Témoins, par la difficulté de pouvoir faire appeller le nombre de ſept determiné par le Droit.

Dans cette vûë cette Loi n'eſt pas un reſcrit de pure grace, mais au contraire de juſtice ; car le cas de neceſſité eſt un puiſſant motif de diſpenſe de la Loi, ſuivant l'obſervation de la gloſe *in Leg. 5. ff. de offic. proconſ. & final. Cod. de oper. libert.* & c'eſt par cette raiſon que j'eſtime qu'un habitant de la Ville qui ſe trouvant à la campagne par accident, ou pour des affaires domeſtiques y fait ſon Teſtament dans les conjonctures d'une maladie qui lui ſurvient y peut valablement teſter avec le nombre de cinq Témoins, s'il n'a pû en appeller un plus grand nombre par la penurie qui ſe trouve dans de certaines campagnes. Or je croi que ce Teſtament ainſi fait doit ſubſiſter, malgré le retour du Teſtateur à la Ville, ſans qu'il ait beſoin d'en faire un autre pour ratifier celui là, parce qu'ayant une fois teſté avec les formalitez requiſes dans le lieu de la confection du Teſtament, l'acte porte ſa force & ſon efficace par tout ailleurs, ſans qu'on puiſſe apporter ici pour raiſon contraire de décider l'exemple du Teſtament militaire, qui ne vaut que *intra annum Miſſionis* ; car il y a diſparité de cas le ſoldat teſtant *jure militari*, teſte conſequemment par privilege ſpecial annexé à ſon état, hors duquel il ne doit plus joüir du privilege, les privileges étant de Droit étroit, ce qu'on ne peut pas dire du Teſtament dont il s'agit, parce que la diſpenſe du nombre ordinaire des Témoins n'eſt point un privilege annexé à la perſonne du ruſtique ; mais un acte de juſtice fondé ſur la neceſſité de teſter, & ſur

l'impoſſibilté

l'impoſſibilité d'avoir un plus grand nombre de Témoins dans le lieu du Teſtament.

L'Arrêt dont fait mention l'Auteur eſt du 20. Août 1695. dans l'eſpece ſuivante.

Le ſieur Delvolue fit ſon Teſtament ſolemnel, dans lequel il inſtitua ſa femme heritiere à la charge de rendre ſon heredité au premier enfant mâle qu'elle auroit du ſecond mariage ; & en cas elle n'eût point d'enfans d'un autre mariage, il la charge pareillement de rendre l'entiere heredité à l'aîné des enfans du ſieur Ducros fils d'une de ſes ſœurs.

Ce Teſtament étoit écrit d'une main étrangere, & ſigné par le Teſtateur à la fin de chaque page ; deux ou trois jours après, on y appoſa l'acte de ſubſcription dans lequel on nomma cinq Témoins, dont pas un ne fut preſent à la ſubſcription, ni ne ſigna devant le Teſtateur.

Marie Delvolue & Germaine Delvolue, ſœurs du Teſtateur, attaquerent ce Teſtament, & firent aſſigner l'heritier en delaiſſement des entiers biens.

Elles prétendoient le faire annuller par deux raiſons, la premiere, parce qu'il n'y avoit que cinq Témoins dans un lieu peuplé ou les Témoins ne pouvoient manquer.

La ſeconde, parce que les Témoins n'avoient pas ſigné en preſence du Teſtateur, & que deux des cinq Témoins numeraires de l'acte ( qui étoient des païſans qui ne ſçavoient pas ſigner ) leur avoient fait une Déclaration qu'ils n'avoient jamais eu aucune connoiſſance de ce Teſtament, & qu'ils n'avoient point été appellez.

Le Teſtament fut confirmé avec dépens, au rapport de Mr. de Lanes Conſeiller de la troiſiéme des Enquêtes.

## CHAPITRE IV. & V.

### *Si le Teſtament retenu par Ecrit peut valoir comme Nuncupatif.*

LA Loi *hac conſultiſſima* 21. *Cod. de Teſtam. & quemadm. Teſtam. ordin.* renferme trois differentes eſpeces deTeſtamens qui ſont d'uſage dans le païs de Droit écrit. La premiere eſpece regarde les Teſtamens qu'on appelle ſolemnels ou clos, dans leſquels il faut neceſſairement obſerver la forme preſcrite par cette Loi ſous peine de nullité : La ſeconde les Teſtamens nuncupatifs ou ſans écriture , dans leſquels on ne requiert autre choſe que la déclaration de volonté du Teſtateur en preſence de ſept Témoins convoquez : & la troiſiéme tombe ſur le Teſtament que la Loi appelle imparfait, à cauſe qu'il eſt valable ſans ſolemnité , étant fait par les peres & meres en faveur de leurs enfans.

Dans la premiere eſpece de Teſtamens , la preſence & le miniſtere du Notaire ſont indiſpenſables pour la validité du Teſtament , parce que la Loi le qualifie de Teſtament par écrit ; & cette qualification ſuppoſe l'authanticité de l'acte.

Dans la ſeconde eſpece , le miniſtere du Notaire n'eſt employé que pour la preuve ſeulement de la volonté, & ne lui eſt point ſubſtantiel ſuivant la Doctrine des Interprêtes , & la Juriſprudence de la Cour , & dans la troiſiéme eſpece qui eſt le Teſtament *inter liberos* toute eſpece de ſolemnité eſt retranchée , & la ſeule déclaration de volonté conſtatée ſuffit.

Ces trois diferentes eſpeces de Teſtamens ont cela de commun , qu'ils doivent avoir une égale perfection quant à la volonté du Teſtateur ; car quelque privilegié que puiſſe être le Teſtament *inter liberos* , la Gloſe & les Interprêtes ſur *la Loi final. Cod. famil. erciſcund* , donnent pour regle que ce Teſtament eſt nul s'il ſe trouve imparfait *ratione voluntatis*.

Ce principe établi il faut examiner dans cette matiere de qu'elle espece de Testamens le Testateur a voulu user , ce qui se découvre sans peine par les démarches qu'il a faites ; car s'il avoit presenté au Notaire , & Témoins convoquez pour cela un Testament clos , sans leur avoir declaré le contenu au Testament ; mais seulement que sa seule volonté y est contenuë , & qu'avant la soubscription de ce Testament & la signature , le Testateur fut decedé ; ce Testament n'auroit point sa perfection , parce que la volonté de tester par écrit s'étant manifestée , il n'y auroit pas lieu à la resomption des Témoins qui n'est d'usage que pour le Testament nuncupatif.

Il en est autrement du Testament que la Loi appelle nuncupatif ou sans écriture , l'essence de ce Testament ne consistant que dans la déclaration publique que le Testateur fait de sa volonté en presence des Témoins : il suffit pour en établir la preuve que les Témoins numeraires soient oüis & resumez après le decès du Testateur, quand même il seroit decedé avant d'avoir signé le Testament redigé par écrit, sçachant & voulant le signer avec le Notaire & Témoins , parce qu'il suffit qu'il ait voulu tester *sine scriptis & per nuncupationem* , & qu'il ait manifesté sa volonté par une déclaration de vive voix de sa disposition Testamentaire pour que le Testament subsiste Albert lettre T. *verbo Testament.* art. 24. rapporte à ce sujet deux Arrêts de ce Parlement.

Sur quoi il faut prendre garde de ne pas confondre ce qui est réellement distinct par la disposition de la Loi *hac consultissima* ; sçavoir le Testament par écrit avec le Testament nuncupatif redigé par écrit : le premier Testament ne peut jamais être converti en nuncupatif, parce que ce seroit aller contre la volonté du Testateur , & le genre de tester qu'il a choisi, à moins qu'il n'en eût declaré le contenu en presence des mêmes Témoins.

Le second Testament n'est pas converti en nuncupatif ; mais de nuncupatif qu'il est dans sa substance ; il est redigé par écrit pour la preuve.

Il paroît conforme à la disposition du Droit de pouvoir reprocher les Témoins des Teſtamens nuncupatifs , & cela par deux raiſons

1°. Parce que dans la preuve vocale la foi des Témoins eſt ſouvent ſuſpecte , *Leg. Teſtium. Cod. de Teſtibus.*

2°. Parce que la pratique étoit chez les Romains de n'admettre pour Témoins dans les Teſtamens que ceux de la premiere conſideration ou claſſe que l'on appelloit *teſtes claſſici* ou autrement *rogati* , à cauſe que c'étoit par un choix ſingulier de leur probité qu'on admettoit leur rémoignage , ſuivant l'obſervation du Commentateur de Boiceau ſur la préface *num. 2. dans le traité de la preuve par Témoins* ; d'où il faut conclurre que ces Témoins devant être irreprochables , il eſt de l'interêt public de pouvoir faire la preuve, ou de la ſubornation à laquelle quelqu'un d'eux ſe ſeroit prêté ou de tout autre fait qui pourroit rendre leur témoignage ſuſpect & rejettable. Mr. Mainard Liv. 5. Chap. 5. remarque que les Témoins de ces Teſtamens peuvent être reprochez, & que c'eſt pour la ſeureté du Teſtament.

J'obſerverai ici que la Cour ne ſuit point cette ancienne Juriſprudence, atteſtée par Mr. Maynard , Liv. 5. Chap. 94. *num. 6.* ſelon laquelle la preuve du Fideicommis Verbal devoit être faite par Enquête , non ſeulement dans les dix ans ; mais même avant le decès de l'heritier grevé ; il ſe juge qu'après le decès même ( pourvû qu'on ſe trouve encore dans les dix années du decès du Teſtateur ) l'Enquête peut être faite ; c'eſt ainſi que cette queſtion fut decidée en la troiſiéme Chambre des Enquêtes le 21. Mars 1714. entre Jean Duterras Capitaine de Dragons , & les heritiers de Jacques Berion au Rapport de Mr. de St. Laurens.

La raiſon de l'Arrêt fût que pouvant arriver que l'heritier grevé vienne à deceder peu de tems après le Teſtateur, & avant que le ſubſtitué ait eu le tems de faire ſon Enquête ; il ſeroit injuſte dans ces circonſtances d'exclurre le ſubſtitué de la preuve; mais d'ailleurs les heritiers du grevé ayant la liberté des reproches des Témoins (ainſi que leur Auteur) il paroît indifferent de proceder à l'Enquête du vivant de l'heritier grevé ou après ſa mort.

# CHAPITRE VI.

*De la preterition des Enfans ou afcendans.*
*De la Claufe Codicillaire.*

LA Claufe Codicillaire a été introduite pour foûtenir les difpofitions Teftamentaires, & dans cette vûë on peut la regarder comme favorable en foi, elle produit le même effet que le Fideicommis, c'eft-à-dire, que l'heritier inftitué par le Teftament imparfait *ratione folemnitatis*, ne pouvant avoir l'heredité par la voye directe, l'obtient par la voye oblique; les heritiers *ab inteftat* étant cenfez priez de lui reftituer l'heredité felon la Doctrine de Faber *in fuo Cod. Lib. 6. tit. 5. definit. 27. paria funt rogare venientes ab inteftato quod reftituant hereditatem, vel claufulam apponere Codicillarem.*

Les Interprêtes ont regardé cette claufe d'un œil fi favorable, qu'ils l'ont admife dans les Teftamens par les termes équipollens, *hæc Claufula inducitur ex aliis verbis æquipollentibus, puta fi Teftator in fuo Teftamento minùs folemni talia aut fimilia dixerit, volo Teftamentum meum valere omni meliori modo quo valere poteft; nam ex his aut fimilibus verbis inducitur Claufula Codicillaris, Bened. in Cap. Raynut.* I. *part. Teftamentum* 3. *num.* 18.19.

Quelque favorable que foit cette Claufe, cette faveur néanmoins ceffe, lorfque des étrangers ou collateraux du Teftateur fe trouvent heritiers inftituez, & que l'enfant eft ignoramment preterit, ou parce qu'il n'étoit pas né lors du Teftament, ou parce que le Teftateur avoit lieu de le croire mort, & cela par une prefomption de la Loi fondée fur le defir naturel des peres, de voir leur heredité tranfmife à leur defcendance; & c'eft pour cela même que les Interprêtes ont regardé comme impie l'opinion qui donnoit à cette Claufe l'effet de foûtenir le Teftament en faveur des

T iij

enfans ignoramment preterits , *eat cum Teſtamentum factum eſt in favorem extranei in eoq. adjecta Clauſula Codicillaris manifeſtum eſt id unum Teſtatorem agere ut quantum in ſe eſt excludat eos , qui ab inteſtato erant ſucceſſuri in qua excluſione inhumanum ſit , & improbabile ſuſpicari eum fuiſſe comprehenſurum perſonam poſthumi , ſi de poſthumo quoque cogitaſſet , Faber in ſuo Cod. Lib. 6. tit. 17. definit. 2.* ce Parlement l'a jugé de même , ſuivant l'Arrét rapporté par Mr. de Laroche , Liv. 4. tit. 5. art. 3.

Le même Faber qui a fort doctement traité cette matiere , ajoûte dans ſa définit. 5. que cette clauſe ſoûtient néanmoins le Teſtament contre l'enfant ignoramment preterit , ſi ce n'eſt point un étranger , qui ſoit heritier inſtitué ; mais un autre enfant du Teſtateur , de même que ſi l'on peut conjecturer que la volonté du Teſtateur a été d'exclurre de ſon heredité l'enfant preterit , quoique l'étranger ait été inſtitué.

L'inſtitution directe étant convertie en Fideicommis , ( comme il a déja été remarqué ) par la force de cette clauſe codicillaire , il s'enſuit que l'enfant préterit par ſon pere dans le Teſtament contenant inſtitution d'un de ſes freres , n'a droit de detraire que ſa legitime où la Quarte à ſon choix , ſuivant la Doctrine du Commentateur de Laroche , Liv. 4. tit. 5. art. 3.

C'eſt une queſtion controverſée ſi la clauſe codicillaire ſoûtient le Teſtament , où l'enfant qui n'étoit pas né a été ignoramment préterit , & où un étranger ſe trouve heritier inſtitué quand le Teſtateur a ſurvêcu à la naiſſance de cet enfant , un aſſez long eſpace de tems pour lui donner la liberté de faire un ſecond Teſtament en ſa faveur , Faber dans ſa definit. 5. Lib. 6. tit. 17. & pluſieurs autres Interprêtes , ont tenu que cette clauſe operoit alors ſon effet ordinaire , & que le fils comme heritier *ab inteſtat* , étoit grevé de rendre l'heredité à l'Inſtitué dans le Teſtament , *Fachin Lib. 4. cap. 13. controverſ.* combat cette opinion , & ſoûtient avec pluſieurs Docteurs que la clauſe codicillaire ne peut alors pro-

duire fon effet, puifque ce feroit faire agir un pere en in-
fenfé, & contre les Loix de la nature que de lui attribuer
cette volonté, que fon fils fut tenu de rendre fon heredité à
des étrangers, ce qui n'eft point à préfumer de la pieté d'un
pere qui n'a preterit fon fils, que parce qu'il en ignoroit l'exiftence, & qui eft cenfé avoir voulu l'inftituer enfuite & faire
un fecond Teftament, dès qu'il la connu par fa naiffance.

Ferriere fur la derniere queftion de Guipape, obferve
que par la Jurifprudence de ce Parlement la claufe codicillaire n'opere point fon effet dans un Teftament où l'enfant
a été ignoramment preterit, & que fa naiffance arrivée
après le Teftament en entraîne la nullité indiftinctement;
foit que le Teftateur foit d'abord decedé; foit qu'il ait furvêcu affez long-tems à la naiffance de l'enfant, pour pouvoir changer en fa faveur fa difpofition Teftamentaire : Et
pour appuyer cette opinion, Ferriere rapporte un Arrêt du
9. Juin 1599. dans l'efpece d'un Teftament d'un pere contenant claufe codicillaire & inftitution hereditaire de fon fils,
dans lequel il n'avoit fait aucune mention des enfans à naître.
Trois filles lui étant nées après ce Teftament, & n'ayant
point reparé cette preterition par un fecond Teftament, ces
filles demanderent après fon decès la caffation de ce Teftament, comme nul par la preterition ignoramment faite, ce
qui fut ainfi jugé.

Il en eft autrement ( dit Ferriere ) de la preterition fciemment faite, & quand le Teftateur a penfé aux enfans nez &
connus, alors la claufe codicillaire opere fon effet, & foûtient la volonté du Teftateur, fuivant l'Arrêt de préjugé
qu'il rapporte.

A l'egard de la preterition ignoramment faite, je croi
que la claufe codicillaire doit foûtenir le Teftament, où le
fils du Teftateur eft heritier inftitué contre le fils preterit, &
que le fils preterit ne peut prétendre que fa legitime, foit
que le Teftateur ait furvêcu à fa naiffance, foit qu'il foit
decedé dans l'ignorance même de fa conception; & je me
fonde fur ce que les Interprètes qui ont combattu l'opinion

de ceux qui vouloient donner à la claufe codicillaire fon effet indiftinctement dans le cas de préteririon fciemment ou ignoramment faite , n'ont fondé leur opinion que fur une préfomption de prédilection du T.ftateur pour fon propre fils contre des Collateraux ou etrangers heririers inftituez, raifon ! qui ceffe quand le propre fils du Teftateur fe trouve heritier inftitué. L'Arrêt rapporté par Ferriere du 9. Juin 1599. me paroît d'autant plus fingulier que le pere ayant furvêcu à la naiffance de fes filles , & n'ayant point touché à fon Teftament , étoit cenfé les avoir reduites à leur legitime.

Quant à la préterition fciemment faite , j'eftime que la claufe codicillaire doit operer fon effet , & foûtenir le Tefta-ment en faveur d'un Collateral même heritier inftitué , parce que le pere ayant la liberté d'inftituer un étranger en laiffant à fon fils la legitime telle que de droit eft préfumé l'avoir voulu reduire à fa legitime , en appofant la claufe codicillaire , dont l'effet ordinaire eft de charger les heri-tiers *ab inteftat* de Fideicommis envers l'heritier inftitué ; & dans ce cas le fils n'a droit de detraire fur les biens que la feule legitime fans Quarte Trebellianique , fuivant la commune opinion des Interprêtes , rapportée *par Mantic. de conject. ult. volont. lib. 7. tit. 12. num. 27. Fernand ad Leg. in quartam præf. 5. num. 4.* tient cette opinion dans le cas de la préterition fciemment faite , qui eft une de ces conjectures dont parle Faber , par lefquelles on peut fe déterminer à croire que le pere a voulu reduire fon fils à la fimple legitime.

Au fujet de la préterition des enfans fciemment faite , on peut inferer ici un Arrêt nouveau de ce Parlement qui a du rapport à cette matiere

Jean Teiffier fit un Teftament le 25. du mois de Mars 1715. par lequel il inftitua Loüis Teiffier fon frere , pour les deux tiers de fon heredité , & fes enfans pour l'autre tiers , avec claufe de fubftitution de la legitime de fes enfans , en cas ils decedaffent en pupillarité en faveur de fon frere ; il

ajoûta

ajoûta que s'il avoit reduit fes enfans à cette portion du tiers de fes biens, *c'étoit par de raifons à lui connuës, & qu'il ne pouvoit manifefter.*

Jean Teiffier étant decedé dans cette volonté, Françoife Serres fa veuve en qualité de Tutrice & de legitime adminiftrereffe de la perfonne, & biens de fes enfans, ayant demandé devant le Juge des Lieux la caffation de ce Teftament comme inofficieux, & fait en faveur de Loüis Teiffier par la fauffe opinion dont fon mari étoit prevenu que fes enfans étoient bâtards, & ayant en caufe d'appel donné Requête pour demander d'être reçûë à prouver, tant par Actes que par Témoins, que Jean Teiffier fon mari & Loüis Teiffier fon beau-frere, heritier inftitué, avoient fouvent publié que les enfans procréez de fon mariage étoient adulterins; d'où il falloit conclurre que cette fauffe opinion avoit donné lieu à cette efpece d'exheredation, & à l'inftitution de Loüis Teiffier, faite *contra pietatis paternæ officium*, ce qui entraînoit la caffation du Teftament.

La Cour par fon Arrêt du 12. Septembre 1730. rendu au rapport de Mr. de Catellan à la premiere Chambre des Enquêtes, ordonna qu'avant dire droit, Françoife Serres en la qualité que procede, prouvera tant par Actes que par Témoins, que Jean Teiffier fon mari avoit dit que fes enfans étoient bâtards, & que Loüis Teiffier l'avoit publié de même.

Cet Arrêt préjuge que le motif déterminant de ce pere dans le tranfport qu'il fit de la plus grande partie de fes biens, fur la tête de fon frere à l'exclufion de fes enfans, étoit pris de l'opinion dont il étoit rempli qu'ils étoient procréez d'un commerce adulterin, fans quoi il leur auroit laiffé fon heredité en entier. Cet Arrêt peut être fondé fur la Loi derniere, *ff. de hered. inftit.* où il eft decidé qu'un Teftament fait fur le fondement d'une fauffe opinion, eft nul.

# CHAPITRE VII.

*Si la Subſtitution reciproque faite par le Pere entre ſes enfans, comprend la legitime.*

L'Arrêt qui a décidé que la ſubſtitution reciproque faite par un pere entre ſes enfans puberes, ne comprenoit point leur legitime, eſt très-juridique, quoique rendu contre l'opinion finguliere de quelques Docteurs, qui ont ſoûtenu que la légitime s'y trouvoit compriſe, fondez ſur le texte de la Loi *Si pater puellæ*, *Cod. de inoff. teſtam.*

La decifion de cet Arrêt eſt fondée ſur la Doctrine du plus grand nombre des Interprêtes & de la Gloſe, Doctrine ! que Me. Duperier auſſi hardi que ſubtil dans ſes décifions, traite mal-à-propos d'erreur, puiſqu'à examiner de près le texte de la Loi *Quoniam in prioribus*, *Cod. de inoff. teſtam.* on doit décider que la legitime ne doit point être compriſe depuis cette nouvelle Loi dans la ſubſtitution reciproque, dont parle la Loi *Si pater puellæ eod.*

En effet ſans parler de l'obſervation que fait Mornac ſur la Loi *Si pater puellæ*, qu'elle a été corrigée par la Loy *Quoniam in prioribus* du même Titre, ce que les Arrêts rapportez par Bouguier, Lettre S, num. *9.* ont reconnu & confirmé. Il n'y a qu'à remarquer que la Loi *Quoniam*, eſt proprement une addition & un ſupplément de privilege que Juſtinien accorde à la légitime des enfans, en ajoûtant aux conſtitutions qu'il avoit déja faites, ( pour que la légitime leur ſût ſupplée en entier en cas de donation inſuffiſante du pere ; cette prerogative que cette même legitime ne pourroit à l'avenir être chargée de la part du pere d'aucune eſpece de condition qui peut être onereuſe au légitimaire ) *hoc in præſenti addendum eſſe cenſemus ut ſi conditionibus quibuſdam vel dilationibus, aut alia diſpoſitione moram, vel modum, vel aliud gravamen introducente eorum jura qui ad*

*memoratam actionem vocabantur imminuta esse videantur,*
*ipsa conditio vel alia dispositio moram, vel quod cunque, onus*
*introducens tollatur.* Si c'est là une augmentation de privilege de la légitime, rien n'empêche que cette Loi ne soit
comprise sous le même titre que la Loi *Si pater*, & qu'elle
ne déroge à une Loi moins favorable aux légitimaires.

Cette privation de pouvoir tester, seroit sans doute
une des plus onereuses charges que le pere pourroit imposer
au légitimaire contre l'esprit de la Loi *Quoniam*; d'où il
faut conclurre que la substitution reciproque de la légitime
entre enfans, n'est plus au pouvoir du pere. On ne peut
point prendre occasion de là, d'attribuer au compilateur d'a-
voir inseré dans son Code des Loix contraires, puisqu'il n'y a
pas de contradiction de Loix, lorsqu'il conste de la correction
d'une Loi par une Loi posterieure; mais d'ailleurs la Loi *Si*
*pater*, est de l'Empereur Alexandre, & la Loi *Quoniam* de
Justinien qui a eu soin de corriger plusieurs Loix de ses Préde-
cesseurs : Or on ne peut point douter après la disposition si
claire & si précise de la Loi *Quoniam*, que la Loi *Si pater*
*puella* ne soit corrigée, & que la légitime ne soit absolument
libre *ab omni gravamine* entre les mains du légitimaire après
le decès du pere ; ce qui ne seroit pourtant pas s'il n'avoit
point la liberté d'en tester, se trouvant lié par la substitution reciproque.

# CHAPITRE IX.

*Si cette clause ajoûtée à l'institution d'heritier, étant*
*assuré que s'il vient à deceder sans enfans il suivra*
*l'ordre de la nature, &c. contient une substitution en*
*faveur des plus proches.*

LEs Loix ont si favorablement accueïlli les Fideicommis,
qu'elles ont estimé que la preuve pouvoit en êtr faite
par toutes sortes de paroles dont le Testateur voudroit user,

deſquelles on peut naturellement conjecturer un Fideicommis, *omne verbum ſignificans Teſtatoris legitimum ſenſum
legare vel fideicommittere volentis utile atque validum eſt ſive
directis ſive precariis utatur, Leg. 2. Cod. commun. de legat.
& fideicomm.* Toute la difficulté conſiſte donc à démêler ſi
les paroles & les expreſſions dont s'eſt ſervi le Teſtateur
emportent Fideicommis ; ou ſi au contraire elles ſont de
pur conſeil, la qualité des heritiers inſtituez doit beaucoup
contribuer à la deciſion de la queſtion ; car ſi l'inſtitution
regarde par exemple un fils, & qu'à cette inſtitution ſoient
ajoûtez certains termes favorables pour établir un Fideicommis en faveur des petits-fils, il faut beaucoup moins de
clarté & de netteté dans les termes en faveur des deſcendans, qu'il n'en faudroit à l'égard des collateraux que la Loi
repute étrangers au Teſtateur par rapport à ſes deſcendans, *Leg. unic. §. 13. Cod. de rei uxor act.* parce que la Loi
de la nature deferant aux deſcendans l'heredité de leurs
peres, *Leg. 7. ff. de bon. damnat.* on ne riſque pas de faire
violence à leur volonté quand on fait paſſer leurs biens ſur
la tête de leur poſterité ; & il y a moins d'inconvenient de
donner de l'extenſion aux paroles, & d'en conjecturer un
Fideicommis en faveur des deſcendans, que de rendre les
biens libres ſur la tête d'un heritier inſtitué contre les vûës
du Teſtateur, quoique cet heritier ſoit ſon fils propre, par
la raiſon que le pere eſt préſumé avoir la même prédilection
pour ſon petit-fils que pour ſon fils, *Leg. liberorum, ff. de
verbor. ſignif.* & que l'amour même des peres ſe fortifie à
meſure qu'il deſcend, & qu'il trouve de matiere dans une
deſcendance legitime, ſuivant l'obſervation de Brodeau
après les Anciens, *Lettre D, Somm. 58. num. 5.* Cet amour,
cette prédilection pour la deſcendance, ſont bien marquez
par la déciſion judicieuſe du grand Papinien dans la Loi
*Cum avus, ff. de condit. & demonſt.* où l'on voit le fils propre
du Teſtateur exclus d'un Fideicommis, dont le petit-fils
*ex altero filio*, étoit chargé en ſa faveur en cas de decès
avant ſa trentiéme année. Le motif de cette excluſion eſt

fondé , fur ce que le petit-fils ayant recuëilli l'heredité
avoit laiffé des enfans.

La faveur de la defcendance influa fans doute beaucoup
dans la décefion de l'Arrêt rapporté dans ce Chapitre : elle
fe trouvoit prefque déterminante felon moi pour le Marquis
de Mirepoix ; car fi la prétention de Fideicommis avoit
été formée par un collateral au même degré du Teftateur
que le fieur Vicomte de S. Martin , cette demande auroit
été fort hazardée, parce que les paroles & les difcours du
Teftateur laiffent beaucoup de doute , & balancent fort
l'efprit, doute ! qui ne pouvoit fe refoudre que par la faveur
de la defcendance , *in dubiis benigniora præferenda funt* ,
*Leg. femper* , *ff. de regul. jur.*

Pour être convaincu du doute qui réfulte des paroles, il
n'y a qu'à examiner de près la claufe du Teftament , *étant*
*bien affuré que s'il vient à déceder fans enfans, il difpofera*
*de fes biens fuivant l'ordre de la nature* ; jufques-là cette
claufe peut induire un Fideicommis en faveur des plus
proches , parce que l'on peut conjecturer que le Teftateur à
chargé d'une maniere polie à la verité , mais également
gênante. Son heritier inftituë de faire la reftitution de l'heredité à fes plus proches , que la voix du fang & de la nature
appelle à la fuccefßion ; mais ayant ajoûté *au profit de ceux*
*dont il aura reçû plus de fervice & de témoignage d'a-*
*mitié.* Cette claufe laiffe l'heritier , le juge & l'arbitre de
la reftitution ; d'où l'on peut raifonnablement conjecturer
que le Teftateur a fait à fon heritier une fimple recommandation en faveur de la parenté qui ne le lie point , fuivant la
Loi *Fideicommiffa* , §. *fi ita quis* , *ff. delegat.* 3. & qu'il lui
a enfuite infpiré ou donné confeil de gratifier de fon heredité
ceux qui lui avoient donné des marques d'une plus grande
affection , en quoi l'heritier n'eft nullement affujetti fuivant
la Loi 77. §. *mando de legat.* 2. mais la faveur de la defcendance change la recommandation en vrai Fideicommis ,
fuivant le préjugé de ce Parlement du 18. Mai 1646. rapporté par Albert, Lettre T *verbo Teftam. art.* 22.

# CHAPITRE X.

*Si la preuve du Fideicommis peut être reçüe par d'autres Témoins que les Témoins numeraires du Testament. Si on admet toûjours en preuve du Fideicommis verbal.*

C'Est la Doctrine de Ranchin sur la question 130. de Guip. que lorsqu'il s'agit d'éclaircir la volonté du Testateur, sur une omission du Notaire qui a redigé le Testament nuncupatif. La preuve de cette omission ne peut être faite que par les Témoins numeraires du Testament, *ubi vero*, dit-il, *ageretur de probanda voluntate defuncti circa substantiam Testamenti quæ à Notario scribi omissa fuit, tunc talis Notarii omissio probanda esset per septem Testes.*

Albert en son Recüeil Lettre T. *verbo Testament.* art. 23. en rapportant plusieurs Arrêts de ce Parlement, qui ont reçû la preuve par autres Temoins que les numeraires du Testament du Fideicommis, ajoûté à l'institution & non redigé par le Notaire ; observe que cette preuve doit être restrainte aux Témoins numeraires de l'acte, lorsqu'il est question de prouver quelque fait de la confection du Testament, c'est-à-dire, qui tombe directement sur le Testament comme dans l'espece de l'Arrêt rapporté par Mr. d'Olive, Liv. 5. Chap. 22. où la preuve de ce fait fut restrainte aux Témoins numeraires ; sçavoir que lors de la confection du Testament, le Testateur qui avoit deferé à sa femme l'élection au Fideicommis entre ses néveux, l'avoit néanmoins verballement chargée d'en faire la restitution à l'un d'eux tacitement ; en quoi il avoit revoqué l'élection qu'il lui avoit deferée seulement par écrit, pour tenir ses neveux dans la dépendance ; mais que quand il est question d'autres faits comme d'une ampliation de volonté de la part du Testateur, telle que peut être une substitution ajoûtée à

l'inftitution , alors la preuve doit être reçûë *per claſſicos Teſ-*
*tes* ; c'eſt-à-dire par toute forte de Témoins de la claſſe de
ceux qu'on employe dans les Teſtamens ; les Arrêts rapportez par Mr. d'Olive , avoient adopté cette diſtinction
en faiſant la difference des faits qui étoient articulez contre ce qui fe trouvoit écrit, d'avec ceux qui n'alloient pas
contre l'écriture ; mais qui étoient *præter Teſtamentum.*

Mais dépuis ces préjugez ce Parlement a admis pour la
preuve non feulement les Témoins numeraires du Teſtament;
mais tous autres qui peuvent valablement rendre témoignage
fur la diſpoſition d'un Teſtateur ; ainſi jugé à l'Audience
de la troiſiéme Chambre des Enquêtes le 13. Juin 1720.
dans la cauſe du ſieur de Villes Paſſans, plaidans Mes. de
Lardos & Aſtruc : J'ai appris que la choſe avoit été jugée
de même en l'année 1718. dans cette Chambre au Rapport de Mr. d'Auriol.

Je croi qu'il faut fe ranger du côté des Arrêts rapportez dans ce Chapitre, & que la preuve du Fideicommis ne
peut être faite que par les Témoins numeraires du Teſtament ; & cela par cette raiſon que le Fideicommis n'eſt
aùtre choſe qu'une feconde inſtitution qui fe trouve liée &
connexé avec la premiere ; en forte qu'on ne peut les fe-
parer dans la preuve, & dans la folemnité requiſe par la
Loi qui exige que les Témoins numeraires du Teſtament ,
ayent été convoquez , *ad hoc* , & qui rejette le témoignage des autres , ajoûtant même qu'il faut que les ſept Témoins convoquez ayent entendu tous enfemble, & dans un
même tems la volonté du défunt de fa propre bouche,
*Leg. hac conſultiſſima* 21. *Cod. de Teſtam & quemadmod.*

Cela poſé on ne peut fe diſpenfer de faire la preuve du
Fideicommis, qui fait partie du même Teſtament par les
Témoins numeraires, tous autres étant exclus de Droit ,
parce qu'ils ne peuvent valablement dépoſer d'un fait pour
lequel on ne préfume point qu'ils ayent eû une attention
ferieuſe,n'ayant point été appellez pour en porter témoignage.

# CHAPITRE XI.

### *Si les Religieux peuvent être Témoins dans les Teſtamens.*

CEtte queſtion ſi les Religieux peuvent être Témoins dans les Teſtamens, doit à mon avis dépendre des circonſtances differentes, qui accompagnent les Teſtamens, & qui font le motif du conflict des décifions renduës fur cette matiere.

Il faut d'abord établir pour principe que le Religieux qui a fait les trois vœux ſubſtantiels, & qui ſemble par-là retranché du corps politique des Citoyens ne l'eſt pourtant pas felon l'obſervation *de Benedict. in cap. Raynut. verbo & uxor. num.* 211. *Monachus non deſinit eſſe civis, cum per Statum ſuum profeſſionem mutaverit in melius* : l'heureux changement qui ſe fait en lui par ſa profeſſion, ne le met pas au nombre des Eſclaves ; mais lui acquiert au contraire un nouveau degré de liberté, en le foûmettant plus étroitement à Dieu ; c'eſt l'obſervation de Duranti *quæſt.* 7. *num.* 3. *ſervi dicuntur non quidem pænæ, vel hominis ſed Dei.*

Il ne faut donc pas le regarder avec quelques-uns, ni comme un membre retranché du corps des Citoyens, ni comme un Eſclave abſolument incapable de tout ce qui a rapport au Droit Civil ; c'eſt néanmoins fur cette idée & fur ces rapports qu'ont été rendus au Parlement de Paris, les trois Arrêts d'Audience dont Ferriere fait mention dans fes Inſtitutes du Droit François, *ad §. cum Teſtes autem de Teſtam. ordinand.* Le premier du 22. Mars 1645. par lequel un Teſtament auquel avoit été Témoin, un Chanoine regulier de l'Ordre de St. Auguſtin fût declaré nul. Le ſecond du 1. Avril 1656. qui rejette un Teſtament fait à Lion dans le Convent des Carmes, dans lequel parmi le nombre de ſept Témoins il ſe trouvoit quatre Religieux du même Convent.

vent. Le troifieme du 24. Mars 1659. qui jugea que les Religieux ne pouvoient être Témoins dans les Teftamens, quoique faits en tems de Pefte, Ferriere ajoûte que les Parlemens
du païs de Droit Civil reçoivent les Religieux pour Témoins dans les Teftamens, & cite quelques Arreftographes
qui ont recuëilli des préjugez pour cela, & les mêmes autoritez employées dans ce Chapitre par le compilateur,
Albert *verbo Teftament. art.* 32. rapporte deux Arrêts de
ce Parlement, qui ont declaré nuls deux Teftamens, dans
le premier defquels fept Capucins avoient été Témoins,
& fept Recollets dans le fecond; mais la raifon déterminante ne fût pas prife de la qualité & de l'état des Témoins; mais de l'affectation d'avoir choifi pour Témoins des
Religieux dans des Villes où il ne manquoit pas de Laïques : affectation ! qui rendoit le Teftament fufpect de captation & de furprife.

Mr. Cambolas au lieu cité par l'Auteur après avoir rapporté un Arrêt de ce Parlement, qui admet le témoignage de deux Religieux pour preuve d'un Teftament fait dans
Touloufe, obferve que ce Parlement jugea *que le témoignage
étoit bon, & que les Religieux pouvoient être Témoins dans
les Teftamens, fuivant l'opinion de Guip. & de Julius
Clar.*

De ce langage on peut conclurre que la qualité feule
de Religieux n'eft pas un moyen d'exclufion de leur témoignage, & qu'il faut que les circonftances qui ont determiné les Arrêts rapportez par Albert & par l'Auteur
fe rencontrent ; c'eft-à-dire une affectation marquée de
préferer leur témoignage à celui des autres Citoyens, pour
rendre fufpect de captation & de fugeftion le Teftament.

J'eftime donc que le témoignage du Religieux n'eft pas
rejettable par lui-méme, & qu'à défaut d'autres Témoins
on peut dans un cas de neceffité employer des Religieux
dans le Teftament, foit nuncupatif, foit folemnel.

Je me fonde fur l'autorité d'Accurfe *in auth. fi Teftes Cod.*

*de Teſtib.* qu'il n'y a point de texte de Droit qui leur donne l'excluſion de ce témoignage, *quid de Monachis & converſis! dic admitti quia non inveniuntur repelli,* & c'eſt encore *l'obſervation de Papon* en ſon recuëïl, *Liv. 9. Tit. 17. art. 32.*

Quant à l'Arrêt du 3. Septembre 1663. qui declara un Religieux habile à élire au Fideicommis ; cet Arrêt n'a rien de remarquable puiſque pour élire au Fideicommis, il ne faut qu'être capable de mettre en œuvre la faculté qu'on en a reçûë du Teſtateur par une déclaration de volonté, & par un choix ; ce qui eſt de pur fait, *magis facti quam Juris,* ſelon le langage des Juriſconſultes qui obſervent que celui qui eſt élû ne tient pas ſon droit de l'électeur, *non habet cauſam ab eligente neque ab eo honoratur, Leg. Unum ex familia §. 1. de legat. 2.*

Les déportats même quoique retranchez du corps des Citoyens, étoient capables d'élire au Fideicommis, comme l'obſerve Fernand, *Cap. 9. prælud. num.* 10. fondé ſur les textes de la Loi *Cum pater §. hæreditatem de legat.* 2. & de la Gloſe *habes §. finali in verbo eligendi, Leg. hæredes mei, §. cum ita ff. ad rebell.* Si les bannis à perpetuité ne ſont pas privez de ce droit ; à plus forte raiſon les Religieux qui ( quoique morts au monde ) ſont néanmoins une partie du corps politique des Citoyens.

Les Religieux ſont exclus de toute ſucceſſion Teſtamentaire ou *ab inteſtat,* par la raiſon que pour être habile à ſucceder, il faut être capable de ce qui eſt de Droit civil, ils peuvent ſeulement joüir d'une modique penſion viagere.

Les corps de Communauté Religieuſe ne ſont pas néanmoins incapables par la Juriſprudence des Arrêts de ce Parlement d'être inſtituez heritiers, ainſi qu'il fut jugé par Arrêt du 5. Juillet 1720. à la troiſiéme Chambre des Enquêtes, au Rapport de Mr. de Vic, en faveur du College des Jeſuites de Touloufe, contre les heritiers *ab inteſtat,* de Me. Tardin.

La Loi 13. *& l'auth. ingreßi, Cod. de sacroß. Eccles.* favorisent cette décision, ainsi que la Doctrine de Guip. *quæst.* 327. *num. 3. sed an Conventus prædicatorum possit hæres institui credo quod sic*, dit-il, *quia licet prædicatores non possint in particulari aliquid tamen in communi possunt habere*, il n'y a que les cas des sugestions de la part des Religieux qui pourroit donner lieu à la cassation du Testament fait en faveur du Monastere, suivant l'Arrêt de Grenoble du 25. Fevrier 1669. rapporté par Basset, *Tom. 2. Liv. 8. Tit.* I. *Chap.* 5. rendu dans l'espece d'une subornation pratiquée à l'égard d'une femme decedée dans le Monastere.

Il est vrai que le corps des Religieux est incapable de posseder des immeubles par les Loix du Royaume comme gens de main morte, & par cette raison Guip. observe qu'on doit les obliger à vendre le fonds & heritages qu'on leur a laissez par Testament, & qu'ils peuvent seulement profiter du prix qui provient de la vente; mais aujourd'hui le Roi les rend habiles à posseder ces heritages à perpetuité, sans qu'ils soient obligez d'en vuider les mains en lui payant le droit d'amortissement.

Le Parlement de Paris n'autorise pas les institutions universelles des corps de Communauté Religieuse ou seculiere même des Hôpitaux, quoique plus favorables, à moins que l'institution hereditaire n'ait pour objet la fondation des Hôpitaux ou leur reparation; on peut voir à ce sujet les differens Arrêts de ce Parlement, rapportez dans le Journal des Audiences, Tom. 2. Liv. 1. Chap. 37. & Tom. 1. Liv. I. Chap. 135. Liv. 2. Chap. 11. & 147. Liv. 3. Chap. 7. Liv. 4. Chap. 9. & Liv. 5. Chap. 14.

Les Religieux mendians, comme les Cordelliers peuvent être instituez heritiers, suivant les Arrêts rapportez par Messieurs Mainard, *Liv.* 1. *Chap.* 19. *& Duranti quæst. 6. num.* 11. & consequemment les Hôpitaux sont capables d'institution hereditaire, en quoi la Cour s'est conformée à la disposition du Droit Romain, qu'elle fait profession de suivre.

X ij

J'obferverai que quoique les inftitutions des Communautez Religieufes foient autorifées par les Arrêts de ce Parlement, elles ne font pourtant pas fi favorables en foi que
celles des parens du Teftateur, quoique dans un degré re-
culé ; en forte que pour peu qu'il y ait de preuves ou de
fortes conjectures de fubornation du Teftateur ; je croi
qu'il y a lieu de caffer pareilles inftitutions, & d'adjuger
les biens aux fucceffeurs *ab inteftat*, il me femble qu'une
puiffante conjecture de captation d'un Teftament, eft celle
qui fe tire de l'habitude du Teftateur, à confeffer d'un Religieux de la Communauté inftituée heritiere.

# CHAPITRE XII.

### Si celui qui ne fçait pas lire l'écriture de main peut faire un Teftament Clos.

IL fut jugé en la feconde Chambre des Enquêtes le 24.
Juillet 1719. au Rapport de Mr. de Courtois entre Marguerite Fauguiere, veuve d'Antoine Imbert, & Pierre &
Jean Imbert qu'un Teftament clos fait par un homme qui
ne fçavoit ni lire ni écrire ne pouvoit valoir, quoique le
Notaire affifté d'un Témoin eût écrit le corps de la difpofition, & que le Témoin l'eût fignée avec lui, ce Teftament fut caffé, & Fauguiere inftituée par Imbert fon mari
condamnée à la reftitution des fruits, & en la moitié des
dépens, le Teftament avoit été foufcrit dans toutes les
formes prefcrites à ce fujet.

Cet Arrêt femble déroger à celui du mois d'Août 1678.
rapporté à la fin de ce Chapitre, à moins qu'on ne veüille
dire que dans l'efpece de ce dernier, il y avoit deux Témoins outre le Notaire, au lieu que dans l'autre il n'y en
avoit qu'un feul ; cette difference n'eft pourtant pas capable
de faire varier la décifion, parce que la prefence d'un autre
Témoin ne peut pas fuppléer à l'ignorance d'un Teftateur,

qui me paroît un obstacle invincible pour pouvoir faire un
Testament clos ; car celui qui ne sçait pas lire doit neceffairement tester, par déclaration de sa volonté en presence
de sept Témoins, pour éviter la surprise & la tromperie
contre laquelle la Loi a voulu prendre de sages précautions
par la présence de sept Témoins irreprochables qu'elle
exige.

Je croi qu'il n'y a point d'exception a faire à cette regle,
qui exige dans le Testateur de sçavoir lire la lettre de main,
& qu'il faut indistinctement décider que celui qui ne sçait
point lire l'écriture de main, ne peut faire un Testament
clos : il n'y a pas grand inconvenient dans cette exclusion,
puisque le Testateur a l'autre genre de tester plus seur &
moins dangereux pour lui que le premier.

Par Arrêt rendu en la troisiéme Chambre des Enquêtes
après partage, vuidé en la premiere le 4. Août 1730. Rapporteur Mr. de Malaret, Compartiteur Mr. l'Abbé Castaing ;
parties au Procès le sieur de la devese & la Dame de Malai-
rargues. Il a été jugé en these qu'il n'étoit pas necessaire
pour la validité d'un Testament clos qui est écrit d'autre
main que de celle du Testateur, & qu'il a signé à chaque
page que ces mots *lû & relû*, soient inserez à la fin du
Testament la signature du Testateur suffisant à chaque
page.

Le motif de cet Arrêt que je tiens d'un des Juges, fut
pris de ce que la Loi *Hac consultissima* 21. *Cod. de Testam. &
quemadm.* qui prescrit la forme des Testamens solemnels ou
clos, n'exige point cette formalité & cette énonciation de
*lû & relû*, qui est surabondante & de pur stile de Notaire ;
qu'ainsi il ne faut point multiplier les solemnitez, & gêner
par là les dispositions de derniere volonté si favorables par
elles-mêmes, ce qu'on fairoit pourtant si on ajoûtoit quelqu'autre formalité à la forme des Testamens prescrite par
la Loi.

# CHAPITRE XIII.

*De la Subſtitution aux biens donnez, & ſi elle doit être faite nommement aux biens donnez.*

C'Eſt une queſtion ſi les peres & meres qui ont la faculté de ſubſtituer aux biens donnez à leurs enfans, ſous les conditions énoncées dans ce Chapitre, peuvent renoncer à cette faculté par Acte entre-vifs. Il y a un Arrêt rendu au Rapport de Mr. de Comere, en la deuxiéme des Enquêtes le 5. Mars 1721. qui a jugé qu'ils ne pouvoient renoncer à cette faculté. L'Arrêt eſt en faveur du ſieur Marc-Antoine Vidal, contre le ſieur Pierre Herail, Greffier de l'Hôtel de Ville de Beſiers.

Cet Arrêt paroît rendu contre les regles ; en voici les raiſons. 1°. Parce qu'étant de maxime que chacun peut renoncer au droit introduit en ſa faveur, *Leg. penult. Cod. de paEt.* rien n'empêche que les Donateurs ne puiſſent librement uſer de cette faculté, puiſqu'elle ne bleſſe point le droit public, & qu'elle n'a été introduite que pour eux, par une faveur ſinguliere : Il eſt bien vrai qu'il y a des droits auſquels il ne nous eſt pas libre de renoncer, comme par exemple au benefice de la ceſſion de biens ; mais l'obſtacle nous vient alors du droit public, ſelon lequel le Citoyen n'étant pas le maître de ſes propres membres, mais la republique, il ne lui eſt pas permis de ſe jetter volontairement dans les fers en ſe privant du benefice de la ceſſion de biens qui doit lui procurer ſa liberté ; ce qui ne ſe rencontre pas dans les circonſtances de la renonciation a la faculté de ſubſtituer aux biens donnez, puiſque c'eſt-là un droit introduit ſingulierement pour les peres & meres donateurs, & qu'on ſe trouve préciſement dans le cas de la Loi *Penult. Cod. de paEt.* le public n'ayant aucun interêt à ce que ces donateurs conſervent inviolablement cette faculté.

2°. Cette faculté de substituer aux biens donnez étant un passe droit introduit en faveur des peres & meres ( les biens donnez étant *extra caufam bonorum* ) il faut plûtôt la restraindre suivant les maximes que lui donne de l'extension, & dans cet objet loin d'ôter aux donateurs la liberté de renoncer à cette faculté , il faut la leur laisser toute entiere.

C'est une question qui a été differemment jugée ; sça-voir si lorsqu'il se trouve des freres germains du donataire, le donateur pût lui substituer ses freres consanguins : Il y a un Arrêt de la seconde Chambre des Enquêtes du mois d'Août 1707. au Rapport de Mr. de St. Laurens , qui décida en faveur du sieur de Pezenes , frere germain du donataire , contre la Demoiselle de Pezenes sa sœur consanguine ; mais y ayant eu Requête civile contre cet Arrêt , il fut emporté & le contraire fut jugé en l'année 1715. en fa-veur de la sœur consanguine.

Je croi que la décision de ce dernier Arrêt doit préva-loir , parce que la substitution étant faite *favore liberorum* , les freres consanguins du donataire comme les germains , font sans doute compris sous ce mot *liberorum* qui renferme tous les enfans du Substituant, *semper specialia generalibus in funt, Leg. semper, ff. de reg. jur.*

---

# CHAPITRE XIV.

*De la Donation faite dans le contrat de mariage au futur Epoux & à ses enfans , ou bien au futur Epoux , ou à ses enfans.*

IL faut d'abord observer que les institutions & substitutions contractuelles, n'ont pas été en usage parmi les Romains , & qu'elles font *juris merè gallici,* comme par-lent nos Docteurs François. Les décisions que l'on rend sur ces matieres ne peuvent consequemment être renduës

que par argument & par l'application que l'on fait des regles
établies, par le droit Romain pour les institutions & substitutions Testamentaires.

Cette maxime que la donation faite au futur Epoux,
& à ses enfans, comprend les enfans comme veritables
donataires, & comme appellez *ordine successivo* par Fideicommis après leur pere a lieu, soit que la donation ait été
faite par un ascendant ou par un collateral ou étranger,
parce que les enfans qui sont compris dans la disposition
n'étant pas encore nez, ne peuvent pas concourir ni faire
part.

Que si la donation est faite au pere & à ses enfans exis-
tans, dans ce cas il faut distinguer la donation faite par un
ascendant, d'avec celle qui est faite par un Collateral ou
étranger. Si elle est faite par un ascendant les enfans ne
concourent point, mais ils sont appellez après la mort de
leur pere ; ce qui est fondé sur une conjecture de prédilection du Testateur pour la personne de son fils, sur celle
de son petit-fils par la proximité du degré, *Leg. peto* §. *fratre*,
*ff. de Legat.* 2. ce qui n'a pas lieu au second cas, & quand
le donateur est Collateral ou étranger au donataire & à ses
enfans ; car alors tous sont appellez aux biens par portions
viriles, la copulative *&* n'étant entenduë par ordre de succession, que *propter ordinem Charitatis*, selon Mornac après
Decius *in leg. penult. Cod. de verb. signif.*

Il faut ici prendre garde de ne pas confondre la donation
qui se fait dans un contrat de Mariage au pere & à ses enfans,
avec celle qui est faite au pere & aux siens ; car quoique
selon l'expresion des Loix, les enfans & descendans soient
seulement designéz par le mot de *siens*, toutefois selon l'u-
sage on comprend indistinctement sous ce mot de *siens*,
toute sorte d'heritiers. De là vient qu'il n'y a pas de substitution en faveur des enfans du donataire quand le donateur
s'est servi de ce terme, *& aux siens* ; c'est la Doctrine de
Ferr. sur la quest. 230. Guip.

Le pere qui a droit d'élire entre ses enfans qui lui sont
substituez

fubftituez par la donation contractuelle, celui que bon lui
femble, a droit auffi de grever de Fideicommis celui qu'il
élit ; mais il faut que ce foit en faveur d'un autre éligible,
*poterit itaque*, dit Fernand, *prælud. cap. 9. num. 4. unum
eligere & eum gravare ut reftituat fecundo aut tertio*. C'eft
ainfi que la chofe a été jugée par les Arrêts de la Cour rapportez par Albert, Lettre E *verbo election*. art. 2. & Lettre S
*verbo fubftitution*. art. 3.

Fernand ajoûte que celui qui fe trouve élû, & chargé
de Fideicommis par fon pere à l'égard d'un autre de fes
freres éligibles, pût détraire la Quarte Trebellianique,
quoique cette feconde fubftitution prene fa force d'une
fubftitution contractuelle, où la détraction de la Quarte n'a
pas lieu. La raifon qu'en donne Fernand, eft *quia poterat
pater non fubftituere & hic fecundus debet ferre æquo animo
detractionem , qui poterat omitti*. Cette Doctrine n'eft
pourtant pas fuivie, car on ne détrait jamais la Quarte d'une
fubftitution contractuelle.

Pour ce qui concerne la donation faite au futur Epoux,
ou à fes enfans, la disjonctive *ou* n'eft convertie en copulative *&* que par ordre de fucceffion quand la donation part
de la main d'un afcendant, *copulam pofitam inter patrem
& filium propter ordinem charitatis intelligi ordine fucceffivo,
item & disjunctivam pofitam inter perfonas inter quas cadit
affectio ordinata non refolvi in conjunctivam* Mornac *loco
fuprà*.

La disjonctive *ou* n'eft jamais convertie en copulative *&*
pour les chofes, elle demeure toûjours disjonctive. Comme
par exemple, fi je legue à Mævius ma maifon ou mon champ,
le legataire ne peut prétendre ces deux chofes ; mais il eft
au choix de l'heritier de lui donner l'une ou l'autre, ce
qui a pareillement lieu dans les Contrats, fuivant la remarque de Mornac *cod*.

A l'égard de ce droit d'élection qui eft deferé au pere,
lorfque la fubftitution eft faite à fes enfans *nomine collectivo* ;
je croi que lorfqu'il s'agit d'une fubftitution de Seigneu-

ries hautes, comme de Duchez, Marquifats, ou Baronies anciennes, & que le pere décede fans avoir élû, le partage n'en peut être fait entre tous les éligibles *pro virili parte*; mais que l'aîné doit recuëillir en feul le Fideicommis.

.Je fonde mon opinion fur la Loi des Fiefs, felon laquelle ces Seigneuries ne fouffrent point de divifion, & doivent tomber fur la tête d'un feul pour la confervation des Familles Illuftres, *lib. 2. Feudor. tit. 55. §. firmiter verfic. præterea*; & c'eft par cette raifon que les légitimes ne peuvent être demandées fur ces termes en corps hereditaires, fuivant la Doctrine de Mr. Laroche & l'Arrêt qu'il rapporte, *Liv. 6. tit. 63. art. 1.*

---

# CHAPITRE XVII.

*Si les petits-fils* ex filio præ mortuo, *inftituez par leur ayeule, heritiers égaux avec les petits-fils,* ex alio filio præ mortuo, *doivent conferer la donation faite à leur pere.*

IL me femble que dans l'efpece de cet Arrêt le fils de l'aîné n'étoit point obligé au Rapport de la donation faite à fon pere, & qu'il devoit emporter les trois quarts de l'heredité, la moitié du chef de fon pere donataire & un quart de fon chef.

Il eft conftant que par le Droit nouveau le rapport des chofes données, a lieu entre les enfans foit dans la fucceffion *ab inteftat* foit Teftamentaire de leurs peres, à moins que la donation n'ait été faite par préciput, *auth. ex Teftam. Cod. de collat.* mais il faut que ce Rapport fe faffe entre les mêmes perfonnes qui ont reçû les chofes données, & qui font enfuite appellées à la fucceffion ou Teftamentaire, ou *ab inteftat*; car fi ( comme dans l'efpece de cet Arrêt ) le fils donataire de la moitié des biens venant à deceder enfuite , le petit-fils eft inftitué par l'ayeule en la moitié reftante de fes biens , conjointement avec un autre petit-fils , *ex altero filio præ mortuo* , je ne croi pas que le petit-fils foit tenu de rapporter la donation. 1°. Parce qu'il eft de maxime , que *mutatione perfonæ natura rei mutatur.* Le changement de la perfone qui fe fait par la mort du pere change la nature de la chofe , & la difpofition de la Loi qui établit le Rapport entre les mêmes perfones qui ont reçû la donation & qui font appellées à la fucceffion. 2°. Parce que le petit-fils a été l'objet immediat de la difpofition Teftamentaire , & que la confideration du pere n'y eft entrée pour rien , par la raifon que le petit-fils après le decès du pere , tenant le premier rang , & dans la famille & dans le cœur de l'ayeul ou de l'ayeule , on ne peut pas dire qu'il ait été inftitué *contemplatione patris* , d'où il faut conclurre que fon inftitution n'a rien de connexe & de lié avec la donation faite à fon pere , puifqu'il eft appellé de fon chef à la fucceffion ; & qu'à l'égard du Rapport de la donation il doit être reputé perfonne étrangere , & par confequent difpenfée de rapporter , le Rapport n'ayant jamais lieu qu'entre enfans pour conferver l'égalité entre des coheritiers que la nature appelle conjointement à l'heredité, felon l'obfervation de Fernand , *ad Leg. in quartam Cap.* 2. *art.* 1. *num.* 1. & *Gloff. in Leg. Si emancipati , ff. de Collation. bonor.*

On peut obferver ici qu'on n'eft jamais tenu au Rapport quand on n'eft point fucceffeur à titre d'univerfalité , *Leg. à patre , Cod. de collation.* & que quand un des enfans coheritier avec fes Freres , à une portion de l'heredité moindre que celle des autres *judicio Teftatoris* , il n'eft pas obligé au Rapport de la donation qui lui a été ci-devant faite par le pere commun , c'eft la décifion de *Fachin controverf. Liv.* 5. *Chap.* 78. où ce Docteur rapporte le conflict d'opinions qu'il y a fur cette queftion.

La matiere concernant le Rapport des donations dont il s'agit dans ce Chapitre , a été doctement traitée par ce

même Docteur *loco supra* , Chap. 77. 78. 79. & suivans.

---

# CHAPITRE XIX.

### *De la substitution faite sous deux conditions alternati-*
### *ves ou conjonctives.*

FErnand est selon moi celui de tous les Interprêtes qui
est le mieux entré dans l'esprit de la Loi *Generaliter*,
*Cod. de instit. & substit.* & qui l'a mieux commentée, sa
Doctrine peut donc servir de regle pour la décision des
cas differens qui peuvent naître dans l'espece de cette Loi,
& quand même ils ne se trouveroient point decidez *in
puncto* par le Commentaire qu'il en a fait ; on pourroit
tirer la décision des principes qu'il a établis par application
& par argument.

La Loi *Generaliter* fait violence aux principes, & flé-
chit ( pour ainsi dire ) les regles communes en faveur des
enfans des heritiers grevez de rendre, en quoi l'Empereur
Justinien a suivi l'esprit du Juric, dans la Loi *Lucius Titius, ff.*
*de hæred. instit.*

Les regles sont que s'il y a plusieurs conditions aposées
dans une institution Testamentaire conjointes par la copulative , *&* comme par exemple s'il est majeur de vingt-cinq
ans & Magistrat ; il faut que ces deux conditions se trouvent remplies pour que l'institution sorte son plein effet ,
que si au contraire l'institution se trouve faite sous condition alternative, comme s'il est majeur ou Magistrat, alors
il suffit qu'il soit l'un ou l'autre, c'est la disposition expresse
de Justinien , *instit.* §. *si plures de hæred. instit.*

La Loi *Generaliter* change cet ordre en faveur des enfans des heritiers grevez sous deux conditions alternatives,
comme par exemple, s'il vient à deceder sans enfans, ou
sans faire Testament, & decide que la disjonctive *ou* se

réfoût alors eft copulative ; c'eft-à-dire que pour qu'il y
ait lieu à l'ouverture du Fideicommis fait fous ces deux conditions, il faut que l'une & l'autre foit arrivée, & que l'he-
rier grevé n'ayant point fait de Teftament foit encore decedé fans enfans ; car s'il en a laiffé la fubftitution s'éva-
noüit, *Mantica de conjeil. ult. volunt. Lib. 4. tit. 10. num.*
29. dit que la Loi le décide ainfi, *ut abfurdum ceffet fa-fa-
favore liberorum.*

Il y auroit en effet une efpece de contradiction & de re-
pugnance dans la difpofition du Teftateur, fi on ne convertif-
foit en faveur des enfans l'alternative en copulative ; car d'un
côté le Teftateur auroit eû en vûë les enfans de l'heritier
grevé, puifqu'il n'a appellé le fubftitué qu'à défaut de fes enfans, & de l'autre il auroit voulu exclurre ces mêmes enfans fi leur pere decedoit fans faire Teftament. Or le Teftateur eft cenfé avoir eu la même prédilection pour les enfans que pour le pere même, avec lequel ils font reputez
ne faire qu'une feule & même perfonne, *Leg. Fin. Cod.*
*de impub. & aliis fubftit.* puifqu'il en a fait mention expreffe.

C'eft par cette raifon fans doute que Mornac fur cette
Loi *Generaliter*, obferve que les Interprétes ont regardé
la caufe des enfans comme le feul objet de cette Loi *hinc*
*inferunt Interpretes disjunctivam pofitam inter conditiones*
*negativæ refolvi in conjunctionem favore liberorum.*

En effet nous apprenons de la Doctrine de Fernand que
toutes les autres conditions alternatives, fous lefquelles la
fubftitution pourroit être faite ne font point refoluës en
copulatives, & qu'il fuffit pour qu'il y ait lieu à la fubftitution que l'une ou l'autre arrive, comme par exemple fi
la fubftitution eft faite au cas que l'heritier decede fans être
marié ou fans être Docteur, alors s'il n'eft pas Docteur,
quoiqu'il foit marié le fubftitué eft appellé *& vice verfa;*
ce qui ne feroit point ainfi s'il y avoit des enfans de l'heritier inftitué qui fuffent dans la condition *fi fine liberis* lors
de fon decès.

Y iij.

La Loi *Generaliter* a si fort pour objet les enfans de l'heritier institue, que Fernand sur cette Loi *num. 6.* observe qu'il ne suffit pas que l'heritier grevé ait eû des enfans ; mais qu'il faut encore que ces enfans existent au tems de son decès ; car c'est ainsi qu'il faut entendre cette Loi *dum ergo*, dit Fernand, *liberos sustulerit subaudi reliquerit*.

Il se presente ici une difficulté que notre compilateur a touchée ; sçavoir si lorsque le substitué est descendant du Testateur, de même que l'heritier grevé, l'alternative *où* doit être resoluë en copulative en faveur des enfans de cet heritier grevé, mis dans la condition *si sine liberis*, la Loi *Genaraliter* n'a rien decidé là dessus, le compilateur resout pourtant la difficulté par la regle de la Loi *Generaliter*, & decide que l'existance des enfans fait évanoüir la substitution, quoique l'heritier soit decedé sans Testament, qui est une des conditions alternatives.

Quelque penchant que j'aye de deferer à la décision de notre illustre compilateur, je ne puis resister aux motifs qui me pressent d'une décision contraire.

Je me fonde sur l'esprit du legislateur dans la Loi *Generaliter*, & sur l'objet qu'il a eu de favoriser la cause des enfans de l'heritier grevé contre les étrangers seulement, & nullement au préjudice de ses enfans substituez.

La Loi fait assez comprendre qu'elle n'entend parler que des substituez étrangers au Testateur, par ces termes *viam itaque impiam obstruentes, ut ne quis alius deviet hujusmodi facimus sanctionem*, elle appelle voye impie celle qui conduit à l'heredité du Testateur des étrangers au préjudice des enfans de l'heritier grevé ses descendans, car on ne peut penser que le Testateur qui est censé avoir la même prédilection pour tous ses descendans, *Leg. Liberorum*, *ff. de verbor. signif. & ibi Doctor* ait entendu parler d'eux, lorsqu'il s'est servi d'une expression aussi énergique que celle d'*impiam*, qui n'est d'usage parmi les Jurisc. que pour marquer les démarches qui se font *contra pietatis paterna officium*.

Si l'Empereur n'entend parler que des substituez étrangers,
il faut conclurre par la maxime *inclusio unius est exclusio
alterius*, que les substituez descendans sont la seule exception de la regle, & que dans le concours des descendans
heritiers grevez ou substituez, tout privilege cessant il faut
se regler par les Loix communes, suivant lesquelles il suffit qu'une des deux conditions alternatives soit arrivée *D.
§. si plures instit. de hæred. instit.*

On peut bien conclurre du langage de Fernand sur la
Loi *Generaliter num.* 4. que le legislateur n'a pas entendu
parler des substituez descendans, puisque pour autoriser la
décision de cette Loi, Fernand cite la Loi *Lucius Titius,
ff. de hæred. instit.* qui est dans l'espece des substituez étrangers au Testateur.

Justinien qui avoit adouci en faveur des fils de famille la
rigueur du droit ancien par la Loi *Cum oportet Cod. de bon.
quæ liber*, en laissant aux peres le seul usufruit des biens
avantifs de leurs enfans, dont ils avoient autrefois la pleine
propriété, encherit sur cette Loi en faveur des mêmes fils
de famille par la Novelle 118. cap. 2. en privant le pere de
l'usufruit de ces mêmes biens, qui par la voye de la succession
*ab intestat* du fils decedé, tombent en partage entre lui &
ses autres enfans, freres du défunt par portions viriles.
Fernand *in auth. de hæred. ab intest. venient. num.* 22. à
prétendu que les Interprêtes avoient mal entendu & expli-
qué le sens de la Novelle, lorsqu'ils avoient decidé que le
pere perdoit par cette Loi l'usufruit des biens avantifs de
son fils decedé *ab intestat*, échus en partage à ses freres
que le pere avoit en sa puissance, & que la Novelle ne
pouvoit être entenduë que des biens sur lesquels le pere
n'avoit du vivant de son fils aucun usufruit, comme étoient
le pecule *castranse, ou quasi*, & les autres biens dont l'usufruit étoit interdit au pere ; mais nullement des biens purement avantifs du fils decedé *ab intestat*, sur lesquels le pere
avoit le plein usufruit, suivant la Loi *Cum oportet*. Fernand
fonde son opinion sur la Loi 3. *Cod. de usufr.* dans laquelle

l'Empereur Antonin décide que tant que l'Ufufruitier eft en vie, il eft en droit de joüir de l'ufufruit des biens, quoique le maître de la proprieté vienne à déceder, *ufufructuario autem fuperftite licet Dominus proprietatis rebus humanis eximatur jus utendi fruendi non tollitur.*

On peut repondre à Fernand, & refuter fon opinion par deux raifons, prifes de la Glofe fur cette même Loi 3<sup>me</sup>. *verbo tollitur*, & fur le Chapitre 2. de la Novelle 118. *verbo ufum.*

La premiere, que la maxime de cette Loi fouffre plufieurs exceptions, & qu'elle eft fautive, furtout dans le cas du concours du pere & de fes enfans, en la fucceffion *ab inteftat* du fils qu'il avoit en fa puiffance ; la Novelle ayant dérogé quant à ce point à la maxime generalle établie par la conftitution de l'Empereur Antonin. La feconde, que la Glofe *in verbo ufum* applique indiftinctement la difpofition de la Novelle aux biens avantifs du fils décedé, dont le pere avoit l'ufufruit, qu'aux autres ; ce qui eft bien précis par les termes qu'elle employe, *& fic nota quod licet generaliter in adventitio patri quæratur ufus fructus ut Cod. de bon. quæ liber. L. cum oportet tamen hic fallit.*

En effet la Novelle n'admet point de diftinction entre les biens avantifs & les autres, & parle en termes generaux, auquel cas il eft des regles de faire une application generale de fa difpofition, fuivant la Doctrine de Rebuff. *de fent. provif. art.* 1. *Glof.* 2. *num.* 10. *ubi ordinatio non diftinguit*, dit-il, *nec nos diftinguere debemus.*

---

# CHAPITRE XX.

### *De la renonciation aux droits paternels, fauf future fucceffion.*

LA renonciation que fait une fille dans fon contrat de Mariage à tous droits paternels, moyennant la conftitution

tution dotale qui lui eft faite l'exclud fans doute de la fucceffion *ab inteftat* de fon pere, dans le concours de fes freres & fœurs, *cap. quamvis de pactis in 6*. mais c'eft une queftion fi la fille qui a renoncé avec cette claufe, *fauf future fucceffion*, peut prétendre à la fucceffion *ab inteftat* de fon pere fe trouvant en concours avec fes freres & fœurs, qui n'ont pas renoncé avec elle, *Ferr. fur la queftion* 192. *de Guip.* decide contre l'opinion de l'Auteur que cette claufe doit operer l'effet de faire fucceder la fille *ab inteftat*; car autrement elle fe trouveroit inutillement inferée dans le Contrat.

L'opinion de Ferr. eft finguliere, en ce qu'il decide la queftion en thefe, & qu'il n'admet point les diftinctions que les Interprêtes ont faites à ce fujet; fçavoir qu'y ayant des enfans mâles au tems de la renonciation de la fille, la renonciation eft cenfée faite en leur faveur; & c'eft ce qui fait que fi au tems du decès du pere commun quelqu'un de ces mâles fe trouve en vie, alors la fille eft privée de la fucceffion *ab inteftat* malgré la claufe; *fauf future fucceffion*, qui ne peut operer en faveur de la fille, que dans les cir-conftances ou de predecès des mâles au pere commun, ou lorfque la fille qui a renoncé fe trouve feule fuccedante *ab inteftat*, lors du decès du pere commun où en concours avec fes fœurs; & c'eft à ces differens cas, que felon les Interprêtes, doit fe rapporter la claufe *fauf future fucceffion*, *Guip. quæft.* 192. *& Ranchim eod.* après plufieurs autres Docteurs ont ainfi decidé la queftion; & je croi que leur Doctrine merite d'être fuivie, furtout lorfqu'il s'agit de conferver les biens à une Famille Noble ou qualifiée, ce qui ne peut fe faire que par les mâles; car ce feroit aller contre les vûës du pere qui a exigé la renonciation de la fille, ayant des mâles, d'appeller dans le partage de fes biens & à fa fucceffion *ab inteftat*, celle-là même qui eft cenfée avoir renoncé en leur faveur pour conferver le reftant du bien dans la famille.

Il fe prefente ici une queftion qui partage les Docteurs;

sçavoir si la fille qui a renoncé sans apposer la claufe, *fauf future fucceffion* est privée par cette rénonciation de la fuc-ceffion *ab inteftat*, de son pere qui a laiffé des freres ou sœurs, & si au préjudice de la fille ils ont droit de re-cuëillir l'heredité *ab inteftat , Fachin. controverf. Lib.* 8. *Cap.* 71. foûtient que la fille qui a renoncé est excluse dans ces circonftances de la fucceffion ; par cette raifon que *nemo habet regreffum ad jus quod renuntiavit ,* Fernand *quaft. pacti. de non fucced. num.* 10. tient une opinion con-traire , & que la fille est préferable aux freres & sœurs du pere decedé *ab inteftat* par une préfomption de volonté du pere, qui n'eft pas cenfé avoir éxigé la renonciation de la part de fa fille pour cet effet d'appeller à fon heredité des collateraux que la Loi repute étrangers au préjudice de fa propre defcendance , & cette préfomption eft fondée fur la Loi *Cum acutiffimi Cod. de Fideic.* ces deux Interprêtes ont chacun des Partifans de leurs opinions : je me range volon-tiers du côté de Fernand, parce que fa Doctrine me pa-roît fondée fur les fentimens de la nature, & fur les prin-cipes d'équité qui doivent toûjours être la regle des dé-cifions.

# CHAPITRE XXI. XXII. *&* XXIII.

### De la renonciation aux droits paternels, fauf future fuc-ceffion.

LA quftion qui forma le partage dans l'Arrêt du 1. De-cembre 1688. n'étoit point felon moi de celles qui peu-vent balancer les Jugemens, & entraîner après foi un con-flict d'opinions, puifque c'eft une décifion formelle de la Loi que le Teftateur peut appofer à l'inftitution hereditaire telle charge ou condition qu'il trouve à propos, dès que la condition n'a rien de contraire à l'honnêteté publique, ou aux Loix *in conditionibus primum locum obtinet volun-*

*tas defuncti, eaque regit conditiones, leg. in conditionibus, ff. de condit. & demonstrat.* en sorte que l'heritier ayant une fois accepté l'heredité, ne peut s'affranchir des charges ou conditions sous lesquelles elle lui a été deferée ; parce que la volonté *sectionem non patitur*, & que les actes ne se scindent point, *Leg. in judicio* 47. *& si familiæ* 48. *ff. famil. ercisc.*

Au surplus il ne s'agissoit point dans l'espece de cet Arrêt d'aucuns pactes faits sur l'heredité d'une personne vivante, & du cas de la Loi *Ult. Cod. de pact.* qui les reprouve, *quia inducunt votum captandæ mortis alienæ* ; mais d'une condition au contraire qui avoit un objet bien different, puisqu'elle éloignoit dans la fille la pensée de la mort de la mere, en la dépoüillant de son heredité ; condition ! qui se trouve en cela autorisée par la Loi *de Fideicommisso Cod. de Transact.*

Venant à l'Arrêt rapporté dans le Chapitre 22. on ne voit point quel fut le prétexte des opinans qui soûtinrent que l'Acte devoit être regardé comme une donation à cause de mort, il paroît au contraire par les termes dont use l'Auteur, que c'étoit là un Acte purement entrevifs, puisqu'il est passé entre les seules parties interessées dans l'affaire des freres heritiers d'une part, & la sœur legitimaire de l'autre, que ceux-là en cette qualité acceptent la déclaration de celle-ci, qui contient une rénonciation à toute demande en supplement de legitime, ce qui ne laisse pas lieu de douter que cet Acte ne fut de la nature de ceux ausquels on doit appliquer la maxime, *quod semel placuit amplius displicere non potest.*

En effet la sœur se trouvoit liée irrevocablement envers ses freres par cette déclaration, ses heritiers l'étoient aussi puisque la reserve de pouvoir former la demande, n'ayant été faite que sous une condition de convalescence qui avoit failli ( la sœur étant decedée de sa maladie ) ses heritiers n'avoient aucune ressource pour fonder leur action.

Quant à l'Arrét du 8. Août 1667. inseré dans le 23.

Chap. il faut remarquer que la Loi *Qui Romæ* §. *duo fra-*
*tres*, *ff. de verbor. obligat.* ne pouvoit faire obstacle à la
décision qui fût renduë, puisque dans l'espece de cette Loi
les freres avoient traité & transigé sur le Fideicommis,
suivant l'observation de la Glose, *cum hoc judici liquet de*
*Fideicommisso quoque fratres inter se transegiße.* Or dans l'espece de l'Arrêt les freres coheritiers avoient pareillement
abandonné toute prétention sur le Fideicommis, puisqu'en
renonçant à la succession Testamentaire, ils avoient procedé au partage des biens, comme heritiers *ab intestat*, &
par cette démarche ils avoient formellement laisse le Testament à l'écart sans execution & sans suite ; ce qui renfermoit sans doute une renonciation à tous les avantages
qu'ils auroient pû retirer l'un ou l'autre de ce même Testament.

Il est constant en maxime que deux coheritiers Testamentaires qui procedent en execution du Testament à un
partage égal des biens de l'heredité, & qui font à ce sujet
des renonciations respectives, tant pour le present que pour
l'avenir ne se portent point de préjudice, pour la demande le cas y écheant en ouverture d'une substitution reciproque aposée au Testament, parce que c'est une regle que
les clauses d'un Contrat quelques generalles qu'elles
soient, demeurent toûjours restraintes au point sur lequel les parties ont traité suivant la Loi *Si de certa Cod. de*
*Transact.* & la Doctrine de Dumoulin *in consuet. Parif.* tit.
des fiefs, *Gloss.* I. *num.* 25.

On ne peut prouver l'expilation d'une heredité, par la
voye de l'audition cathegorique des personnes tierces, qui
se trouvent nanties des effets de l'heredité, & qui en font
la remise aux heritiers ; mais il faut prendre la voye de l'en-
quis contre celui qui a fait l'expilation ; c'est ainsi que la
Cour le jugea par Arrêt d'Audience, prononcé à la Tournelle par Mr. le Président de Ciron le 17. Avril 1709.
plaidant Me. de Latournerie pour Canal contre la Demoifelle de Capot.

Canal débiteur par son billet privé de l'heredité de la
Demoiselle Capot se trouva nanti de ce billet, dont il of-
froit le payement à la Demoiselle Capot heritiere de sa mere,
celle-ci prétendant que ses freres avoient expilé l'heredité
de leur mere, & enlevé plusieurs billets qui en dépendoient,
obtint une Ordonnance de la Cour où le Procès étoit pendant
pour faire répondre Canal cathegoriquement, s'il n'étoit vrai
que ses freres lui avoient remis ce billet, ou fait remettre
par personnes interposées.

Canal s'étant pourvû par opposition contre cette Ordonnance, & ayant soûtenu qu'il n'étoit pas obligé de répondre sur ce fait, demeurant son offre d'acquitter la somme de 300. liv. contenuë au billet ; la Cour le condamna
au payement suivant son offre, & au surplus declara n'y
avoir lieu quant à present de le faire répondre cathegoriquement sur ce fait, sauf à la Demoiselle Capot à prendre
les voyes de Droit pour cela, & la voye de l'information.

On peut recuëillir de la disposition de cet Arrêt que
l'expilation d'une heredité étant reputée un veritable vol,
il faut prendre la voye criminelle contre les expilateurs.

Il faut néanmoins excepter l'expilation faite par une femme de l'heredité de son mari, *& vice versa* pour laquelle
il n'est pas permis aux heritiers du mari de prendre la voye de l'information contre la femme, suivant la disposition
des Loix inserées sous le Titre du Digeste *de action. rerum
amotar.* la voye civile, & la preuve par Enquête étant la
seule qu'il faut prendre à cet égard, s'il eût été question
dans l'espece de cet Arrêt d'une expilation de cette nature, la Cour n'auroit point reservé la voye de l'information.

# CHAPITRE XXIV.

## *Si la qualification des mâles mise aux derniers degrez de substitution est présumée repetée aux premiers degrez.*

LEs Jurisconsultes & après eux les Interprêtes, ont unaniment decidé que les clauses & conditions apposées dans une partie inferieure du Testament, devoient être rapportées à tous les articles précedens de l'acte, *hanc autem scripturam, non solum ad præcedentia sola legata ; sed ad universa quæ Testamento adscripta sunt extendi, Gallus Aquilius ô filius Trebatius responderunt, idque verum est, Leg. Talis scriptura §. final. ff. de legat. 1°.* Tel est la Doctrine de Barthole *in Leg. final. de rebus dubiis*, & de Boyer *décision 146.* c'est encore une maxime constante que les clauses ne sont pas presumées oisives, & qu'il faut leur faire produire l'effet que le Testateur peut avoir eu en vûë lorsqu'il a pris soin de les inserer, suivant l'observation *de Ferr. sur la quæst. 192. Guip. fondée sur la Loi Si quando, ff. de legat. I.*

L'objet le plus fréquent d'un Testateur qui employe la clause, & qualification de mâles est de conserver ses biens dans sa famille ; c'est la Doctrine de Dumoulin dans son Conseil 51. *num.* 28. fondée sur celle des Interprêtes ; ensorte que si cette qualification se trouve ou dans l'institution ou dans quelque degré de substitution, on en doit conjecturer que le Testateur a eu une prédilection singuliere pour les mâles, & que s'il en a fait mention, ç'a été *conservandæ agnationis gratia*, & dans ces circonstances il faut préferer les mâles qui ne seroient que dans la simple condition sans qualification même des mâles aux filles qui se trouveroient dispositivement appellées, parce que cette qualification donne l'exclusion aux filles, *masculis existentibus ex conjectura mente Testatoris*, leur vocation ne pouvant avoir d'effet qu'après les mâles ; l'Arrêt rendu dans l'efpece du Teftament de Gui de Liques, peut fervir de préjugé fur cette matiere, parce qu'il eft fondé fur les regles.

A l'égard de l'Arrêt du 5. Mai 1668. rendu dans l'efpece du Teftament de Claude Surel, il me paroît donner trop d'extenfion à la qualification de mâles au préjudice des filles ; je me fonde fur ce que la qualification de mâles n'avoit pas été inferée par Claude Surel, pour conferver fes biens dans la famille, puifqu'il ne l'avoit apofée que dans l'ordre de vocation de Genevieve fa fille : Or la claufe de mâles apofée vaguement en faveur des defcendans ne pouvant être appliquée aux defcendans mâles par les filles, fuivant la Doctrine *de Guip. quæft.* 133. parce qu'elle n'eft pas préfumée, alors avoir pour objet les feuls agnats, & la confervation des biens dans la famille ; & furtout lorfque le Teftateur a commencé l'inftitution par fes propres mâles à l'exclufion de fes filles, fuivant Ranchin, *eod. loco*, il faut conclurre que cette même qualification inferée dans la vocation des filles, ne pouvoit être ici rapportée aux degrez des mâles, parce que le Teftateur n'avoit point eû pour objet la confervation des biens dans fa famille, lorfqu'il avoit appellé les mâles des filles ; mais de préferer feulement leurs defcendans mâles à leurs filles.

S'il eût été ici queftion d'une fucceffion d'un Gentilhomme, compofée de fiefs ou des terres Seigneuriales, alors je croi qu'on auroit dû tranfporter la claufe des mâles, quoiqu'en ligne collaterale, parce qu'en cette matiere on fe regle par des conjectures & des préfomptions de defir & de volonté des Teftateurs, & qu'on doit fuppléer au défaut de leurs expreffions, *benigna interpretatione*, fuivant la regle qu'en donne le Jurifconfulte, *Leg. Cum avuf. ff. de condit. & demonftr.* Or il faut toûjours préfumer qu'un Gentilhomme fouhaite de conferver les terres dans fa ligne mafculine, fuivant l'obfervation de Cujas en fa confultation 20. *cujus rei nobiles ftudiofiffimi funt, & hac ratione in feudis etiam hæredum nomen pro filiis tantum mafculis accipitur.*

Ce fut une queſtion fort débattuë en la troiſiéme Chambre des Enquêtes, & qui ne fut vuidée qu'après deux partages, ſi par la vocation ſelon l'ordre de Primogeniture, dans une ſubſtitution faite par un aſcendant, le fils de l'aîné decedé avant d'avoir recuëïli eſt préferable à ſon oncle, qui ſe trouve diſpoſitivement appellé, & ſi ce fils entre alors en la place de ſon pere, quoiqu'il ne ſoit fait aucune mention de lui dans le Teſtament ; cette queſtion forma un premier partage à la troiſiéme des Enquêtes, Rapporteur Mr. de Laroque Seré, & Compartiteur Mr. l'Abbé de Mariotte ; il fut porté à la premiere où il intervint un ſecond partage qui fut vuidé en la ſeconde, en faveur de l'oncle, & à l'avis du Compartiteur l'Arrêt fût rendu le 12. Mai 1718. entre Charles & Jean-Pierre Dutillet, deſcendans de Charles de Gontaud, par Marthe de Gontaud ſa fille.

Jean Pierre Dutillet étoit fils puiſné de Marthe, & Charles Dutillet fils de Jean Dutillet, fils aîné de ladite Marthe de Gontaud, les deux freres étoient diſpoſitivement appellez aux biens de Charles de Gontaud leur ayeul maternel par ordre de primogeniture, & la ſubſtitution ne paſſoit point à leurs enfans.

Le cas de cette ſubſtitution étoit échû, le fils de l'aîné qui n'avoit point recuëilli, prétendit donner l'excluſion à ſon oncle, l'oncle au contraire ſoûtint qu'il étoit ſeul appellé, & que l'ordre de primogeniture ne changeoit pas les maximes dans l'eſpece de cette cauſe, ſelon leſquelles le pere ne tranſmet pas au fils l'eſperance du Fideicommis.

Deux maximes également reçûës, & qui paroiſſoient ſe choquer dans cette matiere, donnerent lieu au partage & au conflict des opinions. La premiere dont on appuyoit la cauſe du fils de l'aîné prédecedé, eſt qu'en matiere de droit d'aîneſſe ou de primogeniture, le fils repreſente le pere, ſuivant la Doctrine de Dumoulin, *in conſuet. Pariſ.* tit. 1. des Fiefs, §. 13. *in verbo* pour ſon droit d'aîneſſe num. 5. & de pluſieurs autres interprêtes.

La

La feconde que l'oncle appelloit à fon fecours, eft que la tranfmiffion de l'efperance au Fideicommis n'a jamais lieu par la pureté du droit, & qu'elle n'eft admife par la Jurifprudence de la Cour, qu'en faveur des defcendans, contre des Collateraux du Teftateur ou des étrangers fubftituez; qu'ainfi Jean Dutillet, fon frere aîné, étant décedé fans avoir recüeilli, n'avoit pû tranfmetre fon droit au Fideicommis à Charles fon fils.

Si la queftion eût d'abord été envifagée du veritable côté, elle n'auroit point fans doute fait la matiere d'un partage, & on l'auroit décidée de même qu'elle le fût, & cela par deux raifons.

1°. Parce que quand Dumoulin decide en faveur du fils de l'aîné, c'eft dans un point de coûtume dont il ne s'agif-foit point dans ce Procès, qui donne cet avantage au droit d'aîneffe; en forte que le fils fuccede alors aux biens de fon chef, & par le droit qu'il a de reprefenter fon pere predecedé, *adverte tamen*, dit ce Docteur, *loco fupra ad duo, primo quod proprie non eft tranfmiffi quia filius pramoriens numquàm in eo jus habuit, non ergo nepos ex eo venit jure tranfmiffi à patre, fed jure reprafentationis & fuo nomine & jure proprio.*

Cette decifion ne pouvoit s'appliquer à l'efpéce de l'Ar-rêt, parce qu'il eft de maxime qu'en matiere de fubftitution le fils ne reprefente jamais le pere precedé fans avoir re-cüeilli le Fideicommis, à moins qu'il ne foit appellé comme mâle, *confervanda agnationis gratia*, & dans la condition *fi fine liberis mafculis*.

2°. Parce que la Doctrine des Interprêtes qui donne l'avantage au fils de l'aîné, fur fon oncle en matiere de pri-mogeniture, ne doit s'appliquer qu'aux fucceffions des Fiefs de Dignité, comme Duchez, Marquifats, & Com-tez, qui a deffaut de mâles font reverfibles à la Couronne, & pour lefquels il y a dans les familles une fubftitution graduelle & mafculine. Cette efpece de fucceffion a fes privileges finguliers qui l'affranchiffent des Loix commu-

Tome I.                                                   A a

nes ; mais pour les autres fucceffions, qui n'ont pas ces avantages , je croi qu'il faut s'en tenir aux maximes du Droit
écrit , felon lefquelles le fils ne reprefente point le degré
du pere decedé , fans avoir recuëilli le Fideicommis , *Leg.*
*hæredes mei* §. *cum ita , ff. ad Trebell.* & telle eft la
Jurifprudence de la Cour , qui ne s'eft fléchie qu'en faveur des defcendans contre des étrangers fubftituez , en
admettant la tranfmiffion de la fimple efperance , *favore*
*liberorum.*

Ce n'eft pas l'ordre de primogeniture que le Teftateur
veut être gardé dans les degrès , qui rend les enfans de l'aîné
décedé avant d'avoir recuëilli, & qui ne font que dans la fimple condition , préferables à leur oncle , nommement appellé ; mais la qualification de mâles, foit qu'elle fe trouve
dans la condition , foit dans le corps de la difpofition du
Teftateur ; parcé qu'elle denote le defir que le Teftateur a eû
de conferver fes biens dans fa famille par les mâles fes déf-
cendans ; or dans ce cas le fils *fub intrat locum patris* , non
par tranfmiffion , *quia fpes non tranfmittitur* , mais comme
difpofitivement appellé de fon chef par le Teftateur pour
tenir la place de fon pere , *confervandæ agnationis gratia.*

C'eft fur ces principes qu'on peut fonder un Arrêt rendu
en la troifiéme Chambre des Enquêtes , le 30. Avril 1722. au
Rapport de Mr. d'Auriol entre Palis oncle , & François
Palis fon neveu dans cette efpece.

Jean Palis Teftateur inftitua fon fils Jean , & en cas de
decès fans enfans , où fes enfans fans enfans, lui fubftitua
Anne Palis fa fille & fes enfans , & les enfans de fes enfans
en tout les mâles & aînez preferez , & iceux défaillans aux
aînées ; Jean Palis eut des enfans mâles de deux lits ; Jean-
Baptifte nàquit de fon Mariage avec Cavaliere ; celui-ci eut
un fils nommé François ; Antoine Palis fut procréé du fecond mariage avec Ginefte.

Jean-Baptifte , pere de François , décéda du vivant de
Jean fon pere ; celui-ci étant mort , François demanda
l'ouverture de la fubftitution apofée au Teftament de

Jean Palis son bis-ayeul ; Antoine son oncle fit la même demande, sur le fondement qu'il se trouvoit plus près d'un degré du Testateur, & qu'il étoit dans la reduplicative, au lieu que François n'étoit que dans la condition. L'Arrêt ouvrit la substitution en faveur du neveu, quoique plus éloigné d'un degré du Testateur, & dans la simple condition, *si sine liberis.*

La raison déterminante de cet Arrêt doit être prise de la Doctrine de Dumoulin *consil.* 51. *num.* 28. qu'il appuye sur l'autorité des Interprêtes, *qualitas masculinitatis*, dit-il, *adjecta præsumit habitum esse respectum ad ipsam continuationem masculinitatis in se, & non ad certas personas vel gradus tantum, & tendit ad extensionem substitutionis quandiu sunt masculi.* Ainsi quoique François ne se trouvât ici que dans la simple condition, & qu'Antoine son oncle fût dans la reduplicative ; il suffisoit que par la qualification de mâles le Testateur eût marqué le desir de perpetuer ses biens dans la famille, pour que François se trouvât dans sa disposition, & par cette voye subrogé à la place de son pere, *ex conjecturata mente testatoris argumento, Leg. cum avus, ff. de condit. & demonst.* ce qui le rendoit préferable à son oncle.

Dans les circonstances où la substitution se trouve masculine, on ne regarde point la proximité du degré, ni des personnes, *non ad certas personas vel gradus tantum*, mais la masculinité elle-même ; en sorte que le mâle plus éloigné du Testateur se trouvant aussi capable de remplir ses vûës, qui tendent à perpetuer son nom, que celui qui lui est plus proche : il n'est question que d'examiner si l'ordre de primogeniture doit être gardé ; car alors le plus éloigné descendant de l'aîné, exclud le cadet quoique plus proche, parce qu'il prend la place de l'aîné même.

J'observerai ici que c'est un point de Jurisprudence de ce Parlement, de donner à la clause de mâles l'effet dont je viens de parler, soit que le Testateur substituant soit noble ou non, outre l'Arrêt de Gui Deliques, rapporté dans ce

Chapitre , & celui rendu dans l'efpece du Teftament de Jean Palis : j'en ai vû rendre un autre au mois d'Août 1731. en la 2^me. Chambre des Enquêtes au Rapport de Mr. de Juin, en faveur de la Dame Prieur de St. Germain, procedant comme Tutrice de Charles & Etienne Prieur fes enfans, contre Marie Prieur leur coufine germaine, j'avois écrit pour la Dame de St. Germain. Cet Arrêt fut rendu après partage porté à la troifiéme des Enquêtes, où il fut vuidé *neminè contradicente*, felon l'avis de Mr. de Cazes Compartiteur.

# CHAPITRE XXVI.

*Si l'heritier chargé de rendre, peut élire un des enfans du fubftitué predecedé, qui viennent par tranfmiffion au Fideicommis fait en faveur de leur pere, ou fi ce Fideicommis appartient également aux enfans furvivans à l'heritier.*

L'Arrêt du mois de Juin 1678. fut rendu fur un principe qui paroît mal appliqué ; fçavoir que par l'ufage de ce Parlement, le pere tranfmet aux enfans l'efperance du Fideicommis, qu'il n'a pû recüeillir : il eft vrai que par un motif d'équité cette Jurifprudence s'y eft introduite contre la pureté des Loix, en faveur des defcendans qui fe trouvent en concours dans la fucceffion de l'ayeul avec un Collateral ou étranger fubftitué, & difpofitivement appellé ; mais cette tranfmiffion n'a jamais lieu contre un fils du Teftateur, ou autre defcendant, fuivant la nouvelle Jurifprudence des Arrêts rapportez par Mr. d'Olive Liv. 5. ch. 22. & dans les additions, par la raifon que dans le concours des defcendans également privilegiez, il faut fe regler par le droit commun, fuivant lequel l'efperance du Fideicommis ne peut être tranfmife du pere à fes enfans au préjudice de leur oncle, ou tante, difpofitivement appellez, *Leg.*

*hæredes mei* §. *cum ita* , *ff. ad Trebell.* qui eft la regle qu'il
faut fuivre en cette matiere ; en forte que le pere venant à
deceder fans avoir recuëilli le Fideicommis , ne peut tranfmettre à fes enfans mis en la condition , *fi fine liberis.* Le
droit qu'il auroit eu fur l'heredité , le cas y écheant , les enfans même ne peuvent avoir droit fur l'heredité par repre-
fentation , puifqu'elle n'a lieu qu'aux fucceffions *ab inteftat* ,
*inftit.* §. *cum filius de fucceff. quæ ab inteft.* C'eft ce qui a
fait conclurre à Hottoman dans fon *Confeil* 71. que la tranfmiffion n'avoit point lieu en faveur du neveu dans fon concours avec l'oncle fur les biens fubftituez par l'ayeul , le
pere étant decedé avant d'avoir recuëilli.

En un mot il n'y a nul texte dans le droit qui puiffe donner
quelque fondement à cette tranfmiffion dont nous parlons.
La pureté des maximes , & la rigueur du droit , fe declarent
contre l'ufage qui s'en eft introduit fur un motif d'équité , il
faut confequemment referrer cet ufage dans fes legitimes
bornes ; toutefois l'Arrêt rapporté dans ce Chapitre en
affujettiffant l'oncle à la reftitution du Fideicommis , a fait
brêche à cet ufage ; puifque l'oncle n'étoit nullement tenu à
la reftitution du Fideicommis en faveur de fes neveux , les
biens étoient libres en fa main , & la fubftitution étoit devenuë caduque par le prédecès du pere ; car n'étant pas
même fait mention des enfans du fubftitué , ils ne pouvoient rien prétendre au Fideicommis , felon les vûës &
la difpofition du Teftateur , qui felon que l'obferve Faber
*de conject. Lib.* 17. *ch.* 18. n'eft pas cenfé avoir impofé la
charge de reftitution à celui qu'il a gratifié ; or la reftitution du Fideicommis eft toûjours onereufe à l'heritier grevé ,
*Leg.* 2. *in fin. ff. de fuis & legit. hæred.*

Le feul texte qui auroit pû , felon moi, donner quelque
couleur à la demande des neveux , étoit la Loi *Cum avus* , *ff.*
*de cond. & demonft.* où quoiqu'il ne foit pas fait mention
des enfans du petit-fils inftitué par l'ayeul , le Jurifconfulte décide pour eux contre leur grand oncle fubftitué à
leur pere ; mais il y a cette difference que dans l'efpece de

cette Loi le pere avoit recuëilli l'heredité ( ainsi que l'observe la Glose ) auquel cas ses enfans prenoient l'heredité comme successeurs legitimes *& ab intestat.* Le Fideicommis ne pouvant avoir lieu selon la présumée volonté du Testateur qu'à défaut d'enfans de l'heritier institué , legitimes successeurs des biens qu'il avoit déja recuëillis, *L.* 7. *ff. de bon. damnat.* Mais cette raison de décider pour les enfans , ne se rencontroit point dans l'espece de cet Arrêt , où le pere étoit décedé avant d'avoir recuëilli, & n'avoit laissé après lui qu'une esperance au Fideicommis , qui n'avoit pû être transmise aux enfans que dans les circonstances où l'heritier grevé auroit été collateral ou étranger au Testateur , suivant les adoucissemens que la Jurisprudence de ce Parlement a trouvée à propos de donner à la rigueur des maximes reçûës en cette matiere.

# CHAPITRE XXVII.

*La Donation étant faite par le pere dans son contrat de mariage à un des enfans qui en proviendront, tel qu'il élira : & en défaut de son élection , tel que sa femme élira : & en défaut , tant par lui que par sa femme de nommer , à l'aîné , à qui apartient cette Donation en défaut de nomination du pere & de la mere , ou à celui qui se trouve l'aîné lors du decez du pere prémourant, ou à celui qui se trouve l'aîné lors du decez de la mere , qui decede la derniere.*

*Et si l'élection tacite contenuë sous l'institution d'heritier faite par le pere , cesse par l'élection expresse de la mere.*

LE Droit d'élire aux biens donnez reservé par le mari dans son Contrat de mariage , ne peut être transporté à sa femme par Testament ; c'est ainsi que la question fut jugée par Arrêt du 13. Juillet 1722. rendu au Rapport de Mr. de Lacarri en la seconde Chambre des Enquêtes dans cette espece.

Me. Guillaume Couture & Petronille Damadis contracterent mariage le 9. Fevrier 1671. lors duquel tous les deux firent donation de la moitié de leurs biens presens & avenir en faveur d'un des enfans mâles qui naîtroit de ce mariage ils se reserverent l'élection.

De ce mariage furent procréez cinq enfans, Clement, Guillaume, Jean-François & deux autres mâles, le 29. Juin 1705. Guillaume Couture pere fit son Testament, par lequel ayant narré la clause de la donation contractuelle, il declara *qu'il donnoit la moitié des biens donnée par leur Contract de mariage, à celui qui seroit élu par la Dame Damadis son épouse, & qu'il instituë pour le surplus celui qu'elle choisiroit, & en cas la Dame son épouse ne voudroit ou ne pourroit faire la nomination, il nomme Guillaume Couture pour ne mourir pas sans donataire & sans heritier; & ce au cas seulement que la Dame Damadis son épouse, ne voudroit ou ne pourroit nommer & élire un d'entre ses enfans, comme il lui en remettoit le choix, tant pour la moitié donnée que reservée.*

Guillaume Couture ayant fait assigner en 1717. sa mere au Sénéchal d'Auch, en maintenuë aux biens donnez, faute par elle d'avoir fait la nomination, la Dame Damadis nomma Me. Jean-François Couture Archidiacre de Tarbe pour recuëillir la donation.

Le Sénéchal rendit sa Sentence le 18. Septembre 1721. qui confirme cette élection, l'Arrêt de la Cour réformant, maintint Guillaume Couture en la moitié des biens, en consequence de la donation contractuelle avec restitution des fruits, suivant l'estimation d'Experts dépuis l'Instance; & d'auparavant suivant l'état qui en seroit baillé.

Guillaume Couture fondoit sa prétention sur quatre raisons principales. 1°. Sur ce que la Dame Damadis n'avoit pû nommer, parce que l'élection est personnelle & non cessible.

2°. Qu'elle avoit perdu la faculté d'élire en répudiant l'heredité de son mari. 3°. Que la Dame Damadis ne pouvant nommer il devoit profiter de l'élection faite par son pere.

La Dame Damadis répondoit 1°. Que suivant Henris, Tom. 2. Liv. 5. quest. 12. & Ricard Tom. 2. traité 3. part. 2. quest. 463. aux addit. sur le Chap. 11. encore que la faculté d'élire ne puisse être transférée à un autre ; il en étoit autrement entre mariez. 2°. Que la nomination du pere ne pouvoit sortir à effet qu'en défaut de celle de la mere, en se reglant par la clause du Testament.

L'Arrêt de la Cour peut être fondé sur la Doctrine de Dumoulin *in consuet. Parif.* §. 16. *Gloßa* 1. *num.* 2. 3. ou ce Docteur decide que le Droit d'élire au Fideicommis est personel, & ne peut être cedé ni transporté sur la tête d'un autre, & ne passe même pas à l'heritier ; la raison qu'il en donne est que le Droit d'élection *est meri facti, & non competit per modum juris*, Bretonier sur *Henris Tom.* 2. *Liv.* 5. *quest.* 12. après avoir remarqué que l'Arret rapporté par Henris, qui decida que le Droit d'élection avoit pû être cedé & transporté est singulier, & rendu dans une espece toute favorable par elle-même, ajoûte qu'il ne doit point être tiré à consequence, & qu'il faut decider en these que le Droit d'élection est une faculté personnelle qui ne peut être exercée par Procureur ou Substitut.

Une femme heritiere grevée par son mari avec faculté d'élire tel de ses enfans qu'elle voudra est obligée de remettre les biens au Fideicommissaire, qu'elle a élû en la même maniere que le Testateur les a laissez, sans qu'elle puisse profiter des conditions avantageuses que le Fideicommissaire pourroit lui faire, pour faire tomber sur lui l'élection, comme si par exemple ayant le choix d'élire à un legs de 1000. liv. fait par le Testateur à un de ses enfans, elle pactisoit avec celui qu'elle a choisi, qu'il seroit tenu de recevoir payement du legs en une rente constituée, & que l'heritier auroit la faculté de la payer par parcelles

de

de 100. liv. alors le Fideicommiſſaire peut être relevé de pareille convention, & ſe faire payer le legs de 1000. liv. en entier, argent comptant ; c'eſt ainſi que la Cour le jugea en la troiſiéme des Enquêtes le 20. Mai 1722. au Rapport de Mr. de Cauſſade dans l'affaire du nommé Graves.

Le motif de cet Arrêt fût que ſi pareille convention étoit autoriſée, ce ſeroit fournir occaſion aux heritiers grevez de mettre ( pour ainſi dire ) aux encheres leur Droit d'élection en tirant le meilleur parti qu'ils pourroient des éligibles par la préference qu'ils donneroient aux uns ſur les autres ; ce qui tendroit à renverſer la diſpoſition des Teſtateurs en denaturant le Fideicommis ; en ſorte que la Cour a reprouvé avec raiſon des conventions de cette eſpece, comme contraires à la bonne foi & à l'exactitude ſcrupuleuſe qu'un heritier grevé, doit marquer dans la reſtitution du dépôt qui lui a été confié.

On peut ajoûter que le Droit d'élection conſiſtant *in facto*, l'heritier grevé ne peut rien changer dans l'ordre, & l'arrangement établi par le Teſtateur, & doit ſe borner au choix de la perſonne pour lequel une pleine liberté lui a été donnée ſans toucher à la choſe.

L'Arrêt dont on rapporte la date au commencement de l'année 1679. me paroît rendu contre les regles : En voici les raiſons & la preuve. Il conſte par l'eſpece que Vital Freiſſinet en ſe mariant fit une donation contractuelle à l'aîné de la famille, en cas lui ou ſa femme ne fiſſent point d'élection entre les enfans qui naîtroient de ce mariage, & que ni le donateur ni ſa femme n'uſeroient point du Droit d'élection reſervé par cette donation ; cela poſé où pouvoit être la difficulté que les biens donnez n'appartinſſent à Criſtophle aîné ou à ſes ſucceſſeurs, & ayant cauſe, le Droit aux biens donnez à défaut d'élection étoit irrevocablement acquis à l'aîné des enfans qui naîtroient de ce mariage ; & cet aîné prémourant tranſmettoit ce Droit à ſes heritiers ou ayant cauſe.

Pour en être convaincu il faut établir pour maxime conſtante. 1°. Que les obligations conditionelles ont un effet retroactif au tems du Contrat , quand la condition ſous laquelle elles ſont contractées vient à s'accomplir, & à ſe verifier, *Leg.* II. §. I. *ff. qui potior. in pign. habeant* , il en eſt de même des donations entre vifs conditionelles, qui lient & obligent les donateurs envers les donataires ; en ſorte que la donation ayant été ici faite à l'aîné à condition que ni le pere ni la mere ne diſpoſaſſent pas autrement des biens donnez en faveur de quelque autre de leurs enfans, la condition ayant été accomplie par leur decès arrivé , ſans avoir élû ; les biens donnez appartenoient à l'aîné donataire contractuel, à qui la Loi donnoit l'hipotheque ſur les biens du jour de leur mariage , *D. Leg.* II. 2°. Que dans les Contrats on tranſmet à ſes ſucceſſeurs l'eſperance même ſur les biens ; en ſorte que les conditions ſous leſquelles les biens nous ſont donnez , ne venant à s'accomplir qu'après le decès du donataire, ſes ſucceſſeurs ont ſur les biens donnez les mêmes Droits qu'auroit eû le donataire, s'il avoit vû de ſon vivant l'accompliſſement de la condition ; c'eſt la Doctrine de Fernand *prælud. Cap.* 10. *num.* 10. *de Brodeau ſur Loüet, Lettre S, Somm.* 9. *num.* 13. *de Coquille ſur la Coûtume de Nivernois, Chap.* 27. *des donations art.* 12. *pag.* 679. parce que la tranſmiſſion de l'eſperance qui n'a pas lieu dans les diſpoſitions Teſtamentaires , a toûjours lieu dans les diſpoſitions entre vifs, & notament dans les inſtitutions contractuelles, *quæ ſunt Juris mere gallici* , ſuivant l'obſervation du même Coquille : Or s'agiſſant ici d'une inſtitution ou donation contractuelle en faveur de l'aîné iſſu du mariage , le Droit en étoit tranſmis à ſes ſucceſſeurs, ou ayant cauſe par la mort civile *ante conditionis eventum.*

# CHAPITRE XXIX.

*Si l'heritier chargé de rendre, qui a joüi durant moins de dix ans , doit imputer les fruits perçûs fur la Quarte Trebellianique à proportion du tems de fa joüiffance.*

A fuivre la difpofition de la Loi 22. §. *Si hæres* , *ff. ad Trebell.* la Quarte Trebellianique pourroit être con-fumée par une joüiffance moindre que celle de dix ans , parce qu'il peut arriver que le revenu de dix années des biens fubftituez excederoit de beaucoup la Quarte avec fes fruits , ce qui fuffiroit aux termes de cette Loi ; *tunc enim quod percipitur fubmovet falcidiam fi tantum fuerit , quantum quartam facit & quartæ fructus.* Le Jurifconfulte fait dépendre l'imputation qui doit être faite par l'heritier grevé de fa Quarte fur les fruits perçûs , d'une queftion de fait ; & l'on ne peut pas dire que la Loi 8. §. 11. *ff. de inoff. Teftament.* ait fixé à dix ans de joüiffance le tems necef-faire pour abforber la Quarte avec fes fruits , puifque cet efpace de tems ne fe rencontre dans cette Loi que *ex contingentia facti* l'heritier grevé fe trouvant chargé de faire la reftitution non à fon decès ; mais après dix ans de joüif-fance.

Toutefois l'ufage de la Cour de compenfer la Quarte Trebellianique avec cet efpace de tems peut être fondé par argument fur cette Loi, de laquelle on peut conjecturer que fi le Jurifconfulte fait la compenfation de la Quarte avec la joüiffance de dix années ; c'eft parce qu'il a jugé cet ef-pace de tems , convenable & fuffifant pour cela ; ce que *Faber in rational. in D. Lege*, obferve en ces termes, *eft enim decennii tempus in hanc rem acommodatiffimum cum vix fieri poffit , ut fructus decennii in hanc rem non fuffi-*

*ciant*, le même Auteur *in suo Cod. Lib. 6. Tit. 27. desinit. 18.*
rapporte un Arrêt du Senat de Chamberi, qui jugea que
cinq années de joüissance absorboient la Quarte ; mais en
se reglant par le compte sur lequel cet Arrêt sût rendu,
& sur l'estimation du fonds à cinq pour cent de rente annuelle ; les fruits de la Quarte Trebellianique manqueroient
toûjours à l'heritier grevé, à se regler au contraire par la
joüissance de dix années, & à estimer le fonds sur le même
pied de revenu de cinq pour cent, ces dix années em-
portoient beaucoup au-delà de la Quarte & de ses fruits ;
en sorte que contre la décision de la Loi 22. *ad Trebell.*
l'heritier grevé prendroit sur le Fideicommissaire au-delà de
ce qu'il peut legitimement prétendre.

Je croi donc qu'on pourroit prendre un temperament pour
conserver l'égalité & les Droits de l'heritier grevé & du
Fideicommissaire, en ordonnant une imputation de la Quarte sur la joüissance, non par rapport au tems determiné
de dix années ; mais par mesure & compte des revenus
quand ils sont fixes, & determinez par des baux à ferme ; ce qui arrive ordinairement dans les successions des terres & Seigneuries ; que si au contraire il n'y a rien de certain & de fixé par de baux à ferme, alors *propter incer-
titudinem fructuum*, on peut s'en tenir au terme de dix années, ce qui paroît conforme à l'esprit de la Loi 8. déja
citée dans laquelle le Jurisconsulte n'auroit point sans doute
rendu la même décision, si les revenus des biens ayant été
certains par des baux à ferme la joüissance de dix années eût
excedé la Quarte & ses fruits, puisque la Loi 22. *ad Trebell.* deja citée, mesure l'imputation sur la quantité des
fruits perçûs, la Loi 8. *de inoff. Testam.* n'est fondée que
sur une présomption de Droit à la faveur de laquelle on
se porte à croire que le terme de dix années est necessaire
pour former une compensation de joüissance avec la Quarte ; mais cette présomption peut sans difficulté être détruite
par la preuve du fait contraire, resultant des baux à ferme de la terre ou Seigneurie.

# CHAPITRE XXXI.

*Si la donation univerfelle contient une élection tacite au fideicommis.*

*Si elle la contient lorfqu'il y a un Teftament portant inftitution d'un autre éligible.*

*Si l'inftitution d'un éligible étant caffée, l'élection tacite fubfifte.*

SI l'on pouvoit argumenter du donataire univerfel, à l'heritier, la donation univerfelle faite par celui qui a droit d'élire renfermeroit élection tacite de la perfonne du donataire, puifque fous l'inftitution hereditaire l'élection tacite fe trouve comprife fuivant Fernand, *pralud. cap. 9. num. 6.* Ce qui fe juge ainfi dans ce Parlement, contre ce qui a été jugé au Parlement de Paris par l'Arrêt rapporté par Henris, Tom. 1. Liv. 5. queft. 16. mais la donation univerfelle n'eft point un titre d'univerfalité, parce que le Teftateur conferve la liberté de tefter, & qu'il n'y a que l'heritier qui foit reputé en droit fucceffeur univerfel, comme je l'ai montré dans le Chapitre 24. du cinquiéme Livre. Ainfi il faut decider que le droit d'élection n'eft point tacitement compris dans la donation univerfelle, mais feulement dans l'inftitution d'heritier ; & c'eft-là même toute la faveur qu'on peut faire à l'élection tacite, qui n'eft fondée fur aucun texte du Droit civil, & que l'on tire feulement par argument de Loi *Julianus, ff. de leg. 3.* Selon la remarque de Fernand, le droit d'élection étant en foi, *magis facti quam Juris*, ce qui fembleroit exiger le fait de l'heritier grevé, & une élection expreffe de fa part.

L'Arrêt dont fait mention l'Auteur qui fe trouve rapporté par Mr. de Cambolas, Liv. 1. ch. 12. ne peut felon moi fervir de préjugé & de regle dans l'efpece où il a été

rendu , parce qu'il renferme une décision contraire à la
préfumée volonté du fubftituant , en ce qu'il ordonne l'ouverture de la fubftitution en faveur des mâles & des filles indiftinctement , dans des circonftances où il falloit neceffairement donner à la claufe des mâles toute la force qui lui
étoit propre en donnant l'exclufion aux filles , parce qu'elle
ne pouvoit avoir été inferée dans le Teftament , que *confervandæ agnationis gratia.* Le Teftateur l'ayant apofée dans
l'inftitution hereditaire , ce qui la tranfportoit à la fubftitution qui n'étant qu'une feconde inftitution , doit fe regler par les mêmes Loix , les mêmes claufes étant cenfées
repetées dans la fubftitution quand il y a même motif de
prédilection & d'amour pour les fubftituez que pour les
inftituez , fuivant la remarque de Dumoulin , *in confuetud.
Parif.* §. 55. *Gloff.* 1. *in verbo item num.* 3.

---

## CHAPITRE XXXIII.

*Si le legs reçû par le legataire, l'empêche d'impugner le
 Teftament.*

*Si le pere doit ajoûter le titre d'inftitution à la legitime
 qu'il legue à fes enfans lorfqu'il inftituë un étranger.*

*De l'inftitution du fils en cinq fols.*

IL faut felon les Auteurs, faire une diftinction fur ce premier article, qui n'a pas été touchée par le compilateur , & qui doit neanmoins être un motif de decifion differente ; c'eft fi le legataire en recevant le legs a connu la
nullité ou fauffeté du Teftament , ou fi au contraire il a été
dans une jufte ignorance de l'un & de l'autre , s'il connoif-
foit la fauffeté du Teftament , & qu'avec cette connoiffance
il ait reçû le legs ; il ne peut plus impugner le Teftament
fuivant l'obfervation de la Glofe fur la Loi 5. *ff. de his quæ
ut indign. verbo acceptum* , ce qu'on peut encore tirer de la
Loi 3. *Cod. ad leg. Cornel. de falf. argumento à contrario* ,
dans laquelle l'Empereur Alexandre décide que le legs reçû

n'empêche pas le fils d'Arguer de faux le Teftament de fon
pere, parce que la fauffeté ne lui étoit point connuë, telle
eft la Doctrine de Peres, *prælect. Lib. 9. Cod. ad leg. Cornel.
de falf. tit. 22.*

.Il en faut dire de même de la nullité du Teftament qui
procede, ou de l'incapacité du Teftateur, comme s'il étoit
mort civilement au tems du Teftament, ou du deffaut de
folemnité du Teftament, & la Loi qui donne la liberté d'impugner le Teftament dans ces deux cas, après le legs reçû
ne doit être entenduë que dans les circonftances qu'on a
ignoré ces deux chofes.

A l'égard de la plainte d'inofficiofité, qui felon la Loi
ne peut être intentée après qu'on a reçû le legs, il faut
encore diftinguer felon moi l'ignorance du droit d'avec
l'ignorance du fait ; c'eft de l'ignorance du droit dont la Loi
entend parler, & qui ne peut être un prétexte au legataire
de revenir contre le Teftament, comme par exemple, fi le
pere qui devoit inftituer fon fils en la legitime en faifant un
heritier étranger, s'eft contenté de lui faire un fimple legs,
& que le fils ait reçû ce legs, ignorant qu'il pouvoit atta-
quer ce Teftament de nullité, alors il fe trouve lié par
l'acceptation, *quia error. juris nocet*, à moins qu'il ne fût
mineur, que fi au contraire il s'agit d'une pure erreur de
fait dans le fils legataire, comme s'il avoit ignoré qu'au
tems du Teftament fon pere étoit tombé dans un état d'im-
becillité, qui l'excluoit de pouvoir valablement difpofer,
& que dans cette ignorance il ait reçû le fimple legs, alors
l'acceptation du legs ne peut lui faire obftacle, parce que
la Loi n'entend pas parler de cette ignorance de fait, qui
eft dans tous les cas un jufte moyen de revenir contre les
actes qu'on a paffez, ou contre des acquiefcemens préjudicia-
bles qu'on pourroit avoir donnez, *Leg. 3. Cod. ad leg. Cornel.
de falf. Leg. five per ftatus, ff. de in integr. reftit. Leg. fi per
errorem 15. ff. de jurifd. omnium judic.*

A l'égard de l'inftitution du fils en une certaine fomme,
lorfque l'inftitution hereditaire regarde un étranger, *Bene-*

*dic. in Cap. Raynut. in eod. Teſtam. 1. num. 55.* regarde cette inſtitution comme indiſpenſable pour que le Teſtament
puiſſe ſe ſoûtenir ; on y peut voir les limitations qu'il porte à cette regle ; & comment elle doit être entenduë ,
*Fernand. in Leg. in quartam præfat. 2. art 3. num. 5.* après
avoir obſervé que c'eſt là la commune opinion des Interprêtes & des Praticiens, que le pere doit nommement inſtituer le fils en une certaine ſomme pour exclurre la que-
relle d'inofficioſité , ajoûte qu'il a toûjours tenu l'opinion
contraire , & qu'il ne s'en départira point , puiſque ſuivant la Loi le fils n'a pas à ſe plaindre , s'il a ſa legitime
par quelque Titre que ce ſoit , ce Docteur apporte pluſieurs raiſons qui paroiſſent ſolides, pour appuyer ſon opinion , & qu'il ſoûmet lui-même à l'examen du Lecteur.

La Cour a jugé conſtamment qu'il faut une rénonciation
expreſſe conſignée dans une Tranſaction pour pouvoir exclurre la voye de faux qui peut être priſe par la partie ad-
verſe , & que le ſeul acquieſcement à l'Acte reconnu pour
faux ne ſuffiſoit pas ſans Tranſaction expreſſe.

Les interêts des legitimes ſont dûs ſans interpellation ,
quoique la legitime ait paſſé en ligne collateralle , & ſur
la tête du frere du legitimaire ; c'eſt ainſi que cette queſtion
fut jugée en la premiere Chambre des Enquêtes le 9. Mai
1729. au Rapport de Mr. Rey entre le ſieur Jean Turalure d'une part ; & le ſieur Loüis Ceré d'autre , l'Arrêt
réforma la Sentence du Sénéchal de Figeac en ce qu'elle
n'avoit adjugé les interêts à Turalure , repreſentant les
legitimaires decedez frere & ſœur de ſa femme , que
depuis l'introduction d'inſtance ; cet Arrêt eſt contraire à ceux du Parlement de Bordeaux rapportez dans
les déciſions de Lapeirere Lettre I, ſur le mot interêts ;
par leſquels il a été jugé que les interêts de la legitime qui
a paſſé en collateralle ne ſont dûs que du jour de la demande.

Je croi que la legitime peut conſerver ſon privilege ſur
la tête du frere ſucceſſeur du legitimaire , parce que c'eſt

là

là une portion de l'heredité paternelle sur laquelle les freres ont un Droit commun , & pour laquelle ils sont reputez coheritiers l'un de l'autre , ce qui fait que le frere qui succede au Droit de legitime de son frere , ne doit point être régardé comme une nouvelle personne , & d'une moindre faveur sur les biens de leur pere commun dont la legitime est une portion ; mais si la legitime passoit en la main d'un étranger ou d'un collateral du Testateur par disposition Testamentaire du legitimaire : alors les interêts n'en seroient dûs que depuis l'interpellation , parce que les privileges ne passent point aux heritiers étrangers , mais seulement aux enfans ou descendans, *Leg.* 1. *Cod. de privileg. dot. & ibi Gloss.* ce qui doit avoir d'autant plus lieu ici que la demande des interêts n'est point en soi favorable par les Loix Canoniques , & qu'il ne faut point consequemment lui donner de l'extension.

## CHAPITRE XXXV.

### De l'Heritier institué ou substitué pupillairement in re certa

Fernand *Leg. in quartam præfat.* 2. *art.* 3. *num.* 4. soûtient que le Droit d'accroissement ne peut competer au fils institué *in re certa* ; à l'égard des biens laissez à l'heritier universel , parce que le Droit d'accroissement n'a point lieu entre deux personnes qui succedent *diverso Jure* , suivant la Loi *Sed cum Patrono* , *ff. de bonor. possess.* d'où il conclud que ce Droit d'accroissement n'ayant pas lieu dans l'heritier institué *in re certa* , cette solemnité d'institution ne peut avoir été introduite par cette raison.

Il est de maxime que le Droit d'accroissement a lieu entre legataires conjoints par la chose leguée , & qu'il n'a pas lieu s'ils se trouvent disjoints, *Duarenus de Jure accresc. Lib.* I. *Cap.* 4. mais c'est contre la regle d'étendre ce Droit d'accroiſſement à celui qui eſt ſeparé par la choſe, comme eſt l'inſtitué *in re certa* de l'heritier univerſel, parce qu'on ne peut pas préſumer que le Teſtateur ait tacitement appellé à l'heredité un legataire auquel il a aſſigné une choſe particuliere, il n'en eſt pas de même des coheritiers à l'égard deſquels l'accroiſſement a toûjours lieu, quoi qu'inſtituez en portions inégales, parce que le Titre de coheritier eſt un Titre d'univerſalité qui emporte avec ſoi un Droit ſur toute l'heredité, *Duarenus loco ſupra.*

Je croi donc qu'on ne peut pas étendre le Droit d'accroiſſement à celui qui eſt inſtitué *in re certa*, parce qu'il eſt ſeparé de l'heritier univerſel par la choſe même; ce qui ſuffit pour lui donner l'excluſion par l'argument pris de la Loi *Conjunctim*, *ff. de legat.* 3. où le Juriſconſulte decide que la conjonction des heritiers ou legataires par la choſe donne lieu au partage par concours, *concurſu fiunt partes*: Voilà pourquoi la choſe eſt dûë à chacun *in ſolidum & portio deficientis accreſcit alteri.*

Au ſurplus quand la Loi decide que l'inſtitué en une choſe particuliere eſt appellé à toute l'heredité, lorſqu'il n'y a point d'heritier nommé dans le Teſtament, la Loi a pour fondement la préſumée volonté du Teſtateur, qui n'ayant point fait d'inſtitution univerſelle, eſt cenſé avoir voulu appeller à l'heredité, l'inſtitué *in re certa*, ſuivant l'obſervation de la Gloſe, *verbo inſtitutus*, *Leg.* 1. §. 4. *ff. de hæred. inſtit.* & cet inſtitué n'a point alors les biens *jure accreſcendi*, mais comme heritier univerſel; ce qu'on ne peut pas dire de l'inſtitué *in re certa*, dans le Teſtament contenant inſtitution d'heritier, parce que cet inſtitué eſt alors ſimple legataire, *Leg. Quoties de hæred. inſtit.* qui ne peut prétendre au Droit d'accroiſſement, ſuivant la Doctrine de Barthole *in Leg. Lucius de vulgar. num.* 18.

De ces principes il faut conclurre que quand l'inſtitué *in re certa*, eſt appellé par la Loi à l'heredité ou par la répudiation de l'heritier inſtitué ou par ſon predecès au Teſtateur; ce n'eſt pas par droit d'accroiſſement, mais uni-

quement pour soûtenir le Testament, & empêcher que le
Testateur ne meure *ab intestat*, à quoi les Loix Romaines
avoient une grande attention, *Leg.* 1. *ff. de hæred. instit.*
*& ex facto* 37. *eod. & Novell.* 1. §. 1. *&* 3. & c'est sur
le fondement de ces mêmes Loix que Messieurs les Com-
missaires de ce Parlement qui ont travaillé depuis peu par
ordre de Monseigneur le Chancellier à dresser des Mémoi-
res concernant la Jurisprudence de la Cour, ont decidé que
le Fideicommissaire doit prendre l'heredité, & entrer en
possession des biens substituez ; nonobstant la répudiation
de l'heritier grevé, ce qui est contre les maximes du Droit
ancien.

# CHAPITRE XXXVI.

*Si la cession de tous les Droits paternels, faite par la*
*sœur à son frere moyenant certaine somme, empêche*
*la demande du supplément de legitime dans les trente*
*ans.*

C'Est la commune opinion des Docteurs que le fils ou
la fille qui pendant la vie du pere reçoivent leur legitime, sans une rénonciation speciale à toutes demandes
sur ce Droit, peuvent après le decès du pere agir en supplément ; ce qui doit avoir également lieu lorsqu'ils reçoivent des mains de l'heritier leurs droits paternels, & qu'ils
renoncent vaguement & en termes généraux, moyenant certaine somme à ces mêmes Droits, parce qu'il est de maxime que les renonciations sont *stricti juris*, & ne reçoivent
point d'extension suivant la Doctrine de *Benedict. in Caput*
*Raynut. verbo duas habens num.* 288.

Ranchin sur la question 427. Guip. en soûtenant l'opinion de Guip. & réfutant l'opinion contraire du Président
Boyer dans sa décision 14. *num.* 5. assure que le fils ne

peut agir en supplément de legitime , quoiqu'il ait renoncé en faveur de son pere , avec serment même à toutes les demandes qu'il pourroit faire sur ses biens , *verior tamen videtur authoris opinio , ut filius non obstante tali pacto firmato juramento quod possit agere ad supplementum , ex quo illi supplemento expresse non renunciavit.*

Cette question s'est jugée de même dans les Parlemens qui se regissent par le Droit écrit , comme on peut le recüeillir des Arrêts dont fait mention , *Ferr. in D. quæst.* 427. *Guip. & Faber in suo Cod. Lib.* 3. *Tit.* 19. *definit.* 1. elle a été diversement jugée au Parlement de Paris , suivant les Arrêts rapportez par Robert , *rer. judic. Liv.* 2. *Chap.* 4. *& Montholon en ses Arrêts Chap.* 35. Robert en apporte la raison que suivant la disposition du Droit Romain , il ne peut être fait aucun préjudice à la legitime , & que c'est pour cela même que dans les Parlemens regis par le Droit écrit , les rénonciations des enfans aux biens paternels , ne les privent pas de demander leur legitime en entier à la difference de l'usage du Païs Coûtumier , & de la France , où telles renonciations sont reçües & operent un effet general , en mettant les peres à l'abri de toute espece de recherche de la part des enfans qui ont ainsi renoncé.

C'est une question qui a été diversement jugée en la Cour si les interêts du supplément de legitime sont dûs depuis le decès du pere , lorsque le legitimaire après avoir fourni Quittance à l'heritier des Droits paternels , sans reservation aucune , forme ensuite une demande en supplément , ou si au contraire ces interêts ne sont dûs que depuis l'introduction de l'Instance Mr. de Cambolas Liv. 2. Chap. 32. rapporte des Arrêts contraires : je croi que dans ces circonstances même les interêts sont dûs depuis le decès du pere , parce que le supplément de la legitime est une portion de l'heredité , comme la legitime même qui produit des fruits annuels.

# CHAPITRE XXXVII.

*Si le Teftament écrit & figné par le Teftateur , vaut*
*en faveur de la caufe pie , fans Notaire*
*& Témoins.*

LA queftion , fi un Teftament fait en faveur de la caufe
pie fans Temoins vaut , n'eft pas fans difficulté ; & je
pencherois plûtôt à en prononcer la nullité , qu'à le confirmer : voici les raifons fur lefquelles je fonde mon opinion.

En premier lieu , quoique la comune opinion des Docteurs ait prévalû à celle du Docte Cujas dans fa confultation premiere , & qu'il ait paffé en maxime conftante
que le Teftament *inter liberos* eft valable fans Témoins
lorfqu'il eft écrit par le Teftateur ; il faut obferver que les
Interprêtes ne fe font portez à cette décifion que fur les
textes de deux differentes Loix du Code ; fçavoir de la
Loi *Ult. Cod. famil. ercifcund.* & de la Loi 21. §. *ex imper-*
*fecto , Cod. de Teftam. & quemadm. Teftam. ordin.* dans lefquelles les Empereurs ont crû devoir affranchir les Teftamens des peres entre enfans , du joug des folemnitez ordinaires, par la raifon que la nature appellant déja les enfans
à l'heredité de leur pere avant la difpofition du pere même,
c'étoit affez qu'ils conftat de fa volonté de quelque maniere ,
& dans quelque forme qu'il eût jugé à propos de la manifefter.

La caufe pie n'a pas reçû le même avantage , & quoique
la premiere de ces Loix foit partie de la main de Conftantin , & la feconde de Theodofe & Valentinien , Princes !
non feulement Chrétiens ; mais recommandables par leur
pieté , ils n'ont pas jugé à propos de communiquer ce privilege aux Teftamens faits en faveur de la caufe pie , parce
qu'en effet elle n'a rien de privilegié fur ce point , ainfi qu'il

refuſe du texte formel de la Loi *Generali*, *Cod. de ſacroſ.*
*Eccleſ.* qui exige au contraire que les diſpoſitions Teſtamentaires faites en faveur de la cauſe pie, ſoient revêtuës de
toutes les ſolemnitez du droit, *quod tamen alia omni juris*
*ratione maxima ſit*, nulle Loi n'a derogé celle-ci : la cauſe
pie demeure donc ſoûmiſe par le Droit civil aux formalitez ordinaires des Teſtamens, & elle ne peut prétendre
ſur ce point de joüir du privilege des enfans.

En ſecond lieu, ſelon la commune opinion des Docteurs, les Teſtamens faits en faveur de la cauſe pie ſont
valides avec deux Témoins ſeulement. La raiſon en eſt, que
cette eſpece de Teſtament ne ſe regle point par le Droit
civil ; mais par la diſpoſition du Droit canonique qui n'exige
que deux ou trois Témoins dans les Teſtamens, ſuivant le
Chapitre *Relatum* 11. *extra de Teſtam.* mais la preſence de
deux Témoins eſt de l'eſſence de ces Teſtamens, & c'eſt
ce que Mantica *de conject. ult. volunt. Lib. 6. Cap. 3 num.*
4. & ſuivans établit d'une maniere bien concluante ſur l'autorité des Interprêtes.

Le Chapitre *relatum* me paroît déciſif de la queſtion,
le Pape Alexandre III. declare que le Teſtament *ad pias*
*cauſas*, ne doit pas ſe regler ſuivant la forme du Droit civil, qui requiert ſept Témoins ; mais ſuivant les Canons
qui ſe contentent de la préſence de deux ou trois Témoins,
ſuivant ce qui eſt dit dans l'Ecriture, *in ore duorum vel*
*trium ſtet omne verbum :* Voilà la forme des Teſtamens de
cette eſpece reglée ; nulle Loi Eccleſiaſtique n'a dérogé à
cette Decretale, il faut donc en ſuivre la diſpoſition ; le
Droit civil d'un côté a donné des privileges aux Teſtamens
des peres en faveur de leurs enfans, qu'il n'a pas commu-
niquez à la cauſe pie, la Loi Canonique de l'autre n'a pas
donné ces privileges à la cauſe pie ; pourquoi donc ! vouloir la rendre privilegiée en la mettant au nivau des enfans,
dans un point où les Loix ont jugé à propos de la réduire au Droit commun, je ne voi pas de raiſon ſolide pour
décider le contraire, ſurtout quand la cauſe pie ſe trouve

en concours avec les collateraux du Teftateur, qui comme
fes heritiers legitimes font reputez par le Droit privilegiés
dans fa fucceffion , puifque les Teftamens faits en faveur
des heritiers *ab inteftat*, joüiffent de cette prérogative de
pouvoir fubfifter , & d'être valables avec le nombre de cinq
Témoins feulement, *Leg. hac confultiffima* §. *Si quis* 21.
*Cod. de Teftam.*

Enfin j'obferverai qu'en matiere de Teftamens, les privileges ne font point égaux entre les enfans & la caufe pie ,
puifque le fils de famille qui peut tefter *inter liberos*, fans le
confentement de fon pere, ne le peut en faveur de la caufe
pie fans ce confentement felon Monfieur Duranti *quæf.* 21.

A fuivre l'opinion de Ferr. fur la queftion 538. Guip.
il faut donner au Teftament fait en faveur de la caufe pie ,
le même privilege qu'au Teftament *inter liberos*, qu'il foûtient être valable ; s'il fe trouve écrit de la main du Teftateur , ou figné, l'alternative *ou* prouve que felon lui il
fuffit que le Teftateur ait figné le Teftament quand il eft
écrit d'un autre main, & qu'au contraire s'il l'a écrit de la
fienne propre la fignature n'eft pas neceffaire. *Si totum Teftamentum fcriptum fit manu Teftatoris, vel fubfcritum ab eo
valet hujufmodi Teftamentum inter liberos , & favore caufæ piæ*, Ferr. cite la Loi *Ult. Cod. famil. ercifcund.* mais
cette Loi ne parle que du Teftament *inter liberos*.

Le préjugé qui eft rapporté dans ce Chapitre, & qui
declara valide un Teftament fait en faveur de la caufe pie
écrit feulemement , & figné par le Teftateur , & l'opinion contraire de plufieurs Docteurs qui requierent la pré-
fence de deux Témoins, donnerent lieu à un Procès qui
fut intenté en la Cour par le Sindic des pauvres de l'Hôpital de Villemeur contre la Dame du Puget, celle-ci avoir
été inftituée heritiere par la Dame de Vivier par un Teftament revêtu de toutes les formalitez du Droit, pofterieu-
rement elle dérogea à ce Teftament par un fecond fait en
faveur des pauvres de cet Hôpital , écrit de fa main & figné aux trois premieres pages ; mais non à la derniere, y

ayant même des interlignes dans les corps de la difpofition
& des ratures.

Le Sindic des pauvres prétendit qu'il fuffifoit que le Teftament fut écrit de la main de la Teftatrice, fuivant l'opinion de Ferr. quoiqu'il ne fut pas figné à toutes les pages, qu'il étoit daté, & que la volonté de la Teftatrice étoit
conftatée ; ce qui fuffifoit *favore caufæ piæ* : Toute fois la
Cour par fon Arrêt du 21. Août 1713. prononcé à l'Audience de la Grand'Chambre, maintint la Dame du Puget en l'heredité de la Dame Duvivier, fans avoir égard
au Teftament fait au profit de cet Hôpital.

Le motif de cet Arrêt ne fut pas que le fecond Teftament fait en faveur de la caufe pie, n'étoit figné d'aucun
Témoin ; car l'Avocat de la Dame du Puget ne contefta
point là-deffus, & crût la maxime de Ferriere deja adoptée par la Jurifprudence de la Cour ; mais que ce Teftament
n'avoit point toute la perfection que la Teftatrice avoit voulu lui donner, fçavoir la fignature à chaque page, ce qui
fe manifeftoit par l'attention qu'elle avoit marquée de fig-
ner les trois premieres pages ; en forte qu'ayant laiffé la
derniere fans feing, il y avoit lieu de conjecturer un re-
pentir de fa part, & un changement de volonté avant d'a-
voir donné la perfection à ce Teftament.

---

# CHAPITRE XXXIX.

*De la femme inftituée heritiere en l'ufufruit par le Tefta-*
*ment de fon mari, pour en joüir pendant fa vie, à la*
*charge de nourrir & entretenir les enfans.*

Benedict. *in verbo cætera bona num.* 19. Mantica *de con-*
*ject. ult. volunt. Lib. 9. tit. 7. num.* 1. & plufieurs autres
Interprêtes ont été de cette opinion que l'ufufruit des biens
d'une heredité laiffé à la femme par le Teftament de fon
mari, fe reduit au fimple entretenement, & que la veuve

eft

eſt comptable envers ſes enfans heritiers inſtituez des fruits
de l'heredité.

Cette opinion loin d'être fondée ſur quelque texte
du droit , eſt contraire à la diſpoſition des Loix mêmes
inſerées ſous le titre de *uſu , & uſufructu legat.* au Digeſte ,
où les Loix ne diſtinguent point le legs d'uſufruit fait à la
femme , d'avec celui qui ſe trouve fait à toute autre perſonne ; ce qui eſt confirmé par deux Arrêts de la Cour rapportez par Albert, Lettre V *verbo* uſufruit, & la déciſion
de ces Arrêts doit avoir lieu , à moins qu'il ne paroiſſe que
la volonté du Teſtateur a été de ne laiſſer à ſa femme qu'une
ſimple adminiſtration, ce qui ſe rencontre lorſque la femme
a été ſimplement laiſſée Dame, maîtreſſe , & adminiſtrereſſe
des biens ſans énonciation d'uſufruit , auquel cas le legs doit
être reduit aux ſimples alimens, *cum præeminentia in domo.*

Au ſurplus , il paroît indifferent pour la queſtion que la
femme ait été nommement inſtituée au legs d'uſufruit , ou
qu'elle en ſoit ſeulement legataire , parce que cette inſtitution eſt un titre purement honorable ; mais qui n'eſt pas
plus abondant que celui du ſimple legs d'uſufruit ; c'eſt ce
qu'a remarqué Fernand , *L. in quartam præfat. 2. art. 3. num.*
2. en parlant de l'inſtitution en la legitime faite par le pere
en faveur de ſon fils.

---

# CHAPITRE XLII.

*Si les Petits-fils peuvent demander un ſupplément de legi-
time ſur les biens de leur Ayeul, lorſque le pere ou
la mere prédecedez y ont renoncé.*

Charondas, *reſponſ.* Liv. 5.ᵉ ch. 8. traite la même queſtion decidée par l'Arrêt rapporté dans ce Chapitre ,
& fait mention d'un Arrêt du Parlement de Paris de l'année 1568. qui décida que la fille qui dans les articles de
ſon mariage a fait une rénonciation à tous Droits paternels ,

moyenant la Conftitution dotale qui lui a été faite, venant enfuite à deceder avant fon pere qui a fait la Conftitution , *ne peut rien tranfmettre à fes enfans fur cette fucceffion dont elle leur a ôté l'efperance , ayant été fatisfaite de fa part hereditaire ou legitime , au moyen de la dot reçûë.*

Cet Arrêt paroît contraire à celui dont fait mention notre Auteur ; mais il doit être entendu dans le cas où les petits fils ont accepté l'heredité de leur mere predecedée qui avoit reçû une partie de fes Droits paternels ; car dans ces circonftances reprefentans fa perfonne ; il eft certain que la renonciation de la mere fait obftacle à la demande des petits-fils , & qu'ils ne peuvent prétendre à un fupplément de legitime auquel elle a renoncé fuivant la difpofition de la Loi *Cum à matre Cod. de rei vindicat.*

Mais fi les petits-fils reprefentent feulement le degré de leur mere ; c'eft - à - dire qu'ils prennent fa place dans la fucceffion de leur ayeul , fans s'être immifcez dans l'heredité de leur mere, alors la rénonciation de la mere, ne peut leur être oppofée par la raifon que la legitime fur les biens de l'ayeul leur eft dûë de leur chef, fans qu'ils foient tenus d'imputer ce que leur mere a reçû en avancement d'hoirie ; s'il n'eft tombé en leurs mains après le decès de la mere, puifque la legitime eft dûë en entier après le decès du pere de famille à ceux qui y tiennent le premier degré , *Leg. Neptem 7. C. de inoff. Teftam.*

Ainfi il faut décider cette queftion qui a partagé les Interprêtes par la diftinction que fait Guip. *in quæft.* 228. *num.* 2. où les petits-fils viennent de leur chef, comme reprefentans le degré ou comme reprefentans leur mere predecedée en qualité d'heritiers , au premier cas la rénonciation de leur mere ne fait point obftacle à leur demande ; au fecond cas ils font liez par cette rénonciation.

Les petits-fils venant de leur chef ne font tenus d'imputer fur leur legitime que la portion que leur mere avoit reçûë, & qui leur a été tranfmife ; car s'ils n'ont rien de cette portion, ils peuvent demander leur legitime en entier ;

c'eſt la Doctrine de Fernand , *Leg. in quartam* 2. *præfat.*
*num.* 12. *cap.* 12.

# CHAPITRE XLIII.

### *De la prohibition ou décharge de faire Inventaire.*

### *Si l'inventaire fait par le défunt peut décharger l'heritier d'en faire un autre.*

JE croi que le Teſtateur peut prohiber la faction d'inventaire à ſon heritier, non au préjudice de ſes Créanciers ; mais des legataires & ſubſtituez , & qu'alors ni les legataires ni les ſubſtituez ne peuvent y contraindre l'heritier , je me range en cela du côté des Interprêtes qui l'ont
ainſi decidé , & dont l'opinion eſt rapportée par Fachin,
*controverſ. Lib. 6. Cap.* 25. opinion ! que *Fachin* ſoûtient
être la meilleure par les raiſons dont il combat la Doctrine
ſinguliere de quelques Docteurs ſur ce point.

*Fachin* allegue deux raiſons pour appuyer ſa déciſion qui
me paroiſſent touchantes ; la premiere que le Teſtateur auroit pû priver les legataires , & Fideicommiſſaires du legat
& de la ſubſtitution , à plus forte raiſon peut-il décharger
ſon heritier de la faction d'un Inventaire dont l'omiſſion
peut bleſſer l'interêt ſeul des legataires ou ſubſtituez ; la
ſeconde que ſuivant la Loi *Ult. Cod. arbitr. tutel.* le Teſtateur peut prohiber au Tuteur la confection de l'Inventaire de ſes effets , dans la vûë de derober au public la connoiſſance du fonds de ſon patrimoine , & qu'il peut avoir
ici le même motif ; j'ajoûterai que le Teſtateur peut impoſer à ſon heritier telle condition qu'il trouve à propos ;
& que ſa volonté eſt une Loi inviolable , *uti pater familias
legaſſit ita jus eſto* , la ſeule exception à cette maxime eſt ſi la
condition renferme en ſoi quelque choſe qui puiſſe choquer

le droit public, auquel cas il n'eſt point au pouvoir du Teſtateur d'y aſſujetir l'heritier, *Leg. nemo*, *ff. de legat.* I.
Or la prohibition d'Inventaire ne bleſſe point le droit public, l'Inventaire ayant été introduit par Juſtinien en faveur de l'heritier ſeul contre les Créanciers & legataires, *Leg.*
*Ult. Cod. de jur. delib.* afin de n'être tenu à l'égard des
Créanciers au-delà des forces de l'heredité, & pour avoir
le Droit de réduire les legats exhorbitans à concurrence de
la Quarte falcidie, le Teſtateur peut donc impoſer cette
condition à l'heritier au préjudice des legataires & ſubſtituez qui doivent être aſſujetis aux conditions qu'il a plû
au Teſtateur d'impoſer à ſa diſpoſition, *Leg. Si hæredi*, *ff.*
*de condit. inſtit.* ne pouvans approuver ſon jugement pour
une partie, & l'impugner pour l'autre.

Quant aux Créanciers le Teſtateur ne peut prohiber à
ſon heritier l'Inventaire de telle ſorte que les Créanciers
n'ayent pas la liberté, pour la conſervation de leurs Créances d'y faire proceder, parce que le Teſtateur ne peut leur
préjudicier par ſa diſpoſition, *cum alteri per alterum iniqua*
*conditio inferri non poſſit*; mais le Teſtateur peut prohiber
cette faction d'Inventaire à ſon heritier perſonnellement,
& ſous la condition de privation de l'heredité au cas il y
fit proceder, & il n'y a pas de doute ſelon moi, que l'heritier ne demeurât privé de plein droit de l'heredité, s'il
faiſoit Inventaire au préjudice de la prohibition, parce que
la volonté du défunt lui doit ſervir de regle, *Leg. in conditio-*
*nibus*, *ff. de condit. & demonſtr.* & que la prohibition ne
choque en rien le Droit public.

Au ſurplus je croi que l'heritier qui joüit des biens ſous
la foi d'un Inventaire fait par le défunt dans ſon Teſtament, &
qui a eu connoiſſance après ſon decès que le défunt laiſſoit des
Créanciers ne peut ſe diſpenſer de faire un Inventaire d'autorité de Juſtice, & dans les formes ordinaires, ſans quoi
il eſt tenu perſonnellement envers les Créanciers, & ne
peut repudier, je me fonde ſur deux raiſons 1°. Qu'on préſume facilement la colluſion & la fraude *inter perſonas*

*conjunctas*, suivant l'obſervation de la Gloſe ſur la Loi *penult. ff. de ritu nupt.* L'heritier qui a negligé de faire Inventaire, & qui a ſuivi la foi de celui du défunt avec qui il ſe trouve ſi intimement lié, manque à l'exactitude qu'il doit aux Créanciers de l'heredité, & s'expoſe par là à un ſoupçon de colluſion & de fraude avec ſon Auteur, qui connoiſſant les dettes qu'il avoit contractées, devoit laiſſer à ſon heritier le ſoin de faire proceder juridiquement à ſon Inventaire pour la ſeureté des Créances.

2°. Parce que la Loi *Ult. Cod. de jur. deliber.* preſcrit à l'heritier une forme judiciaire de faire proceder à l'Inventaire après le decés du défunt, & qu'il ſemble aſſujeti à ſuivre cette forme, ſurtout à l'égard des Créanciers auſquels ( ainſi qu'on l'a déja obſervé ) le Teſtateur ne peut préjudicier par l'Inventaire qu'il a dreſſé lui-même.

Le Procureur du Roi ne peut requerir la confection d'Inventaire pour les pupilles, quand ils ont un Tuteur, que lorſque les parens du pupille l'en requierent eux-mêmes, ainſi jugé à l'Audience de la Grand'Chambre, Preſident Mr. le premier, plaidans Me. Favier pour la veuve de Bourgade de Caſtres, & Me. Aſtruc pour Me. Prudhomme Procureur du Roi en la Judicature de Caſtres, le 26. Janvier 1717. cet Arrêt fut rendu contre les concluſions de Mr. le Procureur Genéral Lemazuyer.

Il faut excepter le cas de colluſion entre les parens du pupille & leur Tuteur ; car alors le Procureur du Roi pourroit ſans difficulté requerir l'Inventaire, parce qu'il a en main la défenſe des pupilles qui eſt de droit public, il en ſeroit de même dans les circonſtances d'une prohibition d'inventaire de la part du pere Teſtateur, & d'une pleine confiance en la foi du Tuteur par lui nommé au pupille.

Si la conduite du Tuteur devenoit ſuſpecte de fraude envers le pupille, le Procureur du Roi ſeroit en droit de requerir l'Inventaire, & le Juge fondé d'y proceder ; car quoique l'on défere à la nomination tutelaire faite par le pere dans ſon Teſtament ; toutefois s'il arrive que cette nomination blesse l'interêt du pupille, & la Loi publique des tutelles, le Juge est en Droit après le decès du pere, de pourvoir au pupille d'un autre Tuteur, suivant la Doctrine de Mr. d'Olive, Liv. 1. Chap. 33. fondée sur la Loi *Utilitatem* 10. *de confirm. Tutor.*

---

# CHAPITRE XLIV.

*Quels Legs peut faire le pere, qui mariant son fils a promis de l'instituer heritier, à la charge de payer ses Legs.*

IL faut établir pour maxime que la promesse d'instituer heritier faite par le pere dans le Contrat de mariage de son fils, est une vraye donation de ses biens presens & avenir ; c'est la Doctrine de Mrs. Maynard Liv. 5. ch. 90. & Cambolas Liv. 4. ch. 26. num. 2. Fernand qui a traité la matiere des institutions contractuelles fort exactement, regarde du même œil ces institutions, & comme de vrayes donations, puisque d'un côté il soûtient que les articles de mariage qui renferment ces institutions doivent être insinuez, & ce par les mêmes motifs qu'ont eu les Ordonnances Royaux, lorsqu'elles ont requis l'insinuation des donations ; c'est ainsi qu'il parle *prælud. cap. 6. num. ult.* & que de l'autre ce même Docteur au Chapitre 7. *eod. num. 6.* observe que le pere qui a promis d'instituer ne peut aliener les biens qu'en certain cas. 1°. Pour doter ses filles & pour la legitime de ses enfans. 2°. Quand le pere fait l'alienation pour dedommager un tiers de quelque perte qu'il pourroit lui avoir causée. 3°. Pour se tirer de quelque état de contrainte personnelle, & pour se mettre à l'abri de la peine qu'il pourroit avoir encouruë pour quelque délit commis. 4°. Quand ce pere fait quelque Contrat d'achât de vente ou de permutation en bon pere de famille pour l'entretien & l'augmentation du patrimoine ; enfin quand ce pere aliene quelque fond pour son entretien, ou celui de la famille.

Cette Doctrine que l'institution universelle & contractuelle équipolle à une donation entre-vifs, est également reçûë, & adoptée par les Docteurs François, & par les Arrêts rendus en païs coûtumier, ainsi qu'on peut le voir dans *Loüet*, *Lettre S*, *Somm. 9.* & dans Brodeau *eod.* Celui-ci num. 5. après avoir rapporté un Arrêt du Parlement de Paris du 27. Mars 1599. qui jugea que les pere & mere ne peuvent disposer de leurs biens, ni les hipothéquer au préjudice du substitué contractuel, observe que bien que la liberté ne soit pas pour cela ôtée aux pere & mere de disposer absolument de ces mêmes biens : cette liberté doit être entenduë tout dol & fraude cessant ; en sorte qu'ils peuvent neanmoins faire des dispositions moderées en faveur de l'Eglise, & pour autres causes pies, & non au profit de l'un de leurs enfans ; parce que la disposition seroit faite en fraude, & comme dit la Loi *Titius*, *ff. ad Trebell. intervertendi fidei commissi gratia*, qui est le motif de cet Arrêt du 27. Mars 1599.

La reservation expresse du donateur de pouvoir faire des legs, change pour ainsi dire, la nature de l'institution contractuelle, en ce que le donateur n'est point reservé dans les bornes que la Loi de ce Contrat lui prescrit, à raison de l'alienation des biens contenus dans l'institution, & qu'il peut à l'exemple des institutions testamentaires absorber en legats les trois quarts des biens donnez suivant l'Arrêt de la Cour : mais je croi que cette reservation doit demeurer restrainte au cas exprimé ; c'est-à dire aux legs, & qu'elle ne donne point la liberté au donateur de disposer par acte d'entre-vifs de ces mêmes biens, jusqu'à concurrence des trois quarts, par la raison que les reservations de cette espece sont *stricti juris*, comme faisant partie d'un Contrat.

# CHAPITRE XLV.

*Si le pere peut, au préjudice de ses creanciers, renoncer à l'usufruit qu'il a sur le legs fait à son fils.*

L'Arrêt rapporté dans ce Chapitre est contraire à un Arrêt du 17. Juillet 1680. rapporté par l'Arrestographe, Tom. 2. Liv. 6. ch. 14. par lequel il fut jugé que le pere. qui a l'usufruit des biens de ses enfans, *jure patriæ potestatis*, n'y peut renoncer au préjudice de ses créanciers. La décision de l'Arrêt contenu dans ce Chapitre, est contraire à la disposition de la Loi 3me. §. 1. *ff. quæ in fraudem creditorum* sur laquelle la Glose *in verbo amittit*, observe que le debiteur ne peut renoncer à l'usufruit au préjudice de ses créanciers, ni expressément *per pactum*, ni tacitement *non utendo*.

Vainement opposeroit-on ici que la restitution du Fideicommis peut être faite par l'heritier grevé par anticipation de tems, en quoi la Loi décide que les créanciers de l'heritier grevé ne sont pas censez fraudes, *Leg. patrem, ff. quæ in fraudem creditor.* ce qui se trouve avoir été ainsi jugé suivant l'Arrêt rapporté par Mr. d'Olive, Liv. 5. ch. 29. Car si la restitution anticipée du Fideicommis ne préjudicie point aux créanciers de l'heritier grevé, c'est par la raison qu'en donne Papinien ; sçavoir que l'heritier n'a proprement rien donné du sien quand il a fait cette restitution, n'ayant en cela fait autre chose que remplir ses engagemens, & seconder en quelque sorte les desirs du Substituant, *Leg. Unum ex familia §. 1. de legat 2. & D. leg. patrem*, au lieu que dans la renonciation de l'Usufruitier à l'usufruit en faveur de la proprieté, l'Usufruitier se dépoüille sans necessité, & contre l'esperance & les vûës du Testateur, & que par ce dépoüillement il préjudicie à des créanciers qui ont droit d'exercer les actions de leur debiteur.

Suivant

Suivant les diftinftinctions que je viens de marquer, il fut rendu un Arrêt en la 3.me. Chambre des Enquêtes le 5. Mai 1721. au Rapport de Mr. de Gaujeac qui décida que le pere qui joüit de l'ufufruit des biens de fon fils, *jure patriæ poteftatis*, ne peut s'en dépoüiller en fa faveur au préjudice de fes créanciers, il fut rendu un Arrêt conforme en la premiere des Enquêtes, au Rapport de Mr. de Catellan Lamafquerre le 22. Juillet 1722. en forte que c'eft-là un point de Jurifprudence de ce Parlement.

---

# CHAPTRE XLVIII.

### Des mots Item, je legue ou legue auffi.

DUmoulin *in confuetud. parif.* tit. des fiefs **1. §. 55.** *Gloffa* 1. *in verbo item*, obferve que le mot *item* ne renferme point en foi repetition des claufes précedentes; mais une fimple continuation d'Oraifon, *dictio item defe non eft repetitiva fed continuativa, & non ordinatur ad repetendum, qualitates, & conditiones, difpofitionis precedentis fed ad continuandum fermonem ejufdem capituli*, furquoi il cite plufieurs textes du Droit civil.

Le même Auteur num. 3. apporte enfuite une exception à cette maxime, en ajoûtant qu'on peut conjecturer une tacite repetion de difcours & de claufes par cette diftinction *item*, lorfqu'il y a une conjonction, identité de difcours, & parité de raifon dans ce qui fuit immediatement le mot *item*, *copula*, dit-il *identitas orationis, & identitas rationis*, & qu'au contraire trois chofes font exclvfives de cette repetition tacite *videlicet adverfativa, diverfitas orationis, & diverfitas rationis*; & je croi que c'eft la meilleure regle à fuivre dans cette matiere.

Le Préfident Faber *in fuo Cod. Lib. 6. tit. 25. deffinit.* 4. rapporte un Arrêt du Senat de Chamberi qui peut autho-

rifer cette maxime, par lequel il fut jugé que la qualification de mâle appofée dans le premier degré de fubftitution,
n'étoit pas cenfée repetée dans le fecond, parce qu'il y avoit
difference de qualité des fubftituez, & par confequent difparité de raifon, & de motif dans les deux degrez. Sur le
mot *item* qui renferme une tacite répetition des claufes précedentes, on peut voir la Loi *In repetundis 63. & ibi Gloff.
de legat. 3.*

---

# CHAPITRE XLVIII.

### *Si le muët & fourd de naißance, peut faire Teftament pourveu qu'il fçache écrire, & foit capable d'af-faires par l'écriture.*

JE croi qu'on ne peut décider en thefe, qu'un muët &
fourd de naiffance puiffe faire un Teftament, pourveu
qu'il foit capable d'affaires au moyen de l'écriture. Je me
fonde, 1°. fur l'exclufion formelle que donne la Loi *Dif-
cretis 10. Cod. qui Teftament facere poff.* au muët & fourd
*à natura*, de pouvoir faire aucune efpece de difpofition de
derniere volonté, pas même en faveur de la liberté, fans
que la Loi ait pris foin de diftinguer les cas, & de faire
une exception en faveur de ceux qui fçachant écrire étoient
capables d'affaires, ce que la Loi n'auroit pas manqué de
faire fi ç'eût été l'efprit du Legiflateur; puifqu'il n'étoit pas
nouveau au tems de Juftinien, Auteur de cette Loi, que
des muëts & des fourds de naiffance, pouvoient être capables de commerce & d'affaires, ayant appris à écrire; ce
que l'experience avoit fans doute fait connoître dans ce
fiécle, comme dans ces derniers tems: D'où je conclus que
cette Loi doit être appliquée indiftinétement aux fourds
& muëts *à natura*; car c'eft une maxime géneralement
reçûë, que ce n'eft point au Juge d'admettre des dinftinc-
tions là, où la Loi n'a pas jugé à propos d'en faire, ce

pouvoir étant reservé au seul Legiflateur, *Leg. Ult. Cod. de legib.*

La Loi *Difcretif.* eft conçûë non feulement en termes generaux, & qui renferment une exclufion generale pour tous les fouds & muëts *à natura* ; mais elle nous montre encore que ç'a été l'intention du Legiflateur par les termes qu'elle employe, & par le détail qu'elle fait des differentes efpeces de difpofitions dont elle les exclud, comme des codicilles & donations à caufe de mort, où il faut moins de folemnité qu'aux Teftamens ; & fur quoi il femble que la Loi auroit dû relâcher quelque chofe de la rigueur de fa décifion, ce qu'elle n'a pourtant pas fait, non plus qu'en faveur de la liberté des Efclaves.

2°. Ce feroit, felon moi, d'une trop dangereufe confequence d'admettre les fourds & muëts de naiffance, à cette faculté de pouvoir tefter quand ils fçavent écrire, & qu'ils font capables d'affaires ; car autre chofe eft la capacité de tefter, autre chofe la capacité d'agir dans le commerce de la focieté civile. Le Teftament a été regardé par les Loix comme l'acte le plus folemnel & le plus ferieux de tous, & qui exige dans le Teftateur une déliberation parfaite de la volonté, & une connoiffance claire & diftincte de l'acte ; & c'eft ce qu'on ne peut conjecturer de cette capacité des fourds & muëts *à natura*, d'agir dans le commerce ordinaire, capacité ! qui peut s'acquerir par l'habitude, & qu'on peut exercer fans avoir cette maturité de jugement requife pour pouvoir valablement tefter.

# CHAPITRE XLIX.

*Si le fils heritier de fon pere peut demander la legitime*
*& la falcidie.*
*S'il peut omettre la legitime & demander la falcidie.*

C'Eſt une queſtion controverſée, ſi le fils heritier inſtitué, & chargé de legats, qui abſorbent plus de trois
quarts de l'heredité peut détraire en même tems la falcidie,
& ſa legitime. *Fachin. controverſ. Lib.* 13. *Cap.* 52. a crû
qu'il pouvoir faire cette double détraction ſur l'heredité,
& l'abandonner enſuite aux legataires ; il s'eſt fondé ſur
ce que la même raiſon milite pour le fils dans ce cas, que
dans celui de la détraction de la legitime, & Quarte Trebellianique qu'il peut faire en même tems, en reſtituant le
Fideicommis, ſuivant le *Chap. Raynutius extra de Teſtam.*
pouvant ici détraire la falcidie, *ut quilibet extraneus* & la
legitime *ut filius.* Les autres Docteurs ſont oppoſez à cette Doctrine ſur le fondement qu'il n'y a nul texte du Droit
civil ni canonique, qui ait permis la détraction de la legitime & falcidie tout enſemble, d'où ils tirent cette conſéquence qu'il ne faut point donner de l'extenſion au *Chap.*
*Raynutius* qui doit demeurer reſtraint à la Trebellianique &
à la legitime.

Cette derniere opinion a prévalu dans les jugemens rendus par la Cour, rapportez par Mr. d'Olive, qui ont ſervi de fondement à l'Arrêt du 8. Août 1678. je voudrois
faire une diſtinction qui me paroît propre à concilier le conflict qu'il y a ſur ce point entre les Interprêtes, & qui n'a
rien de contraire aux Arrêts dont je viens de parler ; diſtinction ! priſe de l'eſprit & du fonds des Loix mêmes, qui
ſervent de regle pour les matieres d'inſtitution d'heritier, &
de ſubſtitution.

Je croi donc qu'il faut diftinguer ici la qualité de legataires ; s'ils font enfans ou defcendans du Teftateur, le fils
heritier doit opter de fa legitime, ou de la falcidie, & demeurer reftraint, à l'une ou à l'autre de ces deux portions de
l'heredité, fi au contraire, les legataires font des collateraux
du Teftateur ou des étrangers, c'eft répondre à la prédilection naturelle qu'un pere a toûjours pour fes enfans fur
des collateraux, que d'adjuger au fils heritier inftitué la falcidie, & la legitime tout enfemble.

La faveur des enfans a fouvent determiné les décifions
des Jurifconfultes dans les matiereres de fubftitution, &
d'inftitution ( comme je l'ai remarqué ailleurs ) en forte
que quand ils fe trouvent en concours avec des étrangers,
il faut leur donner fur eux, tout l'avantage qu'on peut tirer
de l'efprit de ces mêmes Loix ; or il fuffit ici pour autorifer ma diftinction que le *Chap. Raynutius extra de Teftam.*
permette au fils la detraction de la Quarte Trebellianique,
& de la legitime tout enfemble dans la reftitution qu'il fait du
Fideicommis, pour qu'on puiffe en tirer cette confequence,
que la détraction de la legitime & Quarte falcidie, lui compete
auffi à l'égard des legataires étrangers.

---

# CHAPITRE L.

*Du legs d'ufufruit, ou des fruits & revenus jufqu'à cer-*
*tain tems, ou jufques à l'échéance de certaine*
*condition.*

IL faut prendre garde ici, de ne pas confondre ce qui eft
réellement diftinct par la difpofition de la Loi ; le legs
des rentes & revenus d'un fonds, avec le legs d'ufufruit de
ce même fonds. Il y a cette différence effentielle entre l'un
& l'autre, que le legataire des rentes & revenus d'un fonds
de terre ou d'une maifon, eft reftraint à prendre de l'heri-

tier les rentes annuelles que portoit ce même fonds au Testateur lors de son decès, & que l'heritier n'est pas tenu de
la diminution de ces rentes qui pourroit arriver, ou par cas
fortuit, ou par des révolutions assez fréquentes dans le commerce ; mais seulement de la diminution survenuë par son
fait, c'est-à-dire par sa faute ; c'est la disposition formelle
de la Loi *Fundi æbutiani* 38. *ff. de usu* , *& redit. &c. &*
*ibi Gloss.* Telle est encore la disposition de la Loi 41. *eod.*

Aux termes de cette premiere Loi, l'heritier demeure en
possession du fonds, & peut le vendre & l'aliener comme
sa chose propre, au lieu que le legataire de l'usufruit à droit
de joüir pleinement de la chose, d'en déposseder l'heritier,
& de percevoir les fruits ou par lui-même ou par des Fermiers.

Dumoulin *in consuetud. Paris. Tit. des Fiefs* §. 1. *Gloss.*
1. *num.* 45. a bien établi cette difference de legs sur le fondement de cette même Loi, & au *num.* 40. *eod.* il cite un
grand nombre de Docteurs qui témoignent que cette difference est adoptée par la pratique & dans les jugemens.

Le legs des rentes & revenus, a cela de commun avec celui
d'usufruit, qu'il prend fin par le decès du legataire ; c'est la
remarque du Jurisconsulte dans la Loi 22. *patrimonii eod.*
mais il differe dans tout le reste.

Il est à propos d'observer ici, que le proprietaire du fonds
dont l'usufruit a été legué, est obligé de fournir aux frais des
grosses réparations qui surviennent à faire pendant le cours
de l'usufruit, suivant la Loi *Eum Cod. de usufr.* les menuës
réparations étant une charge de l'usufruit ; mais ce proprietaire n'est point tenu de ces grosses réparations, si au tems
du decès du Testateur que l'usufruit a commencé, elles
étoient à faire, *Leg.* 65. *ff. de usufr. & quemadm. quis utat.*
La raison qu'en donne Faber *in rational. ad* §. *non magis*
de cette Loi, est que le legs d'usufruit étant une pure liberalité du défunt, son heritier ( qui le represente ) ne doit
point être tenu d'aucune espece de réparation, *ne eo casu*
*donator liberalitatis suæ pœnam patiatur* , le legataire ayant le

choix de répudier le legs ou de l'accepter, s'il l'accepte, il doit prendre la chose en l'état qu'elle est, *qualis qualis sit etiam si deterior fit Faber eod.*

C'est par l'observation de Faber qu'on peut concilier la contrarieté apparente des Loix *eum Cod. de usufr. & 65. ff. eod.*

# CHAPITRE LI.

### *Des dépens obtenus contre l'heritier sous Benefice d'Inventaire.*

LEs dépens font perfonels, par la raifon, que c'est la peine des témeraires plaideurs. Ainfi quoique l'heritier fous Benefice d'Inventaire foit reçû à répudier l'heredité, il est néanmoins tenu des dépens, aufquels il a donné lieu par des conteftations chicaneufes, condamnées par Arrêt, *Charondas refponf. Liv. 3. Chap. 10. Mornac ad Leg. 79. ff. de Judic.*

L'Ordonnance de 1667. pour reprimer la temerité des plaideurs, les a affujettis à la contrainte par corps, après les quatre mois par l'art. 2. du Tit. 24. mais c'est une queftion de fçavoir, fi les quatre mois courent irrévocablement depuis la fignification de l'Arrêt executoire de dépens, & commandement fait en conféquence, au préjudice de l'appel de taxe, ou s'ils ne courent au contraire, que depuis l'Arrêt de rétaxe, & la fignification qui en a été faite.

Ce qui peut favorifer le débiteur de ces dépens, est que les dépens font proprement illiquides jufqu'à la rétaxe qui en est faite ; en forte qu'on ne peut regarder celui qui y est condamné comme débiteur, que depuis l'Arrêt de rétaxe, & conféquemment les délais de l'Ordonnance ne doivent point courir contre lui avant cet Arrêt.

Le demandeur paroît d'un autre côté fondé, à executer cette contrainte d'abord après les quatre premiers mois expirez en exécution de l'Arrêt de taxe ; par cette raison ; qu'il feroit aifé au débiteur d'éluder l'execution de cet article de l'Ordonnance au préjudice du Créancier, en gagnant le double du tems que l'Ordonnance ne lui donne, ce qu'il peut faire aifément en ne relevant appel de la taxe que vers la fin des quatre premiers mois expirez, & obtenant par détour captieux un délai de huit mois, l'Arrêt de retaxe, n'étant rendu qu'après les quatre premiers mois. Nonobftant cette confideration il fut jugé en la troifiéme Chambre des Enquêtes le 10. Juillet 1720. au Rapport de Mr. Trenqualie, entre le Commandeur de Cais, & le nommé Bonnet, que le délai d'executer la contrainte ne couroit que du jour de l'Arrêt de retaxe.

On peut obferver ici, que quoique les Parties ayent été mifes hors de Cour & de Procès, dépens compenfez. Celui qui fe trouve condamné aux fraix de l'expedition de l'Arrêt, eft tenu de rembourfer à l'autre, les fraix des expeditions des Arrêts qu'il a été obligé de lever pour rendre les charges libres, comme demandeur en excès ; c'eft ainfi que la chofe fut jugée le 2. Mai 1725. en la troifiéme des Enquêtes, au Rapport de Mr. Trenqualie en faveur de Dupui.

Le motif de cet Arrêt, eft fondé fur l'ufage, que pour le payement des fraix d'expedition des Arrêts qu'on a levez pour l'inftruction, le dernier Arrêt regle les précedens, & que les épices ne font confonduës avec les dépens, que pour ce qui concerne la contrainte au corps, qui s'execute indiftinctement pour les épices, & pour les dépens depuis le reglement fait à ce fujet, dans l'affemblée des Chambres de ce Parlement le 10. Mars 1717.

Ce reglement portant que la contrainte au corps auroit lieu, tant pour les épices que pour les dépens, fit la matiere d'une conteftation entre le fieur de Muraffon, & le fieur de Braffac, qui roula fur ce que le fieur de Muraffon ayant obtenu une Sentence avec condamnation de dépens d'autorité du Sénéchal, contre le fieur de Braffac, dont les épices fe montoient à la fomme de 700. liv. &

le

le fieur de Braffac ayant interjetté appel en la Cour de
cette Sentence, le fieur de Muraffon y obtint une Ordonnance contenant permiffion d'executer la Sentence, nonobftant l'appel pour les épices, & forma enfuite un Soit-
Montré le 2. Janvier 1722. pour demander que le fieur de
Braffac faute d'avoir payé ces épices dans les quatre mois
qui lui avoient été declarez, fut condamné à les lui payer dans trois jours, autrement qu'il y feroit contraint par
corps, fur quoi il fût rendu Arrêt en la troifiéme Chambre des Enquêtes, au Rapport de Mr. l'Abbé de Mariotte
le 30. Janvier fuivant qui déclara n'y avoir lieu quant à
prefent d'ordonner la contrainte par corps pour ces épices.

Le motif de cet Arrêt eft pris de ce que la contrainte
au corps n'a été ordonnée par l'Arrêt de reglement pour
les épices, que comme faifans partie des dépens, & par la même raifon, qui fuivant l'efprit de l'Ordonnance doit avoir
lieu, & pour les uns & pour les autres, puifqu'il n'y a
point de diftinction faite entre les épices & les dépens, &
que les épices n'ont pas moins de faveur.  Or l'appel de
la Sentence ayant un effet fufpenfif pour les dépens, doit
l'avoir auffi, quant à la contrainte pour les épices, devant
fuffire au Créancier des épices, de pouvoir nonobftant
l'appel faire execution fur les biens de fon débiteur.

---

## CHAPITRE LIII.

### *Du Teftament fait en tems de Pefte.*

ON ne peut à mon avis décider en thefe la queftion du
nombre des Témoins, requis dans les Teftamens faits
en tems de Pefte, parce qu'elle dépend des circonftances
differentes.

S'il falloit fe regler par la difpofition de la Loi *Cafus* 8.
*Cod. de Teftam.* & la Doctrine de Fachin *controverf. jur.*

*Lib. 5. cap. 92.*   Sur cette Loi, les Teſtamens faits en tems
de Peſte, n'auroient d'autre privilege que de pouvoir être
faits en preſence des Témoins ſéparement convoquez, l'un
après l'autre à cauſe de la difficulté de pouvoir les réunir ;
mais le même nombre requis dans les autres Teſtamens devroit s'y trouver.   Toutefois cette opinion qui n'eſt pas ſans
fondement, ( ſi l'on examine les raiſons dont ce Docteur
l'appuye ) n'a pas été ſuivie dans ce Parlement, quoiqu'elle
ait été adoptée au Parlement de Paris, ſuivant les préjugez
rapportez par Brodeau ſur Loüet, Lettre T Somm. 8. num.
10.   Les Arrêts s'étant déterminez par un motif d'équité de
diſpenſer cette eſpece de Teſtament du nombre ordinaire
des Témoins ; mais comme les préjugez ont varié ſur ce
point, & que les uns ont eſtimé le nombre de cinq Témoins
indiſpenſable dans ces Teſtamens, ſuivant Mr. d'Olive,
Liv. 5. ch. 2. les autres celui de deux ou trois Témoins ſuffiſant, ſelon la remarque de Ferr. *quæſt.* 543. *Guip.* il faut
examiner quel peut être le motif de cette variation, & de
ce conflit apparent de deciſions.

Ce ſont les differentes circonſtances des tems qui ſont le
fondement de cette contrarieté de préjugez ; mais ils ſont
tous reglez par les mêmes principes : En effet il paroît par
le langage de d'Olive que le motif de l'Arrêt qu'il rapporte
fut tiré par argument de la Loi *Ult. Cod. de Teſtam.* qui reduit le nombre ordinaire des Témoins à celui de cinq dans
les Teſtamens faits aux champs, à cauſe de la difficulté
d'en trouver d'avantage ; & c'eſt le motif d'une plus grande
penurie de Témoins dans un tems de Contagion plus vio-
lente ſans doute, & plus calomnieuſe, qui ſert de fondement à l'opinion de ceux qui ont crû que le nombre de
deux Témoins ſuffiroit, *tamen* dit Ferr. loco ſupra, *ſi tanta
ſit vis morbi aut locus, vel urbs deſerta pene ſit, vel ſi fuerit
difficile, teſtes cogere puto Teſtamentum coram duobus, aut
tribus teſtibus fide tamen dignis, factum valere & ita etiam
judicatum fuit,* Automne ſur la Loi *Ult. Cod. des Teſtam.*

rapporte un Arrêt du Parlement de Bordeaux, conforme de même que Boyer, *decif.* 228.

Je croi ces deux opinions devoir être suivies dans la pratique ; fçavoir que quand il confte par les circonftances des lieux & des tems, que le Teftateur a pû avoir le nombre de cinq Témoins, alors ce nombre eft abfolument neceffaire, par la raifon que les difpofitions de derniere volonté les moins folemnelles, ne font pas difpenfées de ce nombre, *Leg. Ult. Cod. de codicill.* mais fi au contraire le Teftateur fe trouve dans les facheufes conjonctures dont parle Ferriere, *D. loco*, alors il eft de l'équité de fe relacher fur le nombre des Témoins, jufques à deux ou trois, *& fi nihil facile mutandum fit ex folemnibus tamen, ubi æquitas evidens pofcit fubveniendum eft*, *Leg.* 183. *ff. de reg. jur.* & cela avec d'autant plus de raifon, que felon les regles du droit divin & naturel, la prefence de deux ou trois Témoins, fuffit pour la preuve & la folemnité des actes, *ficut fcriptum eft in ore duorum vel trium ftet omne verbum, cap. relatum extra de teftam.* à quoi l'on peut ajoûter que la neceffité étant fuperieure à toutes les Loix, fuivant l'obfervation de la Glofe, *in Leg.* 5. *ff. de offic. proconf. & in leg.* 1. *Cod. de oper. libert.* de là qu'elle fe rencontre fi preffante, qu'un Teftateur frappé de Pefte, voulant tefter, ne peut abfolument avoir plus de deux Témoins, fon Teftament doit valoir ; mais je croi que la decifion doit demeurer reftrainte à celui qui fe trouve frappé lui-même, & dans le danger de perir ; car s'il eft fain, quoique dans une Ville affligée de la Contagion, rien ne le preffe de tefter, & ne le difpenfe par confequent de l'obfervation de la Loi 8me. *Cod. de Teftam.* que le plus grand nombre des Interprêtes a regardée comme une décifion à fuivre dans cette matiere, ainfi que l'obferve Brodeau au lieu cité.

## CHAPITRE LIV.

### Du Teſtament Militaire.

*Si le Teſtament retenu par l'Aumônier du Regiment a*
*beſoin de reſomption des Témoins.*

IL faut obſerver ſur cette matiere des Teſtamens militai-
res que les Avocats & les perſonnes privilegiées dont
fait mention la Loi *Ult. Cod. de inof. Teſtam.* ( quoique
ſous la puiſſance paternelle ) peuvent teſter du pecule, *quaſi*
*Caſtrenſe*, à l'exemple des Officiers Militans & des Soldats ;
mais qu'ils ſont aſſujetis pour la forme des Teſtamens a ſuivre les ſolemnitez preſcrites pour les diſpoſitions de derniere
volonté des autres Citoyens.

Il faut obſerver encore que les Notaires & autres dont
fait mention Mr. Maynard, Liv. 5. ch. 1. & auſquels il
attribuë le privilege de la Loi déja citée, ſont pourtant
exclus de ce privilege, parce qu'ils ne ſont point compris
dans la diſpoſition de cette Loi, qui ſelon l'obſervation
de la Gloſe, eſt reſtrainte aux Avocats & Medecins,
ſur quoi Graverol ſur Laroche, Liv. *6. verbo Teſtam. art. 4.*
remarque que le ſentiment de Maynard au lieu cité n'eſt
pas ſuivi.

Graverol *eod.* en parlant du privilege accordé aux Avocats, dit que par les Arrêts de ce Parlement ces mêmes
perſonnes dont fait mention Maynard, *loco ſupra*, ne joüiſſent point du même privilege.

C'eſt en effet une maxime conſtante que les privileges
ſont *ſtricti juris*, & qu'ils ne reçoivent point d'extenſion ; en
ſorte qu'il faut borner celui-ci aux perſonnes compriſes dans
cette Loi, qui par leur profeſſion ſont reputées vrayement
Militantes, comme ſont les Avocats ſelon l'expreſſion des
Empereurs dans la Loi 14. *Cod. de Advocat. diverſ. judicior.*

D'ailleurs comme la Milice armée eſt une profeſſion toute noble, les privileges qui lui ſont attachez ne ſçauroient ſe communiquer qu'à des profeſſions qui s'allient parfaitement avec la Nobleſſe, ſelon l'eſprit de la Loi *Ult. Cod. de inof. Teſtam.*

L'Arreſtographe donne pour maxime que le Teſtament reçû par le Curé d'une Paroiſſe, n'a pas beſoin de reſomption étant reputé perſonne publique, ſuivant *l'art. 63. de l'Ordonnance de Blois.* Cette maxime eſt vraye & l'uſage du Parlement eſt tel, d'autoriſer les Teſtamens reçûs par les Curez comme s'ils l'étoient par un Notaire. L'Ordonnance de Blois leur ayant donné par cet article un caractere public, ſuivant l'obſervation de Ferriere ſur la queſtion 543. Guip. que l'on ſuit conſtamment dans les jugemens quoi qu'Albert lettre T. *verbo Teſtam. art.* 8. rapporte deux Arrêts qui ont jugé que la reſomption étoit neceſſaire dans les Teſtamens reçûs par les Curez ou Vicaires, & que ce Compilateur obſerve que l'Ordonnance de Blois n'eſt point obſervée dans ce Parlement quant à ce point, ce qu'il ſemble qu'on peut établir ſur le langage de Mr. Maynard, Liv. 5. ch. 5. où en parlant des Teſtamens reçûs par les Curez ou Vicaires : Il dit qu'on a coûtume dans le Reſſort de la Cour de faire reſumer les Témoins numeraires, & le Curé qui a écrit le Teſtament devant le Juge à qui il appartient ſur la verité du contenu dans le Teſtament.

Cette queſtion qui auroit pû faire quelque doute avant l'Edit de *1691.* n'en fait plus aujourd'hui, parce que les Teſtamens reçûs par les Curez & Vicaires des Paroiſſes ſont authoriſez par cet Edit ; en ſorte qu'il leur eſt enjoint d'en porter la minute, ou original devers un Notaire, pour que les parties en puiſſent tirer des expeditions collationnées par ce Notaire.

L'Ordonnance de Blois ni cet Edit, ne faiſant point de diſtinction des Lieux, ni d'exception pour les païs de droit écrit, doivent être reçûs indiſtinctement par tout le Royaume. L'article *63*. de l'Ordonnance de Blois ne faiſant d'exception que pour les ſolemnitez, & communes obſervances des Lieux, auſquelles cet article n'entend déroger ; ce qui tombe ſur la forme des Teſtamens differente quant au nombre des Témoins dans les differens lieux, & c'eſt à quoi l'article n'entend rien innover ; mais cette exception ne peut tomber ſur la perſonne des Curez ou Vicaires, puiſque l'Ordonnance les ſubſtituë formélement & expreſſement au lieu & place des Notaires, & que leur preſence, tout comme celle des Notaires, n'eſt pas requiſe pour la ſolemnité de l'acte ; mais pour la preuve & pour diſpenſer les heritiers de recourir à la reſomption comme dans les circonſtances, où le Teſtament nuncupatif n'a pas été redigé.

# CHAPITRE LV.

## *Du Teſtament mutuel.*

LE *6*. Novembre *1698*. Pierre Peiraube Bonaud, & Catherine Favede mariez, firent un Teſtament reciproque, par lequel ils s'inſtituerent mutuellement, à la charge par le ſurvivant de rendre l'entier heritage, & leurs biens à Marguerite Bonaud leur fille, épouſe du ſieur Michel.

Pierre Peiraube Bonaud étant decedé le premier, Catherine Favede ſon épouſe ayant joüi de l'heredité pendant pluſieurs années, fit une donnation univerſelle par Contrat de mariage, en faveur du ſieur Goleri fils du premier lit de ladite Marguerite Bonaud, par acte du *10*. Septembre *1716*. par où elle contrevint à la diſpoſition du Teſtament mutuel.

Cette contravention ayant fait la matiere d'un Procès, & l'Inſtance ayant été portée devant les Ordinaires Dalais, dont l'appel fut porté devant le Juge d'Appeaux de la même ville ; ſur l'appel des Sentences, la Cour rendit ſon

Arrêt le 28. Août 1717. en la 3me· Chambre des Enquêtes au Rapport de Monsieur de Trenqualie, qui met l'appellation & ce dont avoit été appellé au néant , en ce que le Juge d'Appeaux avoit confirmé la Sentence des Ordinaires , qui condamne Michel à delaisser les biens de Pierre Peiraube Bonaud , & reformant condamne lesd. Fauvede & Goleri a delaisser à ladite Marguerite Bonaud , l'entiere heredité dud. Pierre Peiraube Bonaud , avec restitution des fruits depuis la donation faite en faveur dud. Goleri le 10. Septembre 1716.

Cet Arrêt juge que cette veuve s'étoit renduë indigne de la succession Testamentaire de son mari, par sa contravention à sa disposition dans leur Testament mutuel , & qu'elle en devoit même restituer les fruits depuis cette contravention , *argumento*, *Leg. 2. §. item si quis* , *ff. qua ut indign.*

---

# CHAPITRE LVII.

## *De la joüissance des biens d'un absent.*

LA Loi présume un homme vivant pendant l'espace de 100. ans, *Leg. an usufructus*, *ff. de usufruct.* ensorte que pour détruire cette présomption de Droit, il faut rapporter la preuve du contraire, & de la mort *Glossa in Leg. 2. §. si dubitetur* , *ff. Testam. quemadm. aperiant* ; d'où il faut conclurre que pendant cet espace de tems on ne peut ordonner un partage absolu des biens de l'absent ; mais seulement provisionel pour la conservation des biens : c'est à quoi les Arrêts ont eû soin de pourvoir les uns après neuf ans d'absence, les autres après dix ans revolus , en baillant les biens de l'absent au plus proche parent, à la charge de cautionner d'en faire la restitution en cas de retour, Chenu sur Papon, Liv. 15. Tit. 7. art. 6. rapporte les Arrêts qui ont ordonné ce partage provisionel après neuf ans d'absence, Albert Lettre A , *verbo* absence, art.

8. en rapporte un de ce Parlement du 13. Mai 1661. qui n'ordonna ce partage qu'après dix ans d'abſence, ce qui fut jugé plus recemment ainſi, au Parlement de Bordeaux le 21. Janvier 1700. ſelon l'Arrêt mentionné en la note ſur Lapeirere Lettre P, *verbo* partage rendu en la cauſe du ſieur Beauregard.

Je croi cette derniere déciſion plus conforme aux maximes du Droit, ſelon leſquelles l'eſpace de dix ans, étant reputé *longum tempus inſtit. de uſu cap. & Leg. fin. Cod. de præſcrip. long. temp.* il ſemble qu'on ne peut regarder un homme abſent de long-tems qu'après cet eſpace, & conſequemment qu'on ne peut ordonner de partage de ſes biens avant ce tems, les choſes devant demeurer en ſuſpens par une préſomption de retour de l'abſent : ainſi voit-on que l'Evêque ne permit à une femme de convoler à de ſecondes Nôces, qu'après dix ans d'abſence de ſon mari, ſans en avoir eû de nouvelles, *Cap. per latum extra qui filii ſint legitimi.* Sur cette queſtion de partage proviſionel des biens de l'abſent, il faut obſerver que quand l'abſent a laiſſe avant ſon départ une procuration à l'un de ſes plus proches ſucceſſeurs *ab inteſtat*, il doit être préféré aux autres coheritiers pour la joüiſſance proviſoire, ſuivant l'Arrêt de ce Parlement ; rapporté par Mr. Mainard, Liv. 7. Chap. 95.

Je croi enfin que quand il ſe trouve un heritier inſtitué par l'abſent, il lui faut adjuger irrevocablement les biens après cent ans de vie de cet abſent ; & que ceux à qui la proviſion a été adjugée doivent lui en faire la reſtitution ou aux ſubſtituez, parce qu'il faut que la volonté de celui que la Loi préſume mort après cet eſpace ſorte à effet, ſans que par le ſecours d'une poſſeſſion plus que trentenaire, les plus proches qui ont eû la proviſion, puiſſent prétendre ſe mettre à l'abri de cette reſtitution, parce qu'ils n'ont qu'une poſſeſſion précaire, & qu'on ne peut preſcrire contre ſon propre Titre, par quelque laps de tems que ce ſoit.

Il y a un Arrêt du 4. Mars 1689. de la premiere Chambre

bré des Enquêtes, au Rapport de Mr. de Prohenques, dans la cause de Geraude Roffies, & les tiers posseseurs des biens qui lui étoient subftituez, qui jugea qu'Antoine Fort heritier grevé de rendre absent depuis *66.* ans, & qui lors de son départ avoit *25.* ans, n'étoit pas présumé mort, quoiqu'il dût avoir *92.* ans, & sur ce fondement il fût ordonné que les tiers acquereurs des biens demeureroient en possession, & qu'après la centiéme année de l'heritier grevé, ils en fairoient la restitution au Fideicommissaire.

Il faut conclurre de la disposition de cet Arrêt que si le Fideicommissaire (à qui la restitution de l'heredité doit être faite) vient à deceder avant la centiéme année de l'heritier grevé qui a fait l'alienation, les tiers acquereurs des biens ne peuvent être inquiétés à moins que les heritiers de ce Fideicommissaire n'établissent la preuve du decès de l'heritier grevé, arrivé avant celui du Fideicommissaire, & que la substitution avoit été ouverte en sa faveur, ce qui est conforme au sentiment de Ricard, Tom. 2. des dispositions conditionelles *num.* 365. & suivans.

Quoique la Loi présume un homme vivant pendant 100. ans, dix années d'absence, sans avoir reçû de nouvelles de l'absent, donnent lieu de croire qu'il peut être mort, enforte que ses heritiers *ab inteftat*, ne peuvent de leur chef demander la maintenuë aux biens qui lui sont échûs depuis son absence par l'ouverture d'une substitution, & que l'heritier grevé de l'heritier grevé doit avoir la joüissance provisoire de ces biens à la charge de donner caution de representer les fonds & les fruits, quand & à qui il appartiendra ; c'est ainsi que cela fut jugé en la troisiéme Chambre des Enquêtes au Rapport de Mr. l'Abbé de Mariotte, le 23. Juillet 1727. entre Marianne Verlhac & Marie Cannac.

# CHAPITRE LIX.

## De l'élection tacite.

PAr Arrêt de la deuxiéme des Enquêtes, rendu au Rapport de Mr. de Comere au lieu de Mr. de Lasbordes le 20. Juillet 1713. en faveur du sieur Figueri aîné, contre le sieur Figueri son frere puîné; ledit sieur Figueri aîné fut maintenu au quart des biens donnez par sa mere dans son Contrat de mariage, en faveur d'un des enfans qui en seroient procréez qu'elle éliroit, & en défaut d'élection en faveur de l'aîné, quoique la mere eût institué le sieur Figueri puîné son heritier universel, sans toute fois nommer expressement pour recüeillir l'effet de la donation contractuelle; & par là il a été jugé que l'élection tacite comprise dans l'institution universelle ne produit point cet effet de déroger à une nomination expresse de l'aîné, faite dans le Contrat de mariage de ses pere & mere, & qu'il n'y a que l'élection expresse qui puisse l'emporter; ce qui est fondé sur l'Arrêt rapporté par Albert, *verbo* substitution art. 2. dont le motif est pris de cette maxime que *provisio hominis facit cessare provisionem Legis.*

La raison qui fait subsister l'élection tacite faite par l'heritier grevé de rendre, ( quoique l'institué par cet heritier repudie son heredité ) est prise de ce que l'élection au Fideicommis est un pur fait de l'heritier grevé, & n'a rien proprement de commun avec ses Droits hereditaires, *est magis facti quam juris*, selon l'expression des Interprêtes. Voilà pourquoi le déportât, ou parmi nous le banni à perpetuité ( quoi qu'incapable de ce qui est de Droit civil ) est néanmoins habile à élire au Fideicommis dont il est grevé, *Leg. Cum pater §. hæreditatem, ff. de Leg.* 20.

On peut alleguer ici un autre raison de decider, c'est que l'élection se fait *judicio defuncti*, & en execution de la difposition du fubftituant, au lieu que l'inftitution aux biens propres de l'heritier grevé qui élit émane de fa feule difpofition ; ce qui fait que l'inftitué tacitement élû par cette inftitution peut la répudier, parce qu'elle part d'une autre main que l'élection, celle-ci tirant fa force du Teftament contenant fubftitution, & l'autre au contraire étant propre & particuliere au Teftament de l'heritier grevé.

# CHAPITRE LXI.

*Si ce que l'heritier a par fon induftrie, à l'occafion des biens fubftituez, appartient au Fideicommiffaire.*

IL n'y a pas de doute que ce que l'heritier grevé acquiert dans les Contrats qu'il paffe à raifon du Fideicommis, ne lui appartienne comme le fruit d'une induftrie perfonelle, & qu'il ne foit exempt d'en rendre compte à l'heritier fubftitué, foit par reftitution, foit par imputation ; mais la difficulté confifte à fçavoir fi ce qui s'acquiert fans le fait de l'heritier grevé comme par prefcription, accroit à l'heredité ou appartient à cet heritier grevé.

Ferr. *fur la queft.* 303. *Guip.* après avoir decidé que l'heritier grevé acquiert en fa faveur, & peut repeter fur le Fideicommis les Droits de legitime aufquels les legitimaires ont renoncé, eftime qu'il n'en eft pas de même des legitimes prefcrites pendant fa jouïffance ( quoiqu'il rapporte un Arrêt qui l'a ainfi jugé ; & il fe fonde fur plufieurs raifons qui paroiffent folides. 1°. Que les legitimes étant de portions hereditaires doivent accroître à l'heredité par l'abandon qu'en font en tout ou en partie les legitimaires. 2°. Que ce que l'heritier acquiert *jure accrefcendi*, il n'en fait point la détraction, mais le reftituë au Fideicommiffaire *Leg. fi totam & ibi gloff. ff. de acquir. hæred.*

Il paroît en effet que les legitimaires laiffant prefcrire leur demande, laiffent dans la maffe de l'heredité les por-

tions qui pouvoient en être separées par les payemens de
leurs legitimes ; car la legitime étant demandée *actione pe-*
*titione hæreditatis*, & l'action en étant mixte contre l'heritier, il en faut conclurre que ces portions abandonnées ac-
croiffent à l'heredité & non à la perfonne de l'heritier ,
*Leg.* 1. *Cod. quando non petent part: acer.* Il eft à préfumer même que le legitimaire qui a negligé fa demande, a
prétendu faire l'abandon , & le relâchement de fes Droits
à l'heredité qui étoit fa débitrice, & contre laquelle il devoit diriger fon action , & c'eft à l'heredité & non à l'heritier, qu'il faut ici felon moi appliquer la maxime, *præf-*
*cribens folventi fimile eft*, puifque c'eft toûjours le débiteur
qui prefcrit , & qui par le fecours de la prefcription eft cenfé liberé , comme s'il avoit fait un veritable payement ; or
c'eft l'heredité qui doit la legitime, & qui fe libere par
le feul fait du legitimaire, ou pour mieux dire par fon inaction, ou fa negligence à former fa demande, *adverfus de-*
*fides homines , & fui juris contemptores odiofa exceptiones*
*oppofitæ funt*, *Leg. fin. Cod. de annal, except.* Le fait ni
l'induftrie de l'heritier grevé n'y entrent pour rien , & n'ont
point de part dans cette liberation, donc il n'en doit point
tirer avantage , ce qu'il fairoit pourtant fi les legitimes prefcrites pendant fa joüiffance tournoient à fon profit ; je
croi qu'en cette matiere des Droits acquis par l'heritier grevé , il faut fe regler par la diftinction de Ferr. fur cette
queft. de Guip. *vel hæres acquifivit legitimam filiorum per*
*renunciationem in ejus favorem, vel præfcriptione*, au premier cas, il peut repeter & fafre la détraction de ces legitimes ; au fecond il ne le peut par les raifons préalle-
guées.

   J'ai traité cette queftion plus amplement dans le Chapitre
7. du Liv. 7. de cet ouvrage , où le Lecteur pourra avoir
recours.

# CHAPITRE LXII.

*De la substitution, si l'heritier decedé sans enfans, ou ses enfans sans enfans.*

IL faut établir pour principe que regulierement les enfans mis en la condition *si sine liberis*, n'ont d'autre avantage que de faire évanoüir le Fideicommis laissé sous cette condition, & qu'ils ne sont point appellez eux-mêmes comme substituez, c'est ce qu'on peut recüeillir des *Loix pater* 101. §. 1. *ff. de condit. & demonstr. & ex facto* 17. §. *ex facto, ff. ad Trebell.* où les Jurisconsultes en parlant de cette condition *si sine liberis*, ne donnent d'autre avantage à l'existance des enfans, que d'operer la défaillance du Fideicommis, laissé sous cette condition *conditio deficit uno filio superstitè relicto D. Leg. pater conceptos quidem ante deportationem licet posteà edantur, efficere ut conditio deficiat D. Leg. ex facto*, mais nulle Loi n'appelle comme substituez les enfans mis en la condition.

Il est vrai que par une maxime reçüë parmi les Interprêtes les enfans mis en la condition sont présumez appellez de leur chef quand la clause ou qualification de mâles se trouve ajoûtée au mot d'enfans, *conservandæ agnationis gratia*, c'est la Doctrine de Dumoulin, dans son conseil 51. *num.* 28. qu'il appuye de l'autorité des Docteurs ; *idem* Ferr. sur la *quæst.* 299. & 485. *Guip.* Doctrine adoptée par la Jurisprudence des Arrêts, & attestée par Graverol sur Laroche, Liv. 3. *verbo* substitution art. 11.

Les enfans mis en la reduplicative sont dispositivement appellez, parce qu'ils se trouvent dans le second degré d'institution, mais la répetition de cette réduplicative faite dans plusieurs degrez subsequens, ne sçauroit induire une substitution graduelle & perpetuelle non plus que la clause de mâles réïterée, parce que suivant l'opinion des Interprêtes

il faut que ces deux choſes concourent pour faire préſumer une ſubſtitution graduelle, la prohibition d'aliener les
biens, & l'obligation de les conſerver perpetuellement aux
deſcendans & à la famille *prohibitio alienandi*, *& ut bona re-*
*maneant in familia, vel in linea vel in cognatione, aut parentela,*
*tunc ea prohibitio, non ſolum inducit Fideicommiſſum ſemel*
*non ſolum inducit in caſum & eventum contraventionis ; ſed*
*etiam abſolutè & perpetuo inducit Fideicommiſſum reale &*
*graduale*, Dumoulin dans ſon conſeil 7. *num*. 39. ce qu'il
appuye d'un grand nombre d'autoritez.

Quoique regulierement la clauſe de mâles ne doive point
être rapportée à la condition *ſi ſine liberis*, à l'effet d'appeller les mâles, que lorſqu'il eſt queſtion de conſerver les
biens dans la famille ; toutefois par une benigne interpretation de deſirs & de volonté du Teſtateur : On peut
( comme dans l'eſpece de l'Arrêt rendu en faveur du ſieur
Marquis de Toyras le 31. Maï 1660. ) donner le même avantage aux mâles deſcendans des filles, parce que le Teſtateur
n'ayant point de deſcendance maſculine pour conſerver l'agnation s'en fait ( pour ainſi dire ) une par une eſpece d'adop-
tion des deſcendans mâles de ſes filles, en ajoûtant à la
clauſe de mâles l'obligation de porter ſon nom & armes ;
ce qui ſe pratique ainſi dans les familles nobles, ſelon la
remarque de *Benedict. in verbo Raynut. de clera num*. 44. &
cette obligation de porter le nom & armes, eſt une conjecture puiſſante que le Teſtateur a voulu ( autant qu'il eſt
en lui ) perpetuer ſon nom & ſa famille par une eſpece
d'agnation, ſuivant Mantica *de conject. ult. volunt. Lib*. 6.
*tit*. 15. *num*. 15.

# CHAPITRE LXIII.

*De la liquidation des diftractions dans un Fideicommis.*

LE Fideicommiffaire après la mort de l'heritier grevé n'eft pas faifi des biens par cette maxime *le mort faifit le vif*, l'heritier de l'heritier grevé a droit de percevoir les fruits jufques au tems de l'inftance en ouverture de la fubftitution ; & demande formée à ce fujet par le Fideicommiffaire, fur ce principe fut rendu un Arrêt au Rapport de Mr. l'Abbé de Tournier le 7. Septembre 1722. entre le fieur Delpech Notaire & autres fes conforts, & Fleur Prunet qui n'adjugea au Fideicommiffaire les fruits des biens fubftituez que depuis l'introduction de l'inftance ; telle eft la Jurifprudence de la Cour établie par plufieurs Arrêts pofterieurs à celui de Septembre 1722. & notamment par un Arrêt rendu au Rapport de Mr: de Juin en la deuxiéme Chambre des Enquêtes le    du mois d'Août 1731. en faveur de la Dame de Saint Germain procedant comme tutrice de Charles & Etienne Prieur fes enfans, contre la Demoifelle Marie Prieur, époufe du fieur Laforgue.

Cet Arrêt en confirmant la Sentence du Sénéchal d'Auch, qui avoit ouvert une fubftitution en faveur de Charles & Etienne Prieur appofée au Teftament de Sens Prieur leur bifayeul à l'exclufion de ladite Prieur leur coufine Germaine, réforma la Sentence en ce qu'elle avoit adjugé la reftitution des fruits depuis le decès de Cefar Prieur heritier grevé ; & borna cette reftitution au tems de la demande en ouverture de cette fubftitution formée devant le Sénéchal.

# CHAPITRE LXIV.

*Quelles sommes doit imputer, ou ne pas imputer un fils en sa legitime.*

LA matiere des imputations sur la legitime des enfans a été doctement & amplement traitée par *Fernand*, *Leg. repetit. in quartam 3. Cap. art. 3. num. 8. &* suivans, on peut d'abord établir sur sa Doctrine deux principes sur lesquels on doit à mon avis decider les differentes questions qui pourroient se presenter sur cette matiere.

Le premier, que jamais le fils n'est tenu d'imputer sur sa legitime, que ce qu'il a reçû immediatement ou mediatement de son pere, immediatement lorsqu'il lui a été fait quelque donation ou dotation de la part du pere qui peut être envisagée comme une anticipation de payement des Droits de legitime, mediatement lorsque le fils a reçû la donation, non de la main du pere; mais de celle de l'ayeul ou autre tierce personne, en vûë & en contemplation du pere, auquel cas même il faut que l'objet immediat du donateur soit la personne du pere; car si le merite du fils avoit déterminé la donation, quoique la vûë du pere y fut entrée *ut causa remota*, alors l'imputation n'auroit pas lieu, Fernand *loco supra conclusione* I.

Le second principe; qu'il faut distinguer entre les dons faits par le pere, ceux qui regardent l'établissement immediatement du fils, & qui en sont la cause prochaine d'avec ceux qui ont rapport à ce même établissement, & qui en sont pourtant la cause éloignée. A l'égard des premiers dons que les Docteurs appellent *donationes ob causam*, ils doivent être imputez sur la legitime du fils, & c'est en ce sens qu'il faut entendre le langage de Fernand dans sa conclusion quatriéme.

Pour ce qui concerne la seconde espece des dons, l'imputation

putation n'a point lieu comme par exemple l'équipage que donne un pere à fon fils, lorfqu'il l'engage à prendre le parti des armes, la Bibliothéque qu'il lui fournit, lorfqu'il le deftine pour le Barreau, l'argent qu'il lui donne pour lui faire prendre les Ordres facrez, & lui ouvrir la porte aux Benefices : Il en faut dire de même d'une fomme que le pere auroit donnée à fon fils pour obtenir quelque Grade, comme de Licencier ou de Docteur, *Fernand eod. num.* 13. parce que tout cela n'eft pas proprement établiffement, mais à rapport à l'établiffement, fur quoi on peut encore voir Mornac *in Leg. 4. Cod. famil. ercifc.*

On peut remarquer ici les differences que Fernand *num.* 18. met entre les imputations qui fe font fur la legitime, & celles qui regardent la Quarte Falcidie ou Trebellianique dont la premiere eft *quod in legitima non confideratur titulus difformis imò five portio hæreditaria fit, five legati in eam imputatur, in aliis folum imputatur hæreditaria portio.* 2°. *Quod in legitimam imputentur quæ capiuntur extra Teftamentum, modo ex patrimonio patris ; fed in alias duas non fit horum imputatio.* En quoi la legitime n'eft pas fi favorable ( ajoûte Fernand ) que la Falcidie & la Trebellianique, qui ont reçû ces avantages pour le foûtien des difpofitions Teftamentaires, & pour porter les heritiers inftituez à accepter les hereditez.

Il a été jugé par Arrêt du 21. Août 1714. rendu au Rapport de Mr. l'Abbé de Tournier, que les fraix des provifions & d'inftallation d'un Office dont le pere avoit fait pourvoir fon fils, qui étoit fous fa puiffance, devoient être imputez par le fils fur fa legitime.

Ce fut dans la caufe du fieur de Montegut, Tréforier de France, & des fieurs de Cominihian freres ; il s'agiffoit des fraix des provifions d'un Office de Tréforier de France, fe montant à la fomme de 7500. liv. avec l'inftallation.

Cet Arrêt peut trouver fon fondement dans la Loi 30. §. *imputari Cod. de inoff. Teftam.* & fur la Doctrine des Interprêtes, qui décident que le fils eft tenu d'imputer fur fa legitime l'argent que le pere a employé pour l'achat de l'Office dont il le fait pourvoir ; & cette deciſion reçoit ſon application aux fraix des proviſions & de l'inſtallation, puiſqu'ils ſont acceſſoires du principal, & que l'achat de l'Office deviendroit inutile, & infructueux au fils ſans tout cela.

Par Arrêt de la 3ᵐᵉ· Chambre des Enquêtes, rendu au Rapport de Monſieur l'Abbé de Mariotte, le 31. Mars 1722. entre Mᵉ· Aſtruc, Correcteur de la Chambre des Comptes de Montpellier, le ſieur Aſtruc ſon frere, le ſieur Haguenot; leur beau-frere, & la Dame de Bouſac, il fut jugé que pour le payement d'une legitime, il faut proceder par retranchement ſur les donations faites en dernier lieu aux autres enfans, pour l'excedant de la legitime du donataire, juſques à ce que la legitime ſoit remplie ; ce qui eſt fondé ſur la Loi *6. §. Ult. ff. de jure patron.* qui permet au patron de s'en prendre ſur les biens en dernier lieu alienez par ſon affranchi, quand ce qui lui reſte ne ſuffit pas pour le payement de ce qu'il lui doit.

Ce même Arrêt jugea que le retranchement des donations n'a lieu pour cauſe de dot, qu'après la mort du mari, parce qu'il eſt reputé créancier à raiſon de la dot qui lui eſt donnée à titre onereux, *Leg. pro oneribus, Cod. de jure dot.*

La premiere diſpoſition de l'Arrêt a été confirmée par l'art. 34. de l'Ordonnance de Fevrier 1731. & quant à la ſeconde, il y a été dérogé par l'art. 37.

Il fut encore jugé que les interêts de la portion virile de l'augment, ne ſont dûs au fils legitimaire ſur les biens de l'heredité, que depuis l'introduction d'Inſtance.

# CHAPITRE LXVIII.

*Si on peut être reçû en preuve que les témoins du teftament ont figné feparement , & non tous enfemble ; Et de l'imbecilité ou frencfie du Teftateur.*

FAber *in fuo Cod Lib.* 4. *tit.* 14. *defin.* 26. donne d'abord pour regle que fans s'infcrire en faux contre le Tefta-ment, on eft reçû à prouver l'imbecilité du Teftateur, mal-gré l'affertion du Notaire confignée dans le Teftament, que ce Teftateur étoit en fon bon fens. *Notario qui fcripfit Tefta-torem quo tempore fuprema ordinabat. fanæ mentis fuiffe non utique adeo creditur quin probari contrarium poffit citra falfi accufationem* ; & il ajoûte qu'il en eft de même des autres claufes que les Notaires ont coûtume d'inferer dans les Teftamens, comme qu'il n'y eft intervenu ni dol, ni force, ni contrainte, la preuve du fait contraire étant admife ; mais Faber ne parle pas du cas ni de l'efpece des Arrêts rapportez dans ce Chapitre, où il s'agit de fçavoir fi fans s'infcrire en faux contre le Teftament, où il eft dit .dans la foubfcripiion, qu'il a été prefenté au Notaire & Témoins convoquez qui ont figné conjonctement l'acte de foufcrip-tion., on peut prouver que ces mêmes Témoins ont figné féparement , *& non uno contextu.*

On trouve des Arrêts contraires fur cette queftion, ainfi qu'il refulte de ceux rapportez par l'Auteur ; les uns ayant jugé qu'il falloit alors paffer à l'infcription en faux , les autres que fans prendre cette voye, on pouvoit faire la preuve du fait contraire par les Témoins numeraires de l'acte & par la voye de l'Enquête. Il y a un Arrêt dans le Journal des Audiences , Tom. 2. Liv. 2. ch. 9. qui reçût cette preuve ; cet Arrêt eft du 19. Fevrier 1659. confirmatif d'un jugement des Requêtes du Palais.

Les derniers Arrêts de la Cour ont jugé qu'il falloit

neceſſairement paſſer à l'inſcription en faux , comme dans
la cauſe de Catherine Dutour , contre Jean Gaubert, Procureur au Senêchal de Condon.  J'avois écrit dans ce Procès
pour Catherine Dutour , l'Arrêt fut rendu au Rapport de
Mr. l'Abbé de Boyer après partage le 8. Juillet 1727. Compartiteur Mr. de Laroque ; cet Arrêt reforma la Sentence du
Senêchal de Lectoure , en ce qu'elle avoit reçû à prouver
par les Témoins numeraires que le Teſtament de Bombet qui
étoit attaqué par Catherine Dutour comme capté , avoit
été ſigné par les Témoins ſeparement les uns des autres ,
ſauf à ladite Dutour de prendre la voye de faux.

Je me renge du côté des Arrêts qui ont jugé qu'il falloit
paſſer à l'inſcription en faux , par la raiſon qu'il ne s'agit
point ſimplement ici de prouver ou une erreur de date ou
une omiſſion commiſe de la part du Notaire , auquel cas
la preuve pourroit en être reçûë par les Témoins numeraires du Contrat, ſuivant la Doctrine de Ranch. ſur la *quæſt.*
528. *de Guip. & de Matth. ibi* ; mais d'aller directement
contre la foi de l'acte , & de le renverſer par la preuve du
fait oppoſé , à l'énonciation qu'il renferme de preſence de
tous les Témoins , & de leur convocation à la ſouſcription
du Teſtament , formalité eſſentielle ſuivant la Loi *Hac con-*
*ſultiſſima , Cod. de Teſtam.*  Or la ſeule voye legale pour
impugner & emporter ce Teſtament , & établir la fauſſeté
de l'aſſertion du Notaire ſur le fait de la preſence des Témoins , eſt l'inſcription en faux ſuivant Dumoulin , *in leg.* 1.
*de verbor. obligat. num.* 29.

A l'egard de la preuve de l'imbecilité du Teſtateur ou
donateur , on y eſt toûjours admis malgré l'aſſertion du
Notaire qu'il étoit en ſon bon ſens , & cela quoiqu'on articule vaguement cette imbecilité ſans arrêter les faits
dans la demande, & Requête en preuve : Je l'ai vû ainſi juger
à l'Audience de la Grand'Chambre le 1. Août 1724. Préſident Mr. le Premier Préſident de Maniban dans la cauſe de
Theophile de Livron , pour lequel plaidoit Me. de Latournerie , demandeur en caſſation d'une donation entre-vifs ,

faite par le sieur Lias qu'on soûtenoit imbecile, en faveur de la Demoiselle de Lias, pour laquelle plaidoit Me. de Lardos. L'Arrêt reforma l'Appointement du Senéchal de Tarbe, en ce qu'il n'avoit point admis à la preuve vocale du fait vaguement articulé de l'imbecilité de Theophile de Livron, & ordonna en même-tems qu'il seroit procedé à la visite du prétendu imbecile, par Medecins & Chirurgiens nommez d'Office par le Commissaire qui procederoit à son audition.

Quand on passe à l'inscription en faux, & qu'on n'a pas assez de pieces de comparaison pour la verification du faux, on peut demander que la partie qui s'est inscrite en faux contre son seing, écrira pour servir de piece de comparaison, ainsi jugé par Arrêt de la Tournelle, plaidans Mes. de Lardos pour la Demoiselle Dambal, & Latournerie pour le sieur Vignaux.

L'inscription en faux doit être faite dans les 24. heures à compter depuis que le deffendeur aura dénoncé la remise devers le Greffe de la piece impugnée. Ce délai n'est pas peremptoire ; mais seulement comminatoire, selon un Arrêt rendu à l'Audience des Enquêtes le 3. Juillet 1717. plaidans Mes. Favier & Boubée, Président Mr. d'Orbessan.

Les soûtenemens des pieces impugnées de faux doivent être faits, non aux dépens du Greffier qui en a fait l'expedition, mais de celui qui les produit ; c'est ainsi que la question a été jugée par deux Arrêts. Le premier à la deuxiéme des Enquêtes, au Rapport de Monsieur de Laroque le 15. Juin 1722. dans la cause de Me. Jean Burlote, Maire de Tarbe, & de Jean-Baptiste Lagrave. Le second dans la même Chambre, en date du 28. Fevrier 1728. plaidans Mes. de Lardos pour Blayac, & Boubée pour Malecare, sieur de la Goutine.

Le soûtenement fait par Lagrave au peril de Fontagneres, Greffier du Senéchal de Tarbe qui avoit fait les expeditions fut rejetté, & il fut ordonné qu'il seroit fait de nouveau aux risques & dépens de Lagrave, des pieces par lui produites , & impugnées par Burlotte.

C'eſt une queſtion, ſi le demandeur en faux qui s'inſcrit contre un extrait d'un Contrat produit dans un Procès , eſt tenu de faire la remiſe de l'original de l'acte ; ou ſi c'eſt au contraire au deffendeur qui a produit l'extrait. Cette queſtion ayant été agitée en la troiſiéme Chambre des Enquêtes au Rapport de Mr. de Cauſſade dans la cauſe du ſieur de Muraſſon & du ſieur de Braſſac , les Juges convinrent que regulierement c'eſt au deffendeur à l'inſcription en faux à remettre l'original de l'acte dont on impugne l'Extrait, quoique l'Ordonnance au titre du crime de faux n'ait rien ſtatué à ce ſujet ; mais que lorſqu'il s'agit d'un Contrat , ou acte paſſé depuis 30. ans, l'extrait qui en a été fait tient lieu d'original ; en ſorte qu'on préſume pour la verité de cet extrait , & que c'eſt à celui qui l'impugne de faux à détruire cette preſomption par la remiſe de l'original ; c'eſt ainſi que cette queſtion fut jugée le 22. Juin 1722.

Cette deciſion peut être fondée ſur cette maxime , *in antiquis omnia praſumuntur fideliter acta* : Or ſuivant Dumoulin *in conſuet. Pariſ. tit.* I. §. 8. *num.* 82. on doit reputer ancien ce qui excede l'eſpace de 30. ou de 40. ans, *ubi autem* , dit-il , *non requiritur probatio temporis immemorialis , puto abſque dubio tempus dicendum antiquum quod eſt ultra triginta vel quadraginta annos.*

***

# CHAPITRE LXVIII.

*Si l'abſolution du condamné à mort par défaut , ou la preſcription du crime , a un éfet retroactif pour les ſucceſſions échuës pendant la contumace.*

PAr la nouvelle Juriſprudence des Arrêts l'interêt civil ſe preſcrit par 20. ans, comme la peine dûë au crime ; en ſorte que le demandeur en dommages & interêts qu'on auroit pû former contre le criminel , ſe trouve abſo-

lument éteinte par le laps du tems , comme le crime même;
& cela par la raison que la demande civile n'étant qu'acceffoire de la peine , doit fuivre le fort du principal , *cum prin-*
*cipalis caufa non conftitit neque ea quæ fequuntur locum habent.*
Suivant la regle du Droit , cette nouvelle Jurifprudence eft
atteftée par Brodeau fur Loüet , Lettre C , Somm. 47.
num. 8.

Par les anciens Arrêts , la difpofition de la Loi *Querela*
demeuroit reftrainte à la peine ; mais la demande en reparation
tion civile duroit 30. ans , *Charondas refponf.* Liv. 6. ch. 87.
rapporte un Arrêt du Parlement de Paris de l'an 1565. rendu
à la Tournelle qui l'avoit ainfi jugé , Mornac fur la Loi 7.
*Cod. de condict. furt.* obferve que fuivant cette Jurifprudence , M^rs de Seguier & Marion , Avocats Generaux du
Parlement de Paris , avoient conclu à l'Audience , & que
le Parlement rendit un Arrêt contraire à leurs conclufions ,
ayant jugé la demande civile prefcripte par le laps de 20. ans
comme le crime.

Cette prefcription de 20. ans n'a pas lieu s'il y a eu condamnation de mort , ce qui proroge l'action jufques à 30.
ans ; mais cela s'entend fi la condamnation donnée par contumace , a été prononcée & executée par effigie ; & en confequence les biens du contumax faifis & annotez ; car fans
cela la condamnation n'empêche pas le cours de la prefcription de 20. ans , fuivant la Doctrine de Brodeau *loco fu-*
*pra num.* 7. & les Arrêts qu'il rapporte ; mais la prefcription
de 20. ans concernant les crimes commis , ne laiffe pas de
courir & de s'accomplir , quoique pendant les 20. années il
ait été fait des pourfuites contre le prevenu , & qu'il ait été
même rendu un Arrêt , portant que les Recolemens vaudront
confrontation , ainfi jugé à l'Audience Tournelle , conformement aux conclufions de Mr. le Comte Avocat General , le 3.
Fevrier 1712. prononçant Mr. de Ciron Préfident , plaidans
Me. de Montaudier pour le fieur de S. Grief , accufé d'enlevement d'un habitant de ce lieu , & Me. de Latournerie
pour le Sindic des habitans de cette Communauté.

L'Arrêt qui avoit été rendu pendant le cours de ces 20. années étoit d'inftruction. La Cour auroit autrement jugé s'il eut été diffinitif, & que la condamnation ait été executée par effigie, ainfi qu'il a été obfervé.

La raifon déterminante de cet Arrêt fut, que ( quoiqu'en matiere civile, ) les pourfuites empêchent toute peremtion d'Inftance; il n'en eft pas de même en matiere de crimes, dans lefquels la prefcription eft fans doute plus favorable, puifqu'elle tend à mettre le coupable à l'abri de la peine, & qu'il eft de maxime, que *pœnæ moliendæ funt potius quam exafperandæ*, *Leg.* 42. *ff. de pœn.* que d'ailleurs cette prefcription de 20. ans eft introduite en faveur de l'innocence pour laquelle la Loi penche toûjours, fuivant l'Orateur Romain en l'Oraifon, *pro murana, homines in capitis periculo, etiam alieniffimis favent.*

Cet Arrêt de la Cour eft conforme à celui du Parlement de Paris, rapporté par Brodeau *loco fupra*, en date du 20. Decembre 1613. par lequel il fut decidé que la prefcription avoit fon cours, nonobftant qu'il eût été rendu Sentence de condamnation à la queftion, & qu'il y eût bris de prifons de la part de l'Accufé, ce qui eft pourtant contraire à la Doctrine du Préfident Boyer, *decif.* 26.

Pour ce qui concerne les fucceffions échuës au condamné, la prefcription qui le met à l'abri de la punition dûë au crime, & de toute recherche pour l'interêt civil, ne le rend pas habille à reprendre les fucceffions échuës; mais feulement celles qui font a échoir, cette prefcription ne pouvant avoir d'effet retroactif. L'Arrêt de ce Parlement qui l'a ainfi jugé peut être autorifé par un Arrêt anterieurement rendu au Parlement de Paris le 11. Mai 1669. côntre Jeanne Morivet, rapporté par Defmaifons dans fon Recuëil.

On juge dans cette efpece de prefcription, que l'année commencée eft reputée accomplie, fuivant la maxime *in favorabilibus annus cœptus habetur pro completo*; il faut en effet plûtôt pencher à adoucir les peines qu'à les agraver, fuivant la Loi déja citée.

CHAPITRE

# CHAPITRE LXX.

*Si le furvivant des deux heritiers chargez de rendre à un d'entre plufieurs, tels qu'ils éliront, peut varier nonobftant l'élection faite par tous deux.*

*Si la faculté d'élire donnée à deux acroit au furvivant.*

*Si la faculté de varier acroit auffi au furvivant.*

S I la fille aînée en faveur de laquelle l'élection au Fideicommis avoit été faite, fut morte laiffant des enfans, on n'auroit pû varier dans l'élection non plus que pendant fon mariage, par ce qu'il avoit été contracté fous la foi de cette élection ; & que ç'auroit été fruftrer l'efperance des mariez, & faire tort aux enfans iffus du mariage, que de varier dans l'élection une fois faite : c'eft l'obfervation de Mr. d'Olive, Liv. 5. Ch. 25.

Le droit d'accroiffement ayant lieu entre coheritiers, l'effet de ce droit eft de déferer l'élection à chacun, *in folidum, Leg. Conjunctim de legat.* 3. d'où il faut conclurre que celui qui eft décedé après avoir élû conjoinctement avec fon coheritier ayant pû varier enfuite ; ce droit de varier attaché au droit d'élection a paffé au furvivant, parce que le furvivant pût de fon chef exercer folidairement ce droit d'élection, en cas de repudiation du coheritier ou de decès.

Cette derniere queftion a paru douteufe au Préfident Faber, quoiqu'il fe foit déterminé, au lieu cité par l'Auteur à décider, que quand l'élection a été une fois faite par les deux perfonnnes aufquelles ce droit a été deferé *conjunctim*, & qu'après l'une d'elles vient à déceder, la furvivante ne peut plus revoquer cette élection ; à quoi il fe détermine par cette regle du droit, *nihil tam naturale, quidque diffolvi eodem genere vinculorum quo colligatum eft:*

En sorte que l'élection ayant été déferée à deux conjoinctement, il faut selon lui, le concours des mêmes personnes
qui ont élû, pour varier & revoquer l'élection ; mais je croi
que cette regle du droit ne peut recevoir son application à
l'espece de deux coheritiers, entre lesquels le droit d'accroissement a lieu, *ex tacita mente testatoris*, & qui par-là
sont tacitement subrogez l'un au défaut de l'autre, pour
exercer solidairement les droits hereditaires : Or le droit de
varier étant propre & annexé à l'élection au Fideicommis,
dont la restitution a trait de tems jusques au decès des heritiers grevez, il s'ensuit que ce droit de varier peut être
exercé *in solidum*, par le survivant des coheritiers, *usque
ad ultimum vitæ spiritum.*

L'élection n'étant divisée que par le concours des coheritiers, *quia concursu fiunt partes*, D. L. *conjunctim*. Le droit de
varier appartient consequemment à celui qui survit, puisqu'il ne peut alors y avoir de concours de la part du
coheritier.

J'observerai ici sur la matiere de l'élection au Fideicommis, déferée par le Testateur à sa femme à l'égard de leurs
enfans communs qu'il a été décidé, que quoique la mere (à
qui l'élection au Fideicommis compete) puisse varier, elle
ne le pût dans le cas où la restitution du Fideicommis
ayant été fixée à un certain tems, elle a fait cette restitution avant ce tems, même si avant le délai expiré, elle n'a
point revoqué cette élection ; c'est ainsi que la question fut
jugée le 14. Avril 1714. en la troisiéme Chambre des Enquêtes, au Rapport de Mr. de Lafont-Vedelli, entre Jean
Parade, & Pierre Parade freres, dans l'espece suivante.

Parade institua sa femme heritiere, à la charge de rendre
son heredité à tels de ses enfans qu'elle jugeroit à propos,
lorsqu'il auroit atteint sa 25. année ou qu'il se marieroit.

Il déceda dans cette volonté, laissant deux enfans mâles,
Jean & Pierre Parade. Leur mere commune par un acte du
25. Juin 1704. élût au Fideicommis le cadet qui n'avoit point
l'âge de 25. ans, & qui ne contractoit aucun mariage, elle

varia dans la suite en revoquant par un acte du 5. Juin 1705. l'élection du cadet, & nomma par ce même acte son aîné avec déclaration, que c'étoit à lui que le Testateur l'avoit verbalement chargée de faire la restitution du Fideicommis, cet aîné n'avoit alors que 24. ans & 8. mois.

Quatre années s'étant écoulées, la mere varia de nouveau dans une donation universelle qu'elle fit à son cadet, le 7. Juin 1709. dans laquelle elle revoqua l'élection de son fils aîné.

La Cour confirma par son Arrêt l'élection de l'aîné, par cette raison principale que la mere ayant laissé écouler sa 25. année sans revoquer l'élection qu'elle en avoit faite ( avant qu'il l'eût atteinte ) n'avoit pû varier dans la suite. Cet Arrêt peut être appuyé d'un autre raison, que cette mere étoit proprement heritiere fiduciaire ; en sorte qu'ayant une fois rempli ses obligations par la restitution du Fideicommis au tems fixé, elle ne pouvoit plus retracter son jugement ; si elle eût été heritiere grevée de rendre à son décès, alors sa variation auroit été reçuë, parce qu'il est certain que l'heritier grevé de rendre à son décès pût varier, *usque ad ultimum vitæ spiritum.*

C'est une regle constante en matiere d'élection, que celui qui n'a que la simple faculté d'élire aux biens substituez ou donnez par exemple aux enfans mâles, & qui n'est point lui-même heritier, ou donataire grevé de rendre à son décès, consomme son droit à la premiere élection qu'il fait, & qu'il n'est pas reçû à varier, parce qu'il n'a autre chose que *nudum ministerium* ; c'est la disposition de la Loi *Hujusmodi* 84. §. *sthicum, ff de legat.* 1. Telle est encore l'opinion des Docteurs, *cæterum* dit Fernand, *si pure quis eligere gravetur, electione facta cum effectu non admittitur variatio, quia jus electo quæsitum ad cap. unic. de filiis natis, ex matrim. cap. 9. num. 2.* Bretonier sur Henris, Tom. 1. Liv. 5. ch. 3. *quæst.* 20. confirme cette décision.

C'est sur ces principes que fut rendu l'Arrêt de la Cour au Rapport de Mr. de Costa le 22. Juin 1722. en la cause de M. Jean-François Demas, & Joseph Demas son frere dans cette espece.

Jean-François Demas, pere commun des Parties dans son Contrat de mariage avec la Dame Dupui, fit donation de la moitié de ses biens à l'un des enfans mâles de leur mariage, tel qu'il éliroit ; & en cas il ne fit point d'élection, il en donne la faculté à son épouse.

Après le décès du Testateur, la Dame Dupui par un acte du 28. Novembre 1716. nomma son fils aîné pour recüeillir la moitié des biens compris dans la donation, elle revoqua ensuite cette élection en faveur de son fils cadet ; cette variation ayant donné lieu à un Procès, l'Arrêt confirma la premiere élection.

---

# CHAPITRE LXXI.

## *Si la transmission du Fideicommis conditionnel a toûjours lieu en faveur des décendans.*

LA transmission du Fidéicommis conditionnel, ou l'esperance du Fideicommis, n'est pas transmissible aux enfans, suivant la pureté du droit & des maximes, *Leg. sed si plures, ff. de vulgar. & pupill. substit. Leg. Hæredes mei §. cum ita, ff. ad Trebell.* La Jurisprudence de ce Parlement l'a pourtant reçûë par un motif d'équité en faveur des enfans contre les étrangers substituez ; mais non contre des substituez descendans du Testateur, quoique par ses anciens préjugez le Parlement eût reçû cette transmission en faveur des enfans, contre les descendans même substituez ; ainsi qu'il resulte des Arrêts rapportez par Mr. Laroche, *in verbo transmission.* ce qui ne s'étoit glissé que sur l'opinion de la Glose *in Leg. is cui, ff. de obligat. & action.* opinion ! proscrite par les Docteurs, suivant l'observation *de Benedict. in verbo si absq. liber Morer. 2. num.* 117.

La Loi *Lucius titius, ff. de hæred. instit.* qui paroîtcon-

traire à la Loi *Hæredes mei* §. *cum ita ad Trebell.* & favorifer la prétention des enfans mis en la fimple condition,
contre les fubftituez, ne pût favorifer le droit de tranfmiffion, parce que cette Loi n'eft pas dans l'efpece d'une
fubftitution fideicommiffaire ; mais d'une fubftitution vul-
gaire & directe, fuivant l'obfervation du Docte Fernand
dans fon Commentaire fur la Loi *Generaliter*, *num.* 12.

Il faut diftinguer à l'égard de la tranfmiffion qui fe fait
aux enfans celle qui procede du chef de leur pere, *ex perfona patris*, d'avec celle qui leur compete de leur propre
chef, & fans la mediation de leurs peres.

Dans la premiere efpece de tranfmiffion, les biens font
acquis aux enfans comme heritiers legitimes de leurs peres,
& c'eft de cette efpece de tranfmiffion qu'il faut entendre
la Loi *Uniq. Cod. de his, qui ante apert. tabul.* & le langage
de *Benedict. verbo & foboles quam geftab. in utero num.* 41.
lorfqu'il dit que les enfans acquierent les biens par tranfmiffion, *non ex perfona fua, fed ex perfona fui patris.*

Dans la feconde efpece de tranfmiffion ( qui eft celle dont
il eft parlé dans ce Chapitre ) les enfans ne tiennent rien
de leur pere ; mais les biens fubftituez leur font dévolus
*judicio Teftatoris*, & tombent directement & immediatement fur leur tête ; & c'eft à celle-ci qu'il faut appliquer
le préjugé rapporté par Ferr. *fur la queft.* 458. *Guip.* &
la doctrine de Mr. d'Olive, Liv. 5. Chap. 24.

En forte que dans la premiere efpece de tranfmiffion,
les enfans ne peuvent joüir des biens qu'autant qu'ils font
heritiers de leurs peres ; mais s'ils répudient leur heredité,
ils n'y ont point de droit, à la difference de la feconde efpece de tranfmiffion, dont ils recuëillent les fruits & les
avantages, quoiqu'ils viennent à repudier l'heredité paternelle.

La jurifprudence de ce Parlement qui reçoit non-feulement la tranfmiffion, mais la tranfmiffion de la tranfmiffion ne peut être fondée que fur une préfomption de prédilection du Teftateur fubftituant pour fes defcendans,

dont il n'a point fait mention expreſſe, ſur des collateraux ou étrangers nommement appellez ; cette préſomption a pour appui la Loi de la natute, & les deſirs des peres qui concourent à favoriſer la cauſe des deſcendans dans la ſucceſſion de leurs aſcendans contre les étrangers, *Leg. 7. ff. de bon. damnat.* & c'eſt dans cette vûë que l'Empereur Juſtinien dans la Loi *cum acutiſſimi, Cod. de Fideicommiſſ.* donne cette belle extenſion à la Loi *cum avuſ. ff. de condit. & demonſtr.*

Or quoique cette tranſmiſſion d'eſperance ſoit contre la pureté des maximes, elle trouve néanmoins ſon fondement dans l'équité, ce qui ſuffit pour l'autoriſer, *& ſi nihil facilè mutandum ſit, ex ſolemnibus tamen ubi æquitas evidens poſcit ſubveniendum eſt*, dit la régle du droit, & comme il faut donner à la volonté des Teſtateurs une interpretation favorable, & qui puiſſe ſeconder leurs deſirs, *Leg. in conditionibus, ff. de condit. & demonſtrat. Leg. in Teſtamentis, ff. de reg. Juris* ; & que le Juge doit peſer lui-même cette volonté, & la tirer des conjectures raiſonnables, *voluntatis defuncti quæſtio in eſtimatione judicis eſt, Leg. 7. Cod. de Fideicommiſſ.* C'eſt avec raiſon que ce Parlement a introduit la tranſmiſſion dont nous parlons en faveur des deſcendans contre des étrangers ſubſtituez ; mais ce ſeroit choquer directement la pureté des maximes du droit que d'admettre cette tranſmiſſion d'eſperance contre des ſubſtituez deſcendans du Teſtateur diſpoſitivement appellez.

Sur ce principe que la tranſmiſſion de l'eſperance du Fideicommis n'a pas lieu, & n'eſt point admiſe contre les deſcendans nommement appellez, fut ſans doute rendu l'Arrêt du 13. Mai 1718. en la troiſiéme des Enquêtes, après deux partages vuidez à la deuxiéme, Rapporteur Mr. de Larroque Ceré, Compartiteur Mr. l'Abbé de Mariotte en faveur du ſieur Jean-François, Dutillet contre Charles Dutillet de Gonraud ; par lequel il fut jugé que le Fideicommis fait en faveur de l'aîné, l'ordre de primogeniture gardé étoit dû à l'oncle, à l'exclusion de son néveu fils de l'aîné, qui étoit decedé avant l'ouverture du Fideicommis.

*Paſtor de Benef. Lib.* I. *tit.* 20. *num.* 10. fondé ſur l'opinion d'Aufrer, *quæſt.* 433. donne pour maxime que dans la ſucceſſion des fiefs, le droit de primogeniture eſt gardé ; en ſorte que le fils de l'aîné de la famille exclud ſes oncles paternels ; mais cette doctrine doit être entenduë lorſqu'il y a coûtume locale ou ſtatut coûtumier qui le regle ainſi ; mais nullement dans l'ordre ordinaire des ſubſtitutions où l'eſperance du Fideicommis n'eſt point tranſmiſſible du pere aux enfans contre les autres deſcendans du ſubſtituant nommement appellez.

On peut obſerver ici que ſelon la doctrine de *Fernand, prælud. cap.* 10. *num.* 10. & de Duperier en ſes queſtions, Liv. 2. Chap. 21. les enfans qui ſont dans la condition *ſi ſine liberis*, ſont cenſez diſpoſitivement appellez dans les ſubſtitutions contractuelles ; toutefois *Ferr.* ſur la *quæſt.* 39. *Guip.* eſt d'avis contraire, & tient pour maxime que *liberi in conditione poſiti, ſive in ultimis voluntatibus, ſive in contractibus non cenſentur vocati nec ſubſtituti* ; & il rapporte un Arrêt de la Cour conforme à ſon opinion.

C'eſt du côté de Ferr. & de l'Arrêt qu'il faut ſe ranger par cette raiſon qu'il allegue lui-même, que *ſi liberi in conditione poſiti in Teſtamentis non cenſentur vocati, in quibus plenius voluntatem defuncti interpretamus, multò minùs in contractibus, in quibus ſtrictè agimus, Leg. quidquid aſtringendæ ff. de verbor. obligat.*

Dans les Contrats le droit ſur les biens eſt acquis au pere dès le jour du Contrat même ; en ſorte qu'il le tranſmet à ſes enfans *ut hæredes ab inteſtato* ; mais il n'eſt nullement chargé de Fideicommis à leur égard, dès qu'ils ne ſe trouvent que dans la ſimple condition *ſi ſine liberis*.

L'Arrêt du 13. Mai 1718. que je viens de rapporter ne fit que confirmer un précedent Arrêt de la même Chambre, rendu le 25. Juin 1704. au Rapport de Mr. Boriſta après partage porté à la premiere des Enquêtes , où il inter-vint un second partage qui fut vuidé à la seconde , *nemine contradicente.*

Cette queftion ne doit plus aujourd'hui former de la difficulté après les differens Arrêts qui l'ont decidée , & qui établiffent fur ce point une Jurifprudence conftante , fondée fur la pureté des maximes du droit , ainfi que je l'ai dit au commencement de cette obfervation.

Au furplus , la Loi *Uniq. Cod. de his qui ante apert. tabul.* ne peut fervir de fondement à la tranfmiffion de l'ef-perance dans le Fideicommis , ainfi que l'ont crû quelques Docteurs ) parce que dans l'efpece de cette Loi le droit eft déja acquis aux peres par la mort du Teftateur , & ils en font faifis ; ce qui fuffit pour autorifer la tranfmiffion , les Empereurs Théodofe & Valentinien y ayant feulement abrogé en faveur des enfans la rigueur de la Loi *Papia* , qui déferoit au fifc l'heredité , lorfque l'inftitué étoit de-cedé *ante apertas tabulas.*

---

# CHAPITRE LXXII.

*Si les enfans mâles du premier fubftitué prédecedé , qui font dans la condition font appellez à la fubftitution , & excluent leur Oncle.*

J'Ai obfervé fur le Chap. 24. de ce même Livre , que fuivant la doctrine des Interprêtes , la qualification de mâles ajoûtée à la condition *fi fine liberis* , la change en vraye difpofition *ex conjecturata mente Teftatoris* , qui par cette qualification eft cenfé avoir voulu conferver les biens dans la famille : Il femble donc que cette qualification in-ferée par un Teftateur , en faveur des defcendans mâles de fes filles ne devroit pas produire le même effet , parce que le nom des familles ne pouvant fe perpetuer par les femmes , il n'eft pas cenfé avoir eu la même prédilection

pour

pour leurs enfans mâles qui ne doivent pas joüir de ce privilege, de changer pour leur qualification la fimple condition en difpofition ; mais feulement d'être préferables à leurs tantes, heritieres fubftituées à leur mere decedée, après avoir recuëilli le Fideicommis ; la claufe des mâles étant fimplement exclufive des filles de l'heritiere grevée dans la préfumée volonté du fubftituant qui n'a voulu préferer à fes filles fubftituées, que les feuls mâles de fa premiere fille heritiere inftituée.

Toutefois les Docteurs décident que quand le Teftateur a commencé l'inftitution par une de fes filles, & qu'il ajoûte une fubftitution en cas de decès fans enfans mâles, ces mâles joüiffent du même privilege de préference fur les fubftituez, quoiqu'ils ne foient que dans la fimple condition ; c'eft l'obfervation de Ranchin fur la queftion 133. *Guip.* car quoique le Teftateur n'ait pû alors avoir en vûë l'agnation & pour objet la confervation des biens dans fa famille, il a néanmoins marqué une prédilection pour les mâles, ce qui fuffit felon Mantica *de conjectur. ult. volunt. Lib.* II. *tit.* 15. *num.* 4.

Dumoulin fur cette queftion *in confuet. Parif. tit.* des fiefs, §. 25. *num.* 7. remarque que quand le Teftateur a inftitué deux de fes filles, & qu'il les a fubftituées reciproquement en cas de decès fans enfans mâles, les mâles defcendans des mâles de la furvivante n'ont point de privilege fur les mâles defcendans des filles de cette furvivante, la raifon en eft fenfible, c'eft qu'alors l'agnation ne peut avoir été l'objet du Teftateur, ( ainfi qu'on vient de l'obferver ; ) Mantica au lieu ci-deffus cité, décide que les mâles donnent pareillement l'exclufion au fubftitué, quoique la fubftitution ait été faite par une femme, parce qu'il fuffit qu'elle ait marqué fa prédilection pour les mâles par la qualification qu'elle en a faite, *& ideò*, dit-il, *ipfa Teftatrix videtur folum confideras fe fexum mafculinum , quo fit ut mafculi defcendentes , etiam ex fœminis faciant deficere conditionem & fubftitutum excludant*, ainfi à tous égards l'on peut con-

*Tome I.*                                                     K k

clurre que foit que la fubftitution foit faite par un homme en faveur de fes mâles, foit en faveur de ceux de fes filles, foit que cette fubftitution émane de la difpofition d'une femme, la claufe des mâles ajoûtée à la condition, les rend préferables au fubftitué.

# CHAPITRE LXXIV.

*Si la tranfmiffion a lieu en faveur de ceux qui font hors du quatriéme degré de fubftitution.*

*Comment fe comptent les degrez quand il y a interruption. Si le Subftitué qui répudie, fait un degré.*

LEs marques de la fubftitution graduelle & perpetuelle, font felon Dumoulin *in confil. 7. num. 39.* quand le Teftateur a prohibé l'alienation de fes biens ; & qu'à cette prohibition il a ajoûté que fon intention étoit qu'ils reftaffent toûjours dans la famille, fi ces claufes ne concourent, il n'y a pas lieu de conjecturer une fubftitution graduelle.

Sur ce principe fans doute fut rendu un Arrêt en la premiere Chambre des Enquêtes le 4. Juin 1714. au rapport de Mr. Deiga après pattage, Compartiteur Mr. de Gauran, départi en la deuxiéme, fuivant l'avis du Rapporteur, par lequel il fut jugé dans l'efpece du Teftament *de Noble Jean-Paul de Bruguiere, qui à défaut des enfans procréez de fon mariage, avoit fubftitué fon heredité à François de Bruguiere, fon frere, & à défaut des mâles defcendans de fon frere le plus proche parent gardant le nom & armes de fa maifon,* que ces claufes n'induifoient point une fubftitution graduelle & perpetuelle, la Quarte Trebellianique n'avoit point été prohibée, ni l'alienation des biens dépendans du Fideicommis.

Pour établir la preuve d'une fubftitution perpetuelle, il faut non-feulement la qualification de mâles, & l exclufion des filles de la famille ; mais la volonté marquée de perpetuer l'heredité en fon entier dans la famille, fur quoi on peut voir le même Dumoulin, *Confil.* 26. *num.* 10.

# CHAPITRE LXXVI.

## *Si la condamnation aux Galeres perpetuelles donne lieu à l'ouverture du Fideicommis.*

LEs Interprêtes font d'accord en ce point, que la condamnation aux Galeres perpetuelles , tient parmi nous la place de la condamnation *ad metalla,* des Romains, *ripa in Leg. ex facto,* §. *fi quis rogatus, ff. ad Senatufc. Trebell. num.* 1. & Duranti *quæft.* 27. *num.* 18. cette condamnation emportoit avec foi mort civile du condamné, & le rendoit même efclave de la peine, *Leg.* 4. *Cod. de bon. profcript.* Guip. *quæft.* 547. *num.* 2. 3. & 4. & donnoit lieu à l'ouverture de la fubftitution, ainfi que l'obferve Me. de Ferriere fur cette queftion 547. la mort civile du condamné produifant le même effet ( pour ce qui concerne le droit civil ) que la mort naturelle, en le retranchant du corps des Citoyens comme un membre gangrené.

C'eft fur ces mêmes principes que les Jurifconfultes ont decidé que la condamnation *ad Metalla* donnoit lieu à l'ouverture du Fideicommis, *Leg. intercidit, ff. de condit. & demonftr. fi ea pœna in eum ftatuta fuerit quæ irrogat fervitutem.*

Il y a cependant fur cette matiere contrarieté d'Arrêts rendus, Mr. d'Olive *Liv.* 5. *Chap.* 8. & Expilli *plaidoyer* 29. rapportent des préjugez qui ont decidé n'y avoir lieu à l'ouverture du Fideicommis par la condamnation aux Galeres perpetuelles, l'Auteur dans ce Chapitre, & Me. Robert *rer. judicat, Liv.* 4. *Chap.* 16. en rapportent de contraires.

Parmi ce conflict d'opinions & de décisions, il ne nous reste plus qu'à examiner de près les raisons des deux partis pour nous ranger avec connoissance du côté de la verité.

Le texte de la Loi *Intercidit*, mettroit seul hors de toute difficulté la question, puisqu'il en resulte qu'il y a lieu à l'ouverture du Fideicommis si la condamnation entraîne avec soi la servitude ; mais la plûpart ont pris occasion d'une des Novelles de Justinien, de soûtenir que cet Empereur avoit entierement aboli cet esclavage de la peine, & réformé en cela le droit ancien, par lequel le condamné *ad metalla* devenoit esclave de la peine, Messieurs d'Olive & Expilli, appuyent fort sur cette allegation, & le premier ajoûte que suivant la Loi 2. *ff. de bonor. possess. contra tabulas*, le condamné *ad metalla* pouvant être rétabli de même que le déportât, & la Loi *Intercidit* déclarant que la déportation ne donne pas lieu à l'ouverture du Fideicommis ; par la raison que le condamné peut être rétabli ; il en faut dire de même du condamné *ad metalla*.

Quant à la premiere objection que l'esclavage a été aboli par la Constitution de Justinien, elle se trouve anéantie par la distinction judicieuse que fait à ce sujet Me. de Ferr. sur la quest. Guip. en ces termes, *respondendum est constitutionem illam specialem esse, & locum tantum habere quoad matrimonia ; nam quia jure civili matrimonium dissoluebatur captivitate & pœnâ, puta per condemnationem in metallum, Justinianus Novella 22. constituit, ut per damnationem in metallum, vel per aliam pœnam non dirimeretur matrimonium, sicut per deportationem non dirimebatur ;* Expilli fait de grands efforts contre cette distinction, mais cependant elle a été reçûë & adoptée par les derniers préjugez de ce Parlement.

L'argument que Mr. d'Olive tire de la Loi 2. *ff. de bonor. possess. contra tabulas*, & de la Loi *Intercidit*, qui laissent au condamné *ad metalla* & au déportat le même espoir de restitution, par où ils semblent être mis à niveau ; cet argument, dis-je, n'eft pas concluant, & ne peut fervir de fondement à fon opinion.

1°. La Loi *Intercidit* eft expreffe pour la queftion, puif-qu'en decidant que la déportation ne donne pas lieu à l'ouverture du Fideicommis, elle decide le contraire dans le cas d'une condamnation, qui rend le condamné efclave de la peine, *non idem erit dicendum fi ea pœna in eum ftatuta fuerit quæ irrogat fervitutem*, & la Loi 4. *Cod. de bon. profcr.* affujettiffant le condamné *ad metalla* à cette peine ; il s'en-fuit neceffairement que cette condamnation donne lieu à l'ouverture du Fideicommis.

2°. Quoique le condamné *ad metalla* peut être rétabli par grace du Prince de même que le déportat, il ne laiffe pourtant pas d'y avoir une difference très-notable de l'un à l'autre, le condamné *ad metalla* devenoit efclave de la pei-ne, & perdoit la liberté par la feule condamnation, le de-portat confervoit la liberté, & ne perdoit que le droit de Citoyen ; la liberté étoit parmi les Romains le plus pré-cieux de tous les biens, & fa privation étoit le comble de leurs malheurs & de l'infortune ; le condamné *ad metalla* devenu efclave de fa peine, étoit regardé d'un autre œil que le déportat, celui-ci étoit capable de recevoir des legs ou penfions alimentaires, il confervoit la faculté d'élire au Fideicommis, *Leg. Cum pater §. hæreditatem, ff. de Leg.* 2. & quoique ces avantages foient regardez par les Inter-prêtes comme chofes purement de fait, & nullement de droit civil, *magis facti quam juris* : Tout cela ne laiffoit pas d'établir une difference effentielle entre le déportat & le condamné *ad metalla*, puifque celui-ci étoit livré à fa peine, mis au rang des morts, & privé de tout ce qui pou-voit avoir quelque rapport au droit de Citoyen ; ainfi ce n'eft pas fans fondement que Loi *Intercidit* regarde cette condamnation du même œil que la mort naturelle, & qu'el-le lui attribuë cet effet de donner lieu à l'ouverture du Fi-deicommis.

Par toutes ces raifons je croi qu'il faut fe ranger du côté

des derniers préjugez de ce Parlement, rapportez dans ce Chapitre comme les plus conformes à la veritable difposition de la Loi.

Il y a un Arrêt rendu au Rapport de Mr. de Laroque en la deuxiéme des Enquêtes, le 31. Août 1723. entre St. Pé pere & fils, & Demoifelle Loüife Efpelugue, époufe du fieur Dompré, qui declare ouverte en faveur de ladite Efpelugue une fubftitution contractuelle, faite en fa faveur en 1679. par la condamnation aux Galeres perpetuelles, prononcée contre Jean Efpelugue fon pere, donateur & fubftituant.

# CHAPITRE LXXVII.

*Si les difpofitions faites par le Majeur de 25. ans en faveur de celui qui a été fon Tuteur, ou de fes enfans font valables.*

CEtte Jurifprudence eft conftament établie par les Arrêts de la Cour, que les Teftamens faits en faveur des Tuteurs ou Curateurs qui n'ont pas rendu compte de leur adminiftration, ou de leurs enfans font nuls. Il y a un Arrêt du 23. Juillet 1728. rendu au Rapport de Mr. de Baftard qui l'a ainfi jugé dans cette efpece.

Claude Cantarelle avoit été Tuteur de Catherine Dupin fa niéce, il étoit comptable de fon adminiftration, lorfque cette fille étant tombée malade fit fon Teftament, par lequel elle inftitua Loüife Dupin fa fœur, & en cas elle viendroit à déceder fans enfans, lui fubftitua Claude Cantarelle ou fon heritier ; le cas de la fubftitution étant arrivé, Jofeph Cantarelle fils & heritier de Claude, s'empara des biens de Catherine Dupin ; Jofeph & Jeanne Cadiere freres, comme plus proches fucceffeurs *ab inteftat* de Catherine Dupin, conjointement avec Jofeph, Jean & Catherine Cantarelle, demanderent devant le Juge ordinaire de Sernhac d'être maintenus aux deux cinquiémes de cette fucceffion, avec reftitution des fruits dépuis le decès de

Catherine Dupin ; mais ils furent démis de leur demande par Sentence du 4. Septembre 1727. avec dépens.

L'appel de cette Sentence ayant été porté au Sénéchal d'Uzés, de la part de Joseph & Jeanne Cadiere, ils furent maintenus par Sentence du 22. Decembre suivant aux deux portions, les cinq faisant le tout de la succession de Catherine Dupin avec restitution des fruits ; Cantarelle fut condamné aux dépens, l'Arrêt de la Cour confirma cette Sentence pour le chef de la maintenuë aux deux portions avec restitution des fruits, & l'infirma quant au chef des dépens, Cantarelle n'ayant été condamné qu'au tiers, les deux autres tiers prélevez par Cadiere sur la succession de Catherine Dupin.

Cet Arrêt est fondé sur la disposition de l'Ordonnance 1539. art. 131. & sur les Déclarations posterieures de nos Rois.

Les Arrêts ont justement étendu la disposition des Ordonnances aux enfans des Tuteurs & Curateurs, par la raison de la Loi *Quæritur*, *ff. de bon. libert. ne qui suo nomine à bonorum possessione submoventur per alios eam subsequantur.*

La prohibition de l'Ordonnance subsiste tant que le Tuteur est comptable, *Ricard des donations*, *Tom.* I. *Chap.* 3. *Sect.* 9. *num.* 454.

---

# CHAPITRE LXXVIII.

*Si les prélegs sont compris dans le Fideicommis.*

LA question, si la restitution des prélegs faits à l'heritier grevé doit être faite avec celle du Fideicommis universel, depend des conjectures qu'on peut tirer de la volonté présumée du Testateur, ainsi qu'on peut le recuëillir du langage *de Mantica*, *de conject. ult. volunt. Lib.* 7. *num.* 7. où ce Docteur qui a traité au long cette matiere

dans ce titre, observe que quoique régulierement les prélegs viennent dans la restitution du Fideicommis, quand
même l'écorce des paroles resisteroit, si l'on peut conjecturer d'ailleurs de la volonté du Testateur, que cette restitution doit être faite. Il faut décider sur le même principe qu'il n'y a pas lieu à cette restitution, si l'on peut le
conjecturer ainsi de la disposition du Testateur, par la raison que *voluntas Testatoris, magis quam verba inspicitur*,
suivant le texte de la Loi *Cum virum*, *Cod. de Fideicom.*
*& Leg. Lucius*, §. *pluribus*, *ff. ad Trebell.*

C'est donc sur ce principe que toutes les questions qui
peuvent naître à ce sujet doivent être decidées. Mr. **Cam-**
**bolas**, Liv. *6.* Chap. 28. a ramassé quelques conjectures,
par lesquelles on peut juger que le Testateur a prétendu
que la restitution des prélegs devoit être faite avant le Fideicommis, *Ranchin sur la question* 303. *Guip.* donne une regle qui peut servir à la décision des cas les plus fréquens
qui se présentent ; sçavoir que pour juger si les prélegs sont
compris dans la restitution du Fideicommis universel, ou
non, il faut considerer l'ordre de la disposition du Testateur, & les paroles dont elle se trouve conçûë ; que si le
Testateur a employé des termes qui emportent avec soi uni-
versalité de biens, comme s'il a dit, j'entens que la restitution de tous & chacuns mes biens soit faite au substitué,
alors les prélegs faits à l'heritier sont compris dans cette
restitution, à la reserve de la dot qui auroit été préleguée
à la fille, ou de quelqu'autre chose tenant lieu de payement d'une dette, que si au contraire le Testateur s'est contenté de dire vaguement, j'entens que la restitution de mes
biens soit faite au substitué ; il faut distinguer où le Testateur a commencé par cette substitution, & a fait ensuite au
coheritier le prélegs, où il a commencé par le prélegs ; &
a fait ensuite la substitution : Au premier cas la chose préleguée ne doit point être restituée, & appartient incommu-
tablement à l'heritier : Au second, elle doit l'être avec l'u-
niversalité des biens.

Comme

Comme cette matiere roule proprement sur des conjectures de desir & de volonté des Testateurs ; il faut nécessairement se regler dans la décision des differens cas, qui peuvent naître par la mesure de la prédilection que le Testateur peut raisonnablement avoir euë, ou pour l'heritier institué, ou pour le substitué ; ce qui peut s'établir par la proximité du sang de l'un ou de l'autre ; & c'est par-là que les Jurisconsultes, & après eux les Empereurs se sont reglez eux-mêmes, dans les décisions qu'ils ont renduës sur les matieres conjecturales de substitution, ainsi qu'on peut le recuëillir des differentes Loix répanduës dans le Digeste & le Code, & sur-tout des Loix *Lucius titius, ff. de hæred. instit. & cum acutissimi, Cod. de Fideicom.*

---

# CHAPITRE LXXIX.

*Si dans le legs des terres & possessions acquises dans un lieu, sont comprises les acquisitions faites dépuis le Testament.*

QUand un pere legue à sa fille 100. pistoles par son Testament, & qu'ensuite venant à la marier, il lui constitue en dot 100. pistoles, le legs n'est point dû à la fille après le decès du pere, *Leg. filia* 11. *Cod. de legat.* ce que la Glose explique bien clairement, en ces termes, *filiæ tuæ centum legasti, deinde eidem in dotem centum dedisti, an centum ex causa legati petere possit quæritur ? Respondeo quod non.*

Il n'en est pas ainsi quand un étranger après avoir legué une certaine somme à une fille par Testament, lui constitue ensuite cette même somme en dot, & qu'il est stipulé dans le Contrat de mariage ; que moyenant cette constitution la fille ne pourra rien prétendre contre le constituant, à raison des services qu'elle lui a rendus ; alors la somme leguée

eſt dûë à cette fille , outre & par-deſſus ſa conſtitution dotale , par la raiſon qu'elle a ſa dot à titre onereux , puiſque c'eſt proprement le payement d'une dette qu'on lui fait ;
& que le legs lui appartient par un titre lucratif : l'on ne
peut donc point confondre l'un avec l'autre , puiſqu'ils precedent de deux cauſes réellement diſtinctes , & qui doivent
chacune produire leur effet.

C'eſt ainſi que la queſtion fut jugée en la troiſiéme Chambre des Enquêtes , au Rapport de Mr. de Maran le 12. Janvier 1719. entre Jean Daroles Boulanger , & Barthelemie
Vianne,

Loüis d'Aroles , Boulanger , inſtitua heritiere Barthelemie Vianne ſa femme , & legua à Jeanne d'Aroles ſa niéce
la ſomme de 300. liv. avec un de ſes lits , le tout payable quand elle ſe marieroit.

Le Teſtateur étant en vie , ſa niéce vint à ſe marier ,
il lui fit donation dans ſon Contrat de mariage de la ſomme
de 300. liv. & d'un lit , moyenant quoi Jeanne d'Aroles
promit de ne lui rien demander , à raiſon des ſervices qu'elle lui avoit rendus.

D'Aroles Teſtateur mourut ſubitement onze ans après ,
ſans avoir revoqué ſon Teſtament , Jeanne d'Aroles fit demande à Barthelemie Vianne , heritiere inſtituée du legs
dont il a été parlé ; celle-ci porta pour défenſe que cette
demande ne pouvoit avoir lieu , puiſque le Teſtateur avoit
lui-même fait payement du legs par la donation des mêmes
choſes leguées , faite dans le Contrat de mariage ! tems
auquel il en avoit fixé le payement par ſon Teſtament.

Jeanne d'Aroles prétendit au contraire qu'autre choſe
étoit le legs , autre choſe la donation contractuelle , que le
legs étoit une pure liberalité , & la donation un vrai payement d'une dette contractée par le donateur , ſur ces raiſons
l'Arrêt adjugea à Jeanne d'Aroles les fins de ſa demande ;
en ſorte qu'elle obtint le legs conjointement avec les choſes données.

# CHAPITRE LXXXIII.

*Si l'heritier* ab inteſtat *eſt reçû à prouver par Témoins la malverſation du Teſtament avec ſon heritiere Teſta-mentaire.*

*Si ce Teſtament rompt un Teſtament anterieur.*

PAr un Arrêt du 12. Avril 1718. rendu en la troiſiéme Chambre des Enquêtes au Rapport de Mr. de Peguei-rolles, il fut jugé que Jean Epy & Loüis Puaux comme ſucceſſeurs *ab inteſtat* du ſieur de la Traverſe, étoient fon-dez à demander la caſſation d'un Teſtament qu'il avoit fait en faveur d'Anne Marcoux, femme mariée ſa voiſine ſur le fondement du concubinage notoire du défunt avec cette femme, duquel l'Arrêt leur permit de faire preuve, en demettant Anne Marcoux de ſon appel de la Sentence du Senéchal, qui avoit declaré cette preuve admiſſible.

Il faut obſerver ſur cet Arrêt, qu'il ne s'agiſſoit point dans cette eſpece d'une accuſation d'adultere, commis par une femme qui ſert d'exception aux heritiers du mari pour la reſtitution de la dot, ou pour le payement de ſes avantages nuptiaux, auquel cas la preuve n'auroit pas dû être permiſe ſi l'action n'avoit pas été preparée par le mari pleinement inſtruit de l'adultere de ſa femme ; mais qu'il étoit queſtion d'un fait de concubinage avec une femme mariée qui devoit operer la nullité du Teſtament fait en ſa faveur ; & c'eſt à quoi les heritiers *ab inteſtat* du Teſtateur avoient interêt ; conſequemment la preuve de ce fait notoire ne pouvoit leur être déniée, au lieu que quelque interêt que les heritiers du mari ayent à priver la veuve des avantages qu'elle pût préten-dre ſur ſes biens, ils ne peuvent exciper de l'adultere ſi le mari en étant inſtruit ne s'en eſt plaint, & cela par la raiſon que repreſentans la perſonne du défunt ( à qui l'injure a été faite ) & qui la remife à fa femme par fon filence, ils ne peuvent de leur chef, ni oppofer l'adultere civillement, ni le pourfuivre criminellement.

---

# CHAPITRE LXXXVIII.

*Si dans la fubftitution faite au cas de decès fans enfans, la condition défaut par l'exiftence des enfans de l'heritier, nez & demeurans hors du Royaume.*

ON ne peut point décider en thefe, que l'exiftence des enfans de l'heritier grevé fous la condition *fi fine liberis*, nez hors du Royaume, faffe défaillir le Fideicommis, parce qu'il faut plûtôt examiner fi leur pere a quité le Royaume dans le deffein de n'y plus retourner, & de finir fes jours dans un Royaume étranger, en y faifant un établiffement ftable, ou fi au contraire il a toûjours eû intention de revenir en France, *ad fuos*, & *Majorum lares*, ayant manifefté cette intention, ou par des actes autentiques, paffez pardevant Notaires ou autrement; car au premier cas, il faut décider qu'ayant perdu par fa fortie du Royaume tous les droits du Citoyen, & étant quant à ce reputé pour mort, les enfans qui lui font nez après cette fortie, ne font pas capables de faire défaillir la condition à l'exemple de ceux du déportat conçus, & nez après fa deportation.

Au fecond cas, l'exiftence des enfans fait défaillir la condition, & les biens leur appartiennent *ut hæredes ab inteftato*; c'eft ce qu'on peut recuëillir de la doctrine de *Bacquet, cinquiéme partie du droit d'aubaine ch.* 40. où cet Auteur ufant de cette diftinction, dit, qu'au premier cas les biens du Défunt appartiennent au Roi par droit d'aubaine, & au fecond cas à fes heritiers legitimes. Cambolas, Liv. 5. Chap. 24. obferve à ce fujet que la raifon principale de l'Arrêt rapporté par Loüet, Lettre S. Chap. 15.

fût prife de cette circonftance du Procès qu'il étoit juftifié que l'intention de l'heritier grevé avoit été de mourir aux Indes. En effet Brodeau fon Commentateur rapporte au même lieu des Arrêts du Parlement, par lefquels il a été jugé qu'un François qui a refté 30. ou 40. ans hors du Royaume, dans le deffein d'y retourner, ne perd pas pour cela le droit de Bourgeoifie ni celui de fucceder ; d'où il faut conclurre par l'argument des contraires, que celui qui s'eft abfenté du Royanme *perpetuæ morâ caufa*, & dans le deffein de mourir en terre étrangere, perd tous les avantages de Citoyen par cet exil volontaire, de même qu'il les perdroit par un exil forcé.

Cela pofé, il faut décider que les enfans nez hors du Royaume, de celui *qui habuit animum revertendi*, font capables de recuëillir l'heredité & de faire obftacle au Subftitué, mais il faut pour cela qu'ils viennent habiter le Royaume.

Que fi au contraire leur pere s'étoit retiré dans un Royaume étranger dans la vûë d'y faire un établiffement permanent, ils feroient vrais aubains étant nez après la retraite de leur pere, & leur retour en France ne les rendroit point habilles à fucceder aux biens que leur pere avoit recuëillis, & dont il étoit grevé fous cette condition, *fi fine liberis*.

C'eft fuivant ces diftinctions qu'il faut entendre les Arréts rapportez par Mr. de Cambolas, & celui de ce Chapitre ; car on ne peut décider en thefe que les enfans nez, & demeurans hors du Royaume, foient capables de recuëillir la fucceffion du pere, & de faire évanoüir la fubftitution, puifqu'ils font aubains, & que les Loix Romaines & les Loix du Royaume, donnent l'exclufion aux Etrangers de toutes fucceffions des regnicoles. Cette matiere eft doctement traittée dans le Sommaire 15. de Loüet Lettre S, & dans Bacquet du droit d'aubaine, part. 1. Ch. 2.

Pour autorifer la diftinction que je viens de faire, je n'ai befoin que de rappeller ici la difpofition de l'Edit de Loüis XIV. du mois d'Août *1669. qui porte défenfes à tous fes Sujets de fe retirer du Royaume pour s'aller établir fans ſa permiſſion dans les païs Etrangers, par mariage, acquiſitions d'immeubles, & tranſport de leurs familles, & biens pour y prendre leurs établiſſemens ſtables & ſans retour, à peine de conſiſcation de corps & de biens, & d'être cenſez & reputez Etrangers ſans qu'ils puiſſent être ci-après rétablis, ni leurs enfans naturaliſez ; l'Edit ajoûte. N'entendons toutefois comprendre en ces défenſes ceux de nos Sujets qui ſortent de tems en tems de notre Royaume pour aller travailler & negocier dans les païs étrangers, pourvû qu'ils n'y tranſportent pas leurs domicilles, & qu'ils ne s'y établiſſent par mariage, ou autrement.*

---

# CHAPITRE XCIII.

## *Si le droit d'accroiſſement a lieu entre pluſieurs ſubſtituez pour certaines portions.*

C'Eſt une regle certaine que le droit d'accroiſſement a lieu dans les Fideicommis entre les Fideicommiſſaires, *jus accreſcendi locum habet in Fideicommiſſis univerſalibus*, dit Ferr. ſur la queſt. 335. *Guip.* En ſorte que quand on ſubſtituë à ſon heritier deux particuliers, ſi l'un deux vient à déceder pendant la vie de l'heritier grevé, le ſurvivant prend toute l'heredité des mains du grevé, *jure accreſcendi, Leg. filius familias, §. divi de legat.* 1. Ce qui doit être entendu ſi les Subſtituez ſont conjoints, ou par l'unité du diſcours ou par la choſe ; car s'ils ſe trouvent disjoints & ſéparez, la portion du premourant devient caduque & demeure à l'heritier grevé, ſuivant la Loi *Lucius titius §. quæ habebat, ff. ad Trebell.* Et c'eſt par cette même raiſon que l'Arrêt rapporté dans ce Chapitre démit du Lignon de la moitié du tiers, qui formoit la portion hereditaire de la parente du Teſtateur ſubſtituée, & qui avoit précedé l'heritier grevé ; les ſubſtituez n'étant point conjoints dans cette eſpece, ni par la choſe ni par l'unité du diſcours, il ſe pouvoit y avoir lieu au droit d'accroiſſement entre eux.

Sur cette matiere d'accroiſſement, il faut diſtinguer celui qui ſe fait dans les inſtitutions hereditaires d'avec celui qui compete aux Fideicommiſſaires ou legataires : Dans les inſtitutions hereditaires l'accroiſſement a toûjours lieu , & la portion du prédecedé accroit neceſſairement au ſurvivant , *etiam invito & nolenti* , par la raiſon qu'il eſt de l'interêt public de ſoûtenir les diſpoſitions Teſtamentaires : Un Teſtateur ne pouvant mourir. *partim teſtatus partim inteſtatus inſtit. de hæred. inſtit. §. hæreditas , & Leg. Ius noſtrum de regul. jur.* ce qui fait qu'on ne conſidere point ſi les heritiers ſont conjoints , ou par les portions hereditaires , ou par l'unité du diſcours , *Duaren. de jur. accr. Lib. I. cap. I.* Il en eſt autrement dans les legats, & dans les Fideicommis qui leur ſont égalez par le droit nouveau ; jamais le droit d'accroiſſement n'a lieu entre legataire & Fideicommiſſaire , s'ils ne ſe trouvent conjoints ou par la choſe leguée , ce qui s'appelle *re* ou par l'unité du diſcours *verbis* , ou par la choſe & le diſcours tout enſemble , *re & verbis.*

Les Legataires ſont conjoints par la choſe ſeulement. Toutes les fois qu'ils ſont appellez à la même choſe ( quoique par diverſité d'Oraiſon & de Diſcours ) *ſunt conjuncti re tantum quibus eadem res legatur vel eadem hæreditas relinquitur ſed ſeparatim , ac diverſis Orationibus , veluti titio fundum Cornelium lego , ſempronio fundum Cornelium lego Duaren. de jur. accr. Lib. I. cap. 6.* Ils ſont conjoints par la choſe & par l'unité du diſcours , quand non ſeulement ils ſont appellez à la même choſe , mais par un même diſcours ; comme par exemple , *titio & ſempronio fundum Cornelianum de lego Duaren. loco ſupra :* Enfin ils ſont conjoints par l'unité du diſcours ſeulement *verbo tantum* , quand le Teſtateur s'exprime ainſi , *titio & ſempronio fundum æquis partibus de lego.* Le Teſtateur fait alors les portions , & voilà pourquoi quoiqu'ils ſoient appellez à la même choſe , ils ne ſont point conjoints par la choſe ; mais ſeulement par l'unité du diſcours , & par la particule *&* qui unit *titius* à *ſempronius Duaren. ibi.*

Dans toutes ces differentes conjonctions, le droit d'accroiffement a lieu, *Duaren. loco fuprâ, cap.* 1. Cet Auteur a fort Doctement traité cette matiere, ainfi le lecteur pût y avoir recours pour la folution des differentes difficultez qui peuvent s'élever dans le cas qui fi prefentent.

J'obferverai ici que le droit d'accroiffement n'a pas lieu regulierement dans les Contrats, par la raifon que l'accroiffement eft fondé fur des conjectures de la volonté qui ne font point admifes dans les Contrats ou rien ne fe fupplée, & ou tout eft exprès, fuivant la maxime *in tantum valent, in quantum fonant.* La Loi 11. *fi mihi & titio, ff. de verbor. obligat.* fur laquelle fe fondent les Interprêtes pour reftraindre le droit d'accroiffement, aux feules difpofitions de derniere volonté, ne reçoit pourtant point fon application au droit d'accroiffement, puifqu'elle regarde les ftipulations que l'on fait pour foi & pour autrui, que cette Loi reduit à la moitié de ce qui eft ftipulé, par la raifon qu'on ne peut felon les regles ftipuler pour autrui ; ce qui fait que celui qui ftipule par exemple qu'on donnera dix écus à lui & à Titius, ne peut prétendre que cinq écus, *quia extraneis inutiliter ftipulatur*, & qu'il n'a réellement ftipulé pour lui que cinq écus.

Il y a des exceptions à cette regle, que le droit d'accroiffement n'a pas lieu dans les Contrats, qui font marcuées par Ferr. fur la queft. 204. *Guip.* comme dans l'ufufruit *inter vivos conftituto.* dans les donations faites par le Roi, dans les chofes indivifibles, comme par exemple dans un droit de fervitude, dans les Contrats où il eft de l'interêt de celui qui ftipule que l'accroiffement ait lieu, comme dans le cas où l'on fait un achât pour foi & pour un tiers ; l'interêt du vendeur fe trouvant alors qu'en cas de refus de ce tiers, il ait l'action pour le tout contre l'acheteur. Mr. Cambolas, Liv. 1. Ch. 17. confirme fur ce point la doctrine de Ferriere.

Le 7. Septembre 1722. il fut jugé au Rapport de Mr. l'Abbé Tournier, que le droit d'accroiffement a lieu dans

le

le Fideicommis univerfel, quoique les fubftituez viennent par tranfmiffion, ce fut dans la caufe de Delpech, & Ricard d'une part, & Fleur Prunet d'autre.

La tranfmiffion operant le même effet, que la vocation expreffe en faveur des defcendans contre des Etrangers fubftituez, fuivant la Jurifprudence des Arrêts de la Cour ; il en faut conclurre que fuivant cette même Jurifprudence, l'accroiffement doit avoir lieu dans le Fideicommis univerfel auquel les defcendans font appellez par tranfmiffion, de même que dans les autres où leur vocation fe trouve expreffe.

La principale raifon de l'Arrrêt que je viens de citer fut, que *portio portioni accrefcit.*

---

# CHAPITRE XCIV.

*Si le pere chargé de rendre à fon fils lorfqu'il aura atteint l'âge de 20. ans, ce fils mourant avant cet âge peut être contraint de rendre foudain à celui qui eft fubftitué à ce fils.*

LA reftitution du Fideicommis qui doit être faite, lorfque le Fideicommiffaire aura atteint fa vingtiéme année ne peut fe porter au-delà de la 19. année complete, & de la vingtiéme commencée ; car c'eft ainfi qu'il faut entendre le terme atteint, §. *final. inftit. quibus ex caufa manumitt. non liceat*, il y a néanmoins un Arrêt du 4. Mars 1722. rendu en la premiere Chambre des Enquêtes, au Rapport de Mr. de Baftard, par lequel il fut jugé que l'heritier grevé de rendre quand le Fideicommiffaire auroit atteint fa vingt-cinquiéme année, ne devoit faire la reftitution qu'à la vingt-cinquiéme année complete ; mais cet Arrêt fut rendu fur les circonftances particulieres du fait, fans lefquelles Meffieurs les Juges convinrent qu'il auroit fallu décider le contraire felon les maximes déja citées, ces circonftances étoient. 1°. Que le Teftateur qui avoit chargé

la Demoiſelle Luzi ſon épouſe, inſtituée pour un tiers d'en
faire la reſtitution à Me. Tavernier ſon néveu, quand il auroit atteint l'âge de 25. ans, avoit dit auparavant qu'il entendoit que les heritiers qui étoient au nombre de trois
joüiſſent en commun juſqu'à l'âge de 25. ans du Fideicommiſſaire qui étoit Me. Tavernier ; la Particule *juſques* étant
incluſive, on crût qu'il falloit porter la reſtitution à la fin de
la vingt-cinquiéme année.

La deuxiéme circonſtance fut que le pere de Me. Tavernier en qualité d'adminiſtrateur avoit expedié du fonds
de cette heredité à la Demoiſelle de Luzi pour ſon tiers,
& il étoit dit qu'elle en joüiroit juſqu'à la majorité du Fideicommiſſaire, ſur quoi il avoit été paſſé une police entre
les Parties qui n'étoit point attaquée.

La troiſiéme circonſtance étoit que le Teſtateur avoit
voulu que le Fideicommis ne fut reſtitué à Me. Tavernier
qu'après ſon émancipation, ce qui fit croire que le Teſtateur avoit entendu que la reſtitution ſeroit prolongée juſqu'à la vingt-cinquiéme année complete, cet Arrêt eſt confirmatif d'une Sentence du Sénéchal Dupui, il fut rendu
en faveur de la Demoiſelle de Luzi, veuve de Tavernier,
contre Me. Tavernier Licencier és Droits, néveu du Teſtateur.

Le ſeule circonſtance qui ſelon moi pouvoit déterminer
cette déciſion en faveur de la Demoiſelle de Luzi, étoit
la convention paſſée entre le pere adminiſtrateur des biens
de Me. Tavernier, ſelon laquelle elle devoit joüir du tiers
de l'heredité juſqu'à la majorité du Fideicommiſſaire, la
convention n'étant point attaquée lioit & obligeoit Me. Tavernier fils ; en ſorte qu'il avoit derogé par-là au droit qu'il
avoit d'obtenir la reſtitution du Fideicommis au commencement de ſa vingt-cinquiéme année.

Les circonſtances priſes de ce que le Teſtateur avoit dit
auparavant, qu'il entendoit que les trois heritiers joüiſſent
en commun de l'heredité juſqu'à l'âge de vingt-cinq ans
du Fideicommiſſaire, & juſqu'à ſon émancipation ne pou--

voient changer l'ordre du tems, auquel le Teſtateur avoit
enſuite fixé la reſtitution du Fideicommis qui étoit au commencement de la vingt-cinquiéme année, & il falloit neceſſairement expliquer la clauſe précedente, qui portoit que
les heritiers joüiroient juſqu'à la vingt-cinquiéme année,
par la clauſe ſubſequente qui n'exigeoit que la vingt-cinquiéme année commencée, & conclurre que quand le Teſtateur avoit dit anterieurement *juſqu'à la vingt-cinquiéme
année*, il l'avoit ainſi entendu juſques avoir atteint la vingt-
cinquiéme année; car étant de maxime que les clauſes &
diſpoſitions ſubſequentes ſervent à expliquer celles qui les
précedent, *Leg. Si ſervus plurium*, §. *ſi numerus*, *ff. de
legat.* 1. & que dans les actes il faut s'attacher principalement non à l'écorce des paroles, mais à la volonté des
Parties, *Leg. In conventionibus*, *ff. de verbor. ſignific.* on ne
pouvoit donner d'autre explication aux termes de *juſques*,
employé par le Teſtateur, ce qui devoit d'autant mieux avoir
lieu que la reſtitution d'un Fideicommis eſt en ſoi favorable, puiſqu'elle tend à remplir les deſirs du Teſtateur, &
que dans cette vûë les Arrêts de la Cour autoriſent les reſ-
titutions qui en ſont faites avant le tems, au préjudice même des Créanciers de l'heritier grevé.

Pour ce qui concerne la circonſtance de l'émancipation
du Fideicommiſſaire, comme l'émancipation peut être faite
avant la vingt-cinquiéme année; cette clauſe n'alteroit en
rien la diſpoſition du Teſtateur, & ne pouvoit faire préſumer que la reſtitution avoit eu trait dans les vûës mêmes
du Teſtateur juſqu'à la vingt-cinquiéme année accomplie.

# CHAPITRE XCV.

## *Des enfans naturels.*

LA regle la plus conforme à la Jurisprudence des Parlemens du Royaume, est de n'adjuger aux batards sur les biens de leurs peres naturels, que les alimens ou l'équipollent, *idcò videmus in præsenti Regno Franciæ christianissimo, ex illius Catholico more, observantia & laudabili consuetudine juri divino consona bastardos non succedere, nec aliud præter alimenta petere posse Benedict. ad caput Raynut. verbo & uxorem nom. adelas. decis. 5. num. 147.*

Mais cette regle souffre une distinction ; sçavoir, que le bâtard ne peut prétendre les alimens sur l'heredité du pere naturel, lorsque celui-ci l'a mis en état de gagner sa vie par le secours d'un métier qu'il lui a donné, suivant l'Arrêt du Parlement de Paris, rapporté par Loüet lettre **A,** Somm. 4. auquel cas le pere naturel ou ses heritiers sont tenus de fournir aux fraix de la maîtrise, pour mettre l'apprentif en état d'exercer le métier selon les Arrêts rapportez par Brodeau, *eod. num. 4. & 5. & par Albert Lettre B, verbo bâtards, art. 3.*

Il en faut dire de même de la fille naturelle, à qui le pere a fait une constitution dotale ; cette fille ne peut ensuite prétendre sur l'heredité du pere, les alimens, parceque la dot est pour elle un établissement, & que le devoir du pere se trouve rempli à cet égard ; mais le pere est tenu de lui faire cette restitution dotale, quoiqu'il lui ait fait apprendre un métier, & qu'il ait d'ailleurs des enfans legitimes ; c'est ce qui a été jugé par Arrêt du 24. Juillet 1657. transcrit dans le Journal des Audiences, Tom. 2. Liv. 1. Chap. 23.

La disposition de cet Arrêt est juste, par la raison que quoiqu'une fille ait reçû un espece d'établissement par le métier que fon pere naturel lui a fait apprendre, toutefois cet établiffement n'eft pas reputé confommé, que par le mariage que le pere doit lui procurer ; & c'eft fans doute pour cette raifon qu'on oblige les peres à doter leurs filles legitimes, & à anticiper en faveur de leurs mariages le payement des droits paternels quand elles ont atteint l'âge de vingt-cinq ans, *Fernand in Leg. In quart. præfat. 2. art. 2. num.* II. mais cette conftitution dotale doit être mefurée par rapport aux facultez & à la qualité du pere naturel, ce qui eft affez arbitraire au Juge.

L'Arrêt rapporté dans ce Chapitre du 4. Fevrier 1694. qui ordonne qu'avant dire droit l'heritier prouveroit que la fille naturelle du Prêtre avoit été procréée avant fon engagement dans les Ordres, préjugea que fi elle a été procréée avant cet engagement, le legat par lui fait de 300. liv. à la fille legitime de cette bâtarde qui étoit debattu eft valable ; cet Arrêt ne paroît pas conforme à cette feverité de décifions que l'Auteur attribuë avec fondement à ce Parlement au fujet des bâtards.

En effet fa Jurifprudence rejette non-feulement les difpofitions faites par les peres en faveur de leurs bâtards au-delà des alimens ; mais même tout ce qui leur eft laiffé, foit à titre d'inftitution ou de legat par voye indirecte, jufques-là que le legat fait au fils legitime du bâtard par fon ayeul naturel eft declaré nul, de même que l'inftitution ou fubftitution, ce qui a lieu quand même l'ayeul n'auroit pas d'enfans legitimes, *Laroche Liv. 6. tit.* II. *art.* 2. *& Graverol eod.* rapportent là-deffus des Arrêts de ce Parlement, & l'opinion des Interprêtes : & je croi que cette Jurifprudence eft fondée fur la pureté des mœurs chrétiennes, qui ne permettent pas d'autorifer les difpofitions licencieufes des peres, non-feulement à l'égard de leurs bâtards ; mais même des enfans legitimes de ces bâtards dont ils font les ayeuls naturels ; car qui ne voit que le legat fait par l'ayeul dans ces circonftances a pour motif non la perfonne & le merite du legataire ; mais la qualité du petit-fils, & que le fang y a toute la part & le defir que le pere naturel a de gratifier fon fils dans la perfonne de fon petit-fils ; car la préfomption eft que l'ayeul a fait le don au fils naturel en la perfonne du fils legitime de celui-ci , parce que la prédilection du Teftateur eft pour le fils qui lui eft plus proche que le petit-fils ; en forte que dans ces circonftances il faut envifager non la difpofition litterale, par laquelle le petit-fils fe trouve gratifié ; mais l'intention du Teftateur, *non enim quæri oportet eum quo de fupremis quis loquatur ; fed in quem voluntatis intentio dirigatur*, Leg. *Cum pater* 77. §. 26. *donationis , ff. de legat.* 2.

C'eft fur ce principe fans doute qu'eft fondé l'Arrêt général rapporté par Larroche Liv. 1. tit. 16. art. 4. qui décida qu'il ne peut être rien legué au-delà des alimens, par l'ayeul naturel aux enfans legitimes de fon fils bâtard, fur quoi Graverol obferve que l'ufage de ce Parlement eft contraire à la décifion de Mr. d'Olive , Liv. 5. Chap. 34. que l'ayeul puiffe inftituer par Teftament le fils legitime de fon bâtard , & il rapporte un Arrêt conforme.

Mr. Cambolas Liv. 1. Chap. 1. rapporte un Arrêt en faveur du bâtard du fils legitime , qui décida que l'inftitution étoit valable, quand le Teftateur n'avoit point d'enfans.

Comme on ne fçauroit marquer trop de feverité dans une matiere où le rélâchement ne fe gliffe que trop par les détours captieux dont ufent les peres naturels pour faire tomber leurs biens fur la tête des bâtards , en fraude de la Police de ce Royaume qui les en exclud : J'eftime qu'il faut plûtôt pancher du côté de la feverité des Arrêts qui réduifent les inftitutions ou legats faits en faveur des bâtards aux fimples alimens, que de donner de la faveur à ces inftitutions ou à ces legats, en autorifant les voyes indirectes dont les peres peuvent fe fervir pour gratifier leurs bâtards ; en forte que toutes les fois qu'on peut raifonnablement conjecturer que les inftitutions ou legats partent de la main des peres naturels : je croi qu'il eft digne de la

pureté des mœurs chrêtiennes, de rejetter ces fortes d'inftitutions, & de les reduire *ad legitimum modum*, je veux dire
aux alimens ou à ce qui peut en tenir lieu.

Le pere qui doit les alimens à fon bâtard, a droit de
retirer des mains de la mere, la fille bâtarde après l'âge de
7. ans, pour lui donner l'éducation, ainfi jugé à la Tournelle le 17. Juillet 1721. au Rapport de Mr. Dupui au profit du fieur de Tanus.

Il a été jugé qu'un Directeur d'un Hôpital pouvoit être
contraint d'exhiber les Regiftres des bâtards pour fervir de
preuve aux faits juftificatifs d'un prévenu de groffeffe con-
tenans que la fille étoit enceinte des œuvres d'un autre,
dont elle avoit déja eu un bâtard, ainfi qu'il demeuroit
établi par ce Regiftre.

Cet Arrêt fut rendu à l'Audience Tournelle le 27. Juin
1710. Préfident Mr. de Ciron en faveur de Bonefoi, qui
étant accufé d'avoir rendu une fille enceinte, foûtint que
cette fille étoit enceinte des œuvres de Bonnefoux, &
qu'elle en avoit déja eu un enfant qui étoit enregiftré à l'Hôpital des bâtards de Montpellier; le Sénéchal de cette Ville
l'ayant admis à la preuve de fes faits juftificatifs, ordonna
fur fa demande que le Directeur de cet Hôpital remettroit
devers le Rapporteur du Procès, ce Regiftre pour en extraire l'article concernant ce bâtard; le Directeur releva
appel en la Cour de cet appointement, dont il fut demis
avec amende & dépens; plaidans Me. d'Aftruc pour le Directeur, & Me. de Chamclos pour Bonefoy.

Le Directeur prétendoit fe mettre à l'abri de cette remife; fur ce prétexte fpecieux que cette remife alloit découvrir la turpitude de plufieurs familles, outre qu'elle porteroit
préjudice à l'Hôpital, à qui l'on ne confieroit plus defor-
mais des enfans de cette efpece, par la crainte de voir manifefter un fecret qu'on eft fi foigneux de dérober aux yeux
du public.

L'Arrêt fe détermina fur cette raifon que les Regiftres
font de pieces publiques, où chaque particulier a droit de

foüiller pour l'interêt qui peut le concerner, qu'à cet égard
les Directeurs d'un Hôpital étoient comme des Notaires
qu'on pouvoit contraindre à l'exhibition de leurs Regiſtres
pour en extraire l'article intereſſant.

---

# CHAPITRE XCVII.

## *Du Teſtament capté & ſuggeré.*

### *Si une Congregation, non approuvée & non établie par des Lettres Patentes, peut être inſtituée heritiere.*

L A Loi derniere, *Cod. ſi quis aliquem Teſtar. prohib.* decide que le mari peut employer les careſſes à l'égard
de ſa femme pour la porter à faire un Teſtament en ſa faveur, ſans riſquer la caſſation de cette diſpoſition, *judicium
uxoris poſtremum in ſe provocare maritali ſermone non eſt criminoſum* ; mais cela doit être entendu ſelon les Interprêtes
toute fraude & ruſe ceſſant de la part du mari ; voici comme s'en explique Dumoulin dans ſon *conſeil 32. num.* 16.
*Et ſi criminoſum non ſit poſtremum uxoris judicium marita-
li ſermone provocare, illicito tamen & fraudulento modo id
facere non licet: Illicitum modum in eo conſtituendo, ſi im-
portunè, ſi intempeſtivè, ſi tunc cum minimè negare marito con-
venit, aut cum iteratas mariti preces, vel morbus, vel alia
ratio graviſſimas uxori facit.*

Il faut conclurre de cette doctrine qu'une diſpoſition Teſtamentaire qui eſt licite en elle-même peut devenir prohibée, & caſſable par les circonſtances qui en changent la
nature, comme dans le cas où le mari a par importunité
arraché un Teſtament de ſa femme, & s'eſt ſervi du tems
de ſa maladie, & de la foibleſſe de ſon état pour favoriſer ſes importunes inſtances.

Ce Teſtament eſt alors capté & ſuggeré, & manque dans
ce qui lui eſt ſubſtantiel ; c'eſt-à-dire dans la libre volonté

du

du Teftateur, mais c'eft aux heritiers legitimes de la femme à prouver les faits de captation dont on vient de parler ; car la préfomption n'eft pas contre le mari, puifqu'il a pour lui la difpofition de la Loi.

. Mornac fur la Loi deja citée, obferve que quoique le mari puiffe tout dol & rufe ceffant être inftitué heritier par fa femme ; toutefois celui qui a le Teftateur ou Teftatrice fous fa direction ne peut être inftitué ; & il employe à ce fujet l'autorité du même Dumoulin fur le *confeil* 489. de Decius fondé fur cette Loi qui fut faite à Rome du tems de St. Jerôme, par laquelle les Clercs & les Moines furent ex-clus des inftitutions hereditaires, que les vieillards dece-dans fans enfans, avoient coûtume de faire en leur faveur, & cela par la raifon qu'on découvroit la captation & la fuggeftion dont les Clercs ufoient à l'égard des vieillards pour leur extorquer des Teftamens ; il y a cependant un Arrêt du Parlement de Grenoble, rapporté par *Baffet Tom.* I. *Liv.* 5. *tit.* I. *Chap.* 15. en date du 9. Fevrier 1635. qui confirma une inftitution hereditaire faite par une peni-tente en faveur de fon Confeffeur.

Sur cette queftion, il me femble qu'il faut diftinguer entre l'inftitution hereditaire, & le legat fimple d'une fomme modi-que qu'il faut diftinguer encore fi la Teftatrice eft fans proches parens, ou fi au contraire elle en a, fi elle n'a fait qu'un fimple legat à fon Confeffeur proportionné à fes Facultés ; je croi qu'il n'y a pas lieu d'en prononcer la caffation fur le fon-dement d'une prétenduë fuggeftion, parce qu'alors la Tef-tatrice n'a fait que ce qu'une perfonne raifonnable a coû-tume de pratiquer, c'eft de laiffer à celui qui lui donne des fecours fpirituels, quelque marque de fa gratitude en lui diftribuant quelque récompenfe temporelle, ce qui ne fçau-roit être fufpect de captation, puifque Mornac au lieu ci-té parmi les conjectures de fuggeftion ne parle que d'un legat exhorbitant, par où les plus proches du Teftateur peuvent être fraudez ; *quando legatum eft magnum & frau-dantur proximiores.*

*Tome I.*                                             N n

Quant à l'inftitution hereditaire, j'eftime que toute préfomption de fuggeftion de la part d'un Confeffeur ceffe quand la Teftatrice decede fans proches parens, & qu'alors au contraire il faut préfumer de fa pieté, qu'elle a dépofé fes biens entre les mains d'un Directeur pour en faire la diftribution en œuvres pies, de quoi elle s'eft repofée fur fa confcience, ayant été empêchée par des motifs d'une prudence toute chrétienne, de déclarer ouvertement dans fon Teftament les pauvres honteux fur lefquels elle a répandu fes charitez : Mais il faut toûjours que le Confeffeur foit d'une probité notoire & à l'abri de tout foupçon d'avarice, fans quoi l'inftitution hereditaire pourroit paffer avec fondement pour le fruit de la fuggeftion du Confeffeur.

---

## CHAPITRE C.

*Comment l'heritier chargé de rendre à plufieurs peut charger de rendre celui à qui il rend.*

LA raifon pour laquelle l'heritier chargé de rendre à l'un de la famille qu'il voudra choifir, à la faculté de pouvoir grever de Fideicommis, celui qu'il élit en faveur d'un des éligibles eft que celui qui gratifie un autre peut impofer une charge à fa liberalité, *ratio hujus decifionis erit*, ( dit Fernand, *prælud. cap. 9. num.* 4. ( en parlant du pere qui a droit d'élection ) *quod poffit parens onus imponere illi quem honorat.* Car ayant peu laiffer à l'écart celui fur lequel fon choix eft tombé, il exerce confequemment envers lui une vraye liberalité.

Il eft donc conftant que l'heritier grevé de rendre à celui d'entre plufieurs qu'il voudra choifir peut élire & grever l'élû en faveur d'un autre éligible ; cette queftion avoit déja été ainfi decidée par Arrêt de ce Parlement, *du 30. Mai 1659. rapporté par Albert Lettre E, verbo élection art.* 2. mais il eft remarquable que celui à qui le droit d'élection a été déferé ne peut choisir le petit-fils du Testateur *ex filio eligibili præmortuo*, au préjudice des autres enfans du Testateur éligibles, parce que quoique *liberorum appellatione ne potes contineantur*, *Leg. liberorum ff. de verbor. signif.* toutefois la proximité du degré emporte avec soi prédilection du Testateur, & rend conséquemment les propres enfans préférables aux petits-fils, *ex Leg. peto*, §. *fratre*, *ff. de legat. 2. ita res temperari debet, ut proximus quisque primo loco videatur invitatus.* Mais d'ailleurs le nom d'enfans ne s'applique par l'usage de la langue Françoise qu'à ceux du premier degré, & non aux petit-fils, suivant l'Arrêt du Parlement de Paris, rapporté par Mornac sur la Loi *liberorum*, *ff. de verbor. signiff.* ce qui est essentiel à observer en matiere de substitutions, ou la langue des latins confond sous le nom vague d'enfans les descendans : confusion ! qui tendroit souvent à renverser les vûës du Testateur, si elle étoit admise dans les expressions de notre langue ; par lesquelles le Testateur n'a entendu ( sous le mot d'enfans ) désigner que ceux qui sont immédiatement *ex suo corpore.*

Il en est autrement du droit de primogeniture ou d'aînesse coûtumier entre les mâles d'une famille, à l'égard duquel il est de maxime que le fils de l'aîné exclud son oncle, quoique plus proche du Testateur, suivant l'opinion des Interprêtes, rapportée par *Benedict. in Cap. Raynut. in eod. Testam. relinq. I. num.* 192.

# CHAPITRE CI.

*Du Teſtament du condamné par défaut , qui a obtenu des Lettres d'abolition de l'Evêque d'Orleans après s'être remis dans les Priſons de cet Evêque à ſon Entrée publique.*

CEtte queſtion touchée par l'Auteur, ſi le Teſtament fait dans les cinq années de la contumace vaut, le Teſtateur venant à deceder dans ces cinq années ne peut être decidée par les Loix, puiſque les condamnations par défaut n'étoient point uſitées parmi les Romains qui tenoient pour maxime de ne pas condamner les abſens , comme s'en explique le Juriſconſulte, *Leg.* 1. *ff. de requirend. nec abſentib. damnand. hoc jure utimur ne abſentes damnentur.*

Il faut donc avoir recours à nos Ordonnances, & aux Arrêts des Cours qui ont été rendus ſur cette matiere, & regler par-là la déciſion de la queſtion.

Pour ce qui concerne la diſpoſition de nos Ordonnances, l'on peut en recuëillir que le condamné à mort par contumace n'eſt reputé mort civilement qu'après les cinq premieres années de la condamnation ; & que par conſequent dans le délai de ces cinq années , il eſt capable de tous les effets civils, de même qu'avant la condamnation.

L'Ordonnance de Charles IX. de Moulins , art. 28. donne ce délai pour eſter a droit aux condamnez à mort par contumace , d'où l'on doit inferer que pendant ce délai ils ne ſont pas reputez morts civilement ; car celui qui a perdu la vie civile, n'a plus d'action ni de faculté d'eſter en jugement, *rerum omnium ſpoliatio eſt, Leg. Final. Cod. de Sentent. paſſ. & reſtit.* & alors il faut avoir recours à un remede extraordinaire à la grace du Prince, & à la reſtitution ſuivant *l'art.* 28. *du tit.* 17. *de l'Ordonnance de* 1670. du quel même on peut inferer que dans les cinq années de l'execution de la Sentence de contumace, le condamné n'eſt pas reputé mort, mais l'art. ſuivant du même titre décide la queſtion bien précifement ; en ces termes : *Celui qui aura été condamné par contumace à mort, qui decedera après les cinq années ſans s'être repréſenté, ſera reputé mort civilement du jour de l'execution de la Sentence de contumace*, donc ! s'il decede dans les cinq années, il n'eſt pas reputé mort civilement, *argumento à contrario ſumpto*, qui eſt trèsufité en droit, & c'eſt ce qu'on peut inferer encore de l'art. 27. de l'Edit de l'année 1679. au ſujet des duëls, par lequel Loüis le Grand faifant une exception en haine des duëls à l'art. 29. cité, il ordonne que les condamnez par contumace pour crime de duël, ( encore qu'ils ſoient decedez dans les cinq années, ) feront incapables de toutes ſucceſſions qui pourront leur échoir depuis la condamnation ; d'où il faut neceſſairement conclurre que dans les autres crimes moins intereſſans pour le public, les condamnez à mort par contumace s'ils decedent dans leſdites cinq années, ne feront pas reputez morts civilement : Cette exception faite au ſujet des duëls, étant une confirmation de la diſpoſition, & de la regle établie par ledit art. 29. *exceptio enim firmat regulam*.

En effet il auroit été inutile de faire cette reſtriction au ſujet des duëls, ſi par la regle generalle les condamnez à mort par défaut, étoient incapables des effets civils dans les cinq années, & s'ils étoient reputez morts.

Quant aux Arrêts des Cours ils ont varié en cette matiere, Mr. d'Olive Liv. 5. Chap. 7. rapporte des Arrêts qui ont jugé que le condamné à mort par contumace étoit mort civilement même dans les cinq années, ce que le Parlement de Bordeaux a jugé, comme il reſulte de l'Arrêt du 7. Août 1670. rapporté dans les déciſions de Lapeirere, troiſiéme édition aux Notes, Lettre C, *num.* 147.

Les Arrêts du Parlement de Paris rapportez par Brodeau fur Loüet, Lettre C, Somm. 25. déterminent le contraire, & quoique nôtre Auteur semble incliner à la décision des préjugez de Mr. d'Olive étant de cet avis, que le condamné à mort par contumace ne peut valablement rester dans les cinq années ; il rapporte néanmoins des Arrêts, Liv. 4. Chap. 8. desquels l'on peut conclurre que le Parlement ne repute point morts civilement les condamnez à mort par contumace.

Le premier Arrêt a préjugé que la fille ne peut se marier sans le consentement de son pere condamné à mort par défaut, s'il étoit mort civilement, il perdroit tous les droits de puissance paternelle, suivant le §. *pœna instit. quibus modis patria potestas solvitur* ; ainsi ce consentement qui est une consequence de cette puissance ne seroit plus necessaire, puisque la cause ne subsisteroit plus.

Le second Arrêt détermine que les enfans pupilles du condamné à mort par contumace ne doivent pas être pourvûs de Tuteur, mais de Curateur seulement pour l'administration de leurs biens ; or si le pere étoit mort civilement, il faudroit necessairement pourvoir les pupilles d'un Tuteur, parce que le pere ( qui est leur Tuteur naturel & legitime ) n'en seroit plus capable, *capitis diminutione Tutoris, per quam libertas vel civitas amittitur, omnis tutela perit*, §. 4. *instit. quibus modis tutela finit*, mais comme le pere condamné par contumace, ne peut librement administrer les biens de ses enfans, & que pendant les cinq années le principal effet de la condamnation est suspendu, puisque le condamné n'est pas dépoüillé de ses biens, qu'on met seulement en regie, on se contente de lui substituer un Curateur ; de même qu'au Tuteur *qui non ad perpetuum sed ad tempus excusatur*, à la place duquel *solet Curator dari*, §. 5. *instit. de curat.*

Je croi donc qu'en se conformant à l'esprit de l'Ordonnance, & aux Articles que nous venons de citer la condamnation à mort par contumace n'a pas cet effet dans les cinq premieres années de l'execution de pouvoir priver le condamné des droits de Citoyen, & que pendant

ce délai les effets qu'entraîne avec soi la mort civile de-
meurerent suspendus, en quoi les décisions de Brodeau &
de Loüet sont conformes à l'esprit des Ordonnances Royaux, & à cette regle d'équité de la Loi, qui ne permet-
toit pas de prononcer une condamnation contre un absent,
à l'égard duquel les Ordonnances ont à peu près gardé ce
ménagement, en lui donnant le délai de cinq ans, pour
se représenter & anéantir par-là toute la force des condamnations, l'art. 29. de l'Ordonnance de 1670. tit. 17. me paroît seul décider la question.

Sur quoi l'on doit remarquer que les Arrêts rapportez par
Mr. d'Olive & Lapeirere, sont rendus avant la publication
& Regiftre de l'Ordonnance de 1670.


*Fin du second Livre.*

# LIVRE III.
## DES DROITS SEIGNEURIAUX.

## CHAPITRE I.

*Du droit de banc & de préséance dans l'Eglise, & si le Seigneur Directe peut se qualifier Seigneur.*

A Suivre l'opinion de Loizeau, *des Seigneuries & droits honorifiques*, Chap. 11. *num.* 52. les Dames & Seigneuresses des Villages, ne devroient aller à l'Offrande & à la Procession qu'après les hommes de la Parroisse, & à la tête des femmes ; mais nullement après les Seigneurs leurs maris, quoi qu'elles ne fassent qu'un corps avec eux, & qu'elles ayent droit de participer aux honneurs de l'Eglise.

La raison de cette opinion est fondée sur la prééminence que la nature a donnée aux hommes sur les femmes ; & voilà pourquoi *Marechal Chap.* 1. *des droits honorifiques des Seigneurs*, observe que suivant le Rit de l'Eglise Romaine, les hommes vont à l'Offrande les premiers, & ensuite les femmes : Il semble donc que cette Police de l'Eglise qui est toute publique, devroit prévaloir sur l'interêt particulier que le Seigneur d'une Parroisse peut avoir de conserver à sa femme, ( ornée comme dit la Loi de ses rayons, ) l'avantage de ne pouvoir être separée de lui dans la préséance qui lui est dûë, soit à l'Offrande, soit aux Processions.

Toutes

Toutefois il ne peut être contesté que suivant la Jurisprudence des Arrêts, la femme & les enfans du Seigneur comme faisant un seul, & même corps de famille avec lui, n'ayent droit d'aller immediatement après à l'Offrande & à la Procession, & de préceder les hommes de la Parroisse, quoique Gentils-hommes ; ainsi qu'il a été jugé par differens Arrêts de ce Parlement, & de celui de Paris rapportez par *Marechal au lieu déja cité.*

Je croi pourtant qu'il faut user de distinction en cette matiere entre les Seigneurs Haut-Justiciers, qui joüissent d'un seul, & même corps de Seigneurie, ( quoique par portions inégales, ) & les Seigneurs moyens & bas-Justiciers qui se trouvent en concours dans les honneurs de l'Eglise avec les Hauts-Justiciers.

S'il est question de juger si la femme du Haut-Justicier, qui joüit une plus grande portion de la Seigneurie doit préceder conjointement avec son mari, le Haut-Justicier qui joüit une moindre portion, alors la femme ne peut prétendre de préseance sur le Cosseigneur qui doit aller à l'Offrande immediatement après son mari, par la raison que ces deux Cosseigneurs possedant un seul & même corps de Seigneurie, ne doivent faire qu'un même corps dans la possession des honneurs ; or si suivant l'ordre & la police de l'Eglise les hommes tiennent le premier rang, soit à l'Offrande, soit à la Procession, les deux Cosseigneurs Hauts-Justiciers, doivent consequemment le tenir selon, & par la mesure de la portion de leur Seigneurie, c'est-à-dire que celui qui en a une plus grande portion, doit préceder l'autre qui doit le suivre immediatement, & ces deux Cosseigneurs doivent ensuite être suivis par leurs femmes & enfans au même ordre ; c'est ce qu'on peut recüeillir de l'Arrêt en date *du* 30. *Août* 1603. *rapporté par la Roche des droits Seigneuriaux, Chap.* 21. *art.* 11. duquel il resulte que Pinet est admis aux honneurs de l'Eglise avant les autres Cosseigneurs, comme possedant une plus grande partie qu'eux de la Seigneurie ; mais la femme & enfans de Pinet ne se trouvent admis

aux mêmes honneurs qu'immediatement après les Coffeig-
neurs.

. Si au contraire le Haut-Jufticier fe trouve en concours
aux honneurs de l'Eglife, avec le moyen & Bas-Jufticier
du même lieu, alors comme les prérogatives des droits honorifiques refident éminemment en la perfonne du Haut-
Jufticier, & que le moyen & Bas-Jufticier font une claffe
à part, la femme du Haut Jufticier n'eft point feparée de
lui, & à droit d'aller à l'Offrande immediatement après, &
c'eft fans doute fur ce fondement que fut rendu l'Arrêt de
ce Parlement, en date du 13. Septembre 1552. rapporté par
Mr. Maynard, & par extrait dans le fecond Tome de Marechal de l'impreffion de 1724. *num.* 18.

L'Arrêt rapporté dans ce Chapitre a été rendu fuivant les
maximes qu'on peut tirer des Arrêts de ce Parlement déja
citez ; puifqu'il a été decidé que le Seigneur & la femme
ne devoient faire qu'un feul & même corps dans les honneurs de l'Eglife de Villecontal ; le mari étant feul Seigneur Jufticier du fol de l'Eglife, il en auroit été fans doute autrement, fi le Seigneur de la Guifardie s'en fut trouvé Coffeigneur, auquel cas on auroit dû fuivre la difpofition de l'Arrêt de la Roche déja cité.

A l'égard de la queftion decidée par l'Arrêt, touchant
le banc que les homagers du Seigneur poffedoient dans le
Chœur de l'Egife, de tems immemorial ; je ferois difficulté
de foufcrire au jugement qui fut rendu, par lequel cet
homager du Seigneur fut demis de fa demande en réintegrande du banc, dans le Chœur de l'Eglife ; malgré fa poffeffion immemoriale ; car quoique regulierement ce droit de
banc dans le Chœur ne compete qu'au Patron & au Seigneur Haut-Jufticier, néanmoins ce droit pourroit être prefcrit contre le Haut-Jufticier par le Moyen & Bas, s'il avoit
devers lui la poffeffion immemoriale, & c'eft ce qu'on peut
tirer par argument de l'Arrêt rapporté par *Monfieur d'Olive*,
*Liv.* 2. *Chap.* 11. par lequel il fut jugé que quoique le droit
de ceinture funebre appartienne au feul Haut-Jufticier,

néanmoins il pouvoit être prescrit par le Moyen & Bas-Justicier, par une possession immemoriale.

Pour ce qui concerne le concours des simples Gentilshommes dans les Eglises, & la préséance pour la place & bancs, les Arrêts de ce Parlement rapportez par la Roche au lieu déja cité, art. 5. & par Cambolas Liv. 1. Chap. 50. ont decidé qu'ils n'avoient pas droit de banc ni de préséance dans la Nef de l'Eglise, la place n'étant dûë de droit commun qu'aux Patrons ou Seigneurs Hauts-Justiciers ; ce qui est conforme à la Doctrine de Loiseau déja cité *num.* 62. & suivans, où cet Auteur observe que les bancs ne peuvent être concedez dans la Nef des Eglises Parroissielles que par les Marguilliers, moyenant quelque rétribution donnée à l'Eglise, que cette concession n'est pas même un titre perpetuel & irrevocable, & qu'elle doit être confirmée aux Successeurs de ceux à qui elle a été originairement faite.

L'Arrêt du 10. Septembre 1650. rapporté par l'Auteur se trouve autorisé par plusieurs Arrêts de ce Parlement rapportez par la Roche, *art. 6.* & par Cambolas Liv. 3. ch. 33. par lesquels il a été jugé que les Cosseigneurs ne peuvent s'intituler vaguement Seigneurs du lieu ; mais qu'ils doivent prendre chacun la qualité qui leur est propre, ou celle de Seigneur Directe, ou de Moyen & Bas-Justicier, ou de Cosseigneur.

Par Arret du 30. Août 1707. rendu au Rapport de Mr. de Celés entre la Dame de Clairac, veuve de Monsieur de Mauriac Conseiller au Parlement, & le Maire de Senoüilhac Lagarrigue & Mauriac, il a été fait défenses au Seigneur de se placer dans le banc des Maire & Consuls.

La raison en est prise de ce que le corps de la Communauté à un chef en la personne du Maire, & que la Seigneurie ayant ses droits distincts, separez, & opposez même à ceux des manans & habitans ; le Seigneur comme chef de la Seigneurie fait un corps à part, & ne peut con-

fequament fe mêler avec le corps de la Communauté, &
fe mettre à la tête de fes Officiers.

Le fecond Arrêt prouve fenfiblement que le droit de
banc peut être prefcrit, & que la poffeffion feule peut faire titre, puifqu'il autorife la réintegrande en cas de trouble, après l'an & jour de la poffeffion, Loifeau des Seign.
Chap. 11. *num.* 60. avance en maxime qu'on ne peut acquerir par prefcription le droit de banc dans une Eglife,
par la même raifon qu'on ne peut acquerir une fervitude,
par une poffeffion même immemoriale ; mais il établit fa
propofition fur un faux principe, & qui n'eft point adopté, par les maximes du droit écrit ni par la Jurifprudence
de la Cour: Sçavoir, qu'on ne peut acquerir par prefcription une fervitude, le contraire eft decidé par les Loix &
par les Arrêts de la Cour ; ( ainfi que je l'ai montré au
Chap. 6. de ce Livre. ) Il n'y a pas de doute que la poffeffion d'un banc ne puiffe être prefcrite par le laps ordinaire du tems établi pour la prefcription ; car cette poffeffion n'a rien d'abufif ni de contraire à la police des Eglifes du Royaume, elle fe trouve même autorifée par l'ufage
des bancs, que les particuliers ont dans les Eglifes, &
qui font propres à leurs familles comme les Sepulchres ou
Tombeaux.

La poffeffion de plus d'un an paifible, & non interrompuë d'un banc donne droit en cas de trouble de demander
la réintegrande, ainfi jugé après plufieurs Audiences au
mois de Mars 1718. par Arrêt prononcé par Monfieur le
Premier Préfident de Bertier, plaidans Mes. Chamclos &
Aftruc, par cet Arrêt Monfieur l'Evêque de Mande obtint
le rétabliffement d'un banc que les Chanoines avoient fait
déplacer, & cela quoiqu'il ne fut en poffeffion que dépuis
18. mois.

# CHAPITRE II.

*Si on peut prouver par témoins la Justice, les rentes Obi-
tuaires & Foncieres, & la prescription de la Directité
par un Seigneur contre un autre.*
*Quels titres sont necessaires pour prouver la Directité con-
tre un Emphyteote.*

POur établir la preuve de la Directité, il n'est pas necessaire de rapporter le titre primordial & le bail d'Emphyteote ; il suffit de justifier par écrit des payemens anciens de la censive faits par les Emphyteotes sans autres re-
connoissances : C'est la Doctrine *de Ferr. sur la question* 582.
*Guip.* qu'il appuye de l'autorité d'un Arrêt de la Cour,
rendu en faveur des sieurs de Savignac, & Lagorrée contre le Sindic du lieu de Gouts.

Mais cette preuve de payemens faits ne peut être établie
par témoins, par la raison que ce seroit prouver le Bail
Emphyteotique, présumé au moyen de ces payemens par
témoins ; ce qui seroit contraire à la Doctrine des Interprêtes sur la 1. *Cod. de jur. Emphit.* à celle de la Glose,
sur le *Chap. de censib. in* 6. & à la remarque de Loüet,
lettre S, Somm. 7. que le cens ne peut se prouver par témoins : A quoi l'on peut ajoûter que la faveur de la liberté
exige qu'on n'admette point la preuve vocale, moins seure
sans doute que la preuve écrite par la facilité de corrom-
pre les témoins.

A l'égard des rentes obituaires, il me semble qu'il faut
pareillement décider que la preuve doit en être faite par
écrit, & non par témoins, par la raison que c'est là une
servitude, & que suivant la Jurisprudence de ce Parlement
ces rentes se reglent sur la même Loi que les censives & rentes foncieres ; & que ce seroit les rendre encore plus pri-

vilegiées que celles-ci, si on pouvoit en établir la preuve, par témoins ; or on ne peut pas prétendre que les rentes obituaires meritent à l'Eglise un plus grand privilege que celui des Seigneurs Directes, sur les censives & rentes foncieres, puisque les Seigneurs les ont à titre onereux, & par l'alienation qu'ils ont faite du fonds, en quoi l'on peut dire, que *certant de damno vitando* ; Au lieu que l'Eglise possede les rentes obituaires à titre lucratif, & comme un don reçû de la pieté des fondateurs.

L'Auteur sur l'Arrêt rendu au mois d'Août *1667.* observe que les Livres terriers *& codices antiqui* peuvent seulement servir d'adminicules, & aider une reconnoissance, & qu'en cela on ne suit point l'opinion *de Ferr. sur la quest.* 272. *de Guip.* qui donne aux Livres terriers anciens, quoique non signez, la force de faire preuve touchant la Directité : Sur quoi j'estime qu'il faut user de distinction entre les Livres terriers anciens, dressez avant l'Ordonnance de 1539. ou après cette Ordonnance, & décider que ceux qui se trouvent faits avant cette Ordonnance, quoique non signez du Notaire, font preuve de la Directité, & qu'ils operent plus que l'adminicule, pourvû qu'ils se trouvent dans les formes probantes de ce tems-là, parce qu'avant cette Ordonnance de François premier, les Actes publics tels que doivent être ces Livres terriers, n'étoient point signez par le Notaire même qui les avoit reçus ; si au contraire ces Livres terriers ont été dressez dépuis l'Ordonnance qui assujettit de même que celle d'Orleans les Notaires à signer leurs Actes, ces Livres terriers ou de lieuë, (quoi qu'anciens) ne peuvent servir d'adminicule, s'ils ne sont signez, & en forme autentique ; & c'est ainsi qu'il faut entendre la décision de Masuer, rapportée par *Mornac sur la Loi* 10. *ff. de probat.*

Sur quoi Mornac au même lieu observe que si les Livres terriers sont tirez des Archives de l'Eglise, ou marques de quelque Sceau public & autentique, alors ils sont reputez suffisans pour faire preuve, quoique destituez du seing du Notaire, *quia* dit Mornac *hujusmodi Codices fida custodia affervari foleant fatis que effe, fi vel à Domino, vel ab ejus fecretario fubfcripti fint*, de forte que felon cette opinion que Mornac fonde fur celle des Interprêtes, les Livres terriers anciens, qui regardent l'Eglife, & qu'on trouve dans fes Archives, fignez par quelque Secretaire ou économe de fon temporel, de même que ceux qu'on tire des Archives du Domaine du Roi marques du Sceau du Prince, font preuve contre les Emphyteotes, & ont force d'une reconnoiffance féodale, dreffée en forme autentique.

Le Seigneur Jufticier n'eft point préfumé avoir la directité du fonds dans l'étenduë de la Haute-Juftice ; il faut qu'il en juftifie par le bail à fief, ou par une reconnoiffance generale des Manans de fa terre, ce qui a lieu dans cette Province de Languedoc, ou fuivant la difpofition du droit Romain on préfume que le fonds eft libre, *Leg. altius, Cod. de fervit. & de aqua*, fi on ne prouve le contraire, & où le Franc-aleu eft autorifé par les Lettres Patantes de nos Rois des années 1471. 1483. 1484. & 1498. ainfi que l'obferve Mr. de Cambolas traité du Franc-aleu, & où il fe trouve établi *ab antiquo* par un privilege de cette Province, felon la remarque de Catel, Hiftoire des Comtes de Touloufe, pag. 271. & fuivantes.

Le Privilege doit être confervé aux habitans contre le Haut-Jufticier, quand même il auroit été originairement invefti de la Haute-Juftice & du fief, pour en joüir fuivant les Us & Coûtumes de Paris, ce qui fut ainfi jugé dans l'efpece fuivante.

Simon Comte de Montfort ayant acquis fur les Albigeois plufieurs terres & Seigneuries du Languedoc, elles lui furent adjugées par le confentement unanime des Barons de cette Province.

Ce Capitaine les diftribua à plufieurs Officiers de fon Armée, qui s'étoient fignalez dans la défaite des Albigeois ; la terre de Roquefort échût en partage en l'année 1212. aux ancêtres du Marquis de Mirepoix, qui dans ces derniers tems en fit donation à Jean-Jacques de Pies.

Simon de Montfort dans les conceſſions qu'il fit de ces terres, en ſoûmit le fief aux Us & Coûtume de la Prévôté de Paris, ſur ce fondement le ſieur de Piés demanda aux habitans de Roquefort de lui paſſer une reconnoiſſance generale des Droits Seigneuriaux comme Seigneur en toute Juſtice directe, cenſive, taſques, agriers.

Les habitans réfuſerent de lui paſſer cette reconnoiſſance juſqu'à ce qu'il juſtifieroit de ſa directité, & cela par le privilege du Franc-aleu, dont les habitans du Languedoc ſont en poſſeſſion de joüir.

Sur quoi la Cour rendit un Arrêt le 28. Juillet 1716. en la troiſiéme Chambre des Enquêtes, au Rapport de Mr. de Seré, confirmatif de la Sentence du Senéchal, en faveur des Conſuls de Roquefort, portant qu'avant dire droit ſur la demande du ſieur de Piés en reconnoiſſance generale de la directité, il juſtifieroit plus amplement de ſes titres.

Le Comte Simon de Monfort n'avoit pû porter atteinte par la conceſſion des terres qu'il diſtribua, au privilege du Franc-aleu dont les habitans de cette Province joüiſſoient alors, & dans lequel ils ont été confirmez par nos Rois.

---

# CHAPITRE III.

*De deux Baux à Fief faits d'un même corps par le même Seigneur.*

*De la portabilité de la rente.*

SUivant la Doctrine de Faber *in ſuo Cod. Lib. 4. Tit. 32. definit. 15.* quand la rente eſt portable l'Emphyteote en doit payer les arrerages au plus haut prix que la d'anrée a valu dans l'année, année par année, quoiqu'il n'y ait pas eu d'interpellation de la part du Seigneur, Mr. Cambolas Liv. 1. Chap. 20. rapporte un Arrêt de la Cour conforme à cette Doctrine, que Mr. Maynard, Liv. 6. Ch.

35. dit être suivie dans ce Parlement, en observant en même-tems que quand la rente est querable, & qu'il n'y a point de demande faite à l'Emphiteote, il n'est tenu d'en payer les arrerages qu'au prix courant de la d'anrée, au tems de la destinée solution, année par année ; s'il y a eu demande ou interpellation de payer, l'Emphiteote est condamné de la même maniere que pour les arrerages de la rente portable, suivant la remarque de Cambolas *loco supra.*

Il y a un Arrêt de la Cour rendu au Rapport de Mr. de Vic en la troisiéme Chambre des Enquêtes le 31. Août 1714. qui adjugea au sieur de Lavergne Seigneur de Monbasin contre le sieur Donadieu Emphiteote, les arrerages des deux dernieres années de la censive en bled, portable au plus haut prix que le bled avoit valu pendant les deux années, par cette raison qu'un Seigneur doit être reputé assez bon menager pour garder son grain de deux années, & qu'il ne doit pas souffrir du rétardement de l'Emphyteote, qui n'a pas été exact à payer en espece chaque année.

Cet Arrêt paroît singulier en ce qu'il ordonne que ces arrerages du cens seront payez au plus haut prix que le bled aura valu, non année par année ; mais dans le cours de deux années.

Il est bien vrai que la Roche des droits Seign. Chap. 2. art. 2. observe que les *censives en bled se doivent payer en espece l'année qu'elles sont demandées, & encore la précedente, parce,* dit-il, *qu'il est vraisemblable que les Seigneurs ménagers gardent les grains de l'année précedente* ; mais il ajoûte *ou à la valeur des grains, comme ils ont communement valu és dites années.* Ce qui doit être entendu des rentes querables ou portables indistinctement, puisque son Commentateur remarque que quand l'Emphiteote est obligé de porter la censive, à certain jour dans la maison du Seigneur ; en ce cas les arrerages doivent être payez au plus haut prix que les grains ont valu année par année, ce qu'il faut entendre des deux dernieres années de la cenſive.

Les Auteurs déja citez, Faber, Combolas, Maynard parlent indiſtinctement des arrerages de la cenſive portable, & ne diſtinguent point les deux dernieres années des précedentes ; je croi même que leur Doctrine doit s'appliquer à ces dernieres années, & que les arrerages dûs ne doivent être payez qu'au plus haut prix que la d'anrée a valu année par année, par la raiſon qu'en matiere de preſtations annuelles, il y a autant de payemens differens qu'il y a d'années & par conſequent de prix ; & que d'ailleurs il eſt de maxime de pencher à la liberation du Débiteur ; en ſorte que c'eſt aſſez le punir de ſa demeure, que de le contraindre au payement de la cenſive, année par année, au plus haut prix que la d'anrée a valu chaque année, ſans l'obliger à ce payement au plus haut prix des deux années ; à quoi l'on peut ajoûter que quoique le Seigneur ménager ſoit cenſé reſerver les grains de deux années, il ne s'en ſuit pas qu'on en puiſſe conclurre qu'il en faſſe toûjours la vénte au plus haut prix, qui a couru pendant ces deux années.

Il y a un Arrêt rendu en la troiſiéme Chambre des Enquêtes, au Rapport de Mr. de Cauſſade le 14. Août 1727. contraire à celui du Compilateur, par cet Arrêt il fut jugé pour le ſieur de Tauriac contre le ſieur Gineſte, que la rente en grains eſt portable, ſi par les reconnoiſſances du Seigneur d'un lieu, la rente lui eſt payable audit lieu : Je croi cet Arrêt juridique comme étant conforme à la ſtipulation du bail emphiteotique, n'y ayant point de ſurcharge dès que les payemens d'une rente ſe trouvent faits, ſuivant la Loi du titre primordial.

La diſtinction de la rente payable en argent ou en grains, n'ayant point été faite dans le bail, il en faut ſuivre litteralement la teneur, parce qu'il eſt de maxime que les ſtipulations des Contrats ſont *ſtricti juris*, & qu'on ne peut admettre des diſtinctions là où la convention n'eſt point ambiguë ni équivoque.

# CHAPITRE VI.

*Si le droit de coùper du bois dans une forêt fe peut acquerir par une poffeffion immémoriale.*

IL eft certain en maxime que la fervitude ruftique ne peut être prefcrite par un moindre éfpace de tems, qu'une poffeffion immémoriale qui approche toûjours de la centenaire : C'eft l'opinion de Ferr. fur la *quæft.* 573. *Guip.* & des autres Docteurs qu'il cite pour l'appuyer.

L'ufage des fervitudes ruftiques que les Interprêtes appellent difcontinuez n'étant pas actuel, il faut un plus long efpace de tems pour les acquerir par prefcription, que pour les urbaines que les mêmes Interprêtes appellent continuës, *quia procedunt ex naturali caufa*, & qui font prefcriptibles par le cours ordinaire du tems requis, pour prefcrire fuivant l'obfervation de Godefroi fur la Loi *Foramen*, *ff. de fervit. urban. præd. in verbo tempore acquiri placuit.*

Or quoique fuivant la difpofition du droit Romain, on doive entendre par cette prefcription *longi temporis*, celle de 10. ans entre prefens, ou de 20. ans entre abfens, *Leg.* II. *Cod. de præfc. long. temp.* toutefois comme nous n'admettons cette efpece de prefcription qu'en faveur du tiers acquereur avec titre & Bonnefoy pour l'hypoteque, on ne peut acquerir fuivant la Jurifprudence de ce Parlement ni la proprieté d'un fonds ni la fervitude continuë, par le fecours de la poffeffion par un moindre tems que de 30. ans. Et c'eft à cette efpece de prefcription qu'il faut appliquer non feulement la décifion de Godefroy ; mais de la Glofe parlant des fervitudes continuës, fur la Loi *Foramen verbo perpetuo.*

Suivant la Jurifprudence du Parlement de Paris, on ne peut acquerir la fervitude fans titre & par la feule prefcription ; c'eft la remarque *de Fontanon fur Mafuer tit. des servitudes*, & la difpofition de l'art. 186. de la Coûtume de Paris ; mais la liberté fe peut acquerir par 30. ans contre âgez & non privilegiez ; cette Jurifprudence peut trouver fon fondement dans la Loi *Servitutes* 14. *ff. de fervitut.* où le Jurifconfulte Paulus décide que les fervitudes ne peuvent être prefcrites, parce qu'étant des droits incorporels elles ne peuvent être poffedées ; mais il fuffit pour autorifer l'acquifition des fervitudes par prefcription qu'on ait la quafi poffeffion, fuivant le langage *d'Ulpien in Leg. Si quis diuturno, ff. fi fervitus vindicet. Si quis diuturno ufu & longa quafi poffeffione jus aquæ ducendæ nactus fit, non eft neceffe docere de jure quo aqua conftituta eft veluti ex legato, vel alio modo ; fed utilem habet actionem, ut oftendat per annos fortè tot ufum fe non vi, non clam, non precario poffediffe ; & ibi Gloff.* en ces termes, *diuturno & longo ufu acquiruntur fervitutes.*

Il eft donc clair que fuivant les Loix même du Digefte, on pouvoit acquerir par l'ufage le droit de fervitude, parce que cet ufage formoit une quafi poffeffion, ce qui fuffit pour prefcrire.

A l'égard des fervitudes ruftiques que nous avons déja obfervé ne pouvoir être prefcrites par un moindre efpace de tems que celui qui approche de 100. ans. Il faut obferver que cela doit être entendu de l'ufage qu'on a fait de cette fervitude à l'infçû du Proprietaire du fonds, *ipfo ignorante*, dit la Glofe fur la Loi 3ᵐᵉ. §. 4. *de aqua quotid.* que fi au contraire on a joüi au vû & fçû de ce Proprietaire fans contradiction de fa part pendant l'efpace de 30. ans, cela fuffit pour faire titre *Gloff. eod.* & c'eft ainfi que la queftion fut décidée par Arrêt de la Cour du 14. Mai. 1663. rapporté par Graverol fur la Roche, Liv. 6. tit. 75. art. 1.

Par cet Arrêt Guillaume Serane fut reçû à prouver que pendant 30. ans continuels, il avoit fait paffer fon bétail à laine dans le devois du nommé Durand, a fon vû & fçû pour l'aller abrever à une fontaine qui étoit à l'extrêmité de ce devois.

Il y a un Arrêt de la troifiéme Chambre des Enquêtes
en date du 29. Mai 1721. au Rapport de Monfieur de Vic,
entre Pierre Ayrolles & Henry Ayrolles, qui a jugé que
la. fervitude difconftinuë de paffer par le fonds d'autrui pour
aller puifer de l'eau dans fa fontaine, ne pouvoit fe prefcrire que par une poffeffion immémoriale.

# CHAPITRE VII.

*Si le Commis dans les Fiefs faute de payement de la rente*
*a lieu en ce Parlement.*

SUivant la Loi 2. *Cod. de jure Emphit.* le Commis a lieu
en faveur du Seigneur directe, fi les Emphyteotes font
en demeure pendant deux ans à l'égard de l'Eglife, &
trois ans à l'égard du Seigneur Laïque de faire le payement du cens. Il y a plufieurs autres cas qui donnent lieu
au Commis en matiere civile, comme fi dans l'an & jour
le vaffal ne fe fait point inveftir du fief, ou fi après trois
requifitions il réfufe de reconnoître fon Seigneur, *Lib.* 1.
*de feud. cap. fi quo tempore* & §. 1. *quæ fit prima caufa* ;
mais dans la pratique de ce Royaume, on traite dans ce
cas plus doucement les Emphiteotes & les vaffaux, & la
peine du Commis n'y a pas lieu, ni de plein droit ni par
Sentence ; on condamne fimplement les Emphyteotes ou les
vaffaux à faire le payement des cens aux Seigneurs, ou
les reconnoiffances telles que de droit, & jufqu'à ce la
faifie féodale tient ; c'eft la Doctrine de *Mornac fur la Loi*
17. *ff. ad veilleian.* après Dumoulin *ad confuetud. Parif.* §.
1. *Gloff.* 4. *num.* 23.

Le Commis a lieu pour les délits du vaffal envers fon
Seigneur féodal, comme s'il a attenté fur la vie du Seigneur, ou qu'il lui ait fait des injures atroces, *Lib.* 1. *tit.*
5. *de feud.* ou s'il ne lui a prêté fon fecours le pouvant faire:

noms inventez pour fignifier les chofes dont on traite, &
qui font la matiere des claufes differentes.

Au furplus Graverol au lieu cité obferve que les arrerages qui fe trouvent dûs de ces droits peuvent être demandez depuis 29. ans, & que jamais ils ne peuvent être dûs
qu'une fois dans une année, pour ne pas trop furcharger
l'Emphiteote ; j'ai appris par un Confeiller de la Cour qu'on
fuivoit au Palais la Doctrine de Mr. d'Olive, & que la queftion avoit été ainfi jugée en la premiere des Enquêtes au mois
d'Avril 1725.

## CHAPITRE IX.

*Si le retrait féodal a lieu dans le Gardiage, & dans la*
*Viguerie de Touloufe.*

LE droit de prélation n'a pas lieu fuivant la Coûtume
de Touloufe, & les Seigneurs directes n'en peuvent
ufer dans toute l'étenduë de la Ville & Viguerie felon la
remarque de Graverol fur la Roche des droits Seign. Ch.
13. art. 17. toutefois les gens de main-morte font exceptez
de cette regle, puifqu'ils peuvent dans le cas de neceffité,
& pour agrandir leur cloture ufer de ce droit de prélation,
à raifon des ventes qui font faites du fonds ou maifons dépendans de leur directe, ainfi jugé en faveur des Dames
Religieufes de Ste. Catherine de Touloufe, au Rapport
de Monfieur Darbou en la deuxiéme des Enquêtes l'année
1716.

Cet Arrêt eft conforme à celui dont fait mention la Roche Chap. 13. art. 2. des droits Seign.

La Coûtume donnant au Seigneur directe l'exclufion pour
ce droit de prélation, l'Emphyteote ne peut être affujetti que
par une convention expreffe du bail Emphiteotique, contenant dérogation à la Coûtume ; car de même qu'on peut
s'affujettir expreffement à la Loi établie par une Coûtume,

par

par le Contrat qu'on paffe dans un Païs regi par d'autres Loix ; on peut auffi dans le Païs de Coûtume y déroger.

Ce qui a été décidé en faveur de ces Religieufes doit avoir lieu pour les Colleges, & pour les corps feculiers ou Ecclefiaftiques, parce qu'ils font tous gens de main-morte, & que la même raifon eft pour eux dans les cas de neceffité, & où il s'agit de l'agrandiffement des maifons ou conftruction des Eglifes.

## CHAPITRE X.

*Dans quel tems doit être demandé le droit de Prélation.*

*Si la reception de la Rente, ou des Lods, ou de l'acceptation de la Reconnoiffance empéchent la Prélation.*

SUivant la Doctrine de Mr. de Cambolas Liv. 1. Ch. 15. & celle de Maynard & de Ferr. qu'il cite pour garans de la fienne, le délai d'une année accordé au Seigneur directe pour exercer le droit de Prélation, ne court que du jour de la notification qui lui a été faite de la vente *fcriptis & inftrumento*, mais c'eft une queftion fi cette notification peut être faite par équipollent, & fi la connoiffance que le Seigneur peut avoir de la vente par la production, qu'il a lui-même faite du Contrat de vente dans le procès par lui intenté en payement du lods du fonds vendu lui eft un obftacle à la demande en retrait féodal du même fonds ; c'eft l'efpece d'un Arrêt qui fut rendu en la deuxiéme Chambre des Enquêtes le 5. Juin 1720. au profit du fieur Benoît Seigneur directe contre fon Emphyteote, après partage vuidé en la troifiéme Chambre des Enquêtes, Rapporteur Mr. de Reffeguier, Mr. Lacarri Compartiteur ; il fut jugé par cet Arrêt que cette connoiffance n'étoit pas fuffifante, & qu'il auroit falu pour exclurre le Seigneur directe du droit de prélation, que l'acquereur du fonds lui

eût non seulement notifié la vente par exploit , mais encore demandé l'investiture , la troisiéme Chambre des Enquêtes l'avoir ainsi jugé le 21. Août 1711. dans la cause de Bar-
tas du lieu de Milhau.

La raison de décider fut prise de ce qu'en cette matiere
les équipollens ne suffisent point , le droit de prélation étant
favorable , il ne parut pas juste que le Seigneur pût en être
privé dans un moindre espace que celui de 30. ans dès qu'il
n'y a point de notification de vente , *scriptis & instrumen-
to* , & de requisition d'investiture de la part du nouvel Emphyteote.

Ce qui selon moi pouvoit faire de difficulté dans l'espece de cet Arrêt , & fournir à l'Emphyteote une fin de non-
recevoir contre la demande du Seigneur étoit sa demande
contraire du lods exclusive de l'autre , par où il sembloit avoir
expressement renoncé au droit de prélation , & avoir offert
l'investiture au nouvel Emphyteote.

L'an & jour depuis la dénonce faite au Seigneur est un
terme fatal , au-delà duquel il ne peut plus exercer le retrait ou droit de prélation n'y être restitué envers le laps
du tems , sous prétexte de minorité ou d'absence , *Reipu-
blicæ causa* , suivant les Arrêts rapportez par Brodeau sur
Loüet lettre R , Somm. 7.

---

# CHAPITRE XI.

*Diverses questions sur le retrait feodal & lignager.*

LE retrait feodal est inherant au Contrat d'infeodation
& de concession du fief comme une stipulation tacite ,
sous laquelle l'investiture s'en est faite de la part du Seigneur dominant , & voilà pourquoi Dumoulin *tit. 1. des fiefs*
§. 20. *num. 2. in verbo* , le Seigneur feodal observe que ce
retrait feodal n'est pas purement legal , mais tacite con-

ventionel , *circa retractum istum feodalem, adverte quod non est mere legalis, quia tacitè in est infeudationi & investitu- ra quæ censetur celebrata & conventa secundum consuetudi- nem loci, & naturam actus, & sic istud jus retractus est par- tim, etiam propriè conventionale, tanquam inexistens ipsi in- feudationi, ex pacto feudi contracto inter dominum conceden- tem & clientem recipientem, & ita tacite contractum est inter eos ab initio.*

Le Seigneur dominant est autorisé dans sa demande en retrait dans l'alienation qui est faite du fief, par cette raison que les fiefs étant devenus patrimoniaux & alienables, il seroit obligé malgré lui de donner l'investiture à l'acquereur ; si par le secours du retrait il ne pouvoit rappeller le fief en sa main, c'est une question agitée par Dumoulin, *loco supra num.* 20. & suivans, si le retrait feodal peut être ce- dé par le Seigneur dominant, ou si au contraire il lui est personnel comme l'est le retrait lignager au retrayant ; ce Docteur après avoir observé que cette question est très-dou- teuse, & ramené les differentes raisons de douter se déter- mine à conclurre que ce retrait feodal ne peut être cedé non plus que le retrait lignager.

Il est constant en maxime, que le Seigneur feodal est préferable dans le retrait du fonds au lignager, parce que le droit de ce retrait ayant son fondement dans l'investiture pri- mitive du fief, fait partie du Contrat & en est une des con- ditions ; mais si les lignagers du vassal se trouvent appel- lez au fief, comme descendans de la même tige, le fief étant aliené *extra familiam* ils peuvent le rappeller, & ils sont préferables au Seigneur dominant dans le retrait, suivant la proximité du degré de leur parenté avec le vendeur, se- lon le même Dumoulin *loco supra* , §. 22. *num.* 3.

A l'égard du retrait lignager il faut d'abord observer que ce droit comme abrogé par la Loi Romaine, *Leg. Dudum , Cod. de contrah. empt. & vendit.* n'a pas lieu regulierement dans ce Ressort qui se regit scrupuleusement par le droit

Romain à la reserve de la Gascogne & du Querci , & autres lieux , où il se trouve introduit par coûtume à la difference du retrait feodal , qui a toûjours été reçû indistinctement dans le païs du droit écrit à cause de l'antiquité de
l'origine des fiefs répandus dans toutes les Provinces du Royaume , suivant l'observation de Mornac sur la Loi *Dudum
Cod. de contrah. empt. & vendit.*

Ce retrait lignager comme local , & de coûtume est reputé *stricti juris* , & c'est pour cela même que le retrayant
est assujetti rigoureusement à toutes les formalités prescrites ; & que la moindre omission le fait décheoir de son droit ,
suivant la Doctrine de Brodeau sur Loüet , *Lettre R , Somm.*
*5. num. 19.*

A l'égard du prix de la vente , il faut que le lignager
l'ait entierement consigné devers le Greffe avant l'an & jour
du retrait expiré , selon *Mornac eod. num.* 14. qui rapporte
un Arrêt du Parlement de Paris , du 14. Août 1568. qui
déclara les retrayans déchûs du retrait pour n'avoir point
ainsi fait cette consignation , *omni actione gentilitia exci-*
*dunt nisi intra annum deponatur apud acta integrum rei ven-*
*dita pretium.*

Il faut même que la consignation ait été précedée , non
d'une simple offre consignée dans un exploit , mais à deniers
découverts suivant l'Arrêt de ce Parlement , rapporté par
*Mr. Cambolas Liv. 2. Chap.* 17. il faut encore que l'offre
soit de l'entiere somme de même que la consignation , &
le retrayant ne seroit pas reçû dans la suite à y suppléer
par un offre en jugement , ( quoique dise Albert , *Lettre*
*R , verbo retrait art. 2.* ) sur le fondement d'un Arrêt qu'il
cite ; car le retrait étant reputé odieux , selon le langage
de Cambolas *loco supra* , le retrayant ne merite point de faveur , & il est assujetti à remplir & dans l'offre & dans la
consignation qui lui est relative , l'entier prix selon les regles prescrites en matiere de consignation & de dépôts ,
*Lege obsignatione Cod. de solut.*

L'Arrêt qui a decidé que le Cosseigneur par indivis peut

avec la ceſſion du Coſſeigneur retirer l'entier fonds vendu, eſt juridique par la raiſon que la mouvance du fief, étant indiviſe appartient à chacun des Seigneurs *in ſolidum*; de même que l'heritage à deux coheritiers; & que la diviſion ne ſe fait que par concours comme dit la Loi *Concurſu fiunt partes*. Or ce droit peut être conſequemment exercé par un des Coſſeigneurs, quoique par la Juriſprudence de ce Parlement il ne ſoit pas ceſſible. Parce que la ceſſion qui s'en fait au Coſſeigneur ne donne point atteinte à cette maxime, en ce que cette ceſſion tombe ſur la tête de celui qui n'eſt reputé qu'une ſeule & même perſonne, avec le cedant par la Loi de l'indivis qui les lie & les unit enſemble.

A l'égard de l'aſſignation en retrait donnée dans l'an & jour, quoique les délais n'en ſoient échûs qu'après l'an, je croi qu'elle doit produire ſon effet ordinaire qui eſt d'empêcher le laps du tems fixé pour le retrait; de même que la ſeule citation interrompt le cours de la preſcription des autres actions; ce qui fut le motif des Arrêts rapportez par *Loüet Lettre A, Somm.* 10. dans l'eſpece du retrait lignager, n'y ayant pas de raiſon concluante pour l'opinion contraire, du moins pour les lieux où il n'y a point de coûtume qui en diſpoſe autrement ſelon l'obſervation de Brodeau au même lieu, & l'Arrêt qu'il y rapporte.

Par Arrêt du 2. Août 1730. rendu au Rapport de Monſieur de Pujol en la troiſiéme Chambre des Enquêtes, il a été jugé que quand l'acheteur du fonds ſujet au retrait lignager eſt de la parenté du vendeur; il n'y a pas lieu au retrait lignager demandé par un plus proche parent que lui, & que le retrait n'eſt jamais ouvert quand c'eſt un lignager qui a fait l'achat; cette queſtion fut jugée en theſe en faveur de Jean Malacaſe, contre Antoine & Jean Durande freres.

La raiſon déterminante de l'Arrêt, fut que le retrait lignager n'ayant d'autre objet dans ſon origine que de conſerver les biens dans la parenté, & d'en empêcher l'alienation *extra familiam*, il ſuffiſoit pour exclurre le plus proche de ſa demande, & pour declarer que le retrait n'étoit point ouvert que l'acheteur ſe trouvât *de ſtirpe aut de cognatione.*

La queſtion a été ainſi jugée en la coûtume Danjou, par Arrêt du Parlement de Paris, en date du 28. Fevrier 1656. rapporté dans *Sœfue, Tom.* 1. *centur.* 1. *Ch.* 12.

C'eſt encore la diſpoſition de l'art. 129. de la Coûtume de Paris, qui en cette matiere eſt la Loi commune du Royaume qu'il faut ſuivre, s'il n'y a point de Coûtume locale contraire.

Le retrayant doit rembourſer le prix, fraix & loyaux-coûts de la vente dans le délai qui lui eſt préfigé par le jugement qui le reçoit au retrait, autrement il en demeure déchû & n'eſt pas reçû à purger ſa demeure après le délai expiré, ainſi jugé au Rapport de Monſieur de Maran le 11. Mai 1726. contre la nommée Jeanne Dedays en faveur de Jean Deſcaſaux ; le motif de cet Arrêt eſt ſenſible, il eſt pris de ce que le retrait étant reputé odieux, ſuivant le droit écrit le retrayant ne merite point de grace, & que tout doit ſe traiter à la rigueur, non ſeulement dans la demande en retrait, mais dans l'execution du jugement qui l'adjuge.

---

# CHAPITRE XII.

### *Autres queſtions ſur le Retrait lignager.*

L'An & jour fixé pour exercer le retrait eſt de rigueur, en ſorte que ce délai court contr'eux, qui ignorent la vente, & les abſens *annus currit contra abſentes & ignorantes*, dit Mornac ſur la Loi *Dudum* 14. *Cod. de contrah. empt. num.* 8. il court contre les Mineurs ſuivant l'Arrêt rapporté par Mr. Cambolas *Liv.* 2. *Chap.* 17. ſans eſpoir de reſtitution, & generalement contre les privilegiez de droit ; la raiſon en eſt ſenſible. Le retrait lignager eſt reputé odieux, en ce qu'il porte obstacle à la liberté du Commerce des ventes & achats, qu'il est de l'interêt public de favoriser & de soûtenir.

Sur quoi il faut observer que si *Dumoulin in confuetud. Parif. tit. des fiefs*, §. I. *Gloff*. I. *in verbo* le Seigneur feodal *num*. 30. semble exiger la notorieté du fait de la vente pour que le delai de l'an & jour, coure utilement contre le retrayant ; cela ne peut être entendu que pour les lieux où la coûtume requiert cette notorieté, & c'est dans ce même sens qu'il faut encore entendre la doctrine de *Paflor. in tract. jur. feud. Lib. 6. tit.* 2. lorsqu'il donne pour maxime que le delai de l'an & jour du retrait ne court contre le retrayant qu'à *diæ notitiæ* à défaut de signification du Contrat de vente.

La representation n'a pas lieu en matiere de retrait lignager, comme dans les successions *ab inteftat* par deux raisons. 1°. Parce que dans ce retrait les lignagers sont appellez selon la proximité du degré, & que le plus proche exclud le plus éloigné. 2°. Parce que ce retrait étant de pure coûtume il en faut suivre la difposition litterale, suivant la maxime reçûë au Palais, dont fait mention *Loüet Lettre A , Somm. 9. num.* I. par laquelle *verba in ftatutis in propria fignificatione funt accipienda*. Or la coûtume n'appellant au retrait que le plus proche, le neveu ne peut venir en concours avec l'oncle du chef de son pere predecedé, & par représentation.

Mr. Cambolas Liv. 2. Chap. 17. rapporte un Arrêt de la Cour contraire à celui du 18. Juin 1667. dont fait mention notre Auteur, cet Arrêt en date du 24. Août 1648. declara que le fils ne pouvoit pendant la vie du pere qui avoit fait la vente du fonds, sujet au retrait lignager user de ce droit.

Je croi que la décision de l'Arrêt rapporté dans ce Chapitre doit prévaloir, par la raison que le retrait lignager fe regle par des Loix particulieres de coûtume, qui n'ont rien de commun avec les difpofitions du droit Romain, felon lefquelles le fils non émancipé ne pouvoit revoquer regulierement les alienations faites de ses biens maternels pendant la vie du pere qui en a l'usufruit, & qui en a fait l'alienation ; & c'est ce qui a fait dire à *Fachin controvers. Lib.* 12. *cap.* 58. *hanc ideo ego amplector Sententiam magis communem quæ negat. filium vivente patre in cujus potestate est. Bona alienata à patre vindicare posse ;* mais cela ne peut être appliqué aux biens alienez, qui se trouvent sujets au retrait lignager, parce que la Loi du retrait qui est *stricti juris* ne distingue point là dessus, & qu'elle admet indistinctement le plus proche lignager, à faire le retrait en cas d'alienation, en l'assujettissant à former sa demande dans l'an & jour, ce qui prouve sensiblement que le fils n'est point obligé d'attendre le decès de son pere pour intenter son action, le delai de l'an & jour étant le terme fatal prescrit par la coûtume, contre toute sorte de retrayans, ainsi qu'il a été dit.

Il faut observer que l'an & jour fixé pour l'exercice du retrait lignager ne court que *à die detecta fraudis* ; cette question fut ainsi jugée le 16. Mai 1725. en la troisiéme Chambre des Enquêtes au Rapport de Mr. de St. Laurans : entre Fargal & Gayran dans l'espece suivante, Gayran avoit acquis un fonds de terre à titre d'échange ; Fargal ayant découvert que c'étoit là un veritable Contrat de vente deguisé sous le nom d'échange, justifia la chose par plusieurs circonstances qui accompagnoient ce Contrat, il demanda le retrait du fonds, Gairal opposa des fins de non-recevoir prises de ce que la demande en retrait n'avoit point été formée dans l'an & jour, il fut rendu Sentence entre ces Parties qui accüeillit la demande en retrait, sans avoir égard aux fins de non-recevoir opposées par Gairal, qui en ayant relevé Appel, en fut demis avec amende & dépens, la Sentence ayant été confirmée par cet Arrêt.

C'est une maxime constante que la prescription annale, ni même celle de dix ans ne court point contre celui qui ignore son droit, *non posse eum usu capere longo tempore qui titulum habet idoneum, ad usucapionem si ignoret se eum ha-bere,*

*bere , Authores funt Baldus , & falicet in Lege* 1. *Cod. per quas perfonas nobis acquirit.* dit *Fachin, controverf. juris Lib.* 8. *Cap.* 31. cette Doctrine peut trouver fon fondement dans la Loi *6. Cod. qui militare poffunt ,* ce qui a lieu en matiere beneficiale, le delai de prefenter ou de conferer, ne courant qu'à *die notitiæ obitus :* Or l'ignorance eft toûjours préfumée felon que l'obferve *Rebuff. in praxi. tit. de devolut. num.* 12. ce qui oblige le défendeur à la demande de faire preuve du contraire ; il n'y a que la prefcription de trente ans qui couvre tout & qui court contre celui qui ignore , *Leg. Sicut Cod. de præfcr.* 30. *vel* 40. *ann.*

On peut ici obferver après Mr. Maynard , Liv. 2. Ch. 83. *num.* 2. que le retrait Teftamentaire , c'eft-à-dire , celui que le Teftateur a donné à quelqu'un de fes décendans, & aux fiens, à raifon d'un certain fonds, eft préferable au retrait féodal & lignager , par la raifon que *provifio hominis facit ceffare provifionem Legis , Leg. final. Cod. de pact. convent.*

---

# CHAPITRE XIII.

*Si le Seigneur eft évincé du fonds qu'il a pris par retrait féodal , contre qui eft - ce qu'il peut avoir fa garantie.*

L E retrait féodal ne fubroge point le Seigneur à la place de l'acheteur , mais fait feulement une confolidation du fief ; en forte que le Seigneur n'entre point en la place de l'acheteur , & ne peut confequemment prétendre de garantie contre lui, *Dumoulin in confuet. Parif. tit.* des fiefs , §. 20. *in verbo* vendu *num.* 33. s'explique en des termes qui paroiffent décififs de la queftion *confuetudo autem feodalis magis recifforia quam tranflatoria , non enim propriè fubrogat patronum ad contractum ut admittatur ad emendum loco primi emptoris ; sed permittit patrono rem retinere & consolidare, directo suo dominio, & sic venditio non transfertur, sed distrahitur & rescinditur, nec transfunditur jus emptoris in patronum, sed patronus ad antiquum & primitivum jus suum revertitur,* selon cette Doctrine le Seigneur n'a point de garantie à prétendre même contre le vendeur, parce qu'il n'acquiert point le fief par vente ni par aucun Contrat qui puisse assujettir le vendeur à aucuns dommages & interêts, *evictionis nomine,* suivant la Loi *Evicta, ff. de evict.* puisque le Seigneur ne traite point ni avec l'acheteur ni avec le vendeur, & qu'il prend le fonds par domination feodale, en vertu de laquelle la vente se resoût de plein droit, & demeure comme non avenuë ; de sorte que le Seigneur prend sur soi tous les risques de l'éviction en demandant le retrait féodal, le vendeur n'en étant point tenu par aucun pacte, soit exprès soit tacite, *ex hoc contractu nulla debetur evictio, nec generalis cautio evictionis ad hoc extenditur,* dit Dumoulin *loco supra,* §. 20. *verbo* le Seigneur féodal.

A l'égard du retrait lignager, le retrayant a toutes les actions de garantie contre le vendeur qui pouvoient competer à l'acheteur, par la raison que ce retrait *est translatorius* ; ce qui fait que le retrayant est subrogé aux droits & actions de l'acheteur ; mais le vendeur ne doit aucune garantie à l'acheteur du fonds, à raison de l'éviction qui est faite par le retrayant, quand même il l'auroit promise expressement, parce que le fonds est évincé par l'autorité de la Loi du retrait, c'est la Doctrine de *Mornac* sur la Loi *Dudum, Cod. de contrah. empt. num.* 21. *venditor,* dit-il, *non tenetur ex senatus consultis gallicis de evictione ob rem evictam à consanguineo suo, & si expressim in hunc casum retractus de evictione promiserit.*

Suivant les Arrêts rapportez par Brodeau sur Loüet lettre R, Somm. 51. & par Maynard Liv. 7. Chap. 51. l'action en retrait soit lignager ou féodal doit être intentée devant le Juge du domicile du défendeur, & non du lieu où

les fonds ſont ſituez, & en retrait féodal il faut aller *recta*
devant le Sénéchal.

On a jugé le contraire en matiere de retrait lignager,
& qu'il faut ſe pourvoir devant le Juge du lieu où les biens
ſont ſituez par Arrêt d'Audience de la Grand'Chambre du
11. Mai 1723. plaidant Me. Boubée, ce qui eſt fondé ſur l'o-
pinion de Mornac ſur la Loi *Dudum, Cod. de contrah. empt.*
*& de Bardet Tom. 2. Liv. 2. Chap. 6.* & ſur cette raiſon
que l'action tient plus de la réalité que de la perſonalité.

Selon *Ferr. in quæſt.* 257. *Guip.* on a le choix d'intenter l'action ou devant le Juge du lieu, où les fonds ſont ſituez, ou devant celui du domicile du défendeur.

## CHAPITRE XIV.

*Si le retrayant eſt tenu retraire toutes les choſes vendûës*
*par un même contrat.*

*Si le retrayant eſt tenu rembourſer la directité où l'adjudi-*
*cataire dès ſommes à lui dûës par le diſcuté, au-delà*
*du prix du decret.*

C E que l'Auteur avance que le lignager eſt tenu de retraire tout ce qui eſt compris dans le Contrat de vente doit être entendu, lorſque la vente a été faite *unico pre-*
*tio ;* mais s'il y a diverſité de prix aux choſes venduës par
un ſeul & même Contrat, il eſt au pouvoir du lignager
d'en prendre une partie ſeulement, parce qu'alors *tot viden-*
*tur eſſe ſtipulationes quot ſummæ, Leg. Sciendum, ff. de ver-*
*bor. obligat.* c'eſt la Doctrine de Mornac ſur la Loi *Dudum*
14. *Cod. de contrah. empt. & vendit. num.* 11. & de Chopin *de morib. Pariſ. Lib. 2. tit. 6. num.* 13. de quoi le même
Chopin *in conſuet. And. Lib.* 10. *cap.* 4. *n°.* 4. rapporte un
Arrêt du Parlement de Paris, du 10. Janvier 1577. Toute-

fois Loiseau du déguerpissement Liv. 5. Chap. 2. *num.* 21. est d'avis contraire sur le fondement, que quoique les choses venduës soient d'un prix different , il suffit qu'il n'y ait qu'un seul & même Contrat de vente pour que le Contrat doive se faire du total , le Contrat ne pouvant être scindé & divisé contre la volonté de l'acheteur ; qui vraisemblablement n'auroit point acheté une chose sans l'autre.

Pour ce qui concerne le Seigneur , il est certain en maxime qu'il n'est tenu de retraire que les fonds qui sont de sa mouvance , quand même la chose auroit été venduë *unico pretio*, & en corps comme une Métairie , sous prétexte que l'acheteur *aliter non esset empturus* ; c'est la Doctrine de Ferr. sur la *quæst.* 411. *Guip.* en quoi le retrait féodal est plus favorable que le lignager ; mais c'est une question si la Métairie venduë *unico pretio*, étant de la directe de deux Seigneurs par indivis, l'un peut user du droit de prélation *pro parte*, & l'autre recevoir les lods *pro alia* malgré l'acheteur, Ferr. *loco supra* résoût que non ; & que l'acheteur peut contraindre le retrayant à faire le retrait pour le total, ou à recevoir les lods du total, par la raison que le titre de la Seigneurie directe étant indivisible, les deux Cosseigneurs ne sont reputez qu'une seule & même personne.

Le Cosseigneur qui aura fait le retrait du total , sera obligé de payer à l'autre les lods & ventes de la portion qui le compete, & dont il avoit formé demande à l'acquereur du fonds , & tous les droits Seigneuriaux de cette même portion ; c'est la décision *de Pastor in tract. jur. feud.* *Lib. 6. tit.* 7. & d'un Arrêt de l'année 1554. qu'il rapporte.

Sur la question si dans un décret chaque enchere separée fait un Contrat de vente separé ; je suis de cet avis qu'il y a cette difference entre la vente judiciaire & la conventionelle, qu'en celle-là l'adjudication forme un seul & même corps de vente qui ne reçoit point de division, par la raison que c'est un jugement *qui non potest in partes scindi*, *Leg. Si familia* 48. *ff. familiæ ercisc.* en sorte que le Seigneur directe doit ou retraire le total des biens compris au décret, ou recevoir les lods des fonds relevans de sa directe étant de maxime que toutes adjudications par décret sont actes individus, & dont la substance *non cadit super portionibus singulis scorsim, sed super re tota simul, Tiraqueau du retr. lign. §. 1. Gloss. 14. num. 76. Molin. in consuet. Parif. §. 55. Gloss. 1. num. 156. 158.*

---

# CHAPITRE XV.

### De deux Cosseigneurs par indivis, Directes ou Justiciers.

DEux raisons mettent à l'abri le Cosseigneur Justicier de reconnoître pour l'exercice de la Justice l'autre Cosseigneur. 1°. Parce que la Seigneurie étant dans son principe indivisible de même que l'office, suivant *Loiseau des Seign. Chap. 6. num. 14.* elle n'est censée faire qu'un seul & même corps, quoique résidant sur la tête de deux Cosseigneurs. Or si le Cosseigneur Justicier étoit obligé de plaider devant le Juge de l'autre, il plaideroit en quelque sorte devant son propre Tribunal, contre la disposition de la Loi 10. *ff. de jurisdict.* 2°. Parce qu'étant de maxime que *par. in parem non habet imperium*, ce seroit renverser cet ordre que d'assujettir ce Cosseigneur à reconnoître le Tribunal & l'autorité de l'autre.

Il faut ici observer que le Seigneur Justicier doit faire rendre la Justice sur les Lieux, & y faire résider le Greffier; ainsi qu'il fut jugé par Arrêt du 30. Août 1707. au Rapport de Mr. de Celés, entre la Dame de Cleirac veuve de Mr. de Mariac Conseiller en la Cour, & les Maire & Consuls de Senoüillac, Lagarrigue & Mauriac.

Par Arrêt du 14. Mai 1721. rendu en la troisiéme Chambre des Enquêtes, au Rapport de Mr. l'Abbé de Mariotte, il a été jugé entre Lahondes & Pierre Marie, que le Seig.

neur directe ne peut decreter le fonds pour cenfives à lui
dûës fur le fimple poffeffeur ; mais feulement fur le proprietaire , à la difference de la faifie des fruits qu'il peut faire
fur le poffeffeur. Cet Arrêt caffa par ce défaut le décret pourfuivi par le Seigneur directe fur le poffeffeur du fonds emphyteotique. Dans l'efpece de cet Arrêt le Seigneur avoit
pourfuivi le décret fur un pré aliené , dépendant de l'hoirie du pere de Lahondes qui étoit généralement faifie. Le
Seigneur prétendit qu'il n'étoit point obligé de fe ranger
dans l'inftance de diftribution , & qu'il pouvoit demander
la diftraction de ce pré fujet au payement des cenfives dûës ,
les Juges en convinrent ; mais on crût que le décret de ce
pré n'avoit pû être obtenu qu'avec l'heritier proprietaire du
fonds , & non fur un tiers acquereur pendant l'inftance de
diftribution dans laquelle ce pré fe trouvoit compris.

---

# CHAPITRE XVI.

*Du droit de Taille & des Corvées.*

*Du droit de Guet & Garde.*

LE droit de taille ne peut être exigé fans titre fpecial
qui y affujettiffe l'Emphyteote, ou fans une coûtume
prefcrite ; c'eft la Doctrine de *Ferr. fur la queft.* 57. *Guip.
de la Roche des droits Seigneuriaux, Chap.* 7. *art.* I. car
cette taille n'eft pas dûë par la Loi de l'inféodation ; mais
par ftipulation expreffe *in inveftitura adjecta*, felon *Paftor
in tract. jur. feud. Lib.* 30. *tit.* 14. Par cette même raifon
il faut reftraindre ce droit au lieu de lui donner de l'extenfion, comme dit Paftor, *funt enim hac jura odiofa &
onerofa vaffalis , ideò reftringenda* ; & c'eft avec fondement
que l'Arrêt rapporté dans ce Chapitre reftraignit aux quatre cas ordinaires la faculté du Seigneur de tailler fes fujets à volonté ; mais fi outre ces quatre cas il s'en trouve

quelqu'autre énoncé dans le titre d'inféodation, ou que le Seigneur foit en poffeffion immémoriale d'en exiger la rédevance ; je croi qu'il doit y être maintenu fuivant la Doctrine de *Ferr. loco fupra*, après *fpeculat. tit. de feudis adduntur, & alii cafus ad fpeculat. tit. de feudis hoc enim pendet ex conventionibus inter Dominos & homines fuos initis* ; ce qui doit être entendu des cas licites, & qui n'ayent rien de contraire aux bonnes mœurs ; car je ne foufcrirois point à l'opinion de Chaffance fur la coûtume de Bourgogne, *tit. des Juftices*, §. 4. *in verbo mariage d'une fille*, que le Seigneur peut également tailler fes fujets pour le mariage d'une bâtarde que d'une fille legitime, s'il y a convention ou coûtume *ad hoc*, puifque cette convention étant contre les bonnes mœurs, la coûtume en feroit par confequent abufive.

Le droit de taille fe regle par le doublement de la cenfive ; mais fi la cenfive fe trouve exorbitante la taille eft reglée par l'arbitre du Juge, fuivant l'Arrêt rendu en la deuxiéme Chambre des Enquêtes, rapporté par Mr. d'Olive, *Liv. 2. Chap. 6.* Le peu de faveur de cette taille fait alors une exception à cette regle commune que la taille eft le doublement de la cenfive. D'Olive dans ce Chapitre rapporte un Arrêt du 22. Mai 1632. qui a déclaré la taille exigible en fept cas ftipulez ; cet Arrêt eft conforme à l'opinion des Interprêtes ci-deffus citez, & à la Loi des Contrats, felon laquelle il eft permis de ftipuler tout ce qui n'eft pas contraire, ou au droit public ou aux bonnes mœurs ; l'Arrêt de ce Parlement qui a reftraint aux quatre cas ordinaires la faculté de tailler les vaffaux *ad omnimodam voluntatem* n'a rien de contraire à ce préjugé de d'Olive, parce qu'autre chofe eft de reftraindre une faculté arbitraire, qui peut être une occafion à l'avarice d'un Seigneur d'apefantir la main fur les taillables, au mépris d'une liberté raifonnable qu'ils doivent conferver autre chofe, eft de laiffer à ce Seigneur la joüiffance d'un droit legitimement & expreffement accordé entre lui & les taillables : Au premier cas, on met un frein à la licence & des bornes à l'avarice :

Au fecond cas, on ne fait qu'adjuger au Seigneur ce qui lui appartient.

A l'égard de la prefcription du droit de taille, *Paftor loco fupra* diftingue, où le Seigneur en a formé fa demande judiciaire au vaffal qui a denié être taillable, ou il n'y a pas eu de demande de fa part, ni de defaveu du côté du vaffal. Au premier cas, le vaffal prefcrit contre le Seigneur ce droit de taille par le laps de 10. ans dépuis le défaveu : Au fecond cas ce droit demeure imprefcriptible, parce que le vaffal n'eft dans la quafi poffeffion de liberté qu'après fon défaveu. Je croi que le taillable ne peut prefcrire fa liberté que par 30. ans par les raifons que j'ai employées dans le Chap. 44. *infra* fur la matiere de la banalité

Quant au droit de Corvée, le même Auteur obferve qu'il ne peut être exigé fans titre exprès, & que la poffeffion même immémoriale ne peut fuppléer au défaut de titre, ce qu'il appuye de plufieurs textes du droit civil, & de l'autorité de Dumoulin, *tit. des fiefs*, §. 3. *Glof. 6. num. 4. in confuet. Parif.* ce droit de Corvées eft felon cette Doctrine plus odieux que celui de taille, puifque celui ci peut être acquis par une poffeffion immémoriale ; il en eft de même du droit de Guet & Garde, pour la preuve duquel il faut des titres exprès, la poffeffion ne pouvant faire titre. La raifon de la difference entre le droit de taille qui peut être prefcrit, & le droit de Corvée & de Guet, pour lequel il faut un titre authentique, peut être prife de ce que ce dernier droit confifte dans une preftation de devoir perfonnelle au vaffal, en quoi il eft plus odieux, comme affujettiffant la liberté naturelle, *non enim funt præftandæ opera, quæ onerant libertatem, Leg. 4. Cod. de oper. libert.* au lieu que le premier & le droit de taille n'affujettit que les biens, & ne touche point à la liberté de la perfonne.

Je croi néanmoins le Droit de Guet & de Corvée prefcriptible par le laps de cent ans, qui eft toûjours excepté fuivant les autorités employées fur le Chap. 37. de ce Livre ; mais il faut rapporter la preuve écrite de la poffeffion.

Il

Il y a un cas où le Seigneur Jufticier peut contraindre fes fujets à faire guet & garde dans fon Château, quoiqu'il n'y foit point fondé par aucun titre d'inféodation ou de reconnoiffance ; c'eft en tems de guerre & de neceffité urgente felon l'Arrêt de ce Parlement, rapporté par la Roche des droits Seign. Chap. 27. art. 3. mais hors de ce cas extraordinaire il lui faut des titres.

## CHAPITRE XVIII.

*Si les lods font dûs d'un achat de plus valûë fait par l'acheteur fous faculté de rachat.*

JE croi qu'il ne faut point s'éloigner de la décifion de l'Arrêt rapporté par Mr. Cambolas, Liv. 4. Chap. 8. & que toutes les fois que le fonds vendu allodial fe trouve fujet à une cenfive, l'acheteur peut obtenir la caffation de la vente s'il la demande, quoique le vendeur ignorât que le fonds fut cenfuel, la Loi 18. *ff. de edilit. edict.* me paroît décifive pour cela ; *fi quid venditor de mancipio affirmaverit, itque non ita effe emptor quæratur aut redhibitorio, aut eftimatorio, id eft quanti minoris agere poteft.*

L'acheteur a l'option par cette Loi, ou de demander la réfolution de la vente par l'action redhibitoire, ou une indemnité à raifon de la charge impofée au fonds par l'action appellée *quanti minoris.*

L'effet de la redhibitoire eft d'annuller le Contrat de vente : Or toutes les fois que le Contrat fe trouve annullé par l'autorité de la Loi, *& ex caufa refolutiva*, le lods n'eft point dû au Seigneur directe, parce que la caufe de la réfolution eft alors neceffaire, & que pour qu'il y eût lieu à la demande du lods pour la réfolution de la vente qui en a déja produit un au Seigneur. Il faudroit que cette réfolution fut purement volontaire aux contractans.

Sur quoi il faut obferver que les Loix qui adjugent à

l'acheteur le *quanti minoris* ne peuvent être appliquées qu'au cas où il a abandonné l'action redhibitoire, & s'est rétranché à l'indemnité, ce que la Loi 18. déja citée nous fait bien entendre.

La distinction de l'ignorance ou de la connoissance de la censive que pouvoit avoir le vendeur, tombe également sur le *quanti minoris* que sur la redhibitoire, *Lege Julianus, ff. de action. empti.* ainsi il n'y a pas plus d'embarras ni plus de confusion à prononcer plûtôt sur l'une que sur l'autre de ces deux demandes ; car il en faut toûjours venir pour l'adjudication des dommages & interêts qui peuvent être demandez dans ces deux actions, à la distinction de la connoissance ou de l'ignorance du vendeur sur le vice de la chose vendûë ; en sorte qu'il n'y a pas plus d'inconvenient à prononcer la cassation de la vente qu'à réduire l'acheteur au *quanti minoris*, au contraire de vouloir toûjours réduire l'acheteur à cette action ; c'est renverser la disposition de la Loi *Si quid debitor* déja citée, qui lui donne l'option de deux actions.

Cette Loi est fondée sur les maximes les plus pures du droit, qui veulent que dans tous les Contrats on s'attache à découvrir qu'elle a été l'intention & l'objet des contractans, *Leg. In conventionibus, ff. de verbor. signiff.* on ne peut pas douter dans l'espece de la vente d'un fonds affirmé allodial par le vendeur, que l'opinion de franchise de ce fonds n'ait determiné l'acheteur, ou ne soit entrée principalement dans ses vûës ; & que s'il avoit connu la charge du fonds, cette connoissance ne l'eût empêché d'en faire l'acquisition ; car la liberté étant en soi inestimable, on ne peut pas présumer que l'acheteur ait entendu abandonner l'action redhibitoire qui devoit le décharger d'une servitude toûjours onereuse pour se rétrancher à un simple dédommagement, ce qu'il doit déclarer expressément par le choix qu'il peut faire du *quanti minoris*, le cas y écheant.

# CHAPITRE XIX. XX. XXI. & XXII.

C'Est un point de Jurifprudence de ce Parlement qu'il eft dû au Seigneur directe un droit de lods par l'Engagifte du fonds Emphyteotique, après dix ans de joüiffance, parce qu'après ce laps de tems cet engagement paffe pour une vente deguifée ; c'eft le fondement de l'Arrêt rapporté par Mr. d'Olive, Liv. 2. Chap. 18. & alors l'obligation concernant le payement des lods à un effet retroactif au tems du Contrat felon la nature des obligations conditionelles dont l'effet demeure fufpendu jufqu'à l'évenement de la condition, *Leg.* 78. *ff. de verbor. obligat. &* 18. *ff. de reg. jur.* les lods font *in fructu* confequemment ils appartiennent au Fermier des droits Seigneuriaux du tems de la vente, auquel le payement eft rapporté.

A l'égard des lods d'un fonds donné par tranfaction, je croi qu'il faut fe regler par la doctrine de Dumoulin *tit. des fiefs*, §. 33. *Gloff. in verbo* droit de relief *num.* 67. où ce Docteur après avoir établi que l'Emphyteote peut tranfiger fans le confentement du Seigneur directe, pour ce qui concerne le fonds Emphyteotique conclud qu'il n'eft point dû des lods de la tranflation du fonds Emphyteotique, faite par une Tranfaction, s'il n'y a déguifement de permutation ou de vente, fous couleur d'accord & de Tranfaction, & c'eft ce que Ferriere obferve fur la *queft.* 48. *de Guip.* où il ajoûte que fi le fonds eft baillé par Tranfaction à un des collitigans qui y prétendoit avoir quelque droit, ( quoique douteux ) le lods n'en eft point dû alors, & ainfi fuivant la Doctrine de Ferriere, il n'eft pas neceffaire pour donner l'exclufion au droit de lods, que celui qui a reçû le fonds y eût quelque droit de proprieté, il fuffit qu'il eût une action, fur l'univerfalité des biens ou des hypotheques à exercer, parce qu'alors on doit préfumer que le fonds lui a été baillé pour éteindre fa demande ou le Procès intenté, & nullement par vente ou permutation qui eſt le cas où le lods ſeroit dû.

Pour ce qui concerne le payement d'une dette faite en fonds, il eſt certain qu'il produit des lods au Seigneur, ſoit que l'alienation ſoit volontaire ou par décret, ſuivant *Paſtor in tractat. jur. feudal. Lib.* 5. *tit.* 20. *num.* 14. la charge du payement des dettes du donateur ne change en rien cette maxime, parce que ce payement eſt une des conditions de la donation, & un acceſſoire qui ſuit la nature du principal, Ferriere *loco ſupra* obſerve que de droit commun les lods ſont dûs d'une donation, parce qu'il ſuffit pour donner lieu à leur payement qu'il y ait Tranſlation de propriété ou alienation du fonds ; mais que ſuivant la coûtume de cette Province de Languedoc, il n'eſt jamais dû de lods d'une donation.

Les lods ne ſont donc point dûs des donations ſoit generales ſoit particulieres par droit commun de cette Province, ſi pourtant un Seigneur directe avoit des titres particuliers pour en fonder la demande, il pourroit les exiger ſuivant l'Arrêt de ce Parlement du 25. Fevrier 1669. rapporté par *Graverol ſur la Roche des droits Seigneuriaux, Chap.* 38. *art.* 6.

Il fut rendu un Arrêt au Conſeil privé le 14. Fevrier 1702. en faveur des Peres Benedictins de Touloufe contre les Fermiers du Domaine, par lequel il fut jugé que les lods ne ſont point dûs de la vente des fiefs nobles ſituez dans l'ancienne Sénéchauſſée de Touloufe, ſoit qu'ils ſe trouvent dans le Languedoc ou dans la Guienne, quoique les fiefs relevent immédiatement du Roy, Ferriere ſur la même queſtion dit que c'eſt un point de Juriſprudence de la Cour que les lods ſont toûjours dûs d'un échange, à moins qu'il n'y ait coûtume locale contraire, il y a pluſieurs déciſions au ſujet des lods rendûës par Ferriere ſur cette même queſtion de *Guip.* à laquelle le lecteur pourra avoir recours.

Quoique la Chaſſe ſoit un droit royal, néanmoins le

Seigneur Haut-Justicier peut chasser personnellement dans l'étenduë du fief répandu dans sa Haute-Justice appartenant à un autre, suivant l'art. 26. du tit. des Chasses de l'Ordonnance des Eaux & Forêts de l'année 1669.

Ce droit de Chasse est personnel, en sorte qu'à la rigueur ni le Seigneur Haut-Justicier ni le féodal ne peuvent envoyer chasser dans leur terre leurs domestiques, ou autre personnes suivant le même article, parce que le Roi ne leur accorde qu'une simple permission de chasser ; mais s'ils ne peuvent chasser par eux-mêmes, ( étant Ecclesiastiques ou Religieux ) il leur est permis de commettre un Chasseur du fait duquel ils répondent, ainsi qu'il fut jugé le 28. Août 1718. par jugement souverain de la Chambre des Eaux & Forêts, au Rapport de Mr. de Pujol entre la Dame de Malauze, & le Sindic des Chanoines reguliers d'Aubrac.

En matiere de condamnation pour fait de Chasse soit pour l'amende, soit pour les dépens ; tout est solidaire entre corrées, ainsi jugé en la Chambre souveraine des Eaux & Forêts le 29. Août 1709. entre le Procureur du Roy accusateur, & les nommez Peyre & Arribat.

La raison en est que l'action doit être intentée criminellement, & qu'on doit prendre la voye de l'information contre les délinquans dont la peine est l'amende de 100. liv. pour la premiere fois, le double pour la seconde, & la peine du Carcan qui est infamante pour la troisiéme récidive, suivant *l'art.* 28. du titre déja cité, ce qui prouve que les condamnations doivent être solidaires, puisque c'est une maxime qu'elles le sont toûjours en matiere criminelle.

# CHAPITRE XXIII.

*Si les lods font dûs d'une donation à la charge de payer les dettes du donateur.*

Ette queftion fi l'Emphyteote ou locataire perpetuel, peut en déguerpiffant repeter les réparations par lui faites aux biens Emphyteotiques fe trouve controverfée, & diverfement decidée de même que celle qui confifte à fçavoir fi le même Emphyteote peut démolir les bâtimens qu'il a conftruits fur le fonds Emphyteotique ; *Loüet Lettre E, Somm.* 10. rapporte un Arrêt du 3. Mai 1597. qui décida la queftion contre l'Emphyteote, Brodeau *eod.* rapporte plufieurs Arrêts conformes, & ajoûte que l'Emphyteote ne peut démolir les Bâtimens qu'il a conftruits dans le fonds Emphyteotique, par la raifon qu'il eft cenfé avoir fait cette Conftruction *animo donandi*, Loizeau du déguerpiffement *Liv.* 5. *Chap.* 5. *num.* 15. tient que l'Emphyteote peut faire cette démolition, *quia res non deterior fed formæ fuæ redditur*, Mr. Cambolas Liv. 2. Chap. 34. rapporte deux Arrêts de la Cour qui ont jugé la queftion fuivant la Doctrine de Loizeau.

Pour les ameliorations Ferr. fur la queftion 169. Guip. rapporte un Arrêt de la Cour qui les adjugea à l'Emphyteote, fuivant cette diftinction que fi le bail d'Emphyteofe eft réfolu & la confolidation faite par quelque délit, ou faute de l'Emphyteote alors il n'y pas lieu à l'adjudication de ces ameliorations, que fi au contraire la réfolution du bail fe fait fans aucune faute de fa part, & par fimple déguerpiffement il peut les repeter. Cette diftinction a été faite par Dumoulin *in confuetud. Parif. Tit. des fiefs in verbo le fief*, §. 1. *num.* 76. & 77.

J'adopterois volontiers la diftinction de Dumoulin & de Ferriere, parce qu'elle me paroît fondée fur le texte de la

Loi 2. *Cod. de jur. Emphyt.* par laquelle il eſt décidé que l'Emphyteoſe prenant fin par la faute de l'Emphyteote, expulſé faute de payement du cens, il ne peut prétendre aucunes ameliorations, d'où je conclus par l'argument des contraires que quand l'Emphyteoſe prend fin ſans ſa faute il peut repeter les ameliorations.

Or le déguerpiſſement étant autoriſé & arbitraire à l'Emphyteote, il ne peut conſequemment lui être imputé à faute par le Seigneur directe, & les ameliorations qu'il a faites au fonds déguerpi lui doivent être adjugées non ſeulement par cette raiſon priſe de la Loi 2. *de jur. Emphyt.* mais par cette autre que je tire de la Loi *in fundo*, *ff. de rei vindic.* que le fonds Emphyteotique ayant augmenté de prix par les réparations de l'Emphyteote, il ne ſeroit pas juſte que le Seigneur directe profitât de cet avantage *cum aliena jactura* & au détriment de l'autre ; ce qui ſe trouve confirmé par la Loi *Si pupilli*, §. 3. *ff. de negot. geſt.*

A l'égard d'une maiſon bâtie par l'Emphyteote : je croi que ſuivant la Loi *in fundo* déja citée il peut la démolir & en emporter les materiaux pourvû qu'il laiſſe le fonds au même état qu'il l'avoit pris *ſufficit tibi*, dit cette Loi, *permiſſum tollere ex his rebus quæ poſſis, dum ne ita deterior ſit fundus quam ſi initio non foret ædificatum*, & cela avec d'autant plus de raiſon que l'Emphyteote a conſtruit de bonne foi & dans ſon propre fonds.

Il faut prendre garde ici que les réparations dont il eſt parlé dans ce Chapitre, ne ſont pas du nombre de celles que tout bon pere de famille eſt obligé de faire pour l'entretien & la conſervation du fonds, puiſqu'il eſt ſans difficulté que l'Emphiteote en déguerpiſſant ne peut en prétendre la repetition ; mais que ces réparations & ameliorations ſont au contraire de la claſſe de celles qui augmentent notablement le prix du fond : & c'eſt ce qu'on peut recuëillir du langage de Ferriere loco ſupra *emphiteuta non perdit ædificiorum ſtructuras aut hujus modi magnas impenſas, ſed eas vel eorum æſtimationem poteſt retinere* ; d'où il faut même

conclurre que quand l'Emphyteote ne veut pas démolir ;
les édifices conftruits dans le fonds , il a droit d'en repeter
l'eftimation fi par une verification d'Experts , il confte de
la neceffité ou de l'utilité de la conftruction, & de l'avantage qui en revient au fonds Emphyteotique.

Decius dans fon Confeil 518. *num.* 2. qui dénie à l'Emphyteote la répetition de fes ameliorations , foit que le bail
prene fin par fa faute ou non , excepte néanmoins les réparations confiderables *quibus dominus factus eft locupletior*,
& je croi que les reparations de cette efpece doivent auffi
être exceptées.

Il faut encore obferver que tout Emphyteote n'eft pas reçû à deguerpir en payant même les arrerages de la rente ;
car le fucceffeur à titre univerfel de celui qui a pris le fonds
en Emphiteofe n'eft pas recevable à déguerpir , fuivant la
Doctrine de Loizeau du déguerpiffement , *Liv.* 4. *Chap.* 1.
*num.* 15. mais feulement le tiers acquereur , la Roche du
déguerpiffement *art.* 1. *traité des droits Seigneuriaux.*

C'eft pourtant une maxime reçûë au Palais que l'Emphyteote qui a pris le fonds , & fes heritiers font reçûs à
déguerpir par la raifon que l'action perfonnelle par laquelle le preneur du fonds eft lié eft relative , & dépend du bail
du fonds.

Le fonds déguerpi paffe entre les mains du Seigneur avec
la charge d'hipoteque , à laquelle l'Emphyteote déguerpiffant l'a foûmis ; en forte que le Seigneur directe venant
à faire un nouveau bail d'Emphyteofe du même fonds. Le
Créancier a droit de pourfuivre le nouvel Emphyteote pour
le payement de ce qui lui eft dû, fur-tout fi fon débiteur
n'a pas d'autres biens que le fonds déguerpi , fans que pour
raifon de ce le nouvel Emphyteote puiffe agir en garantie
contre le Seigneur qui l'a invefti du fonds , s'il n'y a dol
perfonnel de la part du Seigneur, & une reticence frau-
duleufe de l'hypoteque ; c'eft ainfi que la chofe fut jugée
le 21. Août 1717. en la troifiéme des Enquêtes au Rapport
de

de Mr. de Vic , entre Loüis Crotte, François Jacques., &
le Seigneur de l'Abbaye de Chambon.

Cet Arrêt ordonna que le Seigneur se purgeroit par serment décifoire, que lors du fecond bail d'Emphytéofe il
n'avoit aucune connoiffance. de l'hypoteque du Créancier.

# CHAPITRE XXIV.

## *De l'homme vivant, mourant & confifcant.*

LA diftinction faite par l'Arrêt rapporté dans ce Chapitre peut fervir à concilier les Arrêts contraires , qui ont
été rendus fur cette matiere à l'égard de l'Eglife , & qui font
rapportez d'un côté par Mr. d'Olive , Liv. 2. Chap. 12. &
par Me. Albert Lettre A , *verbo* amortiffement art. 12.

L'Arrêt dont fait mention Albert déchargea les Chartreux de Cahors de bailler au Seigneur Jufticier l'homme
confifcant, en lui payant une indemnité à ce fujet ; Bacquet traité des nouveaux acquets Chap. 36. rapporte un
Arrêt du 18. Novembre 1557. qui le jugea de même au profit
des Religieux des blancs-Manteaux, & il eft de cette opinion fur ce fondement, qu'il n'eft pas raifonnable que l'E-
glife perde fon fonds par le délit de l'homme qu'elle a
baillé, fuivant le *Chap. fi Epifcopum* 16. *quæft.* 6. & la Loi
*Jubemus, Cod. de facrof. Ecclef. & cap. dilectum de reg. jur.
in 6.* d'Olive au contraire rapporte deux Arrêts de la Cour
qui ont affujetti l'Eglife à bailler cet homme, Vicaire au
Seigneur Haut-Jufticier ; & il regarde cette décifion comme une Jurifprudence certaine : Toutefois l'Arrêt rapporté
par Albert étant pofterieur, & ayant dérogé aux autres.,
Cette queftion peut recevoir de la difficulté fur tout par les
privileges finguliers que les Loix accordent à l'Eglife, &
que les Parlemens font foigneux de lui conferver.

Je croi donc qu'à l'égard de l'Eglife ( plus favorable fans

doute qu'un corps Laïque, ) il faut employer la diftinction introduite, par cet Arrêt entre les biens que la Communauté tient de la main du Seigneur, & ceux qu'elle poffede par des acquifitions nouvelles, & décider que l'Eglife doit être affranchie du joug de bailler l'homme confifcant, pour ce qui concerne les fiefs, & autres fonds qu'elle tient de la main du Roi ou des Seigneurs, & qui font de fon ancien patrimoine, en baillant une indemnité au Seigneur au dire d'Experts; & qu'à l'égard des fiefs nouvellement acquis ou autres fonds, elle doit bailler cet homme confifcant.

Il faut ici obferver que les gens de main-morte baillent l'homme vivant & mourant non feulement pour indemnifer le Seigneur des acaptes & arriere-captes, quand il eft fondé en titres pour exiger ce droit; mais encore pour la preftation de la foi & hommage & reconnoiffance de la fuperiorité; & qu'outre cela ils font tenus de bailler indemnité, pour dédommager le Seigneur des profits qui pouvoient lui revenir des lods & ventes des biens relevans de fa Seigneurie. C'eft ainfi que cela fe juge felon que l'obferve Mr. d'Olive *loco fupra*, où il ajoûte que cette demande d'indemnité eft prefcriptible, quoique la preftation d'homme vivant & mourant ne foit pas fujette à prefcription, Mr. Cambolas Liv. 4. Chap. 23. confirme cette décifion.

On peut établir fur la difpofition de l'Arrêt rapporté dans ce Chapitre, que ce feroit au Seigneur à prouver que les biens poffedez par l'Eglife font tombez en fa main par de nouvelles acquifitions, & qu'ils ne font point de fon ancien patrimoine formé par la dotation préfumée du Roi ou des Seigneurs eux-mêmes; & que jufques-là l'Eglife doit être affranchie de bailler l'homme confifcant en offrant l'indemnité à ce fujet.

# CHAPITRE XXVI.

*Si les Nobles, habitans dans la Justice d'un Seigneur, doivent plaider devant le Juge Banneret.*

PAr Arrêt du 15. Avril 1715. rendu à l'Audience de la Grand'Chambre, Président Mr. de Marmiesse ; il fut jugé que le vassal assigné devant le Senéchal peut demander son renvoi devant son Juge ordinaire qui est celui de la Seigneurie, quoique le Seigneur n'ait formé aucune demande en intervention pour le vendiquer , c'étoit dans la cause de Courreja pour lequel plaidoit Me. de Lardos assigné devant le Sénéchal d'Auch , par Me. Davatia Prêtre , en délaissement d'une piece de terre , Me. d'Astruc plaidant pour ce dernier.

La disposition de cet Arrêt est contraire à la Doctrine de Ferr. sur la *quest. 77. de Guip.* qui fait cette distinction que le vassal peut demander de son chef, le renvoi devant le Juge ordinaire de la Seigneurie, sans intervention du Procureur fiscal , lorsqu'il est assigné devant le Juge d'un autre Seigneur ; mais non pardevant un Juge Royal, auquel cas il faut qu'il soit vendiqué par le Seigneur. *Nam si coram judico regio conveniatur non potest vassallus solus jurisdictionem illius declinare absque Domini interventu.* Ferr. appuye cette décision sur l'autorité d'Imbert & de Bacquet.

La raison déterminante de l'Arrêt de la Cour, fut que les Jurisdictions des Seigneurs étant devenuës par la concession du Prince les ordinaires des Parties manantes , & domiciliées dans l'étenduë de la Seigneurie ; il est de leur interêt particulier de ne pouvoir être distraites hors de la Jurisdiction, & de plaider devant leur Juge immediat ; qu'ainsi chaque justiciable est personne legitime, pour demander son renvoi devant son Juge ordinaire, sans qu'il soit besoin de l'intervention du Procureur fiscal de la Seigneurie, ce que je croi veritable.                                        T t ij

Il est bien vrai que dans l'espece de l'Arrêt cité, il s'agissoit d'une action réelle, dont la connoissance appartient regulierement au Juge du lieu où le fonds se trouve situé, suivant le titre du Code *ubi actio in rem exercer. deb.* mais cette circonstance n'influa point dans la décision qui fut renduë en These sur le motif dont j'ai déja parlé.

C'est une maxime que ni le Procureur du Roi d'un siége, ni aucun des Officiers Royaux du même siége ne peuvent exercer les fonctions de Juges Banerets y ayant incompatibilité ; c'est ainsi que cela fut jugé en conformité des réglemens le 11. Avril 1726. en la Chambre Tournelle au Rapport de Mr. Lafont-Vedelly, l'Arrêt cassa la Procedure faite par Me. Besse Procureur du Roy au Bailliage de Brovillois, comme Juge Baneret du lieu de Pergan dans l'affaire de Marie Dupra, accusée d'avoir étouffé son Part, & de l'avoir enterré ensuite dans la maison de Dansas, & ordonna que la Procedure seroit refaite à ses frais & dépens avec défenses audit Besse d'exercer tant qu'il sera Magistrat Royal des judicatures Baneretes, ensemble à tous les Officiers Royaux du Ressort, Besse fut condamné aux dépens envers les Parties pour leur tenir lieu de dommages & interêts, les Parties étoient l'accusée, Françoise Dupra sa sœur, Dansas pere & fils, & la nommée Dulon.

Quand le Ministere du Procureur du Roi d'une Jurisdiction, & ses conclusions doivent entrer dans une affaire pendante au siége ; il ne peut quitter sa qualité pour prendre celle de Juge même en l'absence du Juge, ni faire donner des conclusions par un autre ; c'est ainsi que je l'ai vû juger par Arrêt de la Chambre Tournelle, du mercredi 7. Janvier 1725. Président Mr. de Tournier, sur les conclusions de Mr. l'Avocat Général de Saget, l'Arrêt cassa la Sentence avec amande contre le Procureur du Roy, qui avoit assisté au Jugement comme Assesseur.

La Cour avoit ainsi jugé la même question en matiere civile, par Arrêt rendu en l'Audience de la Grand'Chambre le 8. Avril 1717. l'Arrêt cassa une élection Consulaire faite devant Me. Rudelle subftitut de Mr. le Procureur Général au fiége de Caffaignes en Roüergue, fur la demande de Me. Gafton Avocat de ce fiége, à qui ce droit étoit dévolu en l'abfence du Juge, la Cour ordonna qu'il feroit procedé à une nouvelle élection Confulaire, & que Me. Rudelle y feroit appellé pour donner fes conclufions ; Me. d'Aftruc plaida pour Me. Gafton, & Me. de Lardos pour Grimaldi Conful, qui défendoit l'élection Confulaire.

# CHAPITRE XXVII.

### *De l'effet de trois quitances confecutives de la rente.*

LA difpofition de la Loi 3. *Cod. de Apoch. publ.* qui regarde les payemens des impofitions publiques faites en faveur du Prince, eft appliquée par les Arrêts aux payemens faits par les Emphyteotes aux Seigneurs directes ; c'eft l'obfervation de Mornac fur cette Loi après Dumoulin, il refulte de cette Loi que l'effet de trois differentes Quittances confecutives de trois années, eft de produire en faveur du Débiteur une préfomption de payement des arrerages précedens, s'il n'y a pas de refervation de ces arrerages, fuivant Mornac *eod.* & la Doctrine de Faber *in fuo Cod. Lib.* 8. *tit.* 30. *definit.* 32. mais cette préfomption n'eft que de droit, & nullement *juris & de jure* : & voilà pourquoi elle peut être détruite par la preuve contraire, à laquelle le demandeur en arrerages peut être admis, *Gloff. in Leg.* 2. §. *fi dubitetur, ff. Teftament. quemad. aperiant,* c'eft encore l'obfervation de Faber *loco fupra* en ces termes ; *fed tamen non excludit ea præfumptio contrariam probationem, fi creditor probare velit reliqua deberi, vincit enim præfumptionem probatio* ; la Loi *Quicunque de apoch.* ne donne pas l'exclufion à cette preuve du fait contraire à la préfomption de droit ; elle l'autorife au contraire en ces termes, *aut id quod repofcit deberi fibi manifefta geftorum adfertione*

*patefecerit* ; mais je croi qu'aux termes de cette Loi le demandeur en arrerages ne peut être reçû à d'autre preuve qu'à
la preuve écrite.

En effet la Glose *in verbo gestorum* de la Loi *Quicumque*
exige que la preuve capable d'établir que les arrerages sont dûs
soit consignée dans des actes publics *probatione testium coram gestis, id est in actis receptorum*, & la note margina-
le ajoûte *manifesta gestorum assertio hic nihil aliud quam ma-
nifestissima probatio.* Il faut donc que cette preuve soit écrite pour détruire la présomption de droit concernant le payement des arrerages.

A l'égard de la reservation du Seigneur directe , dans
les Quittances de la censive ; j'estime que cette reservation
peut operer l'effet dont parle notre Auteur, si elle est faite
en termes généraux, comme si le Seigneur s'y reserve tout
ce qui peut lui être dû pour droits Seigneuriaux, *semper enim
specialia generalibus insunt Leg. Semper de reg. jur.* mais
si au contraire dans les Quittances des censives, il se fait
ainsi la reserve *pour autres droits & devoirs Seigneuriaux*;
cela ne peut être entendu suivant les maximes que pour
droits differens, & d'une autre nature que les censives *inclusio unius est exclusio alterius.*

---

## CHAPITRE XXVIII. & XXIX.

Ans l'espece de l'Arrêt du mois de Mars 1676. la principale raison qui pouvoit autoriser la vente separée de
la directité étoit que la clause du Précaire, qui suivant la
Jurisprudence de ce Parlement se trouve sous-entenduë dans
les Contrats de vente, donnant le Privilege au vendeur de
pouvoir demander la vente separée du fonds dont le prix
lui est dû ; cette clause devoit operer cet effet en faveur du
Seigneur directe, auquel nulle confusion ne pouvoit être
opposée pour l'exclurre du Précaire, parce que s'il s'étoit
dépoüillé de la directe, il en retenoit néanmoins le Do-

maine *animo* jusqu'à son effectuel payement, étant de la
nature de la vente selon l'observation de Mr. Cambolas,
Liv. 6. Chap. 6. que le fonds ne soit à l'acheteur qu'en
payant le prix , la tradition ayant été faite sous cette
condition, & avec cette charge que le prix seroit payé,
ce qui sert de fondement à la Jurisprudence de ce Parlement qui supplée en faveur du vendeur la clause du Précaire omise dans les Contrats de vente , par le secours de
laquelle il a droit de demander la vente separée du fonds par
lui vendu en cas de distribution generale des biens de l'a-
cheteur, d'où il faut conclurre que la directité du fonds
n'avoit point été confonduë ici , avec le Domaine utile,
puisque le vendeur n'avoit point été payé du prix , & qu'il ne
pouvoit être dépoüillé que par le payement ainsi que je viens
de le remarquer ; d'ailleurs la veritable confusion est celle qui
se fait par la réünion du Domaine utile à la directité sur la
tête du Seigneur, alors la directité est absolument éteinte , &
ne peut plus revivre que par une nouvelle création ; & je
ne croi pas qu'il soit au pouvoir du Juge de rétablir la directité une fois éteinte par la consolidation, non plus que
la servitude , tout cela dépendant du fait du Proprietaire
du fonds comme un avantage de sa proprieté, *Leg. in te*
*mandata eod. mandat.*

Quoique le Seigneur puisse acquerir par prescription une
directe sur un fonds allodial avec un titre qui le constitue
en bonne foi, & qu'il puisse même prescrire la mouvance
contre un autre Seigneur, si l'Emphyteote & le vassal l'ont
reconnu par la prestation des droits Seigneuriaux pendant
l'espace de 30. ans , *Boérin consuet. biturigum* des coûtumes
touchant prescription, §. 2.

Toutefois l'Emphyteote & le vassal ne peuvent jamais
prescrire les devoirs & droits Seigneuriaux , stipulez par les
titres contre le Seigneur. La raison en est que le Seigneur
retient toûjours devers lui la possession civile, qui fait que
le vassal ou l'Emphyteote sont reputez posseder à son nom.
Cette question a été ainsi jugée par les Arrêts rapportez par

*Loüet Lettre C , Somm.* 21. où elle est amplement & doctement traitée, *Brodeau eod.* en rapporte plusieurs de conformes, il faut néanmoins excepter de cette regle la cotti-
tité du cens, qui peut être prescrite par l'Emphyteote, à
l'instar de la quotité de la Dîme qui peut l'être aussi selon
l'observation de *Brodeau eod. num.* 12.

Pour ce qui concerne l'intervertion de possession civile
du côté du Seigneur, cette intervertion qui peut autoriser la prescription du vassal ne peut être établie que par le
desaveu formel de l'Emphyteote ou du vassal interpellé par
le Seigneur, & le réfus de payer la rédevance, ou de rendre les devoirs Seigneuriaux sur le fondement de la liberté
du fonds ou de la personne ; car la seule cassation de payement des droits Seigneuriaux, ou de prestation de devoirs
ne peut établir l'intervertion de possession, il faut une contradiction à la demande du Seigneur, c'est la doctrine de
*Pastor de jur. feud. Lib.* 2. *tit.* 17. qui n'exige même qu'une
dénegation *sive in judicio sive extra.*

Après la dénegation le possesseur du fonds Emphyteotique prescrit la mouvance par 30. ans, contre le Seigneur
Laïque & par 40. contre l'Ecclesiastique suivant l'Arrêt rapporté par le même Auteur, *loco supra num.* 3.

A l'égard de la question decidée par l'Arrêt du 20. Decembre 1675. que le Roi ne peut prescrire contre l'Eglise
les arriere fiefs, il me semble que le Roi peut prescrire par
le laps de 40. ans, par la raison que toutes les Seigneuries
émanant originairement du Roi, & l'Eglise ne les possedant que par sa concession : c'est remettre les choses
dans leur premier état, que de faire rentrer en la main du
Roy par la voye de la prescription la mouvance de l'arriere fief, ce qui est en soi favorable, *res enim de facili
revertitur ad naturam suam cap. ab exordio distinct.* 35.
*Gloss. Pragmat. in præm. verbo univers. flamin. de resign. Lib.*
6. *tit.* 5. *num.* 10.

La protection que le Roi doit à l'Eglise ne l'empêche
pas selon moi d'user du droit commun, & de pouvoir prescrire

crire contre elle pour une chofe purement temporelle, & pour l'interêt particulier de fon Domaine.

Cette protection confifte à prêter fon bras, & fa puif-fance à l'Eglife pour en faire executer les Loix ; & c'eft dans ce fens que les anciens Peres donnerent au grand Conftantin le nom d'Evêque exterieur de l'Eglife, & que le fixiéme Concile de Paris dit que les Princes du fiécle tiennent quelquefois au dedans de l'Eglife le premier rang de la puiffance qu'ils ont, afin de munir la difcipline Ec-clefiaftique par cette puiffance, fuivant l'obfervation de Mr. de Talon traité *de l'autorité des Rois, touchant l'adminiftra-tion de l'Eglife, pag.* 122. mais la protection qu'ils doivent à l'Eglife ne va pas jufqu'à dépoüiller leur Domaine en fa faveur, & l'Eglife n'a point à fe plaindre fi le Roi ufe du droit que la prefcription lui acquiert, puifqu'en cela il n'a pas plus de privilege qu'un particulier qui peut prefcrire contre l'Eglife.

# CHAPITRE XXXI.

### S'il eft dû des lods du rachat.

Umoulin *in confuet. Parif. tit. des fiefs,* §. 23. *Gloß.* 1. *in verbo* droit de relief *num.* 15. après avoir agi-té la queftion, s'il eft dû des lods de la réprife du fonds, faite en vertu du pacte de rachat appofé dans le Contrat de vente, refoût que non. Par cette raifon que *fufficit quod refolutio primæ venditionis non caufatur à caufa nova ; fed à caufa antiqua & neceffaria inexiftenti primæ venditioni vel re integra adjectæ, tunc enim ejufmodi refolutio eft pars pri-mæ venditionis, & illius executio, unde ex ea non infur-gunt nova jura.*

Si le pacte de rachat avoit été ftipulé dans un Contrat dif-tinct & feparé de la vente, alors le lods du rachat feroit dû, parce qu'il y auroit d'abord deux Contrats qui produiroient

une double tradition de fonds ; le premier de vente, le second
de revente, suivant *Tiraq. de retract. convent.* §. 6. *quæst.* 2. *num.*
2. à moins que le second Contrat contenant le pacte de
rachat ne fut absolument connexe au premier, comme s'il
avoit été passé le même jour entre les mêmes Parties, ce
qui est requis par Dumoulin sur la regle *de public. num.*
168. pour établir connexité d'actes.

Mr. d'Olive Liv. 2. Chap. 18. rapporte un Arrêt de la
Cour du 12. Mai 1663. qui jugea qu'il étoit dû un lods de
la reprise du fonds par rabattement de Décret ; la raison
de la difference entre cette reprise & celle qui se fait en
vertu du pacte de rachat, est que celle-ci procede de la
convention des Parties qui est la Loi du Contrat, & qu'il
ne se fait rien de nouveau dans le rachat ; tout se rapportant au Contrat de vente qui a produit un lods au Seigneur directe, au lieu que dans le rabattement le fonds étant
repris par grace speciale, que les Cours superieures accordent aux Débiteurs, & qui n'a nul rapport au Décret ; ce
sont là d'abord deux actes distincts & separez, & qui doivent produire chacun un lods au Seigneur directe.

---

# CHAPITRE XXXII.

*Si l'Emphyteote peut deguerpir lors que dans le bail il a*
*a été renoncé à la faculté de pouvoir jamais*
*deguerpir.*

IL est constant qu'on ne peut déguerpir, quand dans le
Contrat d'inféodation on a expressément renoncé à
cette faculté, parce qu'on se trouve lié par une obligation
personnelle qui passe aux heritiers, & donataires avec le
fonds Emphyteotique ; mais le tiers acquereur de ce fonds
comme est l'acheteur peut sans difficulté le déguerpir en laissant la piece en l'état qu'elle fut baillée par le Seigneur,

& en payant le lods & ventes s'il en eſt dû, de même que les arrerages des cenſives & droits Seigneuriaux ; c'eſt la Doctrine de Mr. la Roche & la diſpoſition d'un Arrêt qu'il rapporte traité *des droits Seign. Chap.* 15. *art.* 1.

Il y auroit ſelon moi de la difficulté dans la demande en reſtitution que formeroit un Mineur, fondée ſur cela ſeul, qu'il auroit renoncé à la faculté de déguerpir dans le Contrat de bail, s'il n'y avoit pas d'ailleurs de la lezion ; en effet les meilleurs Auteurs étant d'accord que la renonciation à cette faculté n'a rien qui ne ſoit conforme à la nature du Contrat de bail, & à l'intention des Parties, il faut tirer cette conſéquence que cette rénonciation n'emporte point avec ſoi de lezion ; & que celui qui l'a faite ne s'écarte point des Loix communes de ce Contrat : Cela poſé le Mineur ne paroît point reſtituable envers cette clauſe, par la raiſon qu'il ne fait rien en cela que ce qu'un Majeur raiſonnable a coûtume de pratiquer ; or & ſuivant la diſpoſition du droit & des Arrêts, un Mineur eſt exclus du benefice de la reſtitution en entier, quand il n'a fait que ce qu'un Majeur raiſonnable a coûtume de faire ; c'eſt la doctrine de *Charondas reſponſ. Liv.* 3. *Chap.* 30. fondée ſur la Loi & ſur la diſpoſition d'un Arrêt du Parlement de Paris *du* 30. *Septembre* 1494.

Je croi que le laps de dix années qui ſuivant les Ordonnances eſt le terme fatal des actions réciſoires, n'empêche pas une Communauté de ſe pourvoir contre un acte qui renfermeroit une lezion pour elle, par cette raiſon que la preſcription de dix ans ne court point regulierement contre les Mineurs, à qui les Communautez ſont comparées, ſuivant la doctrine *de Guip. quæſt.* 31. & que les Mineurs & les corps Eccleſiaſtiques ou Laïques étant privilegiez de droit commun, ſont toûjours cenſez exceptez de la diſpoſition générale des Ordonnances, s'il n'y a mention expreſſe d'eux ; ainſi que l'obſerve *Loüet Lettre H, Somm.* 15. pour les corps Eccleſiaſtiques.

# CHAPITRE XXXV.

*Si le fief, ou le fonds donné en emphyteofe qui revient au Seigneur, revient franc & quitte des charges.*

LA question, si dans la réünion qui se fait du fief ou du fonds emphyteotique *jure dominii & confolidationis,* les hipoteques & servitudes établies *medio tempore* par le vaffal ou emphyteote demeurent éteintes, a partagé les Interprêtes & les Juges, Guip. *quæft.* 575. après avoir dit que l'Emphyteote peut valablement hypotequer le fonds Emphyteotique & l'affujettir à des servitudes, ajoûte que les hypotheques & les servitudes demeurent éteintes, si le fonds revient au Seigneur par droit de dominité, comme au cas de commife & autres de cette espece, Ferr. observe *eod.* que si le Seigneur reprend le fonds *jure dominii & confolidationis,* c'eft avec extinction de toutes hypotheques & servitudes impofées par l'Emphyteote depuis le bail, & il n'excepte que le cas de réünion qui se fait par le droit de prélation qu'exerce le Seigneur, dans lequel étant reputé *loco emptoris,* il eft tenu aux charges impofées sur le fonds *res enim tranfit cum fua caufa.*

D'un autre côté Charond. *refponf. Liv.* 5. *Chap.* 40. qui a traité au long la queftion, décide contre ceux qui tiennent que le fonds dont la réünion se fait *jure Dominii* revient au Seigneur, libre de toutes les hypotheques & servitudes impofées *medio tempore,* Loizeau *des Seigneur. Chap.* 12. *num.* 94. affure encore que dans le cas de la réünion qui se fait par confifcation du fonds Emphyteotique ; on déclaroit autrefois par une décifion erronée le fonds libre de toute hypotheque : Ainfi la queftion se trouve controverfée parmi les Interprêtes, elle l'eft encore parmi les Juges, ainfi qu'il refulte des Arrêts contraires rapportez par *Brodeau* fur *Loüet, Lettre C, Somm.* 53. ceux qui tiennent que le fonds revient libre d'hypotheques au Seigneur, se fondent sur cette maxime que l'Emphyteote ne possede pas tant pour lui même que pour le Seigneur, *non tam sibi quam alteri possidet* ; par où ils prétendent que les hypotheques ayant été créées sur le fonds sans le fait du Seigneur, il n'est pas obligé à les purger lorsqu'il reprend le fonds *jure dominii directi*.

Ceux de l'opinion contraire l'appuyent sur cet autre maxime, que les fiefs étant patrimoniaux & rééls en France, à la difference du droit des Lombards, selon lequel ils étoient personnels, rien n'empêche les Proprietaires de leur imposer comme sur une chose propre les charges & servitudes qu'ils trouvent à propos.

Parmi ce conflict d'opinions, je croi qu'il faut user de cette distinction pour amener la question à un point fixe de décision, où la réünion se fait pour cause necessaire, & *ex Lege contractus*, ou pour cause volontaire & accidentelle ; au premier cas & quand les conventions aposées au Contrat d'inféodation, où les aveus & dénombremens rendent cette réünion necessaire. Il faut décider que le fonds revient libre d'hypotheques & charges au Seigneur ; au second cas, comme est celui de la confiscation des biens du vassal ou de l'Emphyteote, du déguerpissement, & autres cas volontaires ou accidentels, le Seigneur retire le fonds avec les charges imposées *medio tempore* ; c'est la distinction de Loüet, *Lettre C*, *Somm.* 53. après Dumoulin qui doit à mon avis servir de regle.

Parmi les cas de confiscation dans lesquels le Seigneur féodal retire le fief avec les charges imposées par le vassal, celui du crime de leze-Majesté demeure excepté pour les substitutions faites du fief, que la confiscation fait tomber libre entre les mains du Roi. La raison qu'en donne le docte *Mornac* sur la Loi 31. *ff. de pignor. & hypoth.* est que les fiefs ne sont jamais concedez par le Roi, que sous la condition de retour & de réünion en cas de revolte & de rebellion de la part du vassal qui est un crime de félonie ; la réünion se fait donc alors *ex Lege contractus* ; & voilà

pourquoi les charges impoſées par le vaſſal ſont éteintes
par la confiſcation du fief.

---

# CHAPITRE XXXVI.

*Si lorſque le Seigneur a aſſez de Titres pour établir le fief,*
*on peut lui oppoſer que les actes ont été paſſez par erreur,*
*ſur la foi d'autres Reconnoiſſances où le même fief n'étoit*
*pas compris.*

C'Eſt une maxime en matiere féodale que les ſurcharges
impoſées pour cauſe même doivent être reduites, & les
Parties remiſes au même état où elles étoient auparavant,
ainſi jugé en la deuxiéme des Enquêtes l'année 1717. au
Rapport de Mr. Duclos, en faveur des habitans du lieu de
Violgue contre le Commandeur leur Seigneur, quoi qu'il y
eût pluſieurs Tranſactions entre les habitans du lieu & le
Seigneur, qui tendoient à autoriſer la ſurcharge.

La raiſon ſe preſente d'abord, le Seigneur eſt préſumé
avoir uſé des voyes d'autorité pour extorquer de ſes Emphyteotes ces reconnoiſſances, ſur tout s'il eſt Haut-Juſti-
cier, & qu'il ait *jus gladii*; mais d'ailleurs la faveur de la
liberation & de la liberté prévaut ſur celle de la choſe tran-
ſigée, & opere la décharge, *non enim ſunt præſtandæ operæ*
*quæ onerant libertatem*, Leg. 4. Cod. de oper. libert. Ainſi
nulle preſcription ne peut être oppoſée, le titre primordial
veillant toûjours pour les Emphyteotes ; ce qui a même lieu
quoi qu'il ſoit intervenu des jugemens ou Arrêts qui ayent
ordonné l'execution des titres contenant ſurcharge, pourvû
qu'il n'ait pas été queſtion de la ſurcharge même, & qu'elle
n'ait pas fait la matiere du Procès.

# CHAPITRE XXXVII.

## *Du droit de Péage.*

JE fais difficulté ſur l'Arrêt qui décida que la poſſeſſion immémoriale ne ſuffiſoit pas pour acquerir au Seigneur le droit de Péage, & pour lui faire titre, quoique le droit de Péage ſoit de ſa nature Royal ; il ne s'enſuit pas qu'il ne puiſſe être poſſedé legitimement par le ſujet ſur la conceſſion du Roi. Or cette conceſſion eſt préſumée après une poſſeſſion centenaire, paiſible & non interrompuë de la part du Seigneur, parce que nos Docteurs françois decident unanimement qu'elle opere le même effet que le titre, & qu'elle le ſuppoſe, c'eſt la doctrine de Mornac *in Leg. an uſufructus*, *ff. de uſufruct. de* Dumoulin *conſ.* 26. *num.* 25. *de* Chaſſan *ſur la coûtume de Bourgogne*, *tit. des mains mortes*, §. 2. *de Tiraq. de retract. convent.* §. I. *Gloſſ.* 2. *num.* 15.

Cette poſſeſſion doit être établie par écrit, & ſur des hommages ou dénombremens faits au Roi, ſuivis des Baux à ferme de ce droit ou autres titres poſſeſſoires.

Par Arrêt du Conſeil du 29. Août 1724. le Roi a commis dix Commiſſaires pour proceder à l'examen des titres du droit de Péage, paſſages, travers & autres qui ſe perçoivent ſur les Ponts & chauſſées, chemins & Rivieres navigables & ruiſſeaux y affluans dans toute l'étenduë du Royaume, deſquels titres ſera par les Commiſſaires dreſſé des Procès verbaux avec leur avis, pour le tout être rapporté au Conſeil, & être ordonné ce qu'il appartiendra.

Par autre Arrêt du Conſeil du 9. Juillet 1726. il eſt défendu à tous Seigneurs d'exiger le droit de Péage, que préalablement ils n'ayent produit & repréſenté les titres en vertu deſquels ils avoient droit d'en joüir aux Commiſſaires départis à ce ſujet.

Ces Arrêts prouvent que le droit de Péage eſt Royal,

& préfumé appartenir à la Couronne, à moins que les Seigneurs particuliers qui s'y prétendent fondez, ne détruifent
cette préfomption par la preuve du contraire & par titres
concluans, parmi lefquels on peut ranger la poffeffion centenaire dont il a été parlé.

Il y a un Arrêt rendu en la troifiéme Chambre des Enquêtes le 8. Juin 1722. au Rapport de Mr. de St. Laurens
entre le Syndic du Chapitre de Nogaro, & le Syndic de
la Communauté de Lupiac, qui a jugé en faveur du Chapitre, que le droit de Péage lui étoit acquis par la preuve
d'une poffeffion centenaire fans autre titre, conformement
à ce qui eft rapporté par *Bacquet des droits de Juftice, Ch.
30. num. 23.*

L'Ordonnance de Blois art. 28. autorife cette poffeffion à
défaut de titres ; en ces termes, *aboliffons & interdifons tous
Péages de travers nouvellement introduits, & qui ne font
fondez en titre ou poffeffion legitime.*

---

# CHAPITRE XXXVIII.

### De la preféance difputée entre les Hommagers & les Confuls.

D'Ans les regles communes, l'Hommager d'une partie
de la terre précede les Confuls du lieu dans les honneurs de l'Eglife & aux Proceffions, l'Hommager porte fur
foi un rayon de la preéminence du Seigneur dominant, &
les Confuls font fimples Officiers municipaux par état, quoiqu'ils ayent l'exercice de la Juftice.

Cette queftion a été ainfi jugée par deux Arrêts de ce Parlement, rapportez par Mr. de Cambolas, Liv. 4. Ch. 25. Par
le premier en date du 26. Avril 1621. le Sr. de Montpeiroux
comme Hommager du Baron d'Antraigues, obtint la pre-
féance dans le lieu d'Antraigues fur les Confuls de ce lieu,
quoique fa directe fe trouvât répanduë dans les autres lieux
dépendans

dépendans de la Baronie. Par le second en datte du 9. Juin 1628. Me. Pesan Avocat, Hommager du Roi dans le lieu de Savenes obtint pareille préseance sur les Consuls de Verdun, qui exerçoient dans Savenes la Justice criminelle au nom du Roi, Mr. *d'Olive* Liv. 1. Chap. 29. rapporte des Arrêts conformes. On peut ajoûter à ces Arrêts celui que la Cour rendit le 10. Fevrier 1730. au Rapport de Mr. de Mariotte en faveur du Sr. de Royer Hommager du Roi, dans le lieu de Monjoire contre les Consuls de ce lieu ; l'Arrêt maintient le sieur Royer au droit de préseance sur les Consuls en toutes cerémonies publiques & particulieres, à l'Offrande, à la distribution du Pain-Beni, & de banc pour lui & sa famille dans l'Eglise.

Tout ce qui peut faire quelque difficulté dans cette question, est de sçavoir si la possession de la part des Consuls peut intervertir cet ordre, & leur donner la preseance sur l'Hommager.

Suivant la Doctrine de Mr. d'Olive *loco supra*, la possession en matiere de rangs, de preseances & de réglemens n'est pas considerable, parce que ces choses font partie du droit public qui est imprescriptible, suivant l'Arrêt rapporté par Cambolas dans la cause des Consuls d'Antraigues ; on se regla sur la possession, puisque les Consuls avoient soûtenu qu'elle étoit de leur côté, le Parlement interloqua sur ce fait, & n'accorda à l'Hommager la preseance que provisoirement.

Simon dans son traité des *droits honorif. tit.* 17. donne beaucoup à la possession en matiere de rangs & de préseance, puisqu'il dit que la préseance entre les dignités des Cathedrales, & autres Eglises se regle sur la possession, & que le rang entre les Chanoines ou Prêtres d'une societé, dépend de l'usage. Je croi qu'il faut user d'une distinction sur ce point ; si la preseance est purement de droit public, comme celle qui est dûë à la Haute-Justice sur la Moyenne & la Basse, ou à un corps de faculté sur un autre ; alors la possession de l'inferieur dans la preseance ne pourroit lui faire titre , parce qu'elle feroit abufive ; & qu'on ne peut prefcrire contre l'ordre public ; & c'eft en ce fens qu'il faut entendre. Tiraqueau *de nobilit. cap.* 20. *num.* 55. lorfqu'il dit que la prefeance étant de droit public, la prefcription ne peut lui faire obftacle, fi au contraire la prefeance difputée regarde le droit particulier , & qu'il n'y ait point d'nterverfion d'ordre public ; alors la poffeffion eft confiderable , & peut faire titre : Ainfi je croi que la prefeance entre un fimple Hommager , & les Confuls d'un lieu étant de cette derniere efpece , les Confuls la peuvent prefcrire contre l'Hommager, fuivant l'Arrêt rapporté par Mr. de Cambolas.

Il y a encore un autre Arrêt recent de ce Parlement rendu en la premiere Chambre des Enquêtes l'année 1723. en faveur de Me. de Latournerie , Avocat en la Cour, Hommager du Roi, qui lui adjugea la prefeance fur les Confuls du lieu de Sainte Foi , où il a un fief appellé d'Agarros, quoique les Hommagers fes prédeceffeurs n'euffent jamais joüi de cette prefeance , ne s'étant point rencontrez en concours avec les Confuls ; les Juges crurent qu'il fuffifoit que cette prefeance fût annexée de droit à l'Hommager, & qu'il n'y eût point dérogé par des actes contraires , en fe laiffant préceder par les Confuls pour qu'elle dût lui être adjugée.

Cette prefeance n'eft pas moins düë à l'Avocat Hommager du Roy, qui n'eft point Noble de race qu'à celui qui l'eft, par la raifon que la qualité d'Avocat fondée fur les Grades lui donne une Nobleffe perfonnelle, fuivant la remarque de Rebuff. *tract. nominat. quæft.* 15. *num.* 30.

Mr. *Tiraqueau* dans fon traité *de nobilitate , cap.* 31. *num.* 360. donne aux Avocats cette même prérogative , à caufe de la profeffion des Loix qu'ils exercent, qui eft une vraye milice dans laquelle l'Avocat combat fans relâche pour la défenfe de la vie, de la réputation & de la fortune des Citoyens ; & c'eft dans cet objet que nos Rois ont autrefois accordé aux Avocats le titre honorable de Chevaliers des Loix, comme l'obferve *Mornac* de Charles V. furnommé le Sage, fur la Loi 14. *Cod. de advocat. diverfor. judic.*

Les Avocats des Parlemens qu'on doit regarder fans doute comme militans plus dignement que les autres, ont auffi reçû par ce motif une marque de diftinction dans l'Ordonnance de 1669. *tit. des Committimus art.* 17. puifque le Roi y accorde aux anciens le droit de *Committimus*, ainfi qu'à Mrs. les Avocats, & Procureurs Généraux des mêmes Parlemens.

## CHAPITRE XL.

*Des biens vacans.*

*Si les foffez & murailles appartiennent au Seigneur Jufticier.*

*Des biens de la Communauté.*

Par Arrêt du 5. Mai 1728. rendu en la premiere Chambre des Enquêtes, au Rapport de Mr. Doujat entre le Seigneur de Caffaignols & Pierre Sabatier. Il a été jugé qu'en Languedoc le Seigneur Haut - Jufticier ne peut demander le lit qu'une Riviere quitte ; mais qu'il appartient au Riverain. Le motif de cet Arrêt peut être pris de ce que la Province de Languedoc fe regiffant par la difpofition du droit écrit ; le lit qu'une Riviere quitte appartient aux Riverains, à proportion de la largeur du rivage, fuivant le Paragraphe *infula inft. de rer. divif.* qui s'explique bien clairement fur ce point, *quod fi naturali alveo in univerfum relicto alia parte fluere cœperit, prior quidem alveus eorum eft qui prope ripam ejus prædia poffident pro modo, fcilicet latitudinis cujufque agri quæ latitudo prope ripam fit.*

Les Seigneurs Jufticiers ont néanmoins la proprieté & l'ufage des Rivieres non navigables, tant qu'elles confervent leur nom & leur ancien lit ; en forte qu'ils ont droit pro-

hibitif de pêche & de conftruction de Moulin fur la Ri-
viere, fuivant l'Arrêt de la Cour rapporté par Mr. de la
Roche *des droits Seign. Chap.* 17. *art.* 1. *& la Doctrine de*
Ferr. *fur la queft.* 514. Guip.

Par jugement de la Chambre des Requêtes & Juges en
dernier Reffort, concernant les Eaux & Forêts, en datte
du 13. Mars 1725. plaidans Me. Aftruc pour le fieur Abbé
de Moiffac, Seigneur de St. Nicolas de la Grave en Guienne, contre la Demoifelle Sufanne Delpoux ; il a été jugé
que le partage de l'ancien lit d'une Riviere entre Riverains
doit être fait par experts à prendre aux anciens bords de
la Riviere, auquel effet les experts feront tenus de proceder
au plantement des bornes & de piquetemens des portions
qui appartiendront à chacune des Parties.

---

# CHAPITRE XLIII.

*Si la donation faite par l'accufé de crime capital, eft bonne*
*au préjudice de la confifcation adjugée au Seigneur par la*
*condamnation qui s'en eft enfuivie.*
*De la réfignation du benefice faite par l'accufé.*

IL n'y a felon les regles que les crimes qui font vacquer
les benefices *ipfo facto*, qui lient les mains au titulaire,
& qui l'empêchent de pouvoir refigner. Dans les autres (comme par exemple ) dans l'homicide le titulaire peut non
feulement avant la Sentence ; mais pendant l'appel refigner
fon benefice. C'eft la doctrine de Rebuff. *in praxi tit. de*
*modis amitt. benef. num.* 51. 52. appuyée des textes du
Droit Canon & de l'autorité de plufieurs Canoniftes, &
des Arrêts du Grand Confeil, & c'eft ce qui me détermine à regarder comme fingulier l'Arrêt rapporté dans
ce Chapitre qui jugea le contraire, par la feule raifon de
parité qu'on fit du cas du prévenu de crime capital, qui

selon la Loi ne peut faire aucune donation, depuis qu'il est dans la prévention quand la condamnation s'en enfuit ; il y a selon moi de la difparité d'un cas à l'autre.

1°. La Loi civile decide textuellement que le prévenu ne peut faire de donation à caufe de mort, parce qu'il eft préfumé la faire, *metu pœnæ* ; il n'y a nul texte du droit Canon qui ait interdit au beneficier refignant de crime la liberté de refigner.

2°. La difparité de cas entre le refignant & le donateur prévenu de crime, confifte en ce que le Beneficier ne donne proprement rien du fien quand il refigne le Benefice ; il ne fait autre chofe que fe dépoüiller du fimple ufage qu'il en a, & ce dépoüillement ne donne point de droit abfolu au refignataire fur le Benefice ; c'eft la Provifion du Pape accordée fur la réfignation, en forte qu'on peut regarder proprement le Pape comme conferant le Benefice au refignataire ; il n'en eft pas de même du prévenu de crime capital, qui fe dépoüille de fes biens par donation. Le donataire reçoit tout de fa main, & la donation renferme une abdication non de fimple ufage, mais de proprieté abfoluë de la part du donateur ; au lieu que tous les Benefices étant en la main du Pape, qui comme *ordinarius ordinariorum* peut prévenir le collateur ordinaire, c'eft toûjours de fa main que le refignataire reçoit le Benefice fur l'abdication du refignant.

Dans les crimes qui font vacquer le Benefice *ipfo facto*, le Beneficier a les mains liées depuis le jour du crime commis, & ne peut faire aucune efpece de réfignation ni entre les mains du Pape *in favorem*, ni entre celles de l'ordinaire *per fimplicem refignationem* ; c'eft la doctrine de Corras *in paraphrafi cap.* 10. *& cap.* 8. *part.* 1. Les crimes qui emportent vacation de plein droit font l'affaffinat premedité, l'incefte, le parricide, la fimonie, l'herefie, la falcification des Lettres Apoftoliques, &c. Corras *eod.* Boer. *decif.* 206. *num.* 5. & c'eft à cette efpece de crimes que fe rapporte l'Ordonnance de Blois art. 46.

# CHAPITRE XLIV.

## De la Banalité.

BRodeau sur *Loüet*, Lettre M , Somm. 17. *num.* 3. observe que chaque Seigneur feodal peut bien en son tenement avoir un Moulin, *ut aliis pro mercede usui esse possit* ; mais non banal *ut alios cogere possit*, s'il n'a titre exprès ou formel de banalité.

Ce titre peut être établi, ou par le consentement exprès des manans ou habitans de la terre, ou par le tacite. Le premier est fondé sur les conventions passées entre le Seigneur & le Proprietaire du Four ou Moulin banal, & ses vassaux dans la construction du Four ou Moulin. Le second dans la possession du Seigneur après une prohibition faite de sa part aux habitans de la terre d'aller moudre ou cuire leur pain ailleurs, Pastor *de jur. feud. Lib.* I. *tit.* 5. *num.* 3.

A l'égard du titre que le Seigneur s'est fait par la seule possession les Docteurs sont partagez sur le tems requis pour cela, Pastor *loco supra* prétend que la possession de 10. ans après la prohibition lui suffit, parce que cet espace de tems est suffisant pour acquerir une servitude continuë, suivant la Loi I. *in fin. ff. de aqua pluv. arcend.*

*Ferr.* au contraire sur *la quest.* 298. *Guip.* exige après la prohibition l'espace de 30. ans contre les Laïques, & 40. ans contre l'Eglise : Je croi que cette derniere opinion doit prévaloir par la raison que la banalité est une servitude qui interesse un corps de Communauté, & que regulierement la prescription de dix ans ne court point contre les corps de Communauté qui ont même privilege que les Mineurs.

D'ailleurs par la Jurisprudence de la Cour on n'admet d'autre prescription que la trentenaire, celle de dix ans n'étant reçûë qu'à l'égard des tiers acquereurs pour l'hypotheque.

Paſtor a prétendu *loco ſupra* que les habitans peuvent preſcrire leur liberté contre le Seigneur par le laps de dix ans de ceſſation, d'aller moudre à ſon Moulin à ſon veu & ſçû, & ſans contradiction de ſa part ; mais je croi que quelque favorable que ſoit la cauſe de la liberté, on ne peut la preſcrire ici que par 30. ans qui eſt le tems fixé pour la preſcription.

La prohibition du Seigneur doit ſe faire par des proclamations publiques ſuivant la Coûtume des lieux Paſtor *eod.*

Quoiqu'il ſoit libre au Seigneur de renoncer à la banalité du four, toutes fois s'il a la banalité du four & du Moulin il ne peut renoncer à la banalité du four, ſans renoncer en même-tems à la banalité du Moulin ; ainſi jugé par Arrêt rendu en la premiere Chambre des Enquêtes au Rapport de Mr. de Baſtard, le 23. Août 1723. entre le ſieur de Neufville Prieur de la Panouſſe, & le Syndic de la Communauté du même lieu ; cet Arrêt déboute le ſieur de Neufville de ſa demande, à ce qu'il fût reçû a abandonner la banalité du four, & ajoûte ſi mieux il n'aime abandonner la banalité du Moulin. La raiſon de cet Arrêt eſt priſe de ce que la banalité du four & Moulin étant établies *ab initio* par un ſeul & même acte, ne ſe pouvoit plus ſéparer ſans le conſentement de toutes les Parties contractantes.

Le droit de forge bannale eſt une ſervitude du fonds lorſqu'elle ſe trouve établie *in traditione fundi.* Cette ſervitude eſt conſéquemment impreſcriptible ; en ſorte qu'elle ne ſe perd point *per non uſum* pendant le tems déterminé par la Loi pour la preſcription, s'il n'y a eu contradiction de la part des Emphitéotes ; ce droit de forge eſt établi *ratione culturæ fundi*, il eſt inhérant à la culture du fonds, & ne peut par-là être ſéparé du fonds même ; il conſiſte au droit de contraindre les habitans du lieu qui s'y ſont ſoûmis lors du bail du fonds Emphitéotique à porter à la forge bannale les inſtrumens ara-

toires qui fervent à cultiver le fonds, il en feroit autrement
fi la bannalité n'avoit point été établie *in traditione fundi.*
Alors l'Emphitéote pourroit prefcrire la liberté, & c'eft ainfi
qu'il faut entendre la doctrine de Bacquet fur cette matiere.
Il y a un Arrêt de la Cour rendu en la troifiéme Chambre
des Enquêtes au Rapport de Mr. de Capella le 18. Mai 1711.
qui jugea ainfi cette queftion, entre Mr. le Mazuyer Confeiller d'honneur en la Cour, & le fieur Duffolier habitant
de d'Aux. La Cour a pareillement jugé que la bannalité du
four eft un droit imprefcriptible lorfqu'il eft établi *in traditione fundi* 2°. qu'il doit être cenfé établi *in traditione*, quoiqu'il n'y ait que des reconnoiffances fans autre titre Primordial, à moins qu'il ne confte du contraire ; 3o. que la prefcription ne peut être alleguée qu'après contradiction de la
part de l'Emphitéote en Juftice, 4°. qu'il n'y a nulle diftinction à faire entre les habitans du lieu & les Forains, quand
les Reconnoiffances ont été faites au nom de la Communauté ; c'eft ainfi que ces queftions furent jugées entre la Dame
de Juin Seigneureffe de Siran, & le fieur Efcande en la troifiéme Chambre des Enquêtes le 3. Juin 1723. au Rapport de
Mr. de Gaujac.


*Fin du premier Tome.*


TABLE

# TABLE
## DES MATIERES,
### CONTENUËS
### DANS LE PREMIER TOME.

## F

*Tome I.* A a a

*Fin des matieres du premier Tome.*